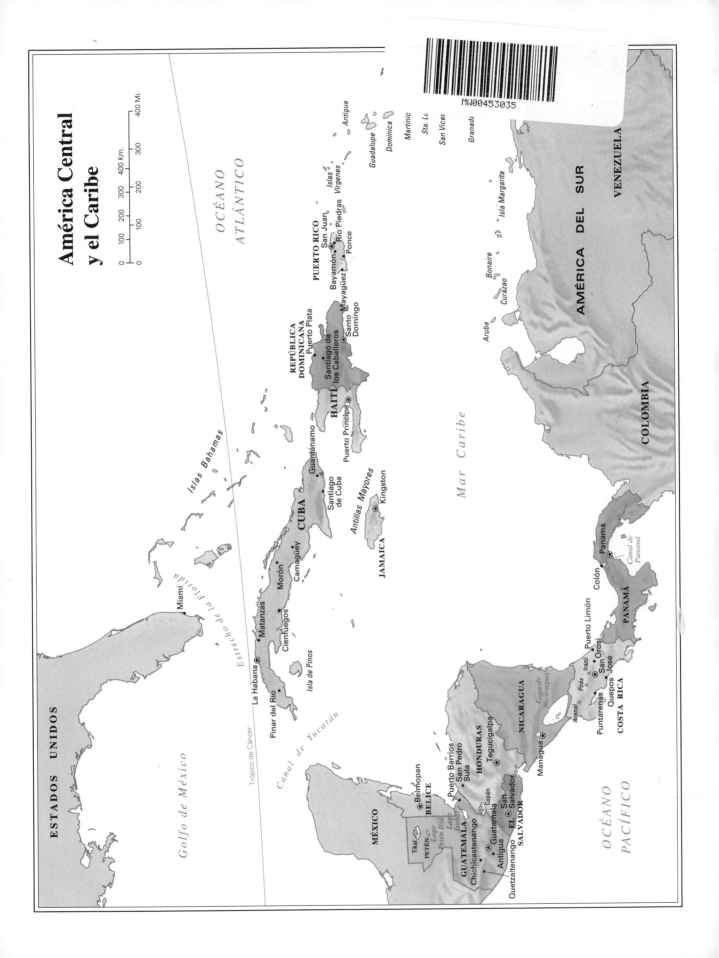

América Central y el Caribe

ESTADOS UNIDOS

Golfo de México

OCÉANO ATLÁNTICO

Islas Bahamas

Trópico de Cáncer

Estrecho de la Florida

Miami

La Habana
Pinar del Río
Matanzas
Cienfuegos
Morón
Camagüey
CUBA
Isla de Pinos
Santiago de Cuba
Guantánamo

Canal de Yucatán

MÉXICO

Tikal
PETÉN
Lago Petén Itzá
Lago Izabal
BELICE
Belmopan
Copán
Puerto Barrios
San Pedro Sula
GUATEMALA
Guatemala
Antigua
Chichicastenango
Quetzaltenango
San Salvador
EL SALVADOR

HONDURAS
Tegucigalpa

NICARAGUA
Managua
Lago de Nicaragua

Arenal
Poás
Irazú
Puntarenas
San José
Quepos
COSTA RICA
San Orosi
Puerto Limón
Colón
Panamá
PANAMÁ
Canal de Panamá

OCÉANO PACÍFICO

Mar Caribe

Antillas Mayores

JAMAICA
Kingston

HAITÍ
Puerto Príncipe

REPÚBLICA DOMINICANA
Puerto Plata
Santiago de los Caballeros
Santo Domingo

PUERTO RICO
San Juan
Bayamón
Río Piedras
Mayagüez
Ponce

Islas Vírgenes

Guadalupe
Antigua
Dominica
Martinic
Sta. Lu
San Vice
Granad

Isla Margarita
Bonaire
Curazao
Aruba

AMÉRICA DEL SUR

VENEZUELA

COLOMBIA

0   100   200   300   400 Km.
0   100   200   300   400 Mi.

Imágenes

Debbie Rusch
Boston College

Marcela Domínguez
Pepperdine University

Lucía Caycedo Garner
University of Wisconsin–Madison, Emerita

HOUGHTON MIFFLIN COMPANY

BOSTON   NEW YORK

Publisher: Rolando Hernández
Sponsoring Editor: Amy Baron
Development Manager: Sharla Zwirek
Senior Development Editor: Sandra Guadano
Senior Project Editor: Rosemary R. Jaffe
Senior Production/Design Coordinator: Sarah Ambrose
Senior Manufacturing Coordinator: Priscilla Bailey
Senior Marketing Manager: Tina Crowley Desprez

Cover image: © Ray Hartl

Credits for texts, photographs, and realia are found following the index at the back of the book.

Printed in the U.S.A.

Student Text ISBN: 0-618-13402-6

Instructor's Annotated Edition ISBN: 0-618-13403-4

Library of Congress Control Number: 2001097944

3 4 5 6 7 8 9—QUV—06 05 04

Imágenes

Scope and Sequence

Cultura	Imágenes	Material reciclado

Cultura	Imágenes	Material reciclado
Más allá: El español te abre puertas *354*	**Reading strategy:** The importance of background knowledge *365*	Preterit/Imperfect (9–11)
Tunas *345*	**"El Padre Antonio y su monaguillo Andrés"** *366*	Adjectives and past participles as adjectives (11)
Famous Spanish musicians *346*	**Video:**	Question formation (1)
Regional foods *347*	**Ritmos** *368*	
Latin American geography *356*		
El tango *359*		
Proverbs *362*		

An Overview of Your Textbook's Main Features

The *Imágenes* text consists of a preliminary chapter followed by 12 chapters and an optional, supplementary chapter.

CAPÍTULO 3

Quito, Ecuador y el volcán Guagua Pichincha.

CHAPTER OBJECTIVES

▸ Stating location and where you are going

▸ Talking about activities that you do every day

▸ Describing people and things

Datos interesantes

Exportaciones anuales de los Estados Unidos:

País importador	Millones de dólares
Canadá	178.786
México	111.721
Japón	65.254

Otros países entre los primeros 50 que reciben productos de los EE.UU.: España, Venezuela, Argentina, Colombia, Chile, Honduras, Costa Rica, Guatemala, El Salvador, Perú, Panamá.

73

Chapter Opener

• Each chapter opens with a photo and **Datos interesantes,** which set the scene and introduce cultural information relevant to the chapter's content.

• Communication goals establish clear learning objectives.

Una llamada de larga distancia

demasiado	too much
No tengo idea.	I don't have any idea.
Me/te/le . . . gustaría + *infinitive*	I/you/he/she . . . would like to . . .

Claudia is talking long distance to her parents who have gone from Bogotá to Quito on a business trip. They are talking about Claudia's classes and her new roommate, Teresa.

ACTIVIDAD 1 **La familia de Teresa** While listening to the conversation, complete the following chart about Teresa's family.

	¿De dónde son?	*¿Qué hacen?*
Teresa	_____	_____
Padre	_____	_____
Madre	_____	_____

PADRE: ¿Aló?
CLAUDIA: Hola, papá. ¿Cómo estás? ¿Qué tal el trabajo allí en Quito con Home Depot?
PADRE: Yo bien y el trabajo fantástico. A Home Depot le gustaría tener muchas tiendas aquí en Ecuador y hoy voy a hablar con el secretario de comercio.

● Expressing a desire

CLAUDIA: Pero, ¡qué interesante!
PADRE: Sí, muy interesante, pero ahora tengo que ir a su oficina. Tenemos una reunión esta mañana. Adiós, hija. Aquí está tu mamá.

● **reunión** = meeting

ACTIVIDAD 3 **Una invitación y una excusa** In pairs, invite your partner to do something. Your partner should decline, giving an excuse. Then switch roles. Follow the model.

  A: ¿Te gustaría ir a bailar esta noche?
B: Me gustaría, pero tengo que . . .

Posibles invitaciones	*Posibles excusas*
salir	trabajar
correr esta tarde en el parque	leer una novela
escuchar música	escribir una composición
esquiar el sábado	visitar a mis padres

ACTIVIDAD 4 **¿Estudias poco o demasiado? Parte A:** In pairs, find out if your partner does the following activities **poco** or **demasiado**. Follow the model.

  A: ¿Estudias poco o demasiado?

B: Estudio poco.   B: Estudio demasiado.

1. trabajar
2. visitar a tus padres
3. hablar con tus amigos
4. escuchar música
5. mirar televisión
6. caminar

Parte B: Now write a few sentences reporting your findings. Be ready to read them to the class. Follow the models.

  Paul estudia poco, pero yo estudio demasiado.
Paul y yo traba**jamos** poco.

¿Lo sabían?

Quito, the capital of Ecuador, is breathtaking. The city lies in a beautiful valley at the base of a volcano. Though it is near the equator, Quito enjoys a moderate climate all year round since it is almost 10,000 feet above sea level. The combination of colonial and modern architecture creates a fascinating contrast in the city.
  A large percentage of Ecuador's population is of native Andean origin. West of Quito is the town of Santo

Domingo de los Colorados. The indigenous group of the Tsa'tchela, or Colorados, lives on the outskirts of this town. The men are well known for their hair, which they cover with red clay and shape in the form of a leaf. The Otavalos, another indigenous group, are renowned for their success in cottage industry and textile commerce.

Colorado Indian, Ecuador. ▶

Accessible, Contextualized Language Provides a Focus for Learning

Chapter conversations New and recycled vocabulary and grammar are presented in the context of realistic conversations, which follow a series of characters through a variety of events in their daily lives.

● Each conversation, recorded on the student audio CD packaged with your text and on the lab audio program, is accompanied by listening practice with pre-, ongoing, and post-listening activities.

● Activities that follow each chapter conversation give you speaking practice using key language presented in the conversation.

Emphasis on Culture Promotes Awareness of the Spanish-Speaking World

● **¿Lo sabían?** cultural readings, in Spanish beginning in Capítulo 4, offer information and insights on a range of cultural topics. Emphasizing practices, as well as cross-cultural comparisons, these readings expose you to and encourage you to discuss the diverse cultures of the Spanish-speaking world.

Practical, Real-World Connections Promote Interest in Learning

- **Más allá,** in Spanish beginning in Capítulo 4, highlights the benefits of studying Spanish and the many Spanish-related career opportunities within the United States, through informational readings and personal profiles of people in the workplace.

Focus on Real Language Builds Confidence and Fosters Communication

- **Vocabulario esencial** I and II present practical, thematically-grouped vocabulary, often through illustrations to convey the meaning of new words. Contextualized practice provides realistic situations and opportunities to use Spanish creatively.

- To help you review or prepare for quizzes and exams, **Vocabulario funcional** lists all active vocabulary—with English translations—in a thematically-organized end-of-chapter summary.

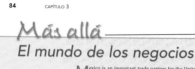

Más allá
El mundo de los negocios

Mexico is an important trade partner for the United States, second only to Canada. In the year 2000, Mexico's exports to the U.S. totalled over 135 billion dollars and its imports from the U.S. over 111 million. Therefore, Mexico is not only a major supplier of goods, but the Mexican people are consumers of products made in the U.S. Since NAFTA (the North American Free Trade Agreement or **TLC, Tratado de Libre Comercio**) went into effect, there has been continuous growth in commerce between the two countries. Preparations are being made for the implementation of the FTAA agreement (Free Trade Area of the Americas or **ALCA, Área de Libre Comercio de las Américas**), which may be implemented by 2005. This would lead to increased trade between countries in the western hemisphere.

WAL★MART MEXICO
Total Number of Wal-Mart Supercenters: 33
Total Number of SAM'S CLUBS: 36
Total Number of CIFRA Units: 429
Total Number of Aurrerá: 64,900
Wal-Mart Start Date: November 1991

Wal-Mart de Mexico's importance in the Mexican Stock Exchange:
Second most important in the Bolsa Index
Third largest in sales
Third largest employer

Many American companies enter into agreements with companies in other countries to facilitate expanding abroad. In 1998, Home Depot made such an agreement. Home Depot has over 1,500 stores in the Americas and continues to expand.

Wal-Mart, Kohler, and Home Depot are examples of companies that are expanding operations in the Americas. The implication is obvious for future businessmen and -women: Knowledge of Spanish—particularly if combined with a study abroad experience in Latin America—and internships done in international divisions of companies will be valuable information to include in a résumé. In many companies, entrance into the upper echelon of management is dependent upon spending two to three years working abroad. ◆

South America

The U.S./South American trade agreements of the early 1990's have created new growth opportunities for Kohler. Kohler has capitalized on this new market opportunity by offering products and designs unique to that marketplace. Buenos Aires, Argentina is home base for the Kohler South and Central American sales operations. From there, Kohler and Sterling brand products are readily available in Venezuela, Colombia, Peru, Ecuador, Chile, Guatemala, Honduras, Costa Rica and Panama.

Vocabulario esencial II

I. Las descripciones: *Ser* + adjective

◆ Adjectives, including adjectives of nationality, agree in number and in many cases gender with the noun modified.

1. Es **alta.**
2. Es **baja.**
3. Son **gordos.**
4. Son **delgados.** (Son **flacos.**)
5. Es **joven.**
6. Es **mayor.**
7. Son **morenas.**
8. Son **rubias.**

◆ In some cultures flaco has a negative connotation, similar to calling someone "scrawny" or "boney" in English.

Otros adjetivos

simpático/a	nice	**antipático/a**	unpleasant; disagreeable
guapo/a	good-looking		
bonito/a	pretty	**feo/a**	ugly
bueno/a	good	**malo/a**	bad
inteligente	intelligent	**estúpido/a, tonto/a**	stupid
grande	large, big	**pequeño/a**	small
largo/a	long	**corto/a**	short (*in length*)
nuevo/a	new	**viejo/a**	old

ACTIVIDAD 16 **¿Cómo son?** Describe the following people using one or two adjectives.

1. el/la profesor/a
2. Shakira
3. Matt Damon y Ben Affleck
4. Sean Combs
5. Danny De Vito
6. Sarah Jessica Parker y Julia Roberts
7. tu madre o tu padre

Vocabulario funcional

Lugares (Places)

See page 77.

¿Adónde vas/va?	Where are you going?	la escuela/el colegio	school
¿Con quién vas/va?	With whom are you going?	la iglesia	church
¿Dónde estás/está?	Where are you?	la librería	bookstore
estar en + *lugar*	to be in/at + place	la playa	beach
el cine	movie theater	el supermercado	supermarket

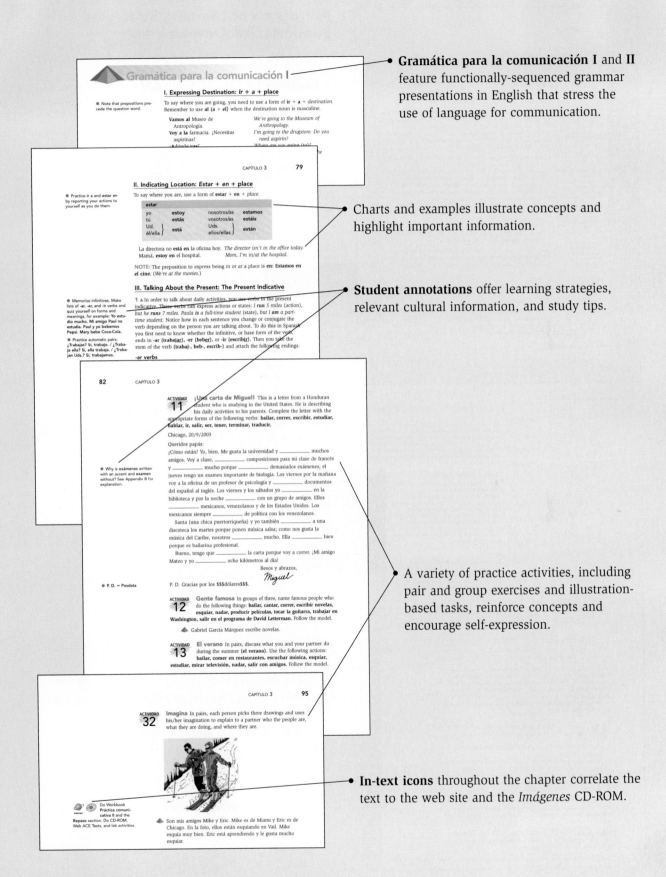

Gramática para la comunicación I and **II** feature functionally-sequenced grammar presentations in English that stress the use of language for communication.

Gramática para la comunicación I

I. Expressing Destination: *Ir* + *a* + *place*

Note that prepositions precede the question word.

To say where you are going, you need to use a form of **ir** + **a** + *destination*. Remember to use **al** (**a** + **el**) when the destination noun is masculine.

Vamos al Museo de Antropología.
We're going to the Museum of Anthropology.

Voy a la farmacia. ¿Necesitas aspirinas?
I'm going to the drugstore. Do you need aspirin?

¿Adónde vas?
Where are you going (to)?

CAPÍTULO 3   79

II. Indicating Location: *Estar* + *en* + *place*

Practice ir a and estar en by reporting your actions to yourself as you do them.

To say where you are, use a form of **estar** + **en** + *place*.

estar			
yo	estoy	nosotros/as	estamos
tú	estás	vosotros/as	estáis
Ud.		Uds.	
él/ella	está	ellos/ellas	están

La directora no **está en** la oficina hoy. *The director isn't in the office today.*
Mamá, **estoy en** el hospital. *Mom, I'm in/at the hospital.*

NOTE: The preposition to express being *in* or *at* a place is **en**: Estamos en **el cine.** (*We're at the movies.*)

III. Talking About the Present: The Present Indicative

Memorize infinitives. Make lists of -ar, -er, and -ir verbs and quiz yourself on forms and meanings, for example: Yo estudio mucho. Mi amigo Paul no estudia. Paul y yo bebemos Pepsi. Mary bebe Coca-Cola.

Practice automatic pairs: ¿Trabajas? Sí, trabajo. / ¿Trabaja ella? Sí, ella trabaja. / ¿Trabajan Uds.? Sí, trabajamos.

1 ▲ In order to talk about daily activities, you use verbs in the present indicative. These verbs can express actions or states: *I* **run** *5 miles* (action), *but he* **runs** *7 miles. Paula* **is** *a full-time student* (state), *but I* **am** *a part-time student.* Notice how in each sentence you change or conjugate the verb depending on the person you are talking about. To do this in Spanish you first need to know whether the infinitive, or base form of the verb, ends in **-ar** (**trabajar**), **-er** (**beber**), or **-ir** (**escribir**). Then you take the stem of the verb (**trabaj-**, **beb-**, **escrib-**) and attach the following endings:

-ar verbs

Charts and examples illustrate concepts and highlight important information.

Student annotations offer learning strategies, relevant cultural information, and study tips.

82   CAPÍTULO 3

ACTIVIDAD 11 **¡Una carta de Miguel!** This is a letter from a Honduran student who is studying in the United States. He is describing his daily activities to his parents. Complete the letter with the appropriate forms of the following verbs: **bailar, correr, escribir, estudiar, hablar, ir, salir, ser, tener, terminar, traducir.**

Why is exámenes written with an accent and examen without? See Appendix B for explanation.

Chicago, 20/9/2003

Queridos papás:

¿Cómo están? Yo, bien. Me gusta la universidad y _____ muchos amigos. Voy a clase, _____ composiciones para mi clase de francés y _____ mucho porque _____ demasiados exámenes; el jueves tengo un examen importante de biología. Los viernes por la mañana voy a la oficina de un profesor de psicología y _____ documentos del español al inglés. Los viernes y los sábados yo _____ en la biblioteca y por la noche _____ con un grupo de amigos. Ellos _____ mexicanos, venezolanos y de los Estados Unidos. Los mexicanos siempre _____ de política con los venezolanos.

Santa (una chica puertorriqueña) y yo también _____ a una discoteca los martes porque ponen música salsa; como nos gusta la música del Caribe, nosotros _____ mucho. Ella _____ bien porque es bailarina profesional.

Bueno, tengo que _____ la carta porque voy a correr. ¡Mi amigo Mateo y yo _____ ocho kilómetros al día!

Besos y abrazos,
Miguel

P. D. = Posdata

P. D. Gracias por los $$$dólares$$$.

ACTIVIDAD 12 **Gente famosa** In groups of three, name famous people who do the following things: **bailar, cantar, correr, escribir novelas, esquiar, nadar, producir películas, tocar la guitarra, trabajar en Washington, salir en el programa de David Letterman.** Follow the model.

▲ Gabriel García Márquez escribe novelas.

ACTIVIDAD 13 **El verano** In pairs, discuss what you and your partner do during the summer (**el verano**). Use the following actions: **bailar, comer en restaurantes, escuchar música, esquiar, estudiar, mirar televisión, nadar, salir con amigos.** Follow the model.

A variety of practice activities, including pair and group exercises and illustration-based tasks, reinforce concepts and encourage self-expression.

CAPÍTULO 3   95

ACTIVIDAD 32 **Imagina** In pairs, each person picks three drawings and uses his/her imagination to explain to a partner who the people are, what they are doing, and where they are.

Do Workbook Práctica comunicativa II and the Repaso section. Do CD-ROM, Web ACE Tests, and lab activities.

▲ Son mis amigos Mike y Eric. Mike es de Miami y Eric es de Chicago. En la foto, ellos están esquiando en Vail. Mike esquía muy bien. Eric está aprendiendo y le gusta mucho esquiar.

In-text icons throughout the chapter correlate the text to the web site and the *Imágenes* CD-ROM.

A Program of Learning Strategies Supports Skill Development

Imágenes

LECTURA

Estrategia: *Dealing with Unfamiliar Words*

In Chapter 2 you read that you can recognize many Spanish words by identifying cognates (words similar to English words). However, other words will be completely unfamiliar to you. A natural tendency is to run to a Spanish-English dictionary and look up a word, but you will soon tire of this and become frustrated. The following are strategies to help you deal with unfamiliar words while reading.

1. Ask yourself if you can understand the sentence without the word. If so, move on and don't worry about it.
2. Identify the grammatical form of the word. For example, if it is a noun, it can refer to a person, place, thing, or concept; if it is a verb, it can refer to an action or state; if it is an adjective, it describes a noun.
3. Try to extract meaning from context. To do this, you must see what information comes before and after the word itself.
4. Check whether the word reappears in another context in another part of the text or whether the writer explains the word. An explanation may be set off by commas.
5. Sometimes words appear in logical series and you can easily understand the meaning. For example, in the sequence *first, second, "boing,"* and *fourth* the meaning of *boing* becomes obvious.

These strategies will help you make reasonable guesses regarding meaning. If the meaning is still not clear and you must understand the word to get the general idea, the next step would be to consult a dictionary.

> ● noun = sustantivo
> Note: A noun may be preceded by articles (el/la; un/una)
> verb = verbo
> adjective = adjetivo
>
> ● Note: If you look up a word, don't write the translation above the Spanish word in the text. (If you reread the text, you will only see the English and ignore the Spanish.) If you must write it down, do so separately in your own personal vocabulary list.

ACTIVIDAD 33   El tema Before reading the article that follows, look at the title, the format, and the pictures to answer the following question.

¿Cuál es el tema (*theme*) del artículo?
a. el número de hispanos en los Estados Unidos
b. el futuro político de los hispanos
c. los hispanos como consumidores

Imágenes **Lectura** presents and practices specific techniques and strategies designed to help you become a more proficient reader.

El mercado hispano en los Estados Unidos

El español es el idioma oficial de veinte países del mundo. En total, hay aproximadamente 332 millones de personas de habla española. En los Estados Unidos hay 32,8 millones de hispanos (más del 12% de la población total) y 21 millones de ellos hablan español; por eso, forman un mercado consumidor doméstico muy significativo para los Estados Unidos. Las grandes compañías comprenden la importancia económica de este grupo y usan los medios de comunicación tanto en inglés como en español para venderle una variedad de productos.

Libros, periódicos y revistas

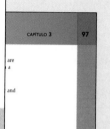
▲ Isabel Allende, Chilean author.

En los Estados Unidos se publican muchos periódicos y revistas en español. Hasta la revista *People* tiene una versión en español. También hay compañías como Amazon.com y Booksellers que venden libros al mercado hispano a través de Internet. Autores como la chilena Isabel Allende y el mexicano Carlos Fuentes son muy populares. Pero, las personas de habla española también leen libros en inglés o traducidos al español de autores como Tom Clancy y Toni Morrison.

La radio

La radio y su música es una parte importante de la vida de los hispanos. A ellos les gustan diferentes tipos de música: la folklórica, la clásica, la tejana, el rock, el jazz, etc. La música hispana que más escucha la gente joven en los Estados Unidos es la salsa de cantantes como Marc Anthony, la India y Víctor Manuelle. También les gusta el rock en español de grupos como Oxomatli y Caifanes. Generalmente escuchan emisoras de radio en inglés y en español y, hoy en día, con una computadora y acceso a Internet también pueden escuchar la radio de otros países.

Readings include cultural texts about the Spanish-speaking world and authentic magazine and literary selections.

ESCRITURA

Estrategia: *Using Models*

When beginning to think and write in a new language, a model can provide a format or framework to follow and give you ideas for organizing what you write. It is also useful for learning phrases and other ways to express yourself. Some phrases can be used without understanding the intricate grammatical relationship between all of the words. For example, by using such phrases along with what you already know in Spanish, you can raise the level of what you write.

ACTIVIDAD 37   Una carta Parte A: Look at Miguel's letter in **Actividad 11** and answer these questions about the letter's format.

1. What comes before the date? What is written first, the day or the month?
2. The letter is informal because it is addressed to Miguel's parents. What punctuation is used after the salutation, a comma or a colon?
3. What does he say in the closing of the letter? Check what these words mean in the Spanish-English dictionary in your textbook.
4. How do you write *P.S.* in Spanish?

Parte B: Using Miguel's letter as a guide, write a letter to your parents about your life at the university. Note the use of the expressions **bueno** and **gracias por los dólares (gracias por** + *article* + *noun*) at the end of the letter.

Parte C: In your letter, underline each subject pronoun (**yo, tú, él, ella,** etc.). Edit, omitting all of the subject pronouns that are not needed for clarity or emphasis, especially the pronoun **yo.**

Parte D: Rewrite your final draft, staple all drafts and your answers to **Parte A** together, and hand them in to your instructor.

 Do Web Search activities.

Appearing in odd-numbered chapters, *Imágenes* **Escritura** offers process-based writing strategies, correlated to the chapter grammar and vocabulary, to help you improve your writing skills.

La vida universitaria

Antes de ver

ACTIVIDAD 33 **En los EE.UU.** Antes de mirar un video sobre la vida universitaria en el mundo hispano, contesta estas preguntas sobre la vida universitaria en los Estados Unidos.

1. Normalmente, ¿dónde viven los estudiantes? ¿En un colegio mayor? ¿En un apartamento? ¿Con su familia?
2. ¿Cuánto cuesta la matrícula en una universidad pública? ¿Y en una universidad privada? ¿Es cara la matrícula en tu universidad?
3. ¿De cuántos años es tu carrera universitaria? ¿Es igual o diferente para todas las especializaciones?

4. ¿Es normal tener clases en diferentes edificios o los estudiantes normalmente tienen todas sus clases en un edificio?
5. Si un estudiante quiere estudiar medicina o derecho, ¿cuál es el proceso? ¿Más o menos cuántos años tarda?
6. Al entrar en la universidad, ¿ya saben su especialización los estudiantes de este país? ¿Es normal cambiar de especialización durante los años universitarios?

Mientras ves

ACTIVIDAD 34 **¿Qué estudias?** En este segmento muchos estudiantes del mundo hispano hablan sobre su universidad. Todas las universidades que mencionan son públicas, excepto San Francisco de Quito que es privada. Mira el video y completa las siguientes tablas. Recuerda mirar las tablas antes de ver el video.

 6:37–9:14

Universidad de Buenos Aires

Nombre	Edad	Carrera
Florencia	22	
Andrés	23	diseño de imagen y sonido
Natalia	22	paisajismo (*landscaping*)

Universidad Nacional Autónoma de México

Nombre	Edad	Carrera
Manuel	21	
Nicte-ha	19	

▲ Estudiantes de la Universidad San Francisco de Quito.

Universidad San Francisco de Quito

Nombre	Edad	Carrera
Gabriela	20	cine y video
Miguel		diseño gráfico

ACTIVIDAD 36 Mira el siguiente segmento y haz una lista de lo que hacen los estudiantes en su tiempo libre. Luego compártela con el resto de la clase.

  16:10–end

¿Lo sabían?

Muchas universidades del mundo hispano son enormes, como la UNAM en el D. F. que tiene más de 270.000 estudiantes y la Universidad de Buenos Aires con más de 226.000. Por eso, a veces hay ciudades universitarias y a veces no. En el caso de Buenos Aires, las facultades están repartidas por toda la ciudad. Esto no es problemático porque generalmente los alumnos entran directamente de la escuela secundaria en las facultades de derecho, medicina, geología, etc. Luego asisten a todas sus clases en el mismo edificio con otros estudiantes de la misma especialización.

● Useful vocabulary:
carrera = course of study, **especialización** = major/baja = high/low tuition, **ciudad universitaria** = campus

 Do Web Search activities.

Después de ver

ACTIVIDAD 37 **A comparar** En parejas, piensen en lo que vieron en el video y examinen las tablas de las **Actividades 34** y **35** para formar oraciones comparando la vida universitaria en el mundo hispano con la de este país. Sigan el modelo.

▲ En España generalmente cada facultad tiene bar y vende alcohol. En los EE.UU. hay cafeterías en diferentes partes de la ciudad universitaria y normalmente no venden alcohol.

The *Imágenes* Video section, located in even-numbered chapters, offers pre-, during-, and post-viewing activities for the *Imágenes* Video in order to improve your observational and listening skills and broaden your knowledge of Spanish-speaking cultures.

The *Imágenes* Multimedia CD-ROM and the *Imágenes* web site also contain activities related to short clips from the full-length *Imágenes* Video. These activities can be completed before or after viewing the complete video.

To the Student

Learning a foreign language means learning skills, not just facts and information. *Imágenes* is based on the principle that we learn by doing, and therefore offers many varied activities designed to develop your skills in listening, speaking, reading, and writing in Spanish. A knowledge of other cultures is also an integral part of learning languages. *Imágenes* provides an overview of the Spanish-speaking world—its people, places, and customs—so that you can better understand other peoples and their ways of doing things, which may be similar to or different from your own.

In order to make the most of *Imágenes,* read the following description of the chapter parts, as well as the study tips provided here and at the end of the preliminary chapter.

Chapter Opener

Each chapter opens with a photograph, which helps set the scene for the chapter, some interesting facts about the Hispanic world, and a list of objectives. The objectives describe functions (what you can do with the language, such as greet someone or state your name) that will be the linguistic and communicative focus for the chapter. Keep these functions in mind when studying, since they indicate the purpose of the material presented in each chapter.

Story Line

In *Imágenes* you will get to know a series of characters and follow them through typical events in their lives, usually by listening to a conversation. The conversations serve as a base for learning Spanish and for learning about the Spanish-speaking world. They each consist of approximately 80% material that you have already studied and 20% new material, and are accompanied by listening comprehension and speaking activities. In order to develop good listening skills, follow these tips:

▶ Do not read the conversation before listening to it.

▶ Visualize the setting of the conversation (a café, a theater, a hotel, etc.) and think of things that may be said in that setting.

▶ Keep in mind who is speaking and what you know about each speaker.

▶ You will usually hear the conversation twice. The first time you will be asked to listen for global understanding, and the second time for more specific information. Try to focus on the task at hand.

▶ It is not important to understand every word in the conversation.

▶ You may listen to the conversation again using your student audio CD or the MP3 files located on the student web site, or on the complete lab program. All conversations are recorded at the end of the corresponding chapter lab activities.

Vocabulario esencial

Developing vocabulary is essential to learning a language. In *Imágenes* vocabulary is presented in thematic groups to aid you in the learning process. Vocabulary presentations are followed by activities that give you practice using the new words in a meaningful context.

Gramática para la comunicación

Grammar explanations in *Imágenes* are clear and concise. They are written in English so that you can study them at home. Numerous examples illustrate the concepts presented, and charts help you focus on key information when studying or reviewing. The explanations are followed by activities, most of which ask you to interact with classmates using what you have just learned. Remember that knowledge of grammar is the key to communication. Knowing grammar rules is not an end but rather a means to be able to express yourself in another language.

Más allá

As we advance through the first decade of the twenty-first century, it is evident that knowledge of the Spanish language is important in many different fields of employment. This is due to a number of factors including the ever-increasing Latino population in the United States and the new face of the global world of business. The *Más allá* section introduces you to many professions where knowledge of Spanish could be advantageous.

After the *Más allá* section, the sections from the first part of the chapter repeat, but in the following order: *Vocabulario esencial*, *Story Line* (usually a conversation), and *Gramática para la comunicación*.

Imágenes: Lectura / Escritura / Video

This section is designed to teach you how to read, listen, and write effectively in Spanish, and to expand your knowledge of the Hispanic world. Each chapter contains a cultural reading, such as a brochure or magazine excerpt, a poem, or a short story. In even-numbered chapters you will view a video and do related activities. In odd-numbered chapters starting in Chapter 3, you will have a writing assignment. Specific techniques are discussed and practiced to develop your reading, listening, and writing skills in Spanish. Here are some tips to help you become a more proficient reader, listener, and writer in Spanish:

▶ Focus on the techniques being taught.
▶ Use techniques taught in early chapters while doing reading, listening, or writing activities from later chapters.
▶ When reading a text or viewing the video, focus on getting the information asked of you in each activity.
▶ Apply the techniques when you read and write in English.

- Write frequently in Spanish (for example, notes to yourself about what you have to do, or a journal with a few short entries each week).

- When reading, look up only those words that are essential to understanding. List these words on a separate sheet of paper for reference. Do not write translations in the text above the Spanish word.

- When viewing the video, do not be concerned with comprehending every word or phrase; focus on the general message. Use visual cues to help you comprehend.

- While reading a text and viewing the video, be alert to cultural information provided. In the video, pay attention to how people interact with one another to gain a greater understanding of everyday Hispanic culture.

End-of-Chapter Vocabulary

For easy reference, each chapter ends with a summary of the vocabulary that you are expected to know.

ANCILLARY COMPONENTS

Activities Manual: Workbook/Lab Manual

The Workbook provides a variety of practice to help you develop your reading and writing skills. Each chapter in the Workbook is divided as follows:

- Mechanical Practice (*Práctica mecánica*), Parts I and II.
  Parts I and II are to be done upon completion of the first and second grammar explanation sections, respectively. These exercises give you practice manipulating the grammar topics in isolation.

- Communicative Practice (*Práctica comunicativa*), Parts I and II.
  This section allows you to express yourself in a less controlled way and to practice the functions of the chapter. In order to do this section, you need to use the main grammar points and vocabulary presented in the chapter. *Práctica comunicativa I* should be done after finishing *Gramática para la comunicación I; Práctica comunicativa II* should be done after studying *Gramática para la comunicación II* and before any chapter quizzes or exams.

The lab program develops two very important skills: pronunciation and listening. Each chapter in the Lab Manual contains the following material:

- Pronunciation (*Mejora tu pronunciación*). An explanation of the sound or sounds to be focused on is followed by practice exercises.

- Listening comprehension (*Mejora tu comprensión*). Each chapter contains eight to ten activities based on conversations in different settings, and on varied types of ads, announcements, and messages. Do not be concerned with comprehending every word or phrase; focus on the general message. When doing the activities, focus on getting the information asked of you.

▶ The chapter conversations. Each chapter ends with the corresponding conversations from the text.

▶ The recorded activities should be done after studying *Gramática para la comunicación II* in the text, and before any quizzes or exams.

An online version of the Activities Manual is also available.

Imágenes *Video*

The *Imágenes* Video contains six episodes of cultural segments and interviews filmed in Argentina, Ecuador, Mexico, Puerto Rico, and Spain. The episodes, each lasting approximately eight to ten minutes, focus on themes and language related to the textbook chapters. Mariela and Javier, two American students of Hispanic descent, act as commentators as they travel to learn about the Hispanic world and interact with and interview other people. The episodes include greetings; interviews with students about their studies, university, and leisure activities; a wedding and a religious holiday; a look at city life; a visit to a restaurant's kitchen; and samples of music and dance.

The activities, located in the *Imágenes* section at the end of each even-numbered chapter in your text, are designed to prepare you for viewing and focus your attention on particular aspects or information in the video so that you can get the most from your viewing.

Through watching the video, you will learn more about Hispanic cultures, be able to compare certain aspects to your own, and also develop your ability to understand native speakers.

Imágenes *Multimedia CD-ROM 1.0*

The dual-platform multimedia CD-ROM that accompanies *Imágenes* helps you practice each chapter's vocabulary and grammar, and provides immediate feedback so that you can check your progress in Spanish. Each chapter includes art- and listening-based activities and the opportunity to record selected responses to help you develop your reading, writing, listening, and speaking skills. As you work, you can access a grammar reference and a vocabulary glossary for instant help. When you check your work, pay specific attention to the hints given to learn from your mistakes. You can use the program for extra practice as you study a chapter and for review before quizzes and exams.

The CD-ROM also contains the complete *Imágenes* video and activities relating to a short clip from each of the six episodes. Cultural information and activities enable you to learn more about aspects of Hispanic culture presented in the video. You can do these activities before or after watching the complete video or anytime after studying the information in *Gramática para la comunicación II.*

The *Imágenes* Multimedia CD-ROM also allows you to link directly to the textbook web site and includes a scoring feature so that you may monitor your progress.

Imágenes *Web Site*

The web site that accompanies *Imágenes* has the following components:

▶ **Search Activities**   The activities are designed to give you further practice with chapter vocabulary and grammar while exploring existing Spanish-language web sites. Although the sites you will access are not written for students of Spanish, the tasks that you will be asked to carry out are; therefore, you needn't be concerned about understanding every word. When doing the search activities, remember the reading strategies you have learned to help you comprehend the content.

▶ **ACE Practice Tests**   Each chapter contains a series of chapter-specific exercises designed to help you assess your progress and practice chapter vocabulary and grammar. Feedback on your answers includes hints to help you understand errors and pinpoint areas you may need to review. In even-numbered chapters, ACE video exercises offer practice based on short clips from the *Imágenes* Video. In addition, ACE PLUS exercises provide more vocabulary and grammar practice, useful for review or extra reinforcement of chapter topics. You may do some or all of the language activities as you study the chapter or as a review for quizzes and exams.

▶ **Cultural Links**   The cultural links for each chapter can be accessed to obtain additional cultural information on places and topics you have read about. These sites may be in English or Spanish.

Also included are flash cards for vocabulary study and downloadable MP3 files of the chapter conversations from your textbook. To access the site, go to spanish.college.hmco.com/students.

Acknowledgments

The authors and publisher thank the following reviewers for their comments and recommendations, many of which are reflected in the textbook:

Greg Briscoe, Western Kentucky University
Cathleen G. Cuppett, Coker College
Rocío De la Rosa Duncan, Rockhurst University
Colette Fortin, Hampton University
Robin Furnas-Martinez, Rice University
Terri A. Gebel, University of Northern Iowa
Phyliss D. Giuliano, Quinnipiac University
Sue Griffin, University of Maine, Orono
Charles Kargleder, Spring Hill College
Pilar Munday, Sacred Heart University
Sheila M. O'Brien, Clarke College
Chin-Sook Pak, Ball State University
Jackie Ramsey, Concordia University Wisconsin
Engracia Schuster, Onondaga Community College
Deana M. Smalley, Notre Dame de Namur University
J. Francisco Zermeño, Chabot College

We are especially grateful to the following people for their valuable assistance during the development and production of this project: Amy Baron and Sandy Guadano for their encouragement and support; Grisel Lozano-Garcini, our development editor, for her observations and sound suggestions; Rosemary Jaffe, our project editor, for juggling all aspects of production with ease; Cia Boynton for a clear and eye-catching design; our copyeditor; the design, art, and production staff who participated in the project; Tina Crowley Desprez for her support in marketing the program; Rosa Maldonado-Bronnsack, Lily Moreno Carrasquillo, Martha Miranda Gómez, Virginia Laignelet Rueda, Olga Tedias-Montero, Victoria Junco de Meyer, Pilar Pérez Serrano, Alberto Dávila Suárez, Victoria Gardner, William Reyes Cubides, Ahmed Martínez, Peter Neissa, Michel Fernández, Dwayne Carpenter, Edgar Mejía, Cástulo Romero, Henry Borrero, and Rosa Garza Mouriño for their assistance answering questions about lexical items and cultural practices in the many countries that comprise the Spanish-speaking world.

Additionally, we would like to thank Norma Rusch for her musical talents; Sara Lehman who authored some activities in the Test and Quiz Bank and also for her musical talents; Louise Neary and Lauren Rosen for their work on the web site activities; Louise Neary and Steve Budge for creating the CD-ROM activities; Cristina Schulze, Carmen Fernández, Charo Fernández, Ann Merry, and Viviana Domínguez for their help with the video program.

CAPÍTULO preliminar

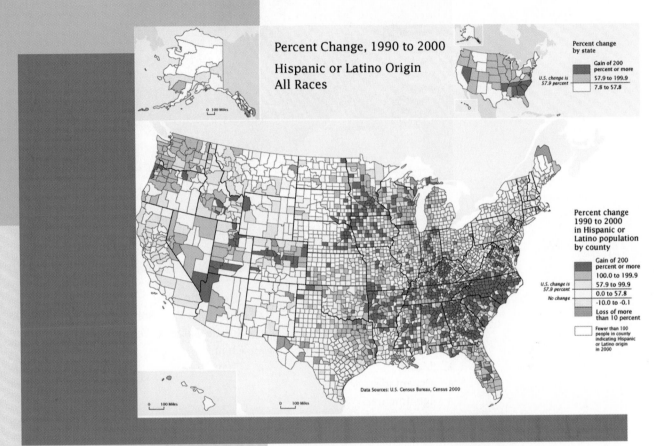

Percent Change, 1990 to 2000

Hispanic or Latino Origin
All Races

Percent change
by state

Gain of 200
percent or more

57.9 to 199.9

7.8 to 57.8

U.S. change is
57.9 percent

0   100 Miles

Percent change
1990 to 2000
in Hispanic or
Latino population
by county

Gain of 200
percent or more

100.0 to 199.9

57.9 to 99.9

0.0 to 57.8

-10.0 to -0.1

Loss of more
than 10 percent

Fewer than 100
people in county
indicating Hispanic
or Latino origin
in 2000

U.S. change is
57.9 percent

No change

Data Sources: U.S. Census Bureau, Census 2000

0   100 Miles   0   100 Miles

CHAPTER OBJECTIVES

▶ Telling your name and where you are from

▶ Asking others their name and where they are from

▶ Greeting someone and saying good-by

▶ Telling the names of countries and their capitals

▶ Recognizing a number of classroom expressions and commands

Datos interesantes

Los cinco países con mayor número de personas de habla española:

México	100.000.000
España	40.000.000
Colombia	40.000.000
Argentina	37.000.000
Estados Unidos	25.000.000

1

Las presentaciones

Students in ▶
La Paz, Bolivia.

A: Hola.

B: Hola.

A: ¿Cómo te llamas?

B: Me llamo Marisa. ¿Y tú?

A: Marta.

B: Encantada.

A: Igualmente.

B: ¿De dónde eres?

A: Soy de La Paz, Bolivia. ¿Y tú?

B: Soy de Caracas, Venezuela.

A: Chau.

B: Chau.

● Spanish requires that punctuation marks be used at the
beginning and end of questions
and exclamations.

● Men say **encantado** and
women say **encantada**.

ACTIVIDAD 1

¿Cómo te llamas? Take three minutes to meet as many
people in your class as you can by asking their names. Follow
the model.

A: Hola. ¿Cómo te llamas?

B: Me llamo [Jessica]. ¿Y tú?

A: Me llamo [Omar].

B: Encantada.

A: Igualmente.

B: Chau.

A: Chau.

ACTIVIDAD **2**   **¿De dónde eres?** Ask four or five classmates where they are from. Follow the model.

   A: ¿De dónde eres?

   B: Soy de [Cincinnati, Ohio]. ¿Y tú?

   A: Soy de [Lincoln, Nebraska].

ACTIVIDAD **3**   **Hola . . . Chau** Go to the front of the room and form two concentric circles with the people in the inner circle facing those in the outer circle. Each person should speak to the person in front of him/her and include the following in the conversation: greet the person, ask his/her name, find out where he/she is from, say good-by. When finished with a conversation, wait for a signal from your instructor, then the inner circle should move to the next person to their right and have the same conversation with a new partner.

A Chilean professor greets ▶
a Puerto Rican professor
at a conference.

A: Buenos días.

B: Buenos días.

A: ¿Cómo se llama Ud.?

B: Me llamo Tomás Gómez. ¿Y Ud.?

A: Silvia Rivera.

B: Encantado.

A: Igualmente.

B: ¿De dónde es Ud.?

A: Soy de Lima, Perú. ¿Y Ud.?

B: Soy de Chicago, Illinois.

A: Adiós.

B: Adiós.

¿Lo sabían?

Spanish has two forms of address to reflect different levels of formality. **Usted (Ud.)** is generally used when talking to people whom you would address by their last name (Mrs. Smith, Mr. Jones) or with the words "sir" and "madam." (What would you like, sir?) **Tú** is used when speaking to a young person and to people whom you would call by their first name.

● Note: **Ud.** is the abbreviation of the word **usted** and will be used throughout this text.

ACTIVIDAD 4   **¿Cómo se llama Ud.?** Imagine that you are at a business conference. Introduce yourself to three people. Follow the model.

A: Buenos días.

B: Buenos días.

A: ¿Cómo se llama Ud.?

B: Me llamo . . . ¿Y Ud.?

A: Me llamo . . .

B: Encantado/a.

A: Encantado/a.

B: Adiós.

A: Adiós.

ACTIVIDAD 5   **¿De dónde es Ud.?** You are a businessman/business-woman at a cocktail party and you are talking to other guests. Find out their names and where they are from. Follow the model.

A: Buenas noches.

B: Buenas noches.

A: ¿Cómo se llama Ud.?

B: . . . ¿Y Ud.?

A: . . . ¿De dónde es (Ud.)?

B: Soy de . . .

A: Encantado/a.

B: . . .

● Do Workbook Act. 1–4.

ACTIVIDAD 6

¿Formal o informal? Speak to at least five other members of your class: greet them, find out their names and where they are from, and then say good-by. If they are wearing jeans, use **tú.** If they are not in jeans, use **Ud.**

Los saludos y las despedidas

Los saludos (Greetings)

Hola.   Hi.
Buenos días.   Good morning.
Buenas tardes.   Good afternoon.
Buenas noches.   Good evening.

¿Cómo estás?
¿Cómo está (Ud.)?   } How are you?
¿Qué tal? *(informal)*

¡Muy bien!   Very well!
Bien.   O.K.
Más o menos.   So, so.
Regular.   Not so good.
Mal.   Lousy./Awful.

Las despedidas (Saying Good-by)

Hasta luego.   See you later.
Hasta mañana.   See you tomorrow.
Buenas noches.   Good night./Good evening.
Adiós.   Good-by.
Chau./Chao.   Bye./So long.

¿Lo sabían?

Adiós is also used as a greeting when two people pass each other on the street and just want to say "Hi," but have no intention of stopping to chat.

◀ (Antigua, Guatemala) Men often shake hands or sometimes give each other a hug (**un abrazo**). In business situations, a handshake is commonly used to greet someone, regardless of gender.

▼ (Mexico City) When two women (or a man and a woman) who are friends meet, they often kiss each other on the cheek.

A: Buenos días, Sr. Ramírez.

B: Buenos días, Sr. Canseco. ¿Cómo está Ud.?

A: Muy bien. ¿Y Ud.?

B: Regular.

● Formal = **¿Cómo está (Ud.)?**
Informal = **¿Cómo estás (tú)?**

A: ¡Hola, Susana! ¿Cómo estás?

B: Bien, gracias. ¿Y tú?

A: Más o menos.

● Is the greeting in this activity title formal or informal?

● Do Workbook Act. 5–7.

ACTIVIDAD
7

¡Hola! ¿Cómo estás? Mingle and greet several classmates, ask how each is, and then say good-by. To practice using both **tú** and **Ud.**, address all people wearing blue jeans informally (use **tú**) and all others formally (use **Ud.**).

Países hispanos y sus capitales

Use the maps on the inside covers of your text to learn the names of Hispanic countries and their capitals. Follow your instructor's directions.

Otros países y sus capitales

Alemania	Berlín
Brasil	Brasilia
Canadá	Ottawa
(los) Estados Unidos	Washington, D.C.
Francia	París
Inglaterra	Londres
Italia	Roma
Portugal	Lisboa

● Do Workbook Act. 8–11.

ACTIVIDAD 8 **Capitales hispanas** In pairs, take three minutes to memorize the capitals of the countries on either the front or back inside cover of your textbook. Your partner will memorize those on the opposite cover. Then go to the cover that your partner has studied and take turns asking the capitals of all the countries. Follow the model.

◆ A: (*Looking at the back inside cover*) ¿Cuál es la capital de Chile?

B: Santiago.

A: Correcto. (*Looking at the front inside cover*) ¿Cuál es la capital de Costa Rica?

B: . . .

La Paz, la capital de Bolivia. ▶

¿Lo sabían?

Spanish is spoken in many countries. Although Mandarin Chinese has the largest number of native speakers in the world, Spanish is second and is followed closely by English. The term *Hispanic,* as it is used in the United States by the U.S. government, is a broad term referring to people of diverse ethnic makeup from Spain and Latin America. Many Spanish speakers in the U.S. prefer the term **Latino** or **Latina.** Spanish is spoken in the following geographical areas by people of all races:

América

Norteamérica:
  Estados Unidos,* México

Centroamérica:
  Belice,* Costa Rica, El Salvador,
  Guatemala, Honduras, Nicaragua, Panamá

El Caribe:
  Cuba, La República Dominicana,
  Puerto Rico

Suramérica:
  Argentina, Bolivia, Chile, Colombia,
  Ecuador, Paraguay, Perú, Trinidad y
  Tobago,* Uruguay, Venezuela

Europa
  Andorra, España, Gibraltar*

África
  Guinea Ecuatorial

*Nations where Spanish is spoken by a large number of people but is not an official language.

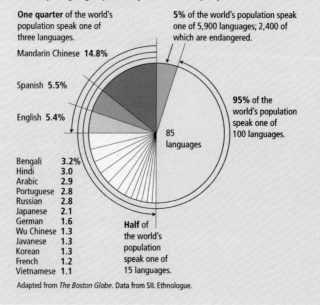

World Languages
Primary language spoken by the 6 billion people in the world

One quarter of the world's population speak one of three languages.

5% of the world's population speak one of 5,900 languages; 2,400 of which are endangered.

Mandarin Chinese **14.8%**

Spanish **5.5%**

English **5.4%**

95% of the world's population speak one of 100 languages.

85 languages

Bengali	3.2%
Hindi	3.0
Arabic	2.9
Portuguese	2.8
Russian	2.8
Japanese	2.1
German	1.6
Wu Chinese	1.3
Javanese	1.3
Korean	1.3
French	1.2
Vietnamese	1.1

Half of the world's population speak one of 15 languages.

Adapted from *The Boston Globe.* Data from SIL Ethnologue.

● NOTE: In the Spanish-speaking world, only five continents are recognized: **América** (includes North and South America), **Europa, Asia, África,** and **Oceanía** (includes Australia, New Zealand, and other islands in the Pacific Ocean).

Expresiones para la clase

Learn the following commands (**órdenes**) so that you can react to them when they are used by your instructor.

Órdenes

● When two words are given (e.g., **Abre/Abran**), the first is an informal, singular command given to an individual and the second is a command given to a group of people.

Abre/Abran el libro en la página . . .   Open your book(s) to page . . .

Cierra/Cierren el libro.   Close your book(s).

Mira/Miren el ejercicio/la actividad . . .   Look at the exercise/the activity . . .

Escucha./Escuchen.   Listen.

Escribe./Escriban.   Write.

Lee/Lean las instrucciones.   Read the instructions.

Saca/Saquen papel/bolígrafo/lápiz.   Take out paper/a pen/a pencil.

Repite./Repitan.   Repeat.

Siéntate./Siéntense.   Sit down.
Levántate./Levántense.   Stand up.
[Vicente], pregúntale a [Ana] . . .   [Vicente], ask [Ana] . . .
[Ana], contéstale a [Vicente] . . .   [Ana], answer [Vicente] . . .
[María], repite la respuesta, por favor.   [María], repeat the answer, please.
[María], dile a [Jorge] . . .   [María], tell [Jorge] . . .

The following expressions will be useful in the classroom:

¿Cómo se dice . . . en español?   How do you say . . . in Spanish?
¿Cómo se escribe . . . ?   How do you spell . . . ?
¿Qué quiere decir . . . ?   What does . . . mean?
¿En qué página, por favor?   What page, please?
No entiendo./No comprendo.   I don't understand.
No sé [la respuesta].   I don't know [the answer].
Más despacio, por favor.   More slowly, please.
(Muchas) gracias.   Thank you (very much).
De nada.   You're welcome.

ACTIVIDAD 9   **Las órdenes** Listen to the commands your instructor gives you and act accordingly.

ACTIVIDAD 10   **¿Qué dirías tú?** What would you say in the following situations?

1. The instructor is speaking very fast.
2. The instructor asks you a question but you don't know the answer.
3. You do not understand what the word **ejercicio** means.
4. You do not understand what the instructor is telling you.
5. You did not hear the page number.
6. You want to know how to say *table* in Spanish.

Deletreo y pronunciación de palabras: El alfabeto

● **ca, co, cu: c** is pronounced like *c* in *cat*

● **ce, ci: c** is pronounced like *c* in *center*

● **ga, go, gu: g** is pronounced like *g* in *go* or softer, as in *egg*

● **ge, gi: g** is pronounced like *h* in *hot*

● **h** is always silent

A	a	Argentina
B	be, be larga, be grande, be de burro	Barcelona
C	ce	Concepción
CH	che	Chile
D	de	Santo Domingo
E	e	Ecuador
F	efe	La Florida
G	ge	Guatemala, Cartagena
H	hache	Honduras
I	i	Las Islas Canarias
J	jota	San José

● Listen to the CD or tape for each chapter to practice pronunciation.

K	ca	**K**ansas
L	ele	**L**ima
LL	elle	Hermosi**ll**o
M	eme	**M**ontevideo
N	ene	**N**icaragua
Ñ	eñe	Espa**ñ**a
O	o	**O**viedo
P	pe	**P**anamá
Q	cu	**Q**uito
R	ere	Pe**r**ú
S	ese	**S**antiago
T	te	**T**oledo
U	u	**U**ruguay
V	uve, ve corta, ve chica, ve de vaca	**V**enezuela
W	doble uve, doble ve, doble u	**W**ashington
X	equis	E**x**tremadura
Y	i griega, ye	**Y**ucatán
Z	zeta	**Z**aragoza

¿Lo sabían?

In 1994, the Academies of the Spanish Language eliminated the **ch (che)** and the **ll (elle)** as separate dictionary entries. This was done so that alphabetical order in Spanish would be closer to that used in other languages and to better adapt to the international marketplace and use of computers. In older dictionaries, the **ch** and **ll** appear as separate entries found after all **c** and **l** entries, respectively. Since the change made by the Academies of the Spanish Language is recent, you may hear **che** or **ce hache** and **elle** or **doble ele.** This is also true for the **rr,** which may be said **ere ere, doble ere,** or **erre** (the latter is more common). All are used and understood by native speakers.

Here are a few more useful facts concerning the Spanish alphabet:
- The letter **ñ** follows **n.** Therefore **mañana** follows **manzana** (*apple*) in dictionaries. Although few words start with the **ñ,** dictionaries maintain a separate section for words beginning with **ñ.**
- The **k** and **w** are usually used with words of foreign origin.
- All letters are feminine, for example: **las letras son la** *a,* **la** *b,* **la** *c,* etc.

ACTIVIDAD 11 **¿Cómo se escribe . . . ?** Find out the name of two classmates and ask them to spell their last names. Follow the model.

A: ¿Cómo te llamas?

B: Teresa Domínguez Schroeder.

A: ¿Cómo se escribe "Schroeder"?

B: Ese-ce-hache-ere-o-e-de-e-ere.

● Do Workbook Act. 12.

ACTIVIDAD 12 **Las siglas** **Parte A:** The following organizations or places are frequently referred to by their acronym or abbreviation. Try to figure out which letters would go in the blanks below.

1. La **Unión Europea** es una organización de países de Europa, España es uno de los países. La ＿＿ se abrevia en inglés *E.U.* (*European Union*).

2. El **Tratado de Libre Comercio** es un acuerdo (*treaty*) entre los Estados Unidos, México y Canadá. El comercio entre los países es libre. El ＿＿＿ se llama en inglés *NAFTA* (*North American Free Trade Agreement*).

3. La **Organización de las Naciones Unidas** es una organización de los países del mundo. La sede está en Nueva York. La ＿＿＿ se llama en inglés la *U.N.* (*United Nations*).

4. La **Organización de Estados Americanos** es una organización de los países del continente americano. La ＿＿＿ se llama en inglés la *O.A.S.* (*Organization of American States*).

5. El **Distrito Federal** es el nombre de la zona donde está la ciudad de México. El ＿＿ es el nombre común de la ciudad de México.

6. La **Organización del Tratado del Atlántico Norte** mantiene la paz y seguridad de los países que son miembros de la organización. La ＿＿＿＿ se llama en inglés *NATO* (*North Atlantic Treaty Organization*).

Parte B: In Spanish, it is common to pronounce abbreviations as words instead of stating every letter individually. How would you say the acronyms in numbers 3, 4, and 6 above?

● Just as some people in the U.S. refer to Washington, D.C. as just "D.C.", Mexicans almost always call Mexico City "el D. F."

● NOTE: When the words are plural, the letters are normally doubled in the abbreviation: **Los Estados Unidos = EE. UU.** (Note that the periods come after each double letter.)

Acentuación (*Stress*)

In order to pronounce words correctly, you will need to know the stress patterns of Spanish.

1 ▲ If a word ends in *n*, *s*, or a vowel **(vocal)**, stress falls on the next-to-last syllable **(penúltima sílaba).**

re**pi**tan   **lla**mas   **ho**la

● For more information on syllabication and accentuation, see Appendix B.

● Accents on stressed capital letters can be written or omitted. For example: both **Álvaro** and **Alvaro** are correct. This book will use the former.

2 ▲ If a word ends in any consonant **(consonante)** other than *n* or *s*, stress falls on the last syllable **(última sílaba).**

espa**ñol**   us**ted**   regu**lar**

3 ▲ Any exception to rules 1 and 2 has a written accent mark (**acento ortográfico**) on the stressed vowel. The underlined syllable represents where the stress would be according to the rules, and the arrow shows where the stress actually is when the word is pronounced. When the two do not coincide, the rules have been broken, and a written accent is needed.

tele<u>vi</u>**sión**   te**lé**<u>fo</u>no   **lá**<u>piz</u>
　　　　↑　　　　　↑　　　　　↑

With knowledge of the accent rules and a great deal of practice, you will always know where to stress a word if you first encounter it when reading and, upon hearing a Spanish word, you will be able to write it correctly.

NOTE: There are two other sets of words that require accents:

1 ▲ Question words such as **cómo, de dónde,** and **cuál** always have written accents.

2 ▲ Certain words have a written accent to distinguish them from similar words that are pronounced the same but have different meanings: **tú** (*you*), **tu** (*your*); **él** (*he*), **el** (*the*).

ACTIVIDAD 13　**Énfasis**　Indicate the syllable where the stress falls in each word of the following sentences. Listen while your instructor pronounces each sentence.

1. ¿Có-mo es-tá, se-ñor Pé-rez?
2. La ca-pi-tal de Pe-rú es Li-ma.
3. ¿Có-mo se es-cri-be "Ne-bras-ka"?
4. Re-pi-tan la fra-se.
5. No com-pren-do.
6. Más des-pa-cio, por fa-vor.

Do Workbook Act. 13–14, CD-ROM, and lab activities.
For additional practice and cultural information access the *Imágenes* web site. To do this, go to **http://spanish.college. hmco.com/students,** select the *Imágenes* textbook web site, and bookmark this site for future reference.

ACTIVIDAD 14　**Acentos**　Read the following words, stressing the syllables in bold type. Underline the syllables that would be stressed according to the rules. Then place arrows under the syllables that are stressed when the words are pronounced. If they do not coincide, add a written accent.

ultima　　　**úl**<u>ti</u>ma
　　　　　　　　↑

1. **ra**pido
2. Sala**man**ca
3. **la**piz
4. profe**sion**
5. profe**sor**
6. telegra**ma**
7. ca**fe**
8. na**cio**nes
9. **Mexi**co
10. doc**to**ra
11. **pa**gina
12. universi**dad**
13. pi**za**rra
14. **can**cer
15. Bo**go**ta

Vocabulario funcional

Las presentaciones (*Introductions*)

¿Cómo te llamas?	*What's your name?* (*informal*)
¿Cómo se llama (usted)?	*What's your name?* (*formal*)
Me llamo . . .	*My name is . . .*
¿Y tú/usted?	*And you?*
Encantado/a.	*Nice to meet you.* (*literally, Charmed.*)
Igualmente.	*Nice to meet you, too.* (*literally, Equally.*)

El origen

¿De dónde eres?	*Where are you from?* (*informal*)
¿De dónde es usted?	*Where are you from?* (*formal*)
Soy de . . .	*I am from . . .*

Los saludos y las despedidas   *See page 5.*

Expresiones para la clase   *See pages 8–9.*

El alfabeto   *See pages 9–10.*

Países hispanos y sus capitales

¿Cuál es la capital de . . . ?	*What is the capital of . . . ?*	
Estados Unidos	Washington, D.C.	América del Norte/ Norteamérica
México	México, D.F. (Distrito Federal)	
Costa Rica	San José	América Central/ Centroamérica
El Salvador	San Salvador	
Guatemala	Guatemala	
Honduras	Tegucigalpa	
Nicaragua	Managua	
Panamá	Panamá	
Argentina	Buenos Aires	América del Sur/ Suramérica
Bolivia	La Paz; Sucre	
Colombia	Bogotá	
Chile	Santiago	
Ecuador	Quito	
Paraguay	Asunción	
Perú	Lima	
Uruguay	Montevideo	
Venezuela	Caracas	
Cuba	La Habana	El Caribe
Puerto Rico	San Juan	
República Dominicana	Santo Domingo	
España	Madrid	Europa

Los protagonistas

These are the main characters you will be reading about throughout *Imágenes*.

1. **Juan Carlos Moreno Arias,** 24, Perú
2. **Teresa Domínguez Schroeder,** 22, Puerto Rico
3. **Diana Miller,** 25, los Estados Unidos
4. **don Alejandro Domínguez Estrada,** 55, Puerto Rico
5. **Álvaro Gómez Ortega,** 23, España
6. **Marisel Álvarez Vegas,** 19, Venezuela
7. **Claudia Dávila Arenas,** 21, Colombia
8. **Isabel Ochoa Hermann,** 24, Chile
9. **Vicente Mendoza Durán,** 26, Costa Rica

Study Tips

Two common sentences one can hear from people over 30 are the following:

> I wish I had studied a foreign language.
> I wish I had spent time in college studying abroad.

Learning a new language takes time, but the rewards are many. To avoid having any regrets, buckle down, study, and start to plan for a period of study abroad in a country where Spanish is spoken.

When studying a language, always remember that the goal of language study is communication. Learning a language does not mean memorizing vocabulary lists and studying grammar points. While grammar is one of the keys to communication, knowing grammar rules is not an end, but rather a means that enables you to express yourself in another language. As you learn more grammar rules and vocabulary, try to make your studying relevant to you as an individual. Each day ask yourself one question: What concepts can I express today in Spanish that I couldn't yesterday? For example, after studying the Preliminary Chapter you might say, "Now I can greet someone and find out where he/she is from."

Imágenes is based on the premise that **we learn by doing.** Trying to think in the language, without relying on translation, is the most effective way to learn. Try some of the following techniques to make the most of your study time.

1 ▲ Have a positive attitude.

2 ▲ Study frequently. It is better to study for a short while every day than to "cram" for an exam. If you learn something quickly, you tend to forget it quickly. If you learn something over time, your retention will improve.

3 ▲ **Focus on what function is being emphasized.** The word *function* refers to what you can do with the language. For example, *saying what you did yesterday* is a function, and in order to perform this function, you need to know how to form the *preterit tense* of verbs. Knowing the function makes it easier to see the purpose for studying a point of grammar.

❱ Focus on the title of each grammar explanation to understand the function being presented.

❱ Read examples carefully, keeping in mind the function.

❱ Create sentences of your own, using the grammar point presented to carry out the function emphasized.

4 ▲ **Idle time = Study time.** Try to spend otherwise nonproductive time studying and practicing Spanish. That will mean less "formal" studying and more time for other things. These spontaneous study sessions are a good way to learn quickly and painlessly while retaining a great deal.

❱ When learning numbers, say your friends' phone numbers in Spanish before dialing them, read license plates off cars, read numbers on houses, say room numbers before entering the rooms, etc.

❱ When learning descriptive adjectives (i.e., *tall, short, pretty,* etc.), describe people as you walk to class; when watching TV, make up a sentence to describe someone in a commercial; etc.

5 ▲ **Make personal flash cards that contain no translation.** Carry the flash cards with you and go through them as you ride the bus, use an elevator, watch commercials, etc. Once you learn a word, put that card on top of your dresser. At the end of each week, look through the pile of cards and take out any word you may have forgotten and put it in your active file. The growing pile of cards on your dresser will be a visual reminder of how many words, phrases, and verb conjugations you have learned.

❱ Draw a picture on one side of the card and write the Spanish equivalent on the other.

❱ Use brand names that mean something to you: If you use Prell shampoo, write Prell on one side of the card and **champú** on the other.

❱ Write names of people who remind you of certain words: If you think that Whoopi Goldberg is funny, write Whoopi Goldberg on one side and **cómica** on the other.

6 ▲ **Study out loud.** Verbalizing will help you retain more information, as will applying what you are studying to your own life.

❱ When you wake up in the morning, talk to yourself (in Spanish, of course): "I have to study calculus and I have to go to the bank. I'm going to write a letter today. I like to swim, but I'm going to go to the library."

7 ▲ **Write yourself notes in Spanish.** You can write shopping lists in Spanish, messages to your roommate, a "things-to-do list," etc.

8 ▲ **Speak to anyone who speaks Spanish.**

9 ▲ **Prepare for class each day.** This will cut down on your overall study time. It will also improve your class participation and make class more enjoyable for you.

10 ▲ **Participate actively in class.**

11 ▲ **Become a risk taker.** Don't be afraid to make mistakes. When you learn a language, you form hypotheses about what is correct and what is incorrect usage. When you speak or write in the language you will make mistakes. Making mistakes and learning from them is part of the learning process.

12 ▲ **Listen, watch, read, and enjoy.** As you study the language, start watching Spanish TV or movies and listen to a Spanish-language radio station in the car. Read all that you can in the language: labels on products, instructions for the telephone you just bought, Internet articles, and when you are ready, literature. This will increase your vocabulary, improve your listening comprehension and pronunciation, and will open your eyes to new cultures and ways of life.

Tips for Using the Workbook

1 ▲ Do homework and workbook assignments when assigned; don't wait until the night before a chapter of workbook activities is due to be turned in to your instructor. By doing homework on a daily basis, you increase your retention of information.

2 ▲ Study before trying to do the activities.

3 ▲ Check your answers with care. Pay attention to punctuation and accents. Write the corrections above your errors in a different color ink.

4 ▲ Learn from your mistakes. Write personal notes in the margins to explain or clarify the reason for a correction.

5 ▲ Ask your instructor questions to clarify any errors you don't understand.

6 ▲ When reviewing for exams, pay specific attention to the notes you made in the margins.

Tips for Using the Lab Audio Program

1 ▲ Listen to and do the pronunciation section when you begin to study each chapter.

2 ▲ Do the rest of the lab activities after studying the grammar explanation in the second half of each chapter.

3 ▲ Read the directions and the items in each activity in your Lab Manual before listening to the audio CD or cassette.

4 ▲ You are not expected to understand every word you hear on the audio CD or cassette. All you need to be able to do is to comprehend enough information to complete the activities in the Lab Manual.

5 ▲ Listen to the audio CD or cassette as many times as may be needed.

6 ▲ After correcting your answers in the Lab Manual, listen to the audio CD or cassette again. Having the answers will help you hear what you may have missed the first time.

Tips for Using the CD-ROM

1 ▲ Do the language practice activities after studying each point in class.

2 ▲ The language practice activities can be used to review for exams.

3 ▲ Check each answer as you complete the item to receive immediate feedback.

4 ▲ Brush up on grammar explanations, conjugations, etc., by clicking on the indicated button.

5 ▲ If you make an error, pay special attention to the hints given and learn from your mistakes.

6 ▲ Additional activities to practice language are available at the *Imágenes* web site (see next section).

7 ▲ Do the video-based activities after studying the grammar in the second half of each chapter. These activities will help you to increase comprehension and to gain a greater understanding of the cultures of speakers of Spanish.

Tips for Using the Internet

1 ▲ After completing each chapter in the textbook, access the *Imágenes* web site. To do this, go to: **http://spanish.college.hmco.com/students,** select the *Imágenes* textbook web site, and bookmark this site for future reference.

2 ▲ When doing the **Web Search Activities,** you will be asked questions about information given in real Spanish-language web sites that were not specifically created for students of Spanish. Concentrate on the task or information requested, without trying to understand everything. You will see many words you don't know on Spanish-language sites; however, by doing the activities you will improve your reading and writing skills, acquire additional vocabulary, and learn about other peoples and their cultures.

3 ▲ The **ACE Practice Tests** on the web site provide additional practice with language structures and offer helpful hints to assist you in mastering the material.

4 ▲ In addition to activities, the web site includes cultural links that relate to each textbook chapter in the **Recursos** section. Click on these links to explore the sites and to learn more about the diversity of the Hispanic world.

5 ▲ Use the Internet to access additional information related to what you studied in class. Using Spanish when searching for a topic will give you Spanish-language sites. For example, if you are looking for information about the Prado Museum in Madrid, a search for "Prado Museum" would give you English language sites, while a search for "Museo del Prado" would give you sites in Spanish.

6 ▲ Beware of seeking language help in a chat room or by posting a question on the net. The quality and accuracy of responses is not to be trusted and, many times, the answers are simply dead wrong! If you have questions about use of language, see your instructor.

Tips for Learning About New Cultures

When using *Imágenes,* you will learn about other people and their cultures. When learning about the Spanish-speaking world, you will be confronted with stereotypes. Dr. Saad Eddin Ibrahim, a sociologist, states that "Stereotypes . . . are categorical beliefs about groups, peoples, nations, and whole civilizations. They are over-generalized, inaccurate, and resistant to new information." Stereotypes can influence how you think about someone from another country, from another neighborhood, or from another house just down the street, and this can lead to prejudice, religious intolerance, age discrimination, and the like.

There are many stereotypes surrounding Spanish-speakers. Many are simply myths caused by years of misperceptions. For example, many people feel that Spanish-speakers in the U.S. are resistant to learning English and are living off welfare. Some use personal history to defend this point of view, making statements like "When my grandfather came to the United States, he . . ." These observations are commonly used to criticize and compare different immigrant groups. Statistics show Spanish-speaking immigrants are learning English as fast or faster than other immigrant groups in the United States, and that eventually they do assimilate. But the constant influx of Spanish-speaking immigrants over the years may create the illusion of a lack of assimilation to the culture of the United States. Therefore, a stereotype is created and it is through the tinted glasses of misperceptions that people are judged.

When learning about the many cultures of speakers of Spanish, be aware of the danger of stereotyping. Remember that knowledge of a people gained through personal contact and speech, studying how they express themselves, reading newspapers and literature, watching movies, surfing the net, and listening to music can all help you to get a picture of the people and the cultures that comprise the Spanish-speaking world. In short, keep an open mind and learn all that you can.

CAPÍTULO 1

▷ The library at the UNAM (Universidad Nacional Autónoma de México).

CHAPTER OBJECTIVES

▶ Giving your age

▶ Telling what you do

▶ Identifying others and telling their age, origin, nationality, and occupation

Datos interesantes

	Número de estudiantes
Universidad Nacional Autónoma de México (UNAM)	271.524
Universidad de Buenos Aires (UBA)	226.073
Universidad Complutense de Madrid	114.778

	Fundada en
La primera universidad del hemisferio occidental: Universidad Nacional Mayor de San Marcos en Perú	1551
La primera universidad de los Estados Unidos: Harvard	1636

En el Colegio Mayor Hispanoamericano

Students at the ▶
Universidad Complutense,
Madrid.

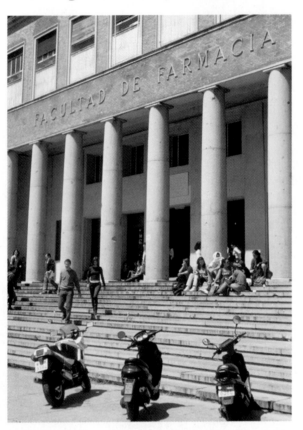

¿Cómo?	What? / What did you say?
No hay de qué.	Don't mention it. / You're welcome.

Teresa has just arrived in Madrid. She has come to Spain to study tourism and to help her uncle at his travel agency. In the following conversation, Teresa is registering at the dorm (**colegio mayor**) *where she will be living.*

ACTIVIDAD **1**   **¿Qué escuchas?** While listening to the conversation between Teresa and the receptionist, check only the phrases that you hear from each column.

_____ Buenos días.   _____ Buenas tardes.
_____ ¿Cómo te llamas?   _____ ¿Cómo se llama Ud.?
_____ Sí, soy de Puerto Rico.   _____ Sí, es de Puerto Rico.
_____ ¿Cuál es su dirección?   _____ ¿Cuál es su número de pasaporte?

RECEPCIONISTA:	Un momento . . . ¿Sí? Buenos días.
TERESA:	Buenos días.
RECEPCIONISTA:	¿Cómo se llama Ud.?
TERESA:	Soy Teresa Domínguez Schroeder.
RECEPCIONISTA:	Domínguez . . . Domínguez . . . ¿Cómo? ¿Cómo es el segundo apellido?
TERESA:	Schroeder.
RECEPCIONISTA:	¿Cómo se escribe?
TERESA:	Ese-ce-hache-ere-o-e-de-e-ere.
RECEPCIONISTA:	Emmm . . . Domínguez Sánchez, Domínguez Salinas, ¡ah, Domínguez Schroeder! Y ¿cuál es su número de pasaporte?
TERESA:	Un momento . . . por Dios . . . momentito . . . Ah, aquí está. Cero-dos-tres . . .
RECEPCIONISTA:	Pasaporte americano . . . Ud. es puertorriqueña, ¿no?
TERESA:	Sí, soy de Puerto Rico.
RECEPCIONISTA:	Bueno, ¿y el número?
TERESA:	Sí, sí, cero-dos-tres-uno-cinco-tres . . .
RECEPCIONISTA:	Cero-dos-uno-cinco . . .
TERESA:	No, cero-dos-tres–uno-cinco.
RECEPCIONISTA:	Ah, tres-uno-cinco, ¿sí?
TERESA:	Tres-seis-cuatro-cuatro.
RECEPCIONISTA:	Treinta y seis, cuarenta y cuatro. Bien. Su habitación es la ocho, señorita.
TERESA:	¿Cómo?
RECEPCIONISTA:	La ocho.
TERESA:	¡Ah! Muchas gracias, señor. Hasta luego.
RECEPCIONISTA:	Adiós. No hay de qué.

● Is this a formal or informal conversation?

● Asking for a repetition

● Discussing origin

● People from Puerto Rico have U.S. passports and are U.S. citizens, even though they consider themselves Puerto Ricans. They travel freely to the U.S. and can legally obtain jobs here.

ACTIVIDAD 2 ¿**Cierto o falso?** After listening to the conversation again, write **C (cierto)** if the statement is true or **F (falso)** if the statement is false.

1. _____ Teresa es de Costa Rica.

2. _____ Ella se llama Teresa Schroeder Domínguez.

3. _____ El pasaporte es de los Estados Unidos.

4. _____ El número de su habitación es ocho.

¿Lo sabían?

In Hispanic countries, it is typical for students to attend a university or college in their hometown and live with their parents. When they attend a school outside their hometown, it is customary for them to stay with relatives who live in that city. When this is not possible, they may live in a dorm **(colegio mayor, residencia estudiantil)** that is usually independent from the university. Since in some countries dorms are almost nonexistent, it is possible to rent a room in a **pensión,** similar to a boarding house. A small number of students rent apartments. What do students in the United States do?

● A dorm is referred to as a **colegio mayor** in Spain and as a **residencia estudiantil** in most of Hispanic America. The word **dormitorio** is used by some Spanish speakers in the Caribbean.

ACTIVIDAD 3 **Teresa Domínguez Schroeder** Many Spanish-speaking people use two last names, particularly for legal purposes. The first is the father's and the second is the mother's maiden name. Answer the following questions based on Teresa's family.

1. ¿El padre de Teresa es el Sr. Domínguez o el Sr. Schroeder? ¿Y cuál es el apellido de su madre?
2. ¿Teresa es la Srta. Domínguez o la Srta. Schroeder?

ACTIVIDAD 4 **¿Cómo te llamas?** Meet three classmates. Introduce yourself and ask them where they are from. Follow the model.

▲ A: ¿Cómo te llamas?
B: . . . ¿Y tú?
A: . . .
B: Mucho gusto.
A: Igualmente.
B: ¿De dónde eres?
A: Soy de . . . ¿Y tú?
B: Yo también soy de . . . / Soy de . . .

● You can say either **Me llamo José Ramos** or **Soy el Sr. Ramos** / **Me llamo Ana Peña** or **Soy la Srta./Sra. Peña.**

ACTIVIDAD 5 **¿Cómo se llama Ud.?** You are Hispanic business people visiting the United States. In pairs, introduce yourselves and ask each other where you are from, following the model. This is a formal conversation.

▲ A: ¿Cómo se llama Ud.?
B: Me llamo . . . ¿Y Ud.?
A: . . .
B: Encantado/a.
A: Igualmente.
B: ¿De dónde es Ud.?
A: De . . . ¿Y Ud.?
B: Soy de . . .

● If you don't know, say, **No sé.**

ACTIVIDAD 6

¿Cómo se llama? In pairs, ask each other questions to see how many of the other students' names you can remember. Also, tell where they are from. Follow the model.

◣ A: ¿Cómo se llama?

B: ¿Quién, él?

A: Sí, él.
B: ¡Ah! Él se llama . . .

A: No, ella.
B: ¡Ah! Ella se llama . . .

A: ¿De dónde es . . . ?

B: Es de . . .

◣ Vocabulario esencial I

I. Los números del cero al cien

● To help you remember: All numbers from 16 to 29 can be written as three words (**diez y seis**) or as one word (**dieciséis**). The latter is more common. Numbers from 31 to 99 are always written as three words (**treinta y uno**). Note that all numbers from 16 to 29 that end in **-s** have a written accent (**veintidós**).

0	cero	16	dieciséis
1	uno	17	diecisiete
2	dos	18	dieciocho
3	tres	19	diecinueve
4	cuatro	20	veinte
5	cinco	21	veintiuno
6	seis	22	veintidós . . .
7	siete	30	treinta, treinta y uno . . .
8	ocho	40	cuarenta, cuarenta y uno . . .
9	nueve	50	cincuenta, cincuenta y uno . . .
10	diez	60	sesenta, sesenta y uno . . .
11	once	70	setenta, setenta y uno . . .
12	doce	80	ochenta, ochenta y uno . . .
13	trece	90	noventa, noventa y uno . . .
14	catorce	100	cien
15	quince		

$

Banco ● Crédito Argentino

012-999-1003 2
52410641 5
09990165656 4

Sucursal Casa Centro, Reconquista 2, Capital Federal
Buenos Aires,   de 20 03

Páguese por este cheque a   Pablo Caminos

la cantidad de pesos   setenta y cinco

Serie **B**   Número **52410641**   CINCODOSCUATROUNOCEROSEISCUATROUNO
52410641
999-016565-6   SCALABRINI ORTIZ 3226 06 CAPITAL FEDERAL (1437)
DOMINGUEZ PEDRO   CUIL 24 04361220 0

P. Domínguez

01:29991003524106410990165656

● Phone numbers are frequently read in pairs (**dos, treinta y tres, . . .**) and then clarified by reading one by one: **dos, tres, tres,** etc.

● Phone numbers may have fewer than seven digits in Hispanic countries, depending on the size of the city or town.

● y = +
menos = −
por = ×
dividido por = ÷

ACTIVIDAD 7

¿Cuál es tu número de teléfono? Mingle with your classmates to find out their telephone numbers.

A: ¿Cuál es tu número de teléfono?

B: Mi número de teléfono es 2-33-65-04 (dos, treinta y tres, sesenta y cinco, cero, cuatro).

A: Dos, tres, tres, siete, cinco . . .

B: No. Sesenta y cinco. Seis, cinco.

A: Ahhh. Dos, tres, tres, seis, cinco, cero, cuatro.

B: Correcto.

ACTIVIDAD 8

Las matemáticas Parte A: Answer the following math problems according to the model.

¿Cuánto es catorce menos cuatro?

Es diez.

1. ¿Cuánto es cincuenta y nueve y veinte?
2. ¿Cuánto es setenta y dos dividido por nueve?
3. ¿Cuánto es diez por tres dividido por cinco?
4. ¿Cuánto es noventa y tres menos veinticuatro?

Parte B: Now write three math problems to quiz a partner. All answers must be 100 or less.

ACTIVIDAD 9

¡Bingo! Complete the bingo card using randomly selected numbers in the following manner: Column B (between 1 and 19), Column I (between 20 and 39), Column N (between 40 and 59), Column G (between 60 and 79), and Column O (between 80 and 99). Cross out the numbers as you hear them.

B	I	N	G	O

II. Las nacionalidades

● Adjectives of nationality are not capitalized in Spanish.

● Practice using word associations: Salvador Dalí = **español;** Monty Python = **inglés** (etc.). Make flash cards of things you associate with each country: **tango / argentino, enchilada / mexicana,** etc.

Soy de España.   Soy de México.   Soy de Bolivia.   Soy de Nicaragua.
Soy español.   Soy mexicana.   Soy boliviano.   Soy nicaragüense.

Otras nacionalidades y adjetivos regionales

● **Indio/a** is used to refer to people from India. It is also used to refer to indigenous populations of the Americas, but may have a derogatory connotation. The word **indígena**— which has only one form ending in **-a** to describe both men and women—is preferred.

africano/a	colombiano/a	hondureño/a	peruano/a
argentino/a	cubano/a	indio/a	puertorriqueño/a
asiático/a	dominicano/a	italiano/a	ruso/a
boliviano/a	ecuatoriano/a	mexicano/a	salvadoreño/a
brasileño/a	europeo/a	panameño/a	uruguayo/a
chileno/a	guatemalteco/a	paraguayo/a	venezolano/a

NOTE: Adjectives of nationality ending in **-o** change to **-a** when describing a woman.

árabe	canadiense	costarricense	nicaragüense

NOTE: Adjectives of nationality ending in **-e** can be used to describe both men and women.

alemán/alemana	inglés/inglesa	portugués/portuguesa
francés/francesa	irlandés/irlandesa	

● Review accent rules. See Appendix B (Stress).

NOTE: Note the accents on **alemán, francés, inglés, irlandés,** and **portugués.**

¿Lo sabían?

How a person from the United States is referred to varies in Hispanic countries. **Americano** is a misnomer, since all people from the Americas are Americans. In some Hispanic countries, such as Colombia, Venezuela, Peru, and Chile, an American may be called **un/a gringo/a,** which is not necessarily a derogatory term. But in Mexico, for example, **gringo/a** has a negative connotation. In countries such as Spain, Mexico, and Argentina, an American is usually called **un/a norteamericano/a.** These terms are used since the word **estadounidense** is somewhat cumbersome. **Estadounidense** is used primarily in formal writing, when filling out forms, or in formal speech, such as newscasts.

ACTIVIDAD 10 ¿**De qué nacionalidad es?** In pairs, alternate asking and answering questions about the nationalities of these people.

   A: ¿De qué nacionalidad es Bill Cosby?

   B: Es norteamericano.

1. Elton John
2. Henry Kissinger
3. Michelle Kwan
4. Gérard Dépardieu
5. Paloma Picasso
6. Plácido Domingo
7. Celine Dion
8. Mikhail Baryshnikov
9. Sammy Sosa
10. Gloria Estefan

ACTIVIDAD 11 **Gente famosa** In groups of three, have a competition. One person says the name of a famous person and the others guess the country and state the nationality. Follow the model.

   Pedro Martínez es de la República Dominicana; entonces es dominicano.

● Remember: **Origen** refers to one's heritage, not to where one was born.

● NOTE: **Y** becomes **e** before words beginning with **i** or **hi:** historia y español but español e historia.

ACTIVIDAD 12 **El origen de tu familia** In groups of five, find out the ancestry of your group members. Follow the model.

   A: ¿Cuál es el origen de tu familia?

   B: Mi familia es de origen alemán e italiano.

Gramática para la comunicación I

I. Introductions: Subject Pronouns and *Llamarse*

After having used Spanish to communicate with your classmates, try to answer a few questions about what you have learned. What is the difference between **él se llama** and **ella se llama?** If you said the first refers to a man and the second to a woman, you were correct. In Spanish, as in English, pronouns **(yo, tú, Ud., él, ella)** can help to clarify the subject of a verb. But, in Spanish, unlike English, the pronoun is optional.

In the sentence **Me llamo Juan,** what is the subject? If you said **yo,** you were correct. There is no ambiguity here and **yo** is the only option (**me llamo**—both **me** and **-o** indicate the subject of the verb). Now look at this sentence and try to identify the subject: **¿Cómo se llama?** There are three options: **Ud., él, ella.** In this case, a pronoun is mainly used to provide clarity.

Therefore, the pronouns **yo** and **tú** are only used for emphasis at the discretion of the speaker; **Ud., él,** and **ella** are used either for emphasis or, more importantly, for clarity.

To summarize what you have learned, the singular subject pronouns are as follows:

Singular Subject Pronouns	
yo	I
tú	you (familiar, singular)
usted (Ud.)	you (formal, singular)
él	he
ella	she

The singular forms of the verb **llamarse** (*to call oneself*) are as follows:

llamarse	
yo	**Me llamo** Miguel.
tú	¿Cómo **te llamas**?
Ud.	¿Cómo **se llama** Ud.?
él	¿Cómo **se llama** él?
ella	Ella **se llama** Carmen.

Remember: Subject pronouns in Spanish are optional and are generally used only for clarification, emphasis, and contrast. In most cases the conjugated verb forms indicate who the subject is.

II. Stating Origin: *Ser + de, Ser +* nationality

How would you ask your new roommate where he/she is from? If you answered **¿De dónde eres?** you were correct since you would use the **tú** form of address when speaking to someone you call by his/her first name. **Tú** would only be added to the question for emphasis at the speaker's discretion.

How would you ask a professor where he/she is from? If you said **¿De dónde es Ud.?** you were correct since you would use the **Ud.** form of address when speaking to someone you would call by his/her last name. In the question **¿Es uruguayo?,** what are the possible subjects of the verb? There are three possibilities: **Ud., él,** and **ella.** Just as you learned with **llamarse,** a pronoun is frequently used with verbs in Spanish to provide clarity.

Remember: The pronouns **yo** and **tú** are only used for emphasis at the discretion of the speaker, but **Ud., él,** and **ella** can be used for emphasis or for clarity.

The singular forms of the verb **ser** (*to be*) are the following:

● The subject pronoun *it* uses the third person singular form of the verb, in this case **es,** and has no subject pronoun equivalent in Spanish. For example: **¿Qué es? Es una computadora.**

ser	
yo	**Soy** de Ecuador.
tú	**¿Eres** gualtemalteco?
Ud.	¿De dónde **es** Ud.?
él	Él **es** de San Francisco.
ella	Ella **es** española.

As shown in the examples, origin can be expressed in the following ways:

ser + **de** + city/country
ser + nationality

III. Indicating One's Age: *Tener*

One of the uses of the verb **tener** is to indicate one's age. The following are the singular forms of the verb **tener** in the present indicative:

tener	
yo	**Tengo** treinta años.
tú	¿Cuántos años **tienes?**
Ud.	¿Cuántos años **tiene** Ud.?
él	Él **tiene** diecinueve años.
ella	Ella **tiene** veintiún años.*

Do Workbook **Práctica mecánica I** and corresponding CD-ROM activities.

*NOTE: The number **veintiuno** loses its final **-o** when followed by a masculine noun. When the **-o** is dropped, an accent is needed over the **-u.**

Remember: As with all verbs in Spanish, the pronouns can be used for emphasis or clarity. The overuse of **yo** and **tú** when speaking or writing Spanish sounds redundant, so when in doubt, omit them.

ACTIVIDAD
13

Dos conversaciones In pairs, construct two logical conversations using the sentences that follow. Note: Each conversation contains two extra lines that do not belong and should not be included.

Conversación 1

_____ ¿Es de Caracas?

__2__ Me llamo Roberto, ¿y tú?

_____ No, soy de Venezuela.

_____ Sí, es de la capital.

_____ ¡Mi amigo es venezolano también!

_____ Se llama Marta.

_____ Felipe. ¿Eres de Colombia?

_____ No, es de Cancún.

_____ Se llama Pepe.

_____ ¿Ah sí? ¿Cómo se llama él?

__1__ ¿Cómo te llamas?

Conversación 2

_____ No, es de Bogotá.

_____ Se llama Ana.

_____ Soy la Srta. Mejía, ¿y Ud.?

_____ ¿Ah sí? ¿Cómo se llama?

_____ ¡Ah! Mi amiga es colombiana también.

_____ No, es de Medellín.

__1__ ¿Cómo se llama Ud.?

_____ ¿Ah sí? ¿Cómo se llama él?

_____ ¿Es de la capital ella?

_____ Soy el Sr. Mendoza, de Colombia.

▲ Students in Lima, Peru.

ACTIVIDAD
14

¿Cómo se llama y de dónde es? In pairs, take turns naming as many of your classmates and their hometowns as you can remember. Follow the model and point at each person you name.

 A: Ella se llama María y es de Milwaukee.

B: Él se llama Víctor. No sé de dónde es.

ACTIVIDAD 15   **¿Cuántos años tienes?** **Parte A:** Ask several of your class-mates their age.

▲ A: ¿Cuántos años tienes?
B: Tengo . . . años.

Parte B: In pairs, ask each other questions to find out the ages of the people in the class whom you didn't get a chance to ask in **Parte A** of this activity.

▲ A: ¿Cuántos años tiene él?
B: Tiene . . . años.   B: No sé cuántos años tiene.

¿Lo sabían?

In Hispanic countries it is not proper to ask someone his or her age, especially a middle-aged or older woman. Moreover, age is not commonly given in Hispanic newspaper articles when describing brides and grooms, political candidates, or criminals; neither does it appear in obituaries. Do any of these practices apply in the United States?

UNION DE CASTRO CASTAÑEDA Y RODRIGUEZ RODRIGUEZ

Helena De Castro Castañeda y Francisco Rodríguez Rodríguez, se casaron por la religión católica, en la Capilla de Nuestra Señora del Carmen, en Campo Alegre. La encantadora novia fue conducida al altar por su padre, luciendo un bellísimo vestido confeccionado en santug de seda. Cursaron las invitaciones para la boda los padres de ambos contrayentes.
La novia es hija de Eduardo de Castro Benedetti y de Finita Castañeda de Castro, y el novio de Francisco Rodríguez Sobral y de Berta Rodríguez de Rodríguez.
La recepción fue celebrada en la Quinta Campo Claro.

ACTIVIDAD 16   **¿Qué recuerdas?** In pairs, take turns saying as much as you can about several members of the class. Follow the model.

▲ Ella se llama Elvira, es de Atlanta y tiene veintidós años.

ACTIVIDAD 17   **Tú y él/ella** Write a few sentences introducing yourself and introducing a classmate. State your names, ages, and where each of you is from.

ACTIVIDAD 18 **En el colegio mayor** In pairs, select role **(papel)** A or B and follow the instructions for that role. Do not look at the information given for the role your partner plays. When you finish, role play the second situation.

Situación 1: Papel A

You are Juan Carlos Moreno Arias and you are registering at a dorm. Give the necessary information to the receptionist when he/she asks you. Here is the information you will need:

> Juan Carlos Moreno Arias　　Perú　　24 años
> Número de pasaporte: 5-66-45-89

Situación 1: Papel B

You are the receptionist and you have to ask a new student questions to fill out the registration card below. Remember to address the new student using the **Ud.** form.

Colegio Mayor Hispanoamericano

Nombre

Apellidos

Edad　　　　País de origen

Número de pasaporte

Situación 2: Papel A

You are the receptionist and you have to ask a new student questions to fill out the registration card above. Remember to address the new student using the **Ud.** form.

Situación 2: Papel B

You are Isabel Ochoa Hermann and you are registering at a dorm. Give the necessary information to the receptionist when he/she asks you. Here is the information you will need:

> Isabel Ochoa Hermann　　Chile　　24 años
> Número de pasaporte: 8749652-40

Do Workbook **Práctica comunicativa I** and corresponding CD-ROM activities.

Más allá

La educación

The **Más allá** section of *Imágenes* provides an opportunity for you to think about how you might be able to use your knowledge of Spanish in the future. Teaching Spanish is probably the first job that comes to your mind. Did you know that . . .

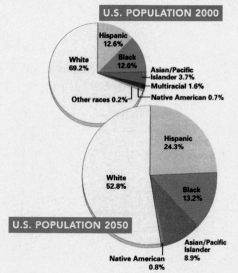

U.S. POPULATION 2000

Hispanic 12.6%
White 69.2%
Black 12.0%
Asian/Pacific Islander 3.7%
Multiracial 1.6%
Native American 0.7%
Other races 0.2%

U.S. POPULATION 2050

Hispanic 24.3%
White 52.8%
Black 13.2%
Asian/Pacific Islander 8.9%
Native American 0.8%

▶ there is a national shortage of Spanish teachers?

▶ almost 2/3 of all high school foreign language students take Spanish?

Did you also know that . . .

▶ there are more than 3,000,000 Limited English Proficient (LEP) students in the United States?

▶ LEP students have increased 100% in the last decade and the growth is expected to continue?

▶ nearly 50% of all school districts enroll LEP students?

▶ today's students speak over 100 languages?

▶ nearly 1/3 of all LEP students get no assistance in the English language . . . ?

▶ the majority of LEP students are Spanish speaking?

Latinos experience a high dropout rate. It is logical that if staff members speak Spanish and are familiar with Hispanic culture, their relationship with both students and parents will be better, thus helping to lower dropout rates. For example, Lennox Middle School (Lennox, CA) requires that all of its staff speak Spanish. Lennox experiences high student achievement and a low dropout rate. Knowledge of Spanish can be used in many jobs in the field of education, from principals to librarians to counselors to teachers' aides, as well as by classroom teachers of the language itself. It is true that certain states have large Hispanic populations, but did you also know that . . .

▼ This is part of a web site of the company Bilingual Education Specialists that offers help for students wanting to pass standardized tests.

Incorporando la tecnología, el aprendizaje y los exámenes

LECTURA   ESCRITURA   MATEMÁTICAS   INGLÉS

▶ Des Moines' Hispanic population grew 168% from 1990 to 2000?

▶ North Carolina's Hispanic population grew 400% from 1990 to 2000?

Regardless of what area of education you may be considering, Spanish will be an asset for you and your future students. ◆

Vocabulario esencial II

Las ocupaciones

1. actor/actriz
2. deportista (profesional)
3. dentista
4. estudiante
5. médico, doctor/doctora

6. economista
7. ingeniero/ingeniera
8. director/directora
9. recepcionista

Otras ocupaciones

abogado/abogada   lawyer
agente de viajes   travel agent
ama de casa   housewife
camarero/camarera   waiter/waitress
cantante   singer
comerciante   business owner
escritor/a   writer, author
hombre/mujer de negocios   businessman/businesswoman
periodista   journalist
programador/programadora de computadoras   computer programmer
secretario/secretaria   secretary
vendedor/vendedora   store clerk

ACTIVIDAD **19** **¿Quiénes son y qué hacen?** In pairs, look at the following pictures and try to match them with the descriptions below. Take turns pointing to a photo and stating the person's name, origin, profession, and age.

_____ 1. Pedro Almodóvar, director, España, 1949

_____ 2. Sandra Cisneros, escritora, Estados Unidos, 1954

_____ 3. Gabriel Batistuta, futbolista, Argentina, 1969

_____ 4. Olga Tañón, cantante, Puerto Rico, 1967

ACTIVIDAD **20** **¿Qué hacen tus padres?** In pairs, role play the parts of Claudia and Vicente. "A" covers Column B and "B" covers Column A. You are meeting each other for the first time. Introduce yourselves and ask questions about each other's parents: their names, where they are from, what they do, and how old they are.

▲ A: ¿Qué hace tu padre?
    B: Mi padre es economista.

A Los Dávila de Colombia

madre—46 años
ama de casa

padre—48 años
hombre de negocios

Claudia—21 años
estudiante

B Los Mendoza de Costa Rica

madre—49 años
abogada

padre—57 años
economista

Vicente—26 años

● **Está jubilado/a.** = He/she is retired.

ACTIVIDAD 21 **¿Qué hace tu padre? ¿Y tu madre?** Interview several classmates and ask them what their parents do.

En la cafetería del colegio mayor

¿Qué hay?	What's up?
¡Oye!	Hey!
entonces	then (when *then* means *therefore*)

● NOTE: The word **cafetería** varies in meaning from country to country. It can be a restaurant, a self-service restaurant, or bar that serves coffee, sodas, alcohol, and snacks.

*After settling in at the dorm, Teresa goes to the **cafetería;** there she joins her new friend, Marisel Álvarez Vegas, who is from Venezuela. Marisel has lived at the dorm for a while and is telling Teresa who everyone is.*

ACTIVIDAD 22 **¿Quién con quién?** Look at the scene in the **cafetería.** While listening to the conversation, find out who is talking with whom. Label the drawing. The names of the people are Juan Carlos, Diana, Marisel, Teresa, Álvaro, and Vicente.

TERESA: Hola, Marisel.
MARISEL: Hola, ¿qué hay?
TERESA: Oye, dime, ¿quién es ella?

MARISEL: ¿La chica? Es Diana.

TERESA: ¿Es de España?

● Negating

MARISEL: No, es de los Estados Unidos, pero es de origen mexicano.

CAMARERO: ¿Qué toman Uds.?

TERESA: Yo, una Coca-Cola.

MARISEL: Para mí, una Fanta de limón.

CAMARERO: Una Coca-Cola y una Fanta de limón.

MARISEL: Eso es. Gracias.

TERESA: ¿Y . . . y ellos? ¿Quiénes son?

● Giving information

MARISEL: Se llaman Juan Carlos y Vicente. Juan Carlos es de Perú y Vicente es de Costa Rica.

● Expressing amazement

TERESA: ¡Huy! ¡Entonces todos somos de América!

MARISEL: No, no. El chico que está con Diana es de España, de Córdoba.

TERESA: ¿Y, cómo se llama?

MARISEL: Álvaro Gómez.

● Asking for confirmation

TERESA: Todos son estudiantes, ¿no?

MARISEL: Pues, sí y no; son estudiantes, pero Diana también es profesora de inglés.

CAMARERO: La Coca-Cola y la Fanta, cinco euros cincuenta, por favor.

MARISEL: Gracias.

CAMARERO: No hay de qué.

ACTIVIDAD 23 **Completa la información** As you listen to the conversation again, complete the following chart.

Nombre	País
Diana	_____
_____	Perú
_____	Costa Rica
Álvaro	_____

ACTIVIDAD 24 **Presentaciones** From the people you have met in your class, choose two from the same city or state. Introduce them to your classmates and say where they are from.

▲ Son . . . y son de . . .

¿Lo sabían?

Prior to January 1, 2002, the currency in Spain was the peseta. As of January 1, 1999, selected member states of the European Union began to conduct all bank transactions between banks in a new, common currency called the euro. On January 1, 2002, a six-month transition period began when people could spend both euros and pesetas in Spain. After July 1, 2002, the peseta ceased to circulate.

Gramática para la comunicación II

I. Talking About Yourself and Others

A. Subject Pronouns in the Singular and Plural

● **Vosotros/as** is used only in Spain.

Subject Pronouns			
yo	I	**nosotros** / **nosotras**	we
tú	you (informal)	**vosotros** / **vosotras**	you (plural informal)
Ud. (usted)	you (formal)	**Uds. (ustedes)**	you (plural formal/informal)
él / **ella**	he / she	**ellos** / **ellas**	they

B. Singular and Plural Forms of the Verbs Llamarse, Tener, and Ser

● Note accents on question words.

llamarse			
yo	**Me llamo** Ana.	nosotros / nosotras	**Nos llamamos** los Celtics.
tú	¿Cómo **te llamas?**	vosotros / vosotras	¿Cómo **os llamáis?**
Ud.	¿Cómo **se llama** Ud.?	Uds.	¿Cómo **se llaman** Uds.?
él / ella	**Se llama** Vicente. / **Se llama** Diana.	ellos / ellas	**Se llaman** Vicente y Diana. / **Se llaman** Teresa y Marisel.

tener			
yo	**Tengo** 20 años.	nosotros } nosotras	**Tenemos** 20 años.
tú	¿Cuántos años **tienes**?	vosotros } vosotras	¿Cuántos años **tenéis**?
Ud.	Ud. **tiene** 25 años, ¿no?	Uds.	Uds. **tienen** 25 años, ¿no?
él } ella	¿**Tiene** 19 años?	ellos } ellas	¿**Tienen** 19 años?

In this chapter you have seen three uses of the verb **ser:**

1 ▲ **Ser** + **de** + *city/country* or **Ser** + *nationality* to indicate origin

2 ▲ **Ser** + *name* to identify a person (= **llamarse**)

3 ▲ **Ser** + *occupation* to identify what someone does for a living

ser			
yo	**Soy** dentista.	nosotros } nosotras	**Somos** de Chile.
tú	¿**Eres** hondureño?	vosotros } vosotras	¿De dónde **sois**?
Ud.	¿Quién **es** Ud.?	Uds.	¿Quiénes **son** Uds.?
él } ella	Él **es** arquitecto. Ella **es** Diana.	ellos } ellas	**Son** de Perú.

II. Singular and Plural Forms of Adjectives of Nationality

In the first part of the chapter you learned how to state someone's nationality. Which of the following adjectives of nationality would you use to refer to a woman: **español, árabe, salvadoreña, alemana, guatemalteco?** If you answered **árabe, salvadoreña,** and **alemana,** you were correct. If you were referring to two men, which of the following adjectives of nationality would you use: **españoles, árabes, salvadoreñas, alemanas, guatemaltecos?** If you said **españoles, árabes,** and **guatemaltecos,** you were correct. You used logic, intuition, and your knowledge of language in general to arrive at these choices.

To form the plural of adjectives ending in **-o, -a,** or **-e,** simply add an **-s.**

Soy panameñ**o.**   Nosotros somos panameñ**os.**
Ella es ingles**a.**   Ellas son ingles**as.**
Ud. es árab**e.**   Uds. son árab**es.**

To form the plural of adjectives ending in a consonant, add **-es.**

Él es españo**l.**   Ellos son español**es.**
Soy alemá**n.**   Son aleman**es.**

NOTE: The accent is only used in the masculine singular form of **alemán.**

III. Asking and Giving Information: Question Formation

1 ▲ Information questions begin with question words such as **cómo, cuál, cuántos, de dónde, qué,** and **quién/es.** Note the word order in the question and in the response.

> ¿Question word + verb + (subject)? ⟶ (Subject) + verb . . .

¿De dónde es Álvaro?	(Él) es de España.
¿Cómo se llama (ella)?	(Ella) se llama Teresa.

2 ▲ Questions that elicit a yes/no response are formed as follows:

¿Es Isabel?   Sí, es Isabel.

¿Es Isabel de Chile? ⎫
¿Es de Chile Isabel? ⎭   Sí, Isabel es de Chile.

Another possibility is to add the tag question **¿no?** or **¿verdad?** to the end of a statement.

Isabel es de Chile, **¿no?** ⎫
Isabel es de Chile, **¿verdad?** ⎭   Sí, Isabel es de Chile.

IV. Negating

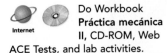

Do Workbook Práctica mecánica II, CD-ROM, Web ACE Tests, and lab activities.

1 ▲ In simple negation, **no** directly precedes the verb.

Ellos **no** son de México.
No se llama Marisel.

2 ▲ Answering a question with negation:

¿Son ellas de Perú?   ⎧ **No,** ellas **no** son de Perú.
                                        ⎩ **No,** ellas son de Panamá.

ACTIVIDAD 25 ¿**De dónde son?** In pairs, alternate asking and answering questions about where the following people are from. Follow the model.

▲ A: ¿De dónde es Antonio Banderas?

B: Es de España.   B: No sé.

A: ¡Ah! Es español.

1. Penélope Cruz
2. Fergie y la reina Isabel
3. Salma Hayek y Carlos Santana
4. Rigoberta Menchú
5. Sofía Loren y Donatella Versace
6. Benicio Del Toro y Héctor Elizondo
7. Gabriel García Márquez y Juan Valdés

ACTIVIDAD 26 **¿Toledo o Toledo?** Vicente and Juan Carlos are talking about their friends. Choose the correct responses to have a conversation with a partner.

Vicente	**Juan Carlos**
¿Quiénes son ellas?	a. Son Diana y Álvaro. b. Son Diana y Teresa. c. Es Diana.
Teresa es suramericana, ¿no?	a. No, no es de Puerto Rico. b. No, es de Puerto Rico. c. No. Él es de Puerto Rico.
Y Diana, ¿también es de Puerto Rico?	a. No, es de Toledo. b. No, no es de España. c. No es puertorriqueña.
¡Ah! Es española.	a. No, no es de los Estados Unidos. b. No es de Ohio. c. No, es de Toledo, Ohio.

¿Lo sabían?

Toledo, Spain is famous for the quality of its steel. For centuries, handmade swords from Toledo have been considered to be among the finest in the world. They are frequently adorned with Damascene gold work. Toledo, Ohio was named after the Spanish city.

ACTIVIDAD 27 **¿Y tus padres?** In pairs, interview your partner to find out his/her parents' names, where they are from, what they do, and how old they are.

 A: ¿Cómo se llaman tus padres?
  B: Mis padres se llaman . . .

ACTIVIDAD 28 **Vecinos en la residencia estudiantil** Assume a Hispanic name. In pairs, talk with other pairs and pretend you are with your roommate, meeting your new neighbors at the dorm.
Get to know them by asking questions to elicit the following information: **nombre, origen, edad.**

 A: ¡Hola! Somos sus vecinos. Yo me llamo . . .
  B: Y yo me llamo . . . Y Uds., ¿cómo se llaman?
  C: . . .

ACTIVIDAD
29

¡Hola! Soy un estudiante nuevo In pairs, imagine that one of you is a new student who has just transferred into the class. Ask your partner questions to learn about other students. Use questions such as **¿Cómo se llaman ellos? ¿De dónde es él? ¿Quiénes son ellas?**

● Remember: ¿ . . . ? and accents on question words.

ACTIVIDAD
30

Preguntas y respuestas In three minutes, use the question words you have learned (**cómo, cuál, cuántos, de dónde, qué, de qué, quién/es**) to write as many questions as you can about the characters you have met in this chapter (Teresa, Claudia, Juan Carlos, Vicente, Diana, Isabel, Álvaro, and Marisel). Then, in groups of four, quiz each other using the questions you have written.

Internet

Do Workbook **Práctica comunicativa II** and **Repaso** section. Do CD-ROM, Web ACE Tests, and lab activities.

ACTIVIDAD
31

¿De qué nacionalidad son? Look at the following pictures and try to guess the nationalities of the people in them.

Imágenes

LECTURA

● Typically, you scan the phone book, stats for a ball game, etc. Can you think of other types of readings you might scan?

Estrategia: *Scanning*

In this book, you will learn specific techniques that will help you to become a proficient reader in Spanish. In this chapter, the focus is on a technique called *scanning*. When scanning, you look for specific bits of information as if you were on a search-and-find mission. Your eyes function as radar, ignoring superfluous information and zeroing in on the specific details that you set out to find.

ACTIVIDAD 32

Completa la ficha Look at the registration card below to see what information is requested. Then scan Claudia's application form for the **Colegio Mayor Hispanoamericano** to find the information you need and fill out the registration card.

Colegio Mayor Hispanoamericano

Nombre ☐☐☐☐☐☐☐☐☐☐☐☐☐☐☐☐

Apellidos ☐☐☐☐☐☐☐☐☐☐☐☐☐☐☐☐☐☐

Edad ☐☐   País de origen ☐☐☐☐☐☐☐☐☐☐☐☐

Número de pasaporte ☐☐☐☐☐☐☐☐

Dirección ☐☐☐☐☐☐☐☐☐☐☐☐☐☐☐☐☐☐☐☐☐

Ciudad ☐☐☐☐☐☐☐☐☐☐☐

País ☐☐☐☐☐☐☐☐☐☐☐

Prefijo ☐☐☐   Teléfono ☐☐☐☐☐☐

● soltera = single

Do Web Search activities.

Colegio Mayor Hispanoamericano
No. 78594
Solicitud de admisión para estudiantes extranjeros

Sr./Sra./Srta. _Claudia Dávila Arenas_ _____ hijo/a

de _Jesús María Dávila Cifuentes_ _____ y

de _Elena Arenas Peña_ _____ , nacido/a en la ciudad

de _Cali_ , _Colombia_ _____ el _15_ de _febrero_

de _1984_ , de nacionalidad _colombiana_ ,

estado civil _soltera_ , número de pasaporte _AC 67-42 83_

de _Colombia_ ,con domicilio en

Calle 8 No. 15-25 Apto. 203 ,

de la ciudad de _Cali_ , en el país de _Colombia_ ,

teléfono: prefijo _23_ , número _67-75-52_ ,solicita

admisión en el Colegio Mayor Hispanoamericano con fecha de

entrada del _2_ de _octubre_ de _2003_ y permanencia hasta

el _30_ de _junio_ de _2004_ .

Dávila

Firmado el día _19_ de _enero_ de _2003_

Vocabulario funcional

El origen y las nacionalidades

¿Cuál es el origen de tu familia?	*What is the origin of your family?*
¿De dónde es él/ella?	*Where is he/she from?*
¿De qué nacionalidad eres/es?	*What is your/his/her nationality?*
las nacionalidades (*see page 25*)	
ser + de	*to be from*

Las personas

el/la chico/a	*boy/girl*
la madre; la mamá	*mother; mom*
el/la novio/a	*boyfriend/girlfriend*
el padre; el papá	*father; dad*
el señor	*the man*
señor/Sr.	*Mr.*
la señora	*the woman*
señora/Sra.	*Mrs./Ms.*
la señorita	*the young woman*
señorita/Srta.	*Miss/Ms.*

Pronombres personales (*Subject Pronouns*)   See page 37.

La posesión

mi	*my*
tu	*your* (informal)
su	*his/her/your* (formal)

Las presentaciones

¿Cómo se llama él/ella?	*What's his/her name?*
Mucho gusto.	*Nice to meet you.*
el nombre (de pila)	*first name*
el primer apellido	*first last name (father's name)*
el segundo apellido	*second last name (mother's maiden name)*
¿Quién es él/ella?	*Who's he/she?*

Los números del cero al cien   See page 23.

Expresiones relacionadas con los números

el año	*year*
¿Cuál es tu/su número de teléfono?	*What is your telephone number?*
¿Cuántos años tiene él/ella?	*How old is he/she?*
el pasaporte	*passport*
el teléfono	*telephone*
tener . . . años	*to be . . . years old*

Las ocupaciones   See page 33.

Palabras y expresiones útiles

la cafetería	*cafeteria/bar*
el colegio mayor; la residencia	*dormitory*
¿Cómo?	*What? / What did you say?*
la dirección	*address*
entonces	*then* (when *then* means *therefore*)
no; ¿no?	*no; right? / isn't it?*
No hay de qué.	*Don't mention it. / You're welcome.*
No sé.	*I don't know.*
¡Oye!	*Hey!*
por favor	*please*
—¿Qué hace él/ella?	*What does he/she do?*
—Es . . .	*He/She is a . . .*
¿Qué hay?	*What's up?*
sí	*yes*
también	*too, also*
todos	*all*
¿verdad?	*right?*
y	*and*

CAPÍTULO 2

▷ Woman in Managua, Nicaragua.

CHAPTER OBJECTIVES

▶ Identifying some household objects and their owners

▶ Discussing your classes

▶ Talking about likes and dislikes

▶ Discussing future plans

▶ Expressing obligation

▶ Expressing possession

Datos interesantes

Más de 20.000.000 de personas en el mundo que hablan español usaron el Internet en 2001.

Proyectan que este número va a ser 86.000.000 para el año 2006.

¡Me gusta mucho!

¡Claro! **¡Claro que sí!** ⎫ **¡Por supuesto!** ⎭	Of course!
¿De veras?	Really?

Marisel is studying in her room. Teresa is taking a study break and comes to Marisel's room looking for something to drink and some conversation.

ACTIVIDAD 1   **¿Qué escuchas?** While listening to the conversation, place a check mark next to the topics that you hear mentioned.

_____ computadoras   _____ calculadoras

_____ música salsa   _____ música rock

_____ té   _____ café

MARISEL: Sí, pasa.

TERESA: Hola. ¿Cómo estás?

MARISEL: Bien. ¿Y tú?

TERESA: Más o menos, tengo que estudiar mucho.

● Discussing future actions   MARISEL: Yo también porque mañana tengo la clase de arte moderno y tenemos examen.

TERESA: Pero tienes un minuto, ¿no?

MARISEL: Por supuesto.

● Getting someone's attention   TERESA: Oye, ¿tienes café?

MARISEL: ¡Claro que sí!

TERESA: ¡Ah, Marisel! Tienes computadora portátil.

● Indicating possession   MARISEL: Sí, es una Macintosh.

TERESA: ¿De veras? Yo tengo una IBM y ¿sabes? ahora tengo conexión a Internet por cable.

MARISEL: ¡Por cable! Yo tengo conexión a Internet por teléfono y no es muy rápida. Oye, ¿te gusta el café solo o con leche?

TERESA: Solo . . . Mmm. Me gusta mucho. ¡Ah! ¡Qué música tan buena tienes!

● Asking preferences

MARISEL: Tengo muchos CDs de salsa. ¿Te gusta la música del Caribe?

TERESA: Por supuesto. ¿Tienes CDs de Rubén Blades?

MARISEL: Claro, y de Gilberto Santarrosa, la India, Víctor Manuelle, Óscar de León, Charanga Habanera . . .

ACTIVIDAD 2 **Preguntas** Listen to the conversation again while reading along, then answer the questions.

1. ¿Qué computadora tiene Teresa? ¿Y Marisel?
2. ¿Qué tipo de conexión a Internet tiene Teresa? ¿Y Marisel?
3. ¿Cómo le gusta el café a Teresa, solo o con leche?
4. ¿Qué tiene Marisel, CDs o cintas de salsa?

ACTIVIDAD 3 **¿Y tú?** In pairs, ask your partner the following questions.

1. ¿Qué computadora te gusta?
2. ¿Tienes computadora? ¿Qué computadora tienes? ¿Tienes conexión a Internet por teléfono o por cable?
3. ¿Qué tipos de CDs tienes? ¿De rock? ¿De jazz? ¿De música clásica? ¿De música country? ¿De música rap?
4. ¿Te gusta el café? ¿Te gusta solo o con leche?

¿Lo sabían?

The United States is the largest consumer of coffee in the world. For many countries, including Mexico, Guatemala, Costa Rica, Honduras, Nicaragua, Colombia, Venezuela, and Ecuador, coffee plays a critical role in the economy and in some cases is a principal source for foreign exchange.

Fair Trade guarantees fair prices to Third World farmers and helps them to organize their own export cooperatives and sell their harvest directly to importers rather than middlemen who buy their goods at a fraction of the market price, promoting a cycle of debt and poverty. By providing a chan-nel for direct trade, fair prices, and access to credit, Fair Trade helps farming families to improve their nutrition and health care, keep their children in school, and re-invest in their farms. The Fair Trade label on a package indicates that these farmers earned a fair price. Coffee with this Fair Trade label is now available in stores and cafés nationwide, including Tully's, Safeway, Green Mountain, and Starbucks. Have you ever purchased Fair Trade coffee?

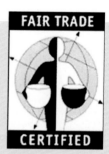

▲ Logo used by the Fair Trade organization.

ACTIVIDAD
4

Las asignaturas Mingle with your classmates and find out what classes they have this semester. Some possible subjects are **arte, biología, economía, historia, inglés, literatura, matemáticas,** and **sociología.** Follow the model.

 A: ¿Tienes historia?

B: Sí, tengo historia. / No, no tengo historia. / No, pero tengo arte.

ACTIVIDAD
5

¡Claro! In pairs, find out whether your partner has the following things. Follow the model.

 A: ¿Tienes televisor?

B: ¡Claro! / ¡Por supuesto! / ¡Claro que sí! / No, no tengo.

1. calculadora
2. estéreo
3. video
4. radio
5. guitarra
6. (teléfono) celular

Vocabulario esencial I

La habitación de Vicente

● To learn vocabulary, think of the word **champú** when you are washing your hair, **jabón** when you wash your hands, etc. Say the words aloud. Remember: idle time = study time.

1. cama
2. (teléfono) celular/móvil
3. guitarra
4. planta
5. cámara
6. cepillo (de pelo)
7. reloj
8. estéreo
9. periódico
10. computadora
11. lámpara
12. silla
13. toalla
14. escritorio

Otras cosas

el agua de colonia cologne	**la máquina de afeitar**
la calculadora calculator	electric razor
el cepillo de dientes toothbrush	**la mesa** table
el champú shampoo	**la novela** novel
la cinta/el cassette tape/cassette	**la pasta de dientes**
la crema de afeitar shaving cream	toothpaste
el diccionario dictionary	**el peine** comb
el disco compacto/CD compact disc;	**el perfume** perfume
compact disc player	**el/la radio** radio
el DVD; el reproductor de DVD DVD;	**la revista** magazine
DVD player	**el sofá** sofa, couch
la grabadora tape recorder	**el televisor** television set
el jabón soap	**el video** VCR; videocassette
el kleenex Kleenex, tissue	

● La cinta/el cassette/el casete, la computadora/el computador/el ordenador, and el vídeo/el video are all accepted in Spanish.

● La radio = *radio broadcast, radio station.* In some countries, el radio is used. El/La radio = *radio (appliance).*

 ACTIVIDAD 6   **Asociaciones** Associate the following names with objects. Follow the model.

 Pert Plus = champú

1. Panasonic	6. Gillette
2. Colgate	7. Dial
3. Nikon	8. Chanel Número 5
4. Memorex	9. Gabriel García Márquez
5. *Time, Newsweek*	10. Timex

ACTIVIDAD 7   **Categorías** List as many items as you can that fit these categories: **cosas para leer, cosas electrónicas, cosas en un baño.**

ACTIVIDAD 8   **La habitación de Vicente** In pairs, quiz each other by looking at the drawing of Vicente's room on page 47. Follow the model.

 A: ¿Tiene video?
B: Sí, tiene. / No, no tiene.

ACTIVIDAD 9   **¿Qué tienes en tu habitación?** **Parte A:** Make a list of items that you have in your room.

Parte B: In pairs, ask your partner what he/she has in his/her room. Be prepared to report back to the class. Follow the model.

A: ¿Tienes estéreo?
B: Sí, tengo estéreo. / No, no tengo estéreo.

ACTIVIDAD 10 **Las habitaciones de los estudiantes** In pairs, "A" covers the drawing of Vicente and Juan Carlos's room, and "B" covers the drawing of Marisel and Diana's room. Then, find out what each pair of roommates has in the room by asking your partner questions. Follow the model.

A: ¿Tienen reproductor de DVD Vicente y Juan Carlos?

B: No, no tienen reproductor.

Marisel y Diana

Vicente y Juan Carlos

¿Lo sabían?

There are many words commonly used by Spanish speakers that come directly from English. You have already seen one example: **kleenex.** Other words that fall into this category are **la xerox** (photocopy), **jumbo** (a jumbo jet or the largest size of a product), **el hall, el lobby, el pub,** and **el reality show.** Borrowed words are normally masculine in gender. Different Hispanic countries borrow different words from English. Although they may have varying pronunciations, these words are easy to understand for a native speaker of English. English also borrows words from other languages. Some words from Spanish are **barrio, aficionado,** and **taco.** Do you know other Spanish words that are used in English?

Gramática para la comunicación I

I. Using Correct Gender and Number

All nouns in Spanish are either masculine or feminine (gender) and singular or plural (number). For example: **libro** is masculine, singular and **novelas is** feminine, plural. Generally, when nouns refer to males, they are masculine **(señor)** and when they refer to females, they are feminine **(señora).** The definite and indefinite articles agree in gender and number with the noun they modify.

● Definite article = *the*
● Indefinite article = *a/an, some*

Definite Article	Singular	Plural
Masculine	el	los
Feminine	la	las

Indefinite Article	Singular	Plural
Masculine	un	unos
Feminine	una	unas

● Nouns have gender in many languages. Even in English we refer to a friend's new car, saying, "She runs really well."

A. Gender

1 ▲ Nouns ending in the letters **-l, -o, -n,** or **-r** are usually masculine.

el pape**l**   el jab**ón**
el cepill**o**   el televiso**r**

Common exceptions include **la mano** (*hand*), **la foto** (from **fotografía**), and **la moto** (from **motocicleta**).

2 ▲ Nouns that end in **-e** are often masculine **(el cine, el baile, el pie),** but there are some high-frequency words ending in **-e** that are feminine: **la tarde, la noche, la clase, la gente, la parte.**

3 ▲ Nouns ending in **-a, -ad, -ción,** and **-sión** are usually feminine.

la novel**a**   la composi**ción**
la universid**ad**   la televi**sión**

Common exceptions include **el día** and nouns of Greek origin ending in **-ma** and **-ta,** such as **el problema, el programa,** and **el planeta.**

4 ▲ Most nouns ending in **-e** or **-ista** that refer to people can be masculine or feminine in gender. Context or modifiers such as articles generally help you determine whether the word refers to a male or female.

el estudiant**e**   la estudiant**e**
el pian**ista**   la pian**ista**
el art**ista**   la art**ista**

El pianista es John. / La pianista es Mary.

NOTE: The definite article is used with titles, such as **Sr., Sra., Srta., Dr., profesora,** etc., except when speaking directly to the person.

> **La Sra. Ramírez es de Santo Domingo.**
> BUT: **¿De dónde es Ud., Sr. Leyva?**

B. Number: Plural Formation

1 ▲ Nouns ending in a vowel generally add **-s.**

el video	**los** video**s**
el presidente	**los** presidente**s**
la revista	**las** revista**s**

● To review accent rules, see Appendix B.

2 ▲ Nouns ending in a consonant add **-es.**

el profesor	**los** profesor**es**	el examen	**los** exámen**es**
la mujer	**las** mujer**es**	la nación	**las** nacion**es**
la ciudad	**las** ciudad**es**		

3 ▲ Nouns ending in **-z** change **z** to **c** and add **-es.**

el lápiz	**los** lápi**ces**

II. Likes and Dislikes: *Gustar*

1 ▲ In order to express your likes and dislikes you use the construction **(no) me gusta/n** + *article* + *noun*. The noun that follows the verb **gustar** determines whether the form of the verb is singular or plural.

me gusta/n + *article* + *noun*	
Me gusta el libro.	The book is pleasing to me. (I like the book.)
Me gustan los libros.	The books are pleasing to me. (I like the books.)

2 ▲ To talk about the likes and dislikes of others, you need to change only the beginning of the sentence.

(A mí)	me		
(A ti)	te		
(A Ud.) (A él) (A ella)	le	+	**gusta** + **el/la** + *singular noun*
(A nosotros)	nos		**gustan** + **los/las** + *plural noun*
(A vosotros)	os		
(A Uds.) (A ellos) (A ellas)	les		

3 ▲ The words in parentheses in the preceding chart are optional; they are used for emphasis or clarification. When using **le gusta** or **les gusta,** clarification is especially important because **le** or **les** can refer to several people.

(A él) le gusta el café de Colombia.
(A ellos) les gusta el café de Costa Rica.
¿**(A ella) le** gusta el vino de España?

NOTE: **A** Miguel **le** gusta el vino chileno.
   A la Sra. Ferrer **le** gusta el vino español.
   BUT: **Al** Sr. Ferrer **le** gusta el vino chileno. **(a + el = al)**

III. Expressing Possession

A. *The preposition* de

In this chapter, you have been using the verb **tener** to express possession: **Tengo radio. Alberto tiene televisor y video.** Another way to express possession is with the preposition **de,** which is the equivalent of the English **'s:**

El estéreo **de** Alfredo

Alfredo's stereo

¿**De** quién es el estéreo?	*Whose stereo is it?*
Las cintas **de** la chica son de Japón.	*The girl's tapes are from Japan.*
¿**De** quiénes son las revistas?	*Whose magazines are they?*
Es el televisor **de** la Sra. Lerma.	*It is Mrs. Lerma's television.*
BUT: Es el televisor **del** Sr. Lerma.	
(de + el = del)	

B. Possessive Adjectives

You can also express possession by using possessive adjectives (*her, their, our,* etc.). In Spanish, **mi, tu,** and **su** agree in number with the thing or things possessed; **nuestro** and **vuestro** agree in gender and number with the thing or things possessed.

Possessive Adjectives			
mi/s	my	**nuestro/a/os/as**	our
tu/s	your (informal)	**vuestro/a/os/as**	your (informal/Spain)
su/s	{ your (formal) { his, her	**su/s**	{ your (in/formal) { their

—¿Son los CDs de Mario?
—¿De quiénes son las guitarras?
—¿Es el televisor de Ana y Luis?

—No, no son **sus CDs,** son **mis CDs.**
—Son **nuestras guitarras.**
—Sí, es **su televisor.**

In the sentence **Es su computadora,** who can **su** refer to? If you said *his, her, your* (*madam*), *your* (*sir*), *their, your* (*plural*), you were correct. Because **su/s** can be ambiguous, it is common to ask questions to clarify the meaning. Notice how a clarification is requested and given in the conversation:

A: ¿De quién es la computadora?

B: Es su computadora. (*speaker points to someone in a crowd, but it isn't clear to the listener whom the speaker is pointing to*)

A: ¿Es de Sonia? (*speaker thinks the person may have pointed to Sonia, but isn't sure*)

B: No, es de Mario.

Do Workbook **Práctica mecánica I** and corresponding CD-ROM activities.

ACTIVIDAD 11 **Asociaciones** Find as many words as you can that fit these categories: **la educación, Hollywood, la política.** Remember to use the appropriate definite article (**el, la, los, las**).

- *paper* (as in notebook paper) = **papel**

- *a term paper* = **un trabajo escrito**

actriz	diccionario	papel	revista
cámara	directores	periódicos	senadora
candidatos	estudiante	planeta	televisión
clase	foto	presidente	universidad
composición	novela	problema	videos

ACTIVIDAD 12 **Los gustos** **Parte A:** After studying the verb **gustar,** complete each of the following phrases with an appropriate word.

A mí _____   _____ ellos _____
A _____ te   A _____ me
A Juan _____   A _____ les
A la Srta. Gómez _____   _____ Sr. García le
_____ Marta _____   A Uds. _____
A _____ le   A Marcos y _____ Ana _____
A nosotros _____   A Marcos y a mí _____

Parte B: Now complete each of these phrases with the word **gusta** or **gustan.**

_____ la universidad
_____ los perfumes de Francia
_____ la clase de español
_____ los discos compactos
_____ las novelas de Octavio Paz
_____ las plantas
_____ la pasta de dientes Crest
_____ Sammy Sosa
_____ los videos de Julia Roberts
_____ el jazz

Parte C: Now, form sentences by combining a phrase from **Parte A** with one from **Parte B.**

▲ Sammy Sosa hit 66 home runs in 1998.

ACTIVIDAD **13** **Tus gustos** In pairs, find out your partner's preferences and jot down his/her answers. Follow the model.

 A: ¿Te gustan más los Yankees o los Dodgers?
B: . . .

1. las revistas o los libros
2. el perfume o el agua de colonia
3. la televisión o la radio
4. Sammy Sosa o Pedro Martínez
5. las novelas de Stephen King o las novelas de Agatha Christie
6. los DVDs de terror o los DVDs románticos
7. el jazz o el rock
8. los conciertos de rock o los conciertos de música clásica
9. las fotos o los videos

ACTIVIDAD **14** **¿Qué marca te gusta más?** In pairs, find out what brand of products your partner prefers. Follow the model.

 computadora IBM/Macintosh
A: ¿Te gustan más las computadoras IBM o Macintosh?
B: Me gustan más las computadoras Macintosh.

1. pasta de dientes Crest/Colgate
2. cámaras digitales Cannon/Nikon
3. jabón Zest/Ivory
4. relojes Seiko/Rolex
5. móviles Nokia/Motorola
6. champú Suave/Pantene

ACTIVIDAD **15** **Compatibles** Keeping in mind the responses given by your partner in Activities 13 and 14, interview a third person to see whether he/she is compatible with your partner. Be prepared to report your findings to the class. Remember to use definite articles with common nouns. Use sentences such as the following:

Ellos son compatibles porque les gusta la televisión.

Ellos no son compatibles porque a él le gustan las novelas y a ella le gustan las revistas.

ACTIVIDAD **16** **Las preferencias** Juan Carlos and Vicente are roommates. Read about their preferences below and decide what items in the list on page 55 belong to whom.

A Juan Carlos le gusta mucho la música y a Vicente le gustan los libros. Entonces, ¿de quién son estas cosas?

● Have you read any books by Hemingway or Michener about Hispanic countries?

libro de Hemingway
El libro de Hemingway es de Vicente porque a él le gustan los libros.

1. guitarra
2. diccionario
3. revistas
4. reproductor de DVDs

5. novelas de James Michener
6. discos compactos y cintas
7. estéreo
8. periódicos

ACTIVIDAD 17   **Los artículos del baño** Some of the women at the dorm have left things lying about in the bathroom. In pairs, "A" covers the information in Box B and "B" covers the information in Box A. Ask your partner questions to find out who owns some of the items in the bathroom. Follow the model.

A: ¿De quién es la pasta de dientes?

B: Es de . . .

B: ¿De quiénes son los jabones?

A: Son de . . .

A

You know who owns:

jabones – Claudia y Teresa
champú – Marisel
toalla – Diana
cepillos de dientes – Diana,
    Marisel, Teresa y Claudia

Find out who owns:

los kleenex, la pasta de dientes,
los peines, el perfume

B

You know who owns:

kleenex – Claudia
pasta de dientes – Marisel
peines – Teresa y Diana
perfume – Marisel

Find out who owns:

los jabones, el champú, la toalla,
los cepillos de dientes

● Remember that **programa** is masculine.

ACTIVIDAD 18   **Nuestra música favorita** In pairs, discuss what TV programs, music, movies, etc., young kids like, and compare their preferences with yours. Follow the model.

◆ Sus programas favoritos son . . . , pero nuestros programas favoritos son . . .

ACTIVIDAD 19   **Tu compañero/a de habitación ideal** **Parte A:** Answer the following questions to describe your ideal roommate.

1. ¿Qué le gusta a tu compañero/a de habitación ideal? (un mínimo de dos cosas)
2. ¿Qué tiene tu compañero/a de habitación ideal? (un mínimo de dos cosas)

Parte B: In groups of three compare your answers. Begin as follows:

A mi compañero/a ideal le . . . y tiene . . .

Parte C: Individually, write a few sentences to summarize what your partners and you said in **Parte B.** Follow the examples.

A nuestro/a compañero/a ideal le . . . y tiene . . . , pero al compañero ideal de Matt le . . .
A mi compañero ideal le . . . , pero al compañero ideal de Matt y de Alissa le . . .

ACTIVIDAD 20   **Descripción** **Parte A:** Complete the following paragraph, describing yourself. Note the use of these words in the paragraph:

| **por eso** | that's why, because of this | **pero** | but |
| **también** | also, as well, too | **y** | and |

Me llamo _____ y soy de _____. Tengo _____ años y me gusta _____; por eso tengo _____ en mi habitación. También me gustan _____, pero no tengo _____.

Do Workbook **Práctica comunicativa I** and corresponding CD-ROM activities.

Parte B: Rewrite the preceding paragraph, describing another person in your class. Make all the necessary changes. Check both paragraphs to make sure that the verbs agree with their subjects. Also check to make sure that the meaning expressed by each sentence is logical.

Más allá

Internet

The Internet as a means of disseminating information, marketing products, selling goods, and staying in touch with loved ones is growing in importance in the Spanish-speaking world as more and more people go online everyday. Webmasters, web page designers, translators, and Internet consultants with knowledge of other languages and cultures are in high demand. Just as Internet use is reaching a plateau in the U.S., numbers are growing in other parts of the world.

▶ "They're calling it the Latino gold rush—and the speculators are finding all their bullion on the Web . . . Investors are going loco about Latino Web companies." (TheStreet.com)

▶ In only 18 months, America Online Latin America (AOLA) surpassed the 750,000 customers mark in Latin America.

▶ By 2003, 66% of all e-commerce spending originated outside of the U.S. and more than 66% of all users on the Internet resided outside of North America.

▶ The countries where Spanish is spoken have a GDP (gross domestic product) of $2.6 trillion, representing 6.3% of the world economy. ◆

▲ "My parents spoke Spanish in their jobs in health care and education in the USA. Because of my parents' work, I also traveled abroad in countries where Japanese, Chinese, Yoruba, and Spanish were spoken. In college, I studied German and Cantonese. After college, I joined the military as a linguist and studied Russian at the Defense Language Institute. I am now employed by *Yahoo!* in a position where I use my knowledge of languages and cultures every day."

—*Arthine Cossey van Duyne,*
  Senior Producer for International Properties at Yahoo!

Percentage of People Online by Language

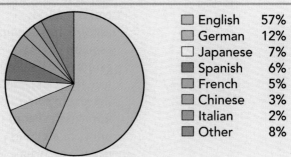

☐ English	57%
☐ German	12%
☐ Japanese	7%
☐ Spanish	6%
☐ French	5%
☐ Chinese	3%
☐ Italian	2%
☐ Other	8%

▲ Google searches in Spanish rose 200% in 2001.

Vocabulario esencial II

I. Acciones

1. comer (sándwiches)
2. salir
3. beber (vino/Coca-Cola)
4. bailar (merengue/salsa/rock)

5. cantar
6. escuchar (música salsa/rock/jazz)
7. hablar (con amigos)

Otras acciones

caminar   to walk
comprar   to buy
correr   to run
escribir (una composición/monografía)   to write (a composition/paper)
esquiar   to ski
estudiar (cálculo/psicología)   to study (calculus/psychology)
leer (novelas)   to read (novels)
llevar   to carry, take along
mirar (televisión)   to look, to watch (television)
mirar (a alguien)   to look (at someone)
nadar   to swim
trabajar   to work
visitar (un lugar)   to visit (a place)
visitar (a alguien)   to visit (someone)

ACTIVIDAD 21   **Asociaciones** Associate the actions in the preceding lists with words that you know. For example: **leer—libro; nadar—Hawai; estudiar—estudiante.**

ACTIVIDAD
22

¿Te gusta bailar? In pairs, use the actions in the preceding lists to find out what activities your partner likes to do. Follow the model.

A: ¿Te gusta bailar merengue?

B: Sí, me gusta bailar merengue. / No, no me gusta bailar merengue.

II. Los días de la semana (*The Days of the Week*)

● Days of the week are not capitalized in Spanish.

lunes   martes   miércoles   jueves   viernes   sábado   domingo

Expresiones de tiempo (Time Expressions)

esta mañana/tarde/noche   this morning/afternoon/evening
el fin de semana   weekend
hoy   today
el lunes   Monday; on Monday
los lunes   on Mondays
mañana   tomorrow
por la mañana   in the morning
la semana que viene   next week

ACTIVIDAD
23

Tu agenda In pairs, alternate asking and answering the following questions.

1. ¿Tienes más clases esta tarde? ¿Esta noche? ¿Mañana?
2. ¿Cuándo es la prueba (*quiz*) del capítulo dos en la clase de español?
3. ¿En esta universidad tenemos exámenes finales los sábados? ¿Tenemos clase el miércoles antes del día de Acción de Gracias (*Thanksgiving*)?
4. ¿Te gusta estudiar por la mañana, por la tarde o por la noche?
5. ¿Cuándo es tu programa de televisión favorito y cómo se llama?
6. ¿Cuándo es el próximo partido de fútbol americano o de basquetbol de la universidad?
7. ¿Cuándo vas tú a fiestas?

¿Lo sabían?

In the United States, Friday the 13th evokes feelings of anxiety in some people. In Hispanic countries, bad luck is associated with Tuesday the 13th. That is why the movie *Friday the 13th* was translated into Spanish as *Martes 13*.

There is a saying in Spanish that refers to Tuesday as being the day of bad luck:
"Martes, ni te cases, ni te embarques, ni de tu casa te apartes." (*On Tuesdays, don't get married, don't take a trip, and don't leave your home.*)

ACTIVIDAD **24** **Tu horario de clases** In pairs, take turns telling your partner your class schedule. Fill in the chart with your partner's schedule. Follow the model.

▲ Los lunes por la mañana tengo clase de . . . ; por la tarde . . .

	lunes	*martes*	*miércoles*	*jueves*	*viernes*
Por la mañana					
Por la tarde					
Por la noche					

Planes para una fiesta de bienvenida

● **Vale** is only used in Spain.

Vale. / O.K.	O.K.
No importa.	It doesn't matter.

Marisel has decided to have a welcoming party for her new friend Teresa. She and Álvaro are now discussing some of the arrangements for a party at the dorm.

ACTIVIDAD **25** **Cosas para la fiesta** While listening to the conversation, complete the email that Álvaro is sending some friends by matching the items with the people who are going to take them to the party. Some people are taking more than one item. When you are finished, report to the class who is taking what, using **(Álvaro) va a llevar . . .**

a. la tortilla de patatas
b. los ingredientes para la sangría
c. la guitarra
d. la grabadora
e. la Coca-Cola
f. las papas fritas
g. las cintas

¡Fiesta!

Mañana a las 10 de la noche Marisel va a hacer una fiesta. Éstas son las cosas que va a llevar cada persona:

yo: _____ y _____
Marisel: _____
Juan Carlos: _____
Claudia: _____ y _____
Vicente: _____

Un abrazo,

   Álvaro

MARISEL:	Bueno, Álvaro, la fiesta es mañana.
ÁLVARO:	¿Qué? ¿Mañana es sábado?

● Stating an obligation

MARISEL:	Sí, claro. Lo tenemos que preparar todo.
ÁLVARO:	Bueno, entonces yo voy a llevar la música.
MARISEL:	¿Tienes estéreo o grabadora?
ÁLVARO:	Tengo grabadora y muchas cintas.
MARISEL:	Pero tú tienes muchas cintas de ópera. No quiero ópera en la fiesta.
ÁLVARO:	¡Pero, hombre! Tengo muchas cintas de ópera, pero también tengo cintas de rock y de salsa.

● Expressing agreement

MARISEL:	¡O.K., fantástico! Yo tengo guitarra. ¿Y de beber?
ÁLVARO:	¿Qué te gusta más, la cerveza o el vino?

● Offering an option

MARISEL:	¿Qué tal una sangría?
ÁLVARO:	Sí, sí . . . sangría. ¿Quién va a comprar los ingredientes para mañana?
MARISEL:	Juan Carlos, quizás.

ÁLVARO: ¿Moreno?

MARISEL: Sí, Juan Carlos Moreno.

ÁLVARO: Vale. Y también tenemos que comprar Coca-Cola.

MARISEL: Ah sí, por supuesto. Claudia va a llevar la Coca-Cola y las papas fritas.

ÁLVARO: Vale. Y Vicente va a llevar la tortilla de patatas, ¿no?

MARISEL: ¡Es tortilla de PAPAS!

ÁLVARO: ¡Bueno! Papas o patatas, no importa, hombre. Eso sí, yo les voy a escribir un email a Juan Carlos, Vicente y Claudia para explicar quién va a llevar qué a la fiesta.

MARISEL: Buena idea.

ACTIVIDAD 26 **Preguntas** Listen to the conversation again. Then, in groups of four, answer the following questions based on the conversation and common knowledge.

1. ¿Cómo se dice *potato* en España? ¿Y en Hispanoamérica?
2. ¿Tiene alcohol la sangría?
3. ¿Cuál es el ingrediente principal de la sangría?
4. ¿Cuándo es la fiesta de Marisel y Álvaro? En general, ¿qué día de la semana son las fiestas de Uds.?

ACTIVIDAD 27 **La ópera** The following is a conversation between Teresa and Vicente about opera. Arrange the lines in logical order, from 1 to 13. The first two have already been done for you. When you finish, read the conversation aloud with a partner.

_____ Me gustan los dos, pero tengo tres cintas de Domingo y ahora voy a comprar un CD.

_____ Voy a comprar un disco compacto de ópera.

__1__ ¿Qué hay?

_____ El sábado.

_____ De Plácido Domingo. ¿Te gusta?

_____ Sí, pero a mí me gusta más José Carreras. ¿Y a ti?

__2__ ¡Ah! Vicente. ¿Qué vas a hacer hoy?

_____ Oye, ¿vas a mirar el recital de Monserrat Caballé en la televisión?

_____ No importa, pues yo sí.

_____ ¿De quién?

_____ ¿Cuándo es?

_____ Yo también tengo cintas de Domingo.

_____ No tengo televisor.

¿Lo sabían?

Plácido Domingo, Montserrat Caballé, and José Carreras are three world-renowned Spanish opera stars. Plácido Domingo, a tenor, also sings popular music. He has been living in Mexico since 1950. Montserrat Caballé is well known for the purity of her soprano voice. She became popular in the United States after singing in Carnegie Hall in 1965. José Carreras was a rising opera star when he was struck with leukemia. Luckily, his illness is in remission after treatment in the United States, and he continues to appear in theaters throughout the world.

▲ The Three Tenors, Plácido Domingo, José Carreras, and Luciano Pavarotti, in one of their first concerts.

Gramática para la comunicación II

I. Expressing Likes and Dislikes: *Gustar*

The verb **gustar** may be followed by *articles* + *nouns* or by another verb in the infinitive form. An infinitive is the base form of a verb and it ends in -**ar** (**bailar** – *to dance*), -**er** (**comer** – *to eat*), or -**ir** (**salir** – *to leave*).

A Jesús y a Ramón no les gust**a el jazz.**	*Jesús and Ramón don't like jazz.*
Al Sr. Moreno le gust**an las cintas** de jazz.	*Mr. Moreno likes jazz tapes.*
¿Qué te gust**a** hac**er?**	*What do you like to do?*
A Juan le gust**a** esqui**ar.**	*Juan likes to ski.*
Nos gust**a** bail**ar** y cant**ar.***	*We like to dance and sing.*

*****NOTE:** Use the singular **gusta** with one or more infinitive.

II. Expressing Obligation: *Tener que*

To express obligation, use a form of the verb **tener** + **que** + *infinitive*.

Tengo que estudi**ar** mañana.	*I have to study tomorrow.*
Tenemos que compr**ar** vino.	*We have to buy wine.*
¿Qué **tienes que** hac**er?**	*What do you have to do?*
¿Cuándo **tiene que** trabaj**ar** él?	*When does he have to work?*

III. Making Plans: *Ir a*

In the conversation on page 61, when Álvaro says, "**¿Quién va a comprar los ingredientes para mañana?**", is he referring to a past, present, or future action?

If you said future, you were correct. To express future plans, use a form of the verb **ir** + **a** + *infinitive.*

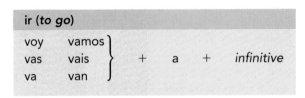

ir (*to go*)

voy	vamos			
vas	vais	+	a	+ *infinitive*
va	van			

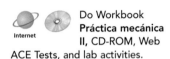

Internet

Do Workbook **Práctica mecánica II, CD-ROM, Web ACE Tests, and lab activities.**

Voy a esqui**ar** mañana.
Juan **va a** estudi**ar** hoy.
Ellos **van a** nad**ar** el sábado.
¿Qué **van a** hac**er** Uds.?

I'm going to ski tomorrow.
Juan is going to study today.
They're going to swim on Saturday.
What are you going to do?

ACTIVIDAD
28
Las preferencias In groups of four, find out which of the following things the members of your group prefer. Have one person take notes (place the initials of those who say "yes" next to each item in the list) and report the results back to the class. Follow the model.

 A: ¿Te gusta escuchar salsa?
 B: Sí/No . . .

(*To report results*) A ellos les gusta escuchar salsa y a nosotros nos gusta escuchar música folklórica.

1. bailar
2. beber Coca-Cola
3. beber Pepsi
4. navegar por Internet
5. cantar
6. correr
7. escuchar música clásica

8. la música rap
9. esquiar
10. estudiar
11. los DVDs de películas de acción
12. leer novelas
13. nadar
14. trabajar

ACTIVIDAD
29
El fin de semana This is a list of Álvaro's activities for this weekend. Say what activities he has to do and what activities he is going to do.

Álvaro tiene que . . . y él va a . . .

escuchar música
escribir una composición
esquiar
leer una novela para la clase de literatura

estudiar para un examen
trabajar
ir a una fiesta
comer con Vicente

ACTIVIDAD 30 **¿Qué tienes que hacer?** **Parte A:** Look at the list below and write E.N. **(esta noche)** in the blanks before the items that you have to do tonight and write E.S. **(el sábado)** next to those that you are going to do on Saturday.

_____ escribir una composición   _____ mirar un video
_____ bailar   _____ trabajar
_____ leer el libro de _____ (clase)   _____ comer en un restaurante
_____ escuchar música   _____ hacer la tarea de _____
_____ hablar con mi profesor/a   (clase)
       de _____ (clase)   _____ nadar
_____ salir con mis amigos   _____ correr

Parte B: In groups of three, find out what the others have to do tonight and what they are going to do on Saturday. Ask questions like: **¿Qué tienes que hacer esta noche? ¿Qué vas a hacer el sábado?**

Parte C: Write a few sentences about what people in your group are planning on doing and report back to the class. For example: **Zach y Jessica tienen que trabajar esta noche, pero el sábado él va a nadar y ella va a mirar un video. Yo . . .**

ACTIVIDAD 31 **La agenda de Claudia** Look at Claudia's calendar for the week and form as many questions as you can about her activities. Then ask your classmates questions from your list.

¿Cuándo van a . . . Claudia y Juan Carlos?
Va a . . . el miércoles por la tarde, ¿no?
¿Tiene que . . . el fin de semana?
¿Qué tiene que hacer el . . . ?

octubre		actividades
lunes	5	nadar, escribir una composición, comer con Álvaro
martes	6	comprar pasta de dientes, leer la lección 4 para historia
miércoles	7	3 p. m. ir al Museo de Arte Contemporáneo
jueves	8	escribir una carta, estudiar para el examen de literatura
viernes	9	correr, comprar papas fritas y Coca-Cola, 4 p. m. salir con Juan Carlos
sábado	10	10 p. m. ir a la fiesta, llevar las papas fritas y la Coca-Cola
domingo	11	11 a. m. ir a Toledo con Diana, ir a la catedral

ACTIVIDAD 32

Tu futuro Make a list of five things that you *have* to do next week and five things that you *are going* to do with your friends for fun. Then, in pairs, compare your lists to see whether you are going to do similar things.

ACTIVIDAD 33

¡Hola! Me llamo . . . **Parte A:** Read this paragraph and be prepared to answer questions.

Hola. Soy Álvaro Gómez, de Córdoba, una ciudad del sur de España que tiene muchos turistas. Me gusta mucho Córdoba, pero ahora tengo que estudiar en Madrid. Voy a ser abogado.

Parte B: Now read the following paragraph. Your instructor will then read it to you with some changes. Be ready to correct him/her when the information is not accurate.

¿Qué hay? Me llamo Diana Miller. Mis padres son norteamericanos. Mi padre es de Toledo, Ohio y mi madre es de Los Ángeles, pero su familia es de origen mexicano. En los Estados Unidos estudio español en la universidad y en España soy estudiante de literatura española y profesora; tengo que enseñar inglés porque no tengo mucho dinero.

Internet Do Workbook **Práctica comunicativa II,** CD-ROM, Web ACE Tests, and lab activities.

▲ In Cordoba, Spain, the inner patios of houses are known for their white walls and an abundance of flowers.

▼ *Read Between the Lines* is a mural in East Los Angeles by artist David Botello.

Imágenes

LECTURA

Estrategia: *Identifying Cognates*

You may already know more Spanish than you think. Many Spanish words, although pronounced differently, are similar in spelling and meaning to English words, for example: **capital** (*capital*) and **instrucciones** (*instructions*). These words are called cognates (**cognados**). Your ability to recognize them will help you understand Spanish.

Some tips that may help you recognize cognates are:

English	Spanish Equivalent	Example
ph	f	foto**graf**ía
s + *consonant*	es + *consonant*	**es**pecial
-ade	-ada	limon**ada**
-ant	-ante	inst**ante**
-cy	-cia	infan**cia**
-ty	-ad	universid**ad**
-ic	-ica/-ico	mús**ica**, públ**ico**
-tion	-ción	informa**ción**
-ion	-ión	relig**ión**
-ist	-ista	art**ista**

Other cognates include many words written with one consonant in Spanish that have two in English. Can you identify these words in English: **imposible, oficina, música clásica?** You will get to apply your new knowledge of cognates in the next few activities.

ACTIVIDAD 34 **Tienes correo** Look at the following page of a *Mi Yahoo!* mail site. Use your knowledge of cognates and of email in general to answer the questions below and on page 68.

1. How do you think you say *mail* and *delete?*
2. You want to hear some music, which email do you open?
3. What do you click to get your email address list?
4. You want to send an electronic postcard, what do you click?
5. You are concerned with Internet privacy, what do you click?

ACTIVIDAD
35

Yahoo! México Look at a portion of the Mexican *Yahoo!* home page on page 69 and answer the questions below. Use your knowledge of cognates as well as your background knowledge about the Internet and visual clues to determine meaning.

1. Look at the top line. What do you think the words **Pláticas** and **Ayuda** mean?
2. Where would you click to see photographs?
3. What do you think the word **buscar** means on the button next to the empty box?
4. Look at the four-column list in the box in the middle of the page toward the left. What do you think **Juegos** means in the title of the box?
5. In the lists below the box titled **Yahoo Juegos,** which categories would you click on to find information about the following: the Green Party in Mexico, the painter Frida Kahlo, soccer scores, Freud, TV shows that are on tonight?

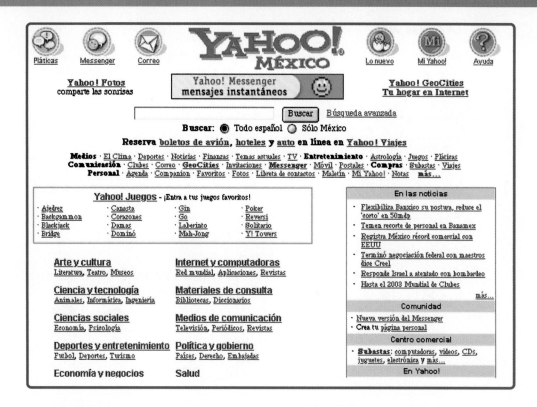

¡OJO! (*Watch out!*) There are some words that have similar forms in Spanish and English but have very different meanings. Context will usually help you determine whether the word is a cognate or a false cognate (**cognado falso**). Look at the following examples.

● Other false cognates: **fútbol** (*soccer*), **lectura** (*reading*), **actual** (*current; present*), **carpeta** (*folder*), **idioma** (*language*).

María está muy contenta porque el médico dice que está **embarazada.**	*María is very happy because the doctor says she is **pregnant.***
Necesito ir a la **librería** para comprar los libros del semestre.	*I need to go to the **bookstore** to buy books for the semester.*

Saludos y despedidas

Antes de ver

ACTIVIDAD 36 **¿Dónde?** In this video you will see Mariela and Javier, students of cultural anthropology, who are doing a study in the Hispanic world. Before watching the video, look at the list of capital cities they visit and indicate the corresponding countries.

Buenos Aires	la ciudad de México
Madrid	Quito
San Juan	

00:14–03:34

Mientras ves

ACTIVIDAD 37 First read through the following chart about Mariela and Javier. Then, watch the first part of the video and, as you hear the answers, jot them down.

	Mariela	*Javier*
de dónde es	_____	_____
qué estudia	_____	_____
de dónde son sus padres	_____	_____ y Puerto Rico

Antes de ver

ACTIVIDAD 38 **En los Estados Unidos, ¿cómo saludas?** Before watching the next segment, indicate how you greet the following people.

	beso (cuántos)	*la mano*	*un abrazo*
un profesor			
tu madre			
tu novio/a			
un amigo/a			

Mientras ves

3:35–end

ACTIVIDAD 39 **A observar** In this segment, Javier makes a mistake in greeting a woman from Spain, so Mariela and he decide to see how people from different Hispanic countries greet each other. As you watch the video, indicate what you see in the different countries. Take a moment to familiarize yourself with the chart on page 71 prior to viewing.

	dos hombres	*dos mujeres*	*un hombre y una mujer*
España	mano y abrazo	X	_____
Ecuador	mano	X	monja (*nun*) "**Adiós**" y saluda con la mano _____
Argentina	_____	_____	1 beso
México	_____	X	_____

Después de ver

ACTIVIDAD 40 **Los saludos** Now that you know which greetings are appropriate where and between whom, you are going to practice greeting others in a culturally appropriate manner. With your classmates, form two concentric circles. Your teacher will give you a series of clues and you are to greet the person in front of you. Once you are finished, the inner circle moves one place to the right and you await the next set of instructions from your instructor.

¿Lo sabían?

In the video, you have had the opportunity to view a variety of customs dealing with greetings and leave-taking in four different countries in the Hispanic world. The customs are similar, yet different. It would be impossible for someone of one culture to learn all that there is to know about another prior to arriving in the country. That is why it is very important to observe—and at times follow the leads of—the people in the country. For example, at one point in the video, Javier greets a woman in Mexico with a handshake. By doing so, he is showing her respect. But as she is taking his hand, she decides that a kiss is more appropriate so she pulls him toward her to give him a kiss on the cheek.

By following her lead, he reacts in a culturally correct manner.

Just as one may find cultural differences within the Hispanic world, one will also hear different accents and also different lexical items. For example, Puerto Ricans tend to drop the final s sound in a word or may substitute an l for the single r (**somos de Puerto Rico** may sound like **somo de Puelto Rico**). In Argentina, the word **vos** is used frequently instead of **tú**.

Therefore, when traveling to another country, follow these simple rules: Observe, listen, imitate, and laugh at your mistakes just as Javier does in the video. Laughter is the same in all languages and cultures.

 Do Web Search activities.

Vocabulario funcional

Las asignaturas (*Subjects*)

el arte	*art*
la biología	*biology*
el cálculo	*calculus*
la economía	*economics*
la historia	*history*
el inglés	*English*
la literatura	*literature*
las matemáticas	*mathematics*
la psicología	*psychology*
la sociología	*sociology*

Los artículos de la habitación y del baño *See pages 47–48.*

Los gustos (*Likes*)

gustar	*to like, be pleasing*
más	*more*

La posesión

¿De quién/es?	*Whose?*
tener	*to have*

Los adjetivos posesivos *See pages 52–53.*

Las acciones *See page 58.*

Los días de la semana *See page 59.*

Expresiones de tiempo (*Time Expressions*) *See page 59.*

Las obligaciones

tener que + *infinitive*	*to have* + infinitive (*to eat, to drink, . . .*)

Los planes (*Plans*)

¿Cuándo?	*When?*
ir a + *infinitive*	*to be going* + infinitive (*to swim, to walk, . . .*)

Comidas y bebidas (*Food and Drink*)

el café	*coffee*
la cerveza	*beer*
las papas/patatas fritas	*potato chips*
la sangría	*sangria (a wine punch)*
el té	*tea*
la tortilla (de patatas)	*Spanish omelette*
el vino	*wine*

Palabras y expresiones útiles

Claro. / ¡Claro que sí!	*Of course.*
¿De veras?	*Really?*
el dinero	*money*
el, la, los, las	*the*
la habitación	*bedroom*
hacer	*to do*
mucho	*a lot*
No importa.	*It doesn't matter.*
o	*or*
pero	*but*
por eso	*therefore*
Por supuesto.	*Of course.*
¿Qué?	*What?*
la tarea	*homework*
el (teléfono) celular/ móvil	*cellular phone*
un, una; unos, unas	*a/an; some*
Vale. / O.K.	*O.K.*

CAPÍTULO 3

▷ Quito, Ecuador
y el volcán
Guagua Pichincha.

CHAPTER OBJECTIVES

▶ Stating location and where you are going

▶ Talking about activities that you do every day

▶ Describing people and things

Datos interesantes

Exportaciones anuales de los Estados Unidos:

País importador	Millones de dólares
Canadá	178.786
México	111.721
Japón	65.254

Otros países entre los primeros 50 que reciben productos de los EE.UU.: España, Venezuela, Argentina, Colombia, Chile, Honduras, Costa Rica, Guatemala, El Salvador, Perú, Panamá.

Una llamada de larga distancia

demasiado	too much
No tengo idea.	I don't have any idea.
Me/te/le . . . gustaría + *infinitive*	I/you/he/she . . . would like to . . .

Claudia is talking long distance to her parents who have gone from Bogotá to Quito on a business trip. They are talking about Claudia's classes and her new roommate, Teresa.

 La familia de Teresa While listening to the conversation, complete the following chart about Teresa's family.

	¿De dónde son?	*¿Qué hacen?*
Teresa	_____	_____
Padre	_____	_____
Madre	_____	_____

PADRE: ¿Aló?

CLAUDIA: Hola, papá. ¿Cómo estás? ¿Qué tal el trabajo allí en Quito con Home Depot?

● Expressing a desire

PADRE: Yo bien y el trabajo fantástico. A Home Depot le gustaría tener muchas tiendas aquí en Ecuador y hoy voy a hablar con el secretario de comercio.

CLAUDIA: Pero, ¡qué interesante!

PADRE: Sí, muy interesante, pero ahora tengo que ir a su oficina. Tenemos una reunión esta mañana. Adiós, hija. Aquí está tu mamá.

● **reunión** = *meeting*

	CLAUDIA: Adiós, papi . . . ¿Mami?
	MADRE: Sí, mi hijita. ¿Cómo estás?
	CLAUDIA: Muy bien, ¿y tú?
	MADRE: Muy bien aquí en Quito. Y tus clases, ¿qué tal?
● Describing	CLAUDIA: Muy bien. Tengo una clase de economía fabulosa y otra de historia con un profesor excelente.
	MADRE: ¿Y las otras clases?
	CLAUDIA: Pues . . . regulares.
	MADRE: ¿Y quién es tu compañera en la residencia?
● Stating profession and origin	CLAUDIA: Se llama Teresa Domínguez Schroeder; su papá es un actor famoso de Puerto Rico y su mamá es de los Estados Unidos.
	MADRE: ¿Y qué hace su mamá?
	CLAUDIA: Es abogada.
	MADRE: Si su padre es de Puerto Rico y su madre es de los Estados Unidos, ¿de dónde es Teresa?
	CLAUDIA: De Puerto Rico . . . es de Ponce.
	MADRE: ¿Y qué estudia en España?
	CLAUDIA: Estudia turismo y trabaja en una agencia de viajes. Pero, y Uds., ¿qué van a hacer en Quito?
● Discussing the future	MADRE: Bueno . . . vamos a visitar la parte colonial esta noche y el sábado vamos al pueblo de Santo Domingo de los Colorados.
	CLAUDIA: Uds. viajan y yo estudio . . . Bueno mami, tengo que ir a la biblioteca.
	MADRE: Claudia . . . ¡Tú estudias demasiado!
● Asking about plans	CLAUDIA: Es que tengo examen de economía mañana. ¿Cuándo regresan Uds. a Bogotá?
	MADRE: No tengo idea, pero me gustaría regresar la semana próxima.
	CLAUDIA: Bueno mami, entonces hablamos la semana próxima.
	MADRE: Bueno, hija, un beso. Adiós.
	CLAUDIA: Adiós, mamá.

ACTIVIDAD 2 **La familia de Claudia** After listening to the conversation again, answer these questions.

1. En tu opinión, ¿qué hace el padre de Claudia?
2. ¿Qué estudia Claudia?
3. ¿Qué van a visitar los padres de Claudia?
4. ¿Adónde tiene que ir hoy Claudia?
5. ¿Qué tiene Claudia mañana?

ACTIVIDAD
3

Una invitación y una excusa In pairs, invite your partner to do something. Your partner should decline, giving an excuse. Then switch roles. Follow the model.

▲ A: ¿Te gustaría ir a bailar esta noche?
   B: Me gustaría, pero tengo que . . .

Posibles invitaciones	Posibles excusas
salir	trabajar
correr esta tarde en el parque	leer una novela
escuchar música	escribir una composición
esquiar el sábado	visitar a mis padres

ACTIVIDAD
4

¿Estudias poco o demasiado? **Parte A:** In pairs, find out if your partner does the following activities **poco** or **demasiado**. Follow the model.

A: ¿Estudi**as** poco o demasiado?

B: Estudi**o** poco.   B: Estudi**o** demasiado.

1. trabajar   4. escuchar música
2. visitar a tus padres   5. mirar televisión
3. hablar con tus amigos   6. caminar

Parte B: Now write a few sentences reporting your findings. Be ready to read them to the class. Follow the models.

▲ Paul estudi**a** poco, pero yo estudi**o** demasiado.
   Paul y yo trabaj**amos** poco.

¿Lo sabían?

Quito, the capital of Ecuador, is breathtaking. The city lies in a beautiful valley at the base of a volcano. Though it is near the equator, Quito enjoys a moderate climate all year round since it is almost 10,000 feet above sea level. The combination of colonial and modern architecture creates a fascinating contrast in the city.

A large percentage of Ecuador's population is of native Andean origin. West of Quito is the town of Santo Domingo de los Colorados. The indigenous group of the Tsa'tchela, or Colorados, lives on the outskirts of this town. The men are well known for their hair, which they cover with red clay and shape in the form of a leaf. The Otavalos, another indigenous group, are renowned for their success in cottage industry and textile commerce.

Colorado Indian, Ecuador. ▶

Vocabulario esencial I

Lugares (*Places*)

● Identify places while walking or riding through town: **el parque, el cine,** etc. Make idle time study time.

1. el cine
2. la escuela/el colegio
3. la iglesia
4. la playa
5. el supermercado
6. la librería

Otros lugares

la agencia de viajes travel agency	**la oficina** office
el banco bank	**el parque** park
la biblioteca library	**la piscina** pool
la casa house, home	**la plaza** plaza, square
la discoteca club, disco	**el restaurante** restaurant
la farmacia pharmacy, drugstore	**el teatro** theater
el hospital hospital	**la tienda** store
el museo museum	**la universidad** university

ACTIVIDAD
5
Asociaciones Say which places you associate with the following words:

la educación
la diversión
el trabajo

● Remember: a + el = al

ACTIVIDAD 6

Acción y lugar Choose an action from Column A and a logical place in which to do this action from Column B. Form sentences, following the models.

 Me gusta nadar; por eso voy a la piscina.
Tienen que comer; por eso van al restaurante.

A	B
Me gusta nadar	la piscina
Tienen examen	el parque
Tiene que estudiar	la biblioteca
Necesito dinero	el restaurante
Tenemos que comprar papas	la universidad
Tienen que comer	la farmacia
Me gusta caminar	el banco
Tienes que comprar aspirinas	el supermercado
Me gusta el arte	el museo
	la playa
	la cafetería

¿Lo sabían?

Hispanic cities are experiencing changes just as are their counterparts in the U.S. The local market (**el mercado**) with a variety of individually owned food stalls still exists, but the **supermercado** has become a common sight in cities and towns. In the large cities, one can also find **el hipermercado,** a type of superstore that sells food as well as furniture, electronics, and clothing, even though shopping malls (**el centro comercial** or in some countries **el shopping**) now exist in most major cities.

Nevertheless, there are still specialty stores that are not national or international chains. To refer to these stores, it is common to use words based on what is sold and to attach the ending **-ería.** For example: a **librería** sells **libros.** Here are a few other common terms to describe stores: **frutería/fruta** *fruit store/fruit;* **carnicería/carne** *butcher shop/meat;* **zapatería/zapatos** *shoe store/shoes.*

Gramática para la comunicación I

I. Expressing Destination: *Ir + a + place*

● Note that prepositions precede the question word.

To say where you are going, you need to use a form of **ir** + **a** + *destination.* Remember to use **al (a + el)** when the destination noun is masculine.

Vamos al Museo de Antropología.	*We're going to the Museum of Anthropology.*
Voy a la farmacia. ¿Necesitas aspirinas?	*I'm going to the drugstore. Do you need aspirin?*
¿Adónde **vas**?	*Where are you going (to)?*
¿Con quién **vas a ir a** la fiesta?	*Who are you going to go to the party with?*

II. Indicating Location: *Estar* + *en* + place

● Practice **ir a** and **estar en** by reporting your actions to yourself as you do them.

To say where you are, use a form of **estar** + **en** + *place.*

estar			
yo	**estoy**	nosotros/as	**estamos**
tú	**estás**	vosotros/as	**estáis**
Ud. ⎫ él/ella ⎭	**está**	Uds. ⎫ ellos/ellas ⎭	**están**

La directora no **está en** la oficina hoy.   *The director isn't in the office today.*
Mamá, **estoy en** el hospital.   *Mom, I'm in/at the hospital.*

NOTE: The preposition to express being *in* or *at* a place is **en: Estamos en el cine.** (*We're at the movies.*)

III. Talking About the Present: The Present Indicative

● Memorize infinitives. Make lists of -ar, -er, and -ir verbs and quiz yourself on forms and meanings, for example: **Yo estudio mucho. Mi amigo Paul no estudia. Paul y yo bebemos Pepsi. Mary bebe Coca-Cola.**

● Practice automatic pairs: **¿Trabajas? Sí, trabajo. / ¿Trabaja ella? Sí, ella trabaja. / ¿Trabajan Uds.? Sí, trabajamos.**

1 ▲ In order to talk about daily activities, you use verbs in the present indicative. These verbs can express actions or states: *I* **run** *5 miles* (action), *but he* **runs** *7 miles. Paula* **is** *a full-time student* (state), *but I* **am** *a part-time student.* Notice how in each sentence you change or conjugate the verb depending on the person you are talking about. To do this in Spanish you first need to know whether the infinitive, or base form of the verb, ends in **-ar** (**trabaj<u>ar</u>**), **-er** (**beb<u>er</u>**), or **-ir** (**escrib<u>ir</u>**). Then you take the stem of the verb (**trabaj-, beb-, escrib-**) and attach the following endings:

-ar *verbs*

trabajar (*to work*)			
yo	trabaj**o**	nosotros/as	trabaj**amos**
tú	trabaj**as**	vosotros/as	trabaj**áis**
Ud. ⎫ él/ella ⎭	trabaj**a**	Uds. ⎫ ellos/ellas ⎭	trabaj**an**

Mi madre habl**a** español.   *My mother speaks Spanish.*
Mañana **yo** trabaj**o**.   *I work tomorrow.* (*Note: The present can also be used to talk about the near future.*)

-er *verbs*

beber (*to drink*)			
yo	beb**o**	nosotros/as	beb**emos**
tú	beb**es**	vosotros/as	beb**éis**
Ud. ⎫ él/ella ⎭	beb**e**	Uds. ⎫ ellos/ellas ⎭	beb**en**

¿Beb**es** vino o agua con la cena?   *Do you drink wine or water with dinner?*
Nosotros com**emos** en la cafetería.   *We eat in the cafeteria.*

-ir *verbs*

escribir (*to write*)			
yo	escrib**o**	nosotros/as	escrib**imos**
tú	escrib**es**	vosotros/as	escrib**ís**
Ud. ⎱ él/ella ⎰	escrib**e**	Uds. ⎱ ellos/ellas ⎰	escrib**en**

Isabel Allende escrib**e** novelas.   *Isabel Allende writes novels.*
Nosotros viv**imos** en Lima.   *We live in Lima.*

In order to choose the correct ending for a verb, you need to know two things: (1) the infinitive of the verb (**-ar, -er, -ir**), and (2) the person doing the action. For example:

(1) beber
(2) nosotros = (Nosotros) beb**emos** Coca-Cola.

2 ▲ The following verbs, and most of those you learned in Chapter 2, are regular verbs and therefore follow the pattern of **trabajar, beber,** and **escribir.**

aprender	to learn	**regresar (a casa)**	to return (home)
desear	to want, desire	**tocar**	to play (*an instrument*)
llevar	to take along, carry	**usar**	to use
necesitar	to need	**vender**	to sell
recibir	to receive	**vivir**	to live

3 ▲ The following verbs have irregular **yo** forms, but follow the pattern of regular verbs in all other present-indicative forms.

hacer	to do; to make	yo ha**go**
poner	to put, place	yo pon**go**
ofrecer*	to offer	yo ofre**zco**
salir (con)	to go out (with)	yo sal**go**
salir de	to leave (*a place*)	
traer	to bring	yo trai**go**
traducir*	to translate	yo tradu**zco**
ver	to see (*a thing*)	yo ve**o**
ver a	to see (*a person*)	

Do Workbook **Práctica mecánica I** and corresponding CD-ROM activities.

***NOTE:** Many verbs that end in **-cer** and **-ucir** follow the same pattern as **ofrecer** and **traducir: establecer** (*to establish*), **producir** (*to produce*).

Ha**go** la tarea todos los días.   *I do my homework every day.*
¿Qué hac**en** Uds.?   *What do you do?*
Sal**go** con Ramona.   *I go out with Ramona.*
Ella sal**e** del trabajo temprano.   *She leaves work early.*
¿Dónde pon**go** las cintas?   *Where do I put the tapes?*

ACTIVIDAD
7

¿Adónde va? Imagine that this is your schedule for the week. State what you have to do or are going to do and where you are going to go.

 El lunes tengo que estudiar para un examen; por eso voy a la . . .

lunes   estudiar para un examen
martes   comprar discos compactos
miércoles   nadar
jueves   comprar libros para la clase de literatura
viernes   comer con Ana
sábado   comprar papas fritas, hamburguesas, café y Coca-Cola
domingo   ver la exhibición de Picasso

ACTIVIDAD
8

Después de clase Mingle with your classmates and find out where (**adónde**) others are going after class and with whom (**con quién**) they are going. Follow the model.

A: ¿Adónde vas?

B: Voy a casa.

A: ¿Con quién vas?

B: Voy solo/a. / Voy con . . .

ACTIVIDAD
9

¿Dónde están? In pairs, ask and state where the following people or things are.

1. el presidente de los Estados Unidos
2. la Torre Eiffel y el Arco de Triunfo
3. la Estatua de la Libertad y Woody Allen
4. Bogotá
5. el Vaticano
6. Machu Picchu y Lima

ACTIVIDAD
10

¡A competir! In pairs or in groups of three you will play a game using the following list of verbs. Your instructor will give you instructions.

1. llevar
2. caminar
3. beber
4. ir
5. traducir
6. tener
7. bailar
8. vender
9. llamarse
10. vivir
11. ser
12. traer
13. aprender
14. escuchar
15. salir
16. cantar
17. comprar
18. correr
19. esquiar
20. estudiar
21. nadar
22. necesitar
23. trabajar
24. recibir
25. tocar
26. hacer
27. traer
28. ver
29. estar
30. tener
31. hablar
32. comer
33. visitar
34. leer
35. mirar
36. ofrecer
37. producir
38. ser
39. ver
40. hacer

ACTIVIDAD 11

¡Una carta de Miguel! This is a letter from a Honduran student who is studying in the United States. He is describing his daily activities to his parents. Complete the letter with the appropriate forms of the following verbs: **bailar, correr, escribir, estudiar, hablar, ir, salir, ser, tener, terminar, traducir.**

Chicago, 20/9/2003

Queridos papás:

¿Cómo están? Yo, bien. Me gusta la universidad y _____ muchos amigos. Voy a clase, _____ composiciones para mi clase de francés y _____ mucho porque _____ demasiados exámenes; el jueves tengo un examen importante de biología. Los viernes por la mañana voy a la oficina de un profesor de psicología y _____ documentos del español al inglés. Los viernes y los sábados yo _____ en la biblioteca y por la noche _____ con un grupo de amigos. Ellos _____ mexicanos, venezolanos y de los Estados Unidos. Los mexicanos siempre _____ de política con los venezolanos.

Santa (una chica puertorriqueña) y yo también _____ a una discoteca los martes porque ponen música salsa; como nos gusta la música del Caribe, nosotros _____ mucho. Ella _____ bien porque es bailarina profesional.

Bueno, tengo que _____ la carta porque voy a correr. ¡Mi amigo Mateo y yo _____ ocho kilómetros al día!

Besos y abrazos,

Miguel

P. D. Gracias por los $$$dólares$$$.

● Why is **exámenes** written with an accent and **examen** without? See Appendix B for explanation.

● P. D. = Posdata

ACTIVIDAD 12

Gente famosa In groups of three, name famous people who do the following things: **bailar, cantar, correr, escribir novelas, esquiar, nadar, producir películas, tocar la guitarra, trabajar en Washington, salir en el programa de David Letterman.** Follow the model.

▲ Gabriel García Márquez escribe novelas.

ACTIVIDAD 13

El verano In pairs, discuss what you and your partner do during the summer (**el verano**). Use the following actions: **bailar, comer en restaurantes, escuchar música, esquiar, estudiar, mirar televisión, nadar, salir con amigos.** Follow the model.

▲ A: ¿Nadas?
B: Sí, nado todos los días.
A: ¿Cuándo nadas?
B: Por la mañana.
A: ¿Dónde?
B: En la piscina de la universidad.

ACTIVIDAD 14

Nosotros y nuestros padres In groups of three, discuss what students and parents do in a typical week. Think of at least five examples. Follow the model.

▲ Nosotros bailamos los fines de semana y nuestros padres van al cine.

Do Workbook **Práctica comunicativa I** and corresponding CD-ROM activities.

ACTIVIDAD 15

El cuestionario You work for an advertising agency and have to conduct a "person-on-the-street" interview on people's likes and dislikes. Work in pairs and use the following questionnaire. The interviewer should use the **Ud.** form and complete questions to elicit responses: **¿Es Ud. estudiante? ¿Qué periódico lee Ud.?** The "person on the street" should not look at the book. When finished, exchange roles. Be prepared to report back to the class.

Cuestionario

Nacionalidad: _____

Edad: _____

Sexo: Masculino _____   Femenino _____

Estudiar: _____ Si contesta que sí:
               ¿Dónde? _____

Trabajar: _____ Si contesta que sí:
               Ocupación _____

Vivir (con):   Familia _____   Amigo/a _____   Solo/a _____

Gustos:

Leer _____ Si contesta que sí:
   ¿Qué lee? _____

Ver la televisión: _____ Si contesta que sí:
   ¿Qué tipo de programas? _____

Escuchar música: _____ Si contesta que sí:
   ¿Qué tipo de música? _____

Usar: Perfume _____   Agua de colonia _____   Nada _____

Salir mucho: al cine _____   a bailar _____
               al teatro _____   a comer en restaurantes _____

Más allá

El mundo de los negocios

Mexico is an important trade partner for the United States, second only to Canada. In the year 2000, Mexico's exports to the U.S. totalled over 135 billion dollars and its imports from the U.S. over 111 million. Therefore, Mexico is not only a major supplier of goods, but the Mexican people are consumers of products made in the U.S. Since NAFTA (the North American Free Trade Agreement or **TLC, Tratado de Libre Comercio**) went into effect, there has been continuous growth in commerce between the two countries. Preparations are being made for the implementation of the FTAA agreement (Free Trade Area of the Americas or **ALCA, Área de Libre Comercio de las Américas**), which may be implemented by 2005. This would lead to increased trade between countries in the western hemisphere.

WAL★MART MEXICO
Total Number of Wal-Mart Supercenters: 33
Total Number of SAMS CLUBS: 38
Total Number of CIFRA Units: 428
Total Number of Associates: 84,800
Wal-Mart Start Date: November 1991

Wal-Mart de Mexico's importance in the Mexican Stock Exchange:
Second most important in the Bolsa Index
Third largest in sales
Third largest employer

Many American companies enter into agreements with companies in other countries to facilitate expanding abroad. In 1998, Home Depot made such an agreement. Home Depot has over 1,500 stores in the Americas and continues to expand.

Wal-Mart, Kohler, and Home Depot are examples of companies that are expanding operations in the Americas. The implication is obvious for future businessmen and -women: Knowledge of Spanish—particularly if combined with a study abroad experience in Latin America—and internships done in international divisions of companies will be valuable information to include in a résumé. In many companies, entrance into the upper echelon of management is dependent upon spending two to three years working abroad. ◆

South America

The U.S./South American trade agreements of the early 1990's have created new growth opportunities for Kohler. Kohler has capitalized on this new market opportunity by offering products and designs unique to that marketplace. Buenos Aires, Argentina is home base for the Kohler South and Central American sales operations. From there, Kohler and Sterling brand products are readily available in Venezuela, Colombia, Peru, Ecuador, Chile, Guatemala, Honduras, Costa Rica and Panama.

Vocabulario esencial II

● Adjectives, including adjectives of nationality, agree in number and in many cases gender with the noun modified.

I. Las descripciones: *Ser* + adjective

● In some cultures flaco has a negative connotation, similar to calling someone "scrawny" or "boney" in English.

1. Es **alta**.
2. Es **baja**.
3. Son **gordos**.
4. Son **delgados**. (Son **flacos**.)

5. Es **joven**.
6. Es **mayor**.
7. Son **morenas**.
8. Son **rubias**.

Otros adjetivos

simpático/a nice	**antipático/a** unpleasant; disagreeable
guapo/a good-looking ⎱	**feo/a** ugly
bonito/a pretty ⎰	
bueno/a good	**malo/a** bad
inteligente intelligent	**estúpido/a, tonto/a** stupid
grande large, big	**pequeño/a** small
largo/a long	**corto/a** short (*in length*)
nuevo/a new	**viejo/a** old

ACTIVIDAD
16

¿Cómo son? Describe the following people using one or two adjectives.

1. el/la profesor/a
2. Shakira
3. Matt Damon y Ben Affleck
4. Sean Combs

5. Danny De Vito
6. Sarah Jessica Parker y Julia Roberts
7. tu madre o tu padre

ACTIVIDAD 17   **¿Cómo eres?** **Parte A:** The following descriptive adjectives are cognates. Circle the four that best describe you and underline the four that least describe you.

activo/a	idealista	nervioso/a	reservado/a
artístico/a	impaciente	optimista	responsable
atlético/a	indiferente	paciente	serio/a
cómico/a	informal	pesimista	sociable
conservador/a	intelectual	realista	tímido/a
formal	liberal	religioso/a	tradicional

Parte B: Talk with your partner and state what you think he/she is like. Follow the model.

> A: Eres sociable, ¿verdad?
> B: Sí, es verdad. Soy (muy) sociable. / No, no soy sociable. / No, soy (muy) reservado.

ACTIVIDAD 18   **¿A quién describo?** In pairs, take turns describing people in your class and have the other person guess who is being described. You may use adjectives that describe physical characteristics and personality traits.

II. Las descripciones: *Estar* + adjective

1. Está **enferma**.
2. Está **aburrida**.
3. Está **contento**.
4. Está **enojado**.
5. Están **enamorados**.
6. Está **triste**.

Otros adjetivos

borracho/a   drunk
cansado/a   tired
preocupado/a   worried

ACTIVIDAD 19   **¿Cómo estoy?** In pairs, act out the different adjectives and have your partner guess how you feel; then switch roles.

ACTIVIDAD 20   **¿Cómo estás?** Discuss how you feel in the following situations. Follow the model.

▲ Tienes examen mañana. ⟶ Estoy preocupado/a.

1. El político habla y habla y habla.
2. Escuchas una explosión.
3. Tienes temperatura de 39°C (*102.2°F*).
4. Vas a salir bien en el examen de matemáticas.
5. No quieres hablar con tus amigos.
6. Tienes novio/a (*boyfriend/girlfriend*).

ACTIVIDAD 21   **¿Cómo están? ¿Cómo son?** Look at the drawing and answer the following questions.

1. ¿Cómo es él?
2. ¿Cómo es ella?
3. ¿Cómo está él?
4. ¿Cómo está ella?

Hay familias . . . y . . . FAMILIAS

¿Por qué? Porque . . .	Why? Because . . .
No te preocupes.	Don't worry.

Teresa and Vicente have started going out together. Don Alejandro, Teresa's uncle, wants to meet Vicente to "check him out." Teresa is trying to convince Vicente to meet her uncle.

ACTIVIDAD
22 **¿Cómo es el tío de Teresa?** Read through the following list. Then, while listening to the conversation, place a check mark beside the adjectives that apply to Teresa's uncle.

El tío de Teresa es:

_____ alto	_____ bajo
_____ moreno	_____ rubio
_____ delgado	_____ gordo
_____ simpático	_____ antipático
_____ pesimista	_____ optimista
_____ cómico	_____ serio
_____ liberal	_____ conservador

● Inviting

TERESA:	Vicente, ¿qué haces?
VICENTE:	Estoy mirando el periódico, la sección de cines. Oye, ¿te gustaría ir al cine el jueves?
TERESA:	Me gustaría, pero antes tenemos que tomar un café con mi tío.
VICENTE:	¡¿Tu tío . . . ?! Pero, ¿por qué?

● Giving a reason

TERESA:	Porque es mi tío y por eso, es como mi papá en España.
VICENTE:	Bbbbbueno, pero ¿cómo es?

● Giving physical description

TERESA:	No te preocupes. Es alto, moreno, un poco gordo . . .
VICENTE:	¡No, no! Pero, ¿cómo es? ¿Simpático? ¿Antipático?

● Describing personality traits

TERESA:	Es muy simpático, y qué más . . . es un hombre muy optimista y siempre está contento.
VICENTE:	Pero . . . es tu familia . . . y las familias . . .
TERESA:	Y las familias, ¿qué?

● Expressing feelings

VICENTE:	No sé, pero, estoy nervioso. ¿Es tradicional tu tío?
TERESA:	No, hombre. Es un poco serio, eso sí. Mi tío es serio, pero muy liberal.
VICENTE:	Bueno, voy, pero después vamos al cine, ¿O.K.?
TERESA:	Sí, por supuesto, pero con mi tío, ¿no?
VICENTE:	¿Cómo? ¿Estás loca?

ACTIVIDAD
23 **Preguntas** Listen to the conversation again, then answer the following questions.

1. ¿Adónde van a ir Teresa y Vicente el jueves?
2. ¿Con quién van a ir?
3. ¿Cómo está Vicente?
4. ¿Quiénes van a ir al cine de verdad: Teresa, su tío y Vicente o sólo Teresa y Vicente?

ACTIVIDAD 24   **Justifiquen** In pairs, alternate asking each other questions and justifying your responses. Follow the model.

> A: ¿Por qué estudias aquí?
>
> B: Porque es una universidad buena. / Porque me gusta donde está. / Porque aquí tengo muchos amigos. / Porque es pequeña.

1. ¿Por qué estudias español?
2. ¿Por qué compras CDs de rock?
3. ¿Por qué tienes computadora?

4. ¿Por qué trabajas?
5. ¿Por qué vas a la biblioteca?

¿Lo sabían?

Since Teresa's parents are in Puerto Rico and her uncle is in Madrid, it is normal for him to consider her welfare an important responsibility. In the absence of a parent, it is common for young people to respect aunts or uncles as if they were their parents.

The word *family* has different connotations in different cultures. For Hispanics, the word **familia** suggests not only the immediate family, but also grandparents, uncles, and aunts, as well as close and distant cousins. What does the word *family* mean to you?

▲ A woman and her grandchild in Chapultepec Park, Mexico City.

Gramática para la comunicación II

I. Describing Yourself and Others: Descriptive Adjectives

In Chapter 1, you learned how to say someone's nationality: **Vicente Fox es mexicano. Salma Hayek es mexicana. Ellos son mexicanos.** You learned that the endings of these words changed depending on whom you were describing. Now see if you can answer these questions:

1. What would you have to change in the sentence **Eduardo está cansado** if the subject were **Carmen** instead of **Eduardo?**
2. What would you have to change in the sentence **Mi clase de historia es interesante** if the subject were **mis clases de historia e inglés?**

In the first, if you said **cansada,** you were correct, since the adjective ends in **-o** and would need to end in **-a** to describe a woman. In the second, **son**

interesantes is the correct response since the subject is now plural, requiring a plural verb and a plural adjective.

A. Agreement of Adjectives

1 ▲ Adjectives that end in **-o** agree in gender (masculine/feminine) and in number (singular/plural) with the nouns they modify.

> **Francisco** es baj**o**, pero **Patricia** es alt**a**.
> **Ellos** son delgad**os** y **ellas** son delgad**as** también.

2 ▲ Adjectives that end in **-e** or in a consonant agree in number (singular/plural) with the nouns they modify.

> **Ella** está trist**e** y **ellos** también están trist**es**.
> **Camilo** no es liberal. **Ana y Elisa** tampoco son liberal**es**.

NOTE: joven ⟶ j**ó**venes (an accent is needed in the plural)

● Remember: Professions and other nouns that end in **-ista** also have two forms only: **artista/s**.

3 ▲ Adjectives that end in **-ista** ONLY agree in number with the nouns they modify.

> **Rafael** es real**ista** y **Emilia** es ideal**ista**.
> **Ellos** son optim**istas**.

B. Ser and Estar + Adjective

1 ▲ **Ser** + *adjective* is used to describe *the being:* what someone or something *looks like* or *is like*. You use **ser** when describing someone's personality (**Él es inteligente, optimista,** etc.) or when describing a person physically (**Ella es alta, delgada,** etc.).

2 ▲ **Estar** + *adjective* is used to describe *the state of being;* it indicates how people are feeling or describes a particular condition: **Él está enfermo.**

Notice how the following adjectives may change meaning depending on whether you use **ser** or **estar:**

Peter **es aburrido.**
(personality: *Peter is boring.*)
Somos muy **listos.**
(personality: *We are very clever.*)
Eres guapo.
(physical description: *You are handsome.*)

Peter **está** muy **aburrido.**
(feeling: *Peter feels/is bored.*)
Estamos listos.
(condition: *We are ready.*)
Estás guapo hoy.
(condition: *You look handsome today.*)

● ¿Cómo son estas personas? ¿Cómo están estas personas?

Students speaking with ▶ an instructor after class in Costa Rica.

II. Position of Adjectives

1 ▲ Possessive adjectives and adjectives of quantity precede the noun they modify.

● Inca Kola is a sweet soft drink that is very popular in Peru.

Mi novio es arquitecto.*	*My boyfriend is an architect.*
Tiene **tres televisores.**	*He has three TV sets.*
Bebe **mucha Inca Kola.**	*He drinks a lot of Inca Kola.*
Tiene **muchos** amigos y **pocas** amigas.	*He has a lot of male friends and few female friends.*

*NOTE: The indefinite articles (**un, una, unos, unas**—*a/an, some*) are used with occupations only when they are modified by an adjective:

Mi padre es ingeniero.
BUT: **Mi padre es** *un* **ingeniero** *fantástico.*

2 ▲ Descriptive adjectives normally follow the nouns they modify.

Tenemos un **examen importante** en la clase de literatura.

We have an important exam in literature class.

● While watching TV, think about the actions taking place: **Están cantando, Dan Rather está hablando.** etc.

III. Discussing Actions in Progress: Present Indicative and Present Progressive

In order to describe an action that is in progress at the moment of speaking, you use the present progressive in English (*I'm watching a movie on TV*). In order to describe an action in progress in Spanish you may use the present indicative (**Miro una película por televisión**) or the present progressive (**Estoy mirando una película por televisión**). The present progressive is formed as follows:

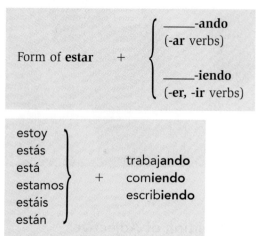

Form of **estar**   +   _____-ando
(-**ar** verbs)

_____-iendo
(-**er**, -**ir** verbs)

estoy
estás
está
estamos   +   trabaj**ando**
estáis   comi**endo**
están   escrib**iendo**

Do Workbook **Práctica mecánica II, CD-ROM, Web** ACE Tests, and lab activities.

NOTE:

1. Many -**er** and -**ir** verbs whose stems end in a vowel, substitute a **y** for the **i** of the -**iendo** ending: **leer: le + iendo ⟶ leyendo.**
2. In English, the present progressive can also be used to talk about the future (*I'm watching a movie on TV tonight*). In contrast, the present progressive can *only* be used in Spanish for an action that is *happening at the moment* of speaking, an action that is actually taking place.

ACTIVIDAD
25

¿Adónde vas cuando . . . ? In pairs, ask your partner where he/she goes when in the following moods or situations. Follow the model.

A: ¿Adónde vas cuando estás enojado/a?

B: Cuando estoy enojado/a, voy a mi habitación.

1. estar aburrido/a
2. tener que comprar café
3. tener que trabajar
4. estar enfermo/a
5. tener que estudiar

6. desear correr
7. estar contento/a
8. tener que comprar un periódico
9. estar preocupado/a
10. estar con tu novio/a

● Listen, select the appropriate sentence, look your partner in the eye, and say the line.

ACTIVIDAD 26

Una conversación In pairs, "A" covers Column B and "B" covers Column A. Carry on a conversation with your partner. You will need to enunciate very clearly and listen closely to select the appropriate response.

A	B
¿Estás triste?	No, estoy preocupado/a. Sí, hoy no tengo problemas en la oficina.
¿Por qué? ¿Tienes problemas? ¿Cuándo?	Sí, me gustaría. Sí, es mi padre.
¿Está enfermo? ¿Está enferma?	No, es simpático, joven y muy inteligente. Sí, está en el hospital y está solo.
¿Dónde está? ¿Va a ir al hospital?	En Miami y yo voy mañana. De Guadalajara.

ACTIVIDAD 27

Un compañero de clase As a class, write a description of one of your classmates. Say what the person's name is, where he/she is from, what he/she looks like, what activities he/she likes to do, etc.

ACTIVIDAD 28

¿Quién es? In groups of five, each person prepares descriptions of a famous man and a famous woman. When you finish writing your descriptions, read them aloud and have the rest of the group identify who is being described. Follow the model.

▲ Es una persona famosa.
Él es guapo, alto, delgado y artístico.
Canta y baila bien.
Habla español e inglés.
Es puertorriqueño.
Él vive la vida loca.
¿Quién es?

ACTIVIDAD 29   **Tu amigo y su amiga** Read the following paragraph, then invent a story about a friend of yours and his girlfriend by completing the paragraph with the types of words indicated in parentheses. Remember that adjectives agree with the nouns they modify.

Mi amigo _____ es _____ y es _____. Tiene
          (nombre)   (nacionalidad)   (ocupación)

_____ años y es _____, _____ y
  (número)   (adjetivo)   (adjetivo)

_____. _____ amigo tiene una amiga que se llama
  (adjetivo)   (adjetivo posesivo)

_____. Ella es _____ y _____. Ellos son
  (nombre)   (adjetivo)   (adjetivo)

muy _____, pero están _____ porque _____.
    (adjetivo)   (adjetivo)   (?)

ACTIVIDAD 30   **Biografía** **Parte A:** Interview your partner. Use these questions as a guide.

1. la persona

   ▶ ¿Cómo te llamas, de qué nacionalidad eres y cuántos años tienes?

   ▶ ¿Por qué estás aquí (*here*)?

2. sus amigos

   ▶ ¿Tienes muchos o pocos amigos? ¿Cómo son?

   ▶ Si son estudiantes, ¿qué estudian? ¿Estudian mucho o poco?

   ▶ Si trabajan, ¿qué hacen? ¿Dónde trabajan? ¿Trabajan mucho o poco?

3. actividades

   ▶ ¿Qué te gusta hacer y con quién?

   ▶ ¿Qué hacen Uds. los viernes y los sábados? ¿Adónde van?

   ▶ ¿Estás contento/a cuando estás con tus amigos?

● Pay attention to accents and punctuation.

Parte B: Use the above questions to write a three-paragraph biographical sketch.

ACTIVIDAD 31   **¿Está Diana?** In pairs, "A" calls on the phone to talk to someone, but the person is busy. "B" says what the person is doing. When finished, change roles. (Useful excuses include: **trabajar con su padre, hacer la tarea, escribir una monografía, traducir un poema, comer, nadar en la piscina, hablar por el móvil,** etc.)

    B: ¿Aló?

    A: Buenos días. ¿Está Diana?

    B: Sí, está, pero está estudiando con su profesor particular (*tutor*).

    A: Ah, muchas gracias, adiós. / Ah, entonces llamo más tarde.

ACTIVIDAD
32

Imagina In pairs, each person picks three drawings and uses his/her imagination to explain to a partner who the people are, what they are doing, and where they are.

Do Workbook **Práctica comunicativa II** and the **Repaso** section. Do CD-ROM, Web ACE Tests, and lab activities.

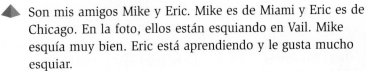

Son mis amigos Mike y Eric. Mike es de Miami y Eric es de Chicago. En la foto, ellos están esquiando en Vail. Mike esquía muy bien. Eric está aprendiendo y le gusta mucho esquiar.

Imágenes

LECTURA

Estrategia: *Dealing with Unfamiliar Words*

In Chapter 2 you read that you can recognize many Spanish words by identifying cognates (words similar to English words). However, other words
will be completely unfamiliar to you. A natural tendency is to run to a
Spanish-English dictionary and look up a word, but you will soon tire of
this and become frustrated. The following are strategies to help you deal
with unfamiliar words while reading.

● *noun* = **sustantivo**
Note: A noun may
be preceded by articles
(**el/la; un/una**)
verb = **verbo**
adjective = **adjetivo**

● Note: If you look up
a word, don't write the
translation above the
Spanish word in the
text. (If you reread the
text, you will only see
the English and ignore
the Spanish.) If you
must write it down,
do so separately in
your own personal
vocabulary list.

1. Ask yourself if you can understand the sentence without the word. If so,
   move on and don't worry about it.
2. Identify the grammatical form of the word. For example, if it is a noun,
   it can refer to a person, place, thing, or concept; if it is a verb, it can
   refer to an action or state; if it is an adjective, it describes a noun.
3. Try to extract meaning from context. To do this, you must see what
   information comes before and after the word itself.
4. Check whether the word reappears in another context in another part of
   the text or whether the writer explains the word. An explanation may be
   set off by commas.
5. Sometimes words appear in logical series and you can easily understand
   the meaning. For example, in the sequence *first, second, "boing,"* and
   fourth the meaning of *boing* becomes obvious.

These strategies will help you make reasonable guesses regarding meaning.
If the meaning is still not clear and you must understand the word to get
the general idea, the next step would be to consult a dictionary.

ACTIVIDAD
33

El tema Before reading the article that follows, look at
the title, the format, and the pictures to answer the following
question.

¿Cuál es el tema (*theme*) del artículo?
a. el número de hispanos en los Estados Unidos
b. el futuro político de los hispanos
c. los hispanos como consumidores

ACTIVIDAD
34
Los cognados Before reading the article, go through it and underline any word that you think is a cognate. If you are doing this as an assignment to hand in, list all cognates on a piece of paper.

ACTIVIDAD
35
En contexto Read the article without using a dictionary and try to determine what the following words mean.

1. **mundo** (línea 1)
2. **mercado consumidor** (línea 4)
3. **a través de** (línea 12)
4. **vida** (línea 19)
5. **teleadictos** (línea 28)
6. **telenovelas** (línea 30)

El mercado hispano en los Estados Unidos

El español es el idioma oficial de veinte países del mundo. En total, hay aproximadamente 332 millones de personas de habla española. En los Estados Unidos hay 32,8 millones de hispanos (más del 12% de la población total) y 21 millones de ellos hablan español; por eso, forman un mercado consumidor doméstico muy significativo para los Estados Unidos.

5   Las grandes compañías comprenden la importancia económica de este grupo y usan los medios de comunicación tanto en inglés como en español para venderle una variedad de productos.

Libros, periódicos y revistas

En los Estados Unidos se publican muchos periódicos y revistas en español. Hasta la revista *People*
10   tiene una versión en español. También hay compañías como Amazon.com y Booksellers que venden
libros al mercado hispano a través de Internet.
Autores como la chilena Isabel Allende y el mexicano Carlos Fuentes son muy populares. Pero, las
15   personas de habla española también leen libros en
inglés o traducidos al español de autores como Tom
Clancy y Toni Morrison.

La radio

La radio y su música es una parte importante de la
vida de los hispanos. A ellos les gustan diferentes
20   tipos de música: la folklórica, la clásica, la tejana,
el rock, el jazz, etc. La música hispana que más
escucha la gente joven en los Estados Unidos es la
salsa de cantantes como Marc Anthony, la India y

▲ Isabel Allende, Chilean author.

Víctor Manuelle. También les gusta el rock en español de grupos como Oxomatli y
25   Caifanes. Generalmente escuchan emisoras de radio en inglés y en español y, hoy en día,
con una computadora y acceso a Internet también pueden escuchar la radio de otros países.

La televisión

Otra parte esencial de la vida diaria de muchos hispanos es
la televisión y hay muchos teleadictos, gente que pasa horas
y horas hipnotizada enfrente de la tele. Los hispanos tienen
sus propios programas de noticias, música, comedias y telenovelas, pero también hay muchos programas en inglés traducidos al español. Hasta Fox Mulder y Dana Scully hablan
español en "Los expedientes X". También hay varios canales
de televisión en español. Las tres cadenas hispanas de televisión más importantes que transmiten en los Estados Unidos
y a otros países son Univisión, Telemundo y Galavisión.

   Los medios de comunicación forman parte de la vida
diaria de los hispanos que viven en los Estados Unidos.
Cuando ellos leen el periódico, miran la televisión, escuchan
la radio o se conectan a Internet, las grandes compañías
como Wal-Mart, Home Depot, Pepsi, Coors y Sears están
allí para venderles sus productos.

▲ Cristina Saralegui,
TV talk show host.

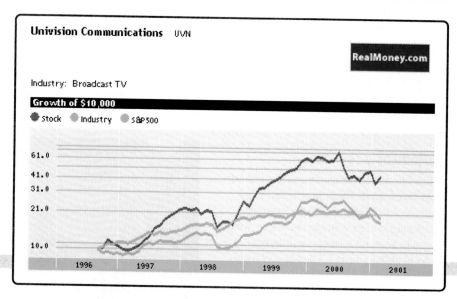

ACTIVIDAD 36 **Después de leer** Answer the following questions based on the article.

1. ¿En cuántos países es el español la lengua oficial?
2. ¿Cuántas personas hablan español en el mundo?
3. ¿Qué leen, qué escuchan y qué miran los hispanos?
4. ¿Cuántas cadenas de televisión en español hay en los Estados Unidos y cómo se llaman?
5. ¿Qué medios de comunicación usan las grandes compañías para presen-tar sus anuncios comerciales? Menciona (*Mention*) un mínimo de tres.

ESCRITURA

Estrategia: *Using Models*

When beginning to think and write in a new language, a model can provide a format or framework to follow and give you ideas for organizing what you write. It is also useful for learning phrases and other ways to express yourself. Some phrases can be used without understanding the intricate grammatical relationship between all of the words. For example, by using such phrases along with what you already know in Spanish, you can raise the level of what you write.

ACTIVIDAD 37 **Una carta Parte A:** Look at Miguel's letter in **Actividad 11** and answer these questions about the letter's format.

1. What comes before the date? What is written first, the day or the month?
2. The letter is informal because it is addressed to Miguel's parents. What punctuation is used after the salutation, a comma or a colon?
3. What does he say in the closing of the letter? Check what these words mean in the Spanish-English dictionary in your textbook.
4. How do you write *P.S.* in Spanish?

Parte B: Using Miguel's letter as a guide, write a letter to your parents about your life at the university. Note the use of the expressions **bueno** and **gracias por los dólares** (**gracias por** + *article* + *noun*) at the end of the letter.

Parte C: In your letter, underline each subject pronoun (**yo, tú, él, ella,** etc.). Edit, omitting all of the subject pronouns that are not needed for clarity or emphasis, especially the pronoun **yo.**

Parte D: Rewrite your final draft, staple all drafts and your answers to **Parte A** together, and hand them in to your instructor.

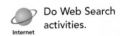

Do Web Search activities.

Internet

Vocabulario funcional

Lugares *(Places)*	*See page 77.*		
¿Adónde vas/va?	*Where are you going?*	la escuela/el colegio	*school*
¿Con quién vas/va?	*With whom are you going?*	la iglesia	*church*
		la librería	*bookstore*
¿Dónde estás/está?	*Where are you?*	la playa	*beach*
estar en + *lugar*	*to be in/at* + place	el supermercado	*supermarket*
el cine	*movie theater*		

La descripción

Adjetivos con **ser**: ¿Cómo es?

aburrido/a	*boring*
alto/a	*tall*
antipático/a	*unpleasant, disagreeable*
bajo/a	*short (in height)*
bonito/a	*pretty*
bueno/a	*good*
corto/a	*short (in length)*
delgado/a	*thin*
estúpido/a	*stupid*
feo/a	*ugly*
flaco/a	*skinny*
gordo/a	*fat*
grande	*large, big*
guapo/a	*good-looking*
inteligente	*intelligent*
joven	*young*
largo/a	*long*
listo/a	*clever*
malo/a	*bad*
mayor	*old* (Literally: *older*)
moreno/a	*brunet/te; dark-skinned*
nuevo/a	*new*
pequeño/a	*small*
rubio/a	*blond/e*
simpático/a	*nice*
tonto/a	*stupid*
viejo/a	*old*

Adjetivos con **estar**: ¿Cómo está?

aburrido/a	*bored*
borracho/a	*drunk*
cansado/a	*tired*
contento/a	*happy*
enamorado/a	*in love*
enfermo/a	*sick*
enojado/a	*angry, mad*
listo/a	*ready*
loco/a	*crazy*
preocupado/a	*worried*
solo/a	*alone*
triste	*sad*

Verbos

-ar

necesitar	*to need*
regresar (a casa)	*to return (home)*
tocar	*to play (an instrument)*
usar	*to use*

-er

aprender	*to learn*
establecer	*to establish*
hacer	*to do; to make*
ofrecer	*to offer*
poner	*to put, place*
traer	*to bring*
vender	*to sell*
ver	*to see (a thing)*
ver a	*to see (a person)*

-ir

producir	*to produce*
recibir	*to receive*
salir (con)	*to go out (with)*
salir de	*to leave (a place)*
traducir	*to translate*
vivir	*to live*

Palabras y expresiones útiles

la clase	*lesson; class*
con	*with*
demasiado	*too much*
después	*after*
la familia	*family*
me/te/le . . . gustaría	*I/you/he/she . . . would like*
muchos/as	*many*
muy	*very*
No te preocupes.	*Don't worry.*
No tengo idea.	*I don't have any idea.*
otro/a	*other; another*
la película	*movie*
poco	*a little*
¿Por qué?	*Why?*
porque	*because*
si	*if*
siempre	*always*
el tío	*uncle*
todos los días	*every day*

CAPÍTULO 4

▷ Unos arqueólogos trabajan en las ruinas precolombinas de Honduras. ¿Sabes en qué países hay ruinas aztecas, mayas o incaicas?

CHAPTER OBJECTIVES

▸ Discussing daily routines

▸ Identifying parts of the body

▸ Talking about who and what you and others know and don't know

▸ Telling what the weather is like

▸ Stating the date

Datos interesantes

Algunas de las ruinas que la UNESCO reconoce como *Patrimonio mundial:*

• Chichén Itzá, México (mayas y toltecas)

• Machu Picchu, Perú (incas)

• San Agustín, Colombia (antigua cultura andina)

• Tiahuanaco, Bolivia (tiahuanacos)

• Tikal, Guatemala (mayas)

Noticias de una amiga

Un hombre hace ▶
andinismo en una montaña
muy rocosa de los Andes
peruanos. ¿Te gustaría
hacer andinismo?

¡Qué + *adjective!*	How + *adjective!*
¡Qué inteligente!	How intelligent!
hay	there is/there are
deber + *infinitive*	ought to/should/must + *verb*
debe ser	ought to/should/must be

José Manuel, un arqueólogo venezolano que está trabajando como voluntario en Perú, recibe un email de España de su amiga Marisel. José Manuel comenta con Rafael, otro arqueólogo venezolano.

ACTIVIDAD 1   **¿Cierto o falso?** Lee las siguientes oraciones. Mientras escuchas la conversación, escribe **C** si la oración es cierta y **F** si la oración es falsa.

1. _____ Rafael no conoce a Marisel.
2. _____ Marisel es arqueóloga.
3. _____ José Manuel trabaja como voluntario.
4. _____ Marisel tiene una foto de José Manuel.
5. _____ José Manuel practica andinismo.

	RAFAEL:	Oye, José Manuel. Mira, tienes email.
● Showing excitement	JOSÉ MANUEL:	Ah, muchas gracias. Vamos a ver quién escribe. ¡Qué bueno! Es de Marisel.
	RAFAEL:	¿Marisel?
● Talking about who you know	JOSÉ MANUEL:	Tú conoces a Marisel; es venezolana. Ella está ahora en Madrid.

RAFAEL: Ah, sí. Es una estudiante muy buena. Estudia geología, ¿no?

JOSÉ MANUEL: Exacto.

RAFAEL: Y . . . ¿Qué dice?

JOSÉ MANUEL: A ver . . . Pregunta mucho sobre el proyecto en Machu Picchu: qué hago en el trabajo, cómo son las ruinas incaicas, si hablo con los indígenas sobre su cultura. Tú sabes, preguntas.

RAFAEL: ¿Y qué más?

JOSÉ MANUEL: Pregunta si continúo con mi trabajo voluntario con niños que no tienen padres.

RAFAEL: Sí, sí, todos sabemos que eres muy bueno y que tienes un corazón grande pues trabajas con niños que no tienen padres, ¿pero dice algo más?

- Reporting

- Talking about what you know

JOSÉ MANUEL: Ah . . . También dice que tengo que afeitarme porque estoy feo con la barba que tengo.

RAFAEL: Es verdad que estás feo, pero ¿cómo sabe que tienes barba?

JOSÉ MANUEL: Porque tiene una foto.

RAFAEL: ¡Ahh!

JOSÉ MANUEL: También dice que estoy loco y que voy a tener un accidente.

RAFAEL: ¿Y por qué dice que vas a tener un accidente?

JOSÉ MANUEL: Porque en la foto hago andinismo . . . subo una montaña totalmente vertical.

RAFAEL: ¡Qué inteligente es Marisel! Porque, en realidad, tú estás loco.

ACTIVIDAD 2   **El email** Después de escuchar la conversación otra vez, contesta estas preguntas.

1. ¿De dónde es Marisel y dónde está?
2. ¿Qué estudia?
3. ¿Por qué dice Rafael que José Manuel tiene un corazón grande?
4. ¿Por qué dice Marisel que José Manuel tiene que afeitarse?
5. ¿Por qué dice Marisel que José Manuel va a tener un accidente?
6. En tu opinión, ¿está loco José Manuel?
7. ¿Te gustaría hacer andinismo?

ACTIVIDAD 3   **La habitación de tu compañero/a** **Parte A:** En parejas (*pairs*), hagan (*make*) una lista de un mínimo de diez cosas que generalmente tienen los estudiantes en su habitación.

Parte B: Ahora, averigua (*find out*) cinco cosas que tu compañero/a (*partner*) tiene en su habitación. Sigue (*Follow*) el modelo.

 A: ¿Hay video en tu habitación?

B: Sí, hay. / No, no hay.

ACTIVIDAD
4

Los comentarios Caminas por la calle (*street*) y ves a diferentes personas. Haz un comentario (*Make a comment*) sobre ellas.

◣ Lucy Liu ⟶ ¡Qué bonita!

Jennifer López, Regis Philbin, Shaquille O'Neal, Matt Damon, David Letterman, Whoopi Goldberg, Jesse Ventura, ¿ ?

Vocabulario esencial I

I. Las partes del cuerpo (*Parts of the Body*)

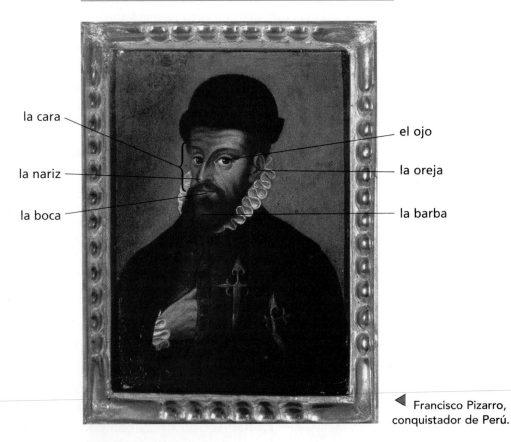

la cara
el ojo
la nariz
la oreja
la boca
la barba

◀ Francisco Pizarro, conquistador de Perú.

● Some speakers say, **Él tiene bigotes.** Others say, **Él tiene bigote.**

Otras partes del cuerpo

el bigote/los bigotes moustache
los dientes teeth
los labios lips
la lengua tongue
el oído inner ear
el pelo hair

la cabeza

el cuello

el hombro

la mano

el codo

el estómago

la espalda

el dedo

el brazo

la pierna

la rodilla

el pie

los dedos del pie

Dos incas. ▶

ACTIVIDAD 5   **Asociaciones** En grupos de tres, digan qué partes del cuerpo asocian Uds. con estas personas o productos.

Herbal Essence	Kleenex	Visine
Leggs	Venus de Milo	Fidel Castro
el príncipe Carlos de Inglaterra y Dumbo	Crest	Mick Jagger
	Reebok	

ACTIVIDAD 6   **Las estatuas incaicas** Parte A: En parejas, identifiquen las partes del cuerpo que tienen las siguientes figuras precolombinas.

Figuras precolombinas, ▶
Museo de Oro, Bogotá.

Parte B: Ahora diseñen en un papel su propia figura exótica (puede ser de una civilización de otro planeta). Luego descríbansela (*describe it*) al resto de la clase.

▲ Nuestra figura tiene tres cabezas y dos manos. En una mano tiene cuatro dedos y en la otra tiene seis . . .

¿Lo sabían?

Cada idioma (*language*) tiene sus dichos (*sayings*) y proverbios, y el español tiene muchos. Algunos están relacionados con las partes del cuerpo.

¡Ojo!	*Watch out!*
Ojo por ojo y diente por diente.	*An eye for an eye and a tooth for a tooth.*
Tengo la palabra en la punta de la lengua.	*I have the word on the tip of my tongue.*
Habla hasta por los codos.	*He/She runs off at the mouth.*

ACTIVIDAD 7 **Los dichos** Lee las siguientes (*following*) situaciones y decide qué dicho relacionas con cada situación.

1. Tienes un amigo que habla y habla y habla.
2. Estás en un carro con un amigo y ves a un policía.
3. Un delincuente (*criminal*) tiene que pagar veinte mil (20.000) pesos y pasar tres años en la prisión.
4. Necesitas usar una palabra, pero no puedes recordarla (*can't remember it*) en este momento.

II. Acciones reflexivas

1. lavarse las manos
2. afeitarse
3. cepillarse los dientes
4. cepillarse el pelo
5. ducharse
6. peinarse
7. quitarse la ropa
8. ponerse la ropa

Otras acciones reflexivas
bañarse   to bathe
levantarse   to get up
maquillarse   to put on make-up

ACTIVIDAD
8

¿En qué orden? En parejas, digan (*tell*) en qué orden (*order*) hacen estas acciones.

peinarse, bañarse, afeitarse, levantarse, cepillarse los dientes, ponerse la ropa

ACTIVIDAD
9

Relaciones Relaciona cada (*each*) acción reflexiva con una o más partes del cuerpo.

afeitarse	los ojos
lavarse	las manos
peinarse	la barba
maquillarse	el pelo
cepillarse	los dientes
	las piernas
	la cara
	la boca

 Gramática para la comunicación I

● Remember to use el, la, los, or las with titles such as **Sra.**, **Dr.**, etc., when speaking about the person.

● Remember: a + el = al

I. The Personal *a*

You already know three uses of the word **a.** They are as follows:

ir **a** + *infinitive*	Mañana **voy a salir** con mis amigos.
ir **a** + *place*	**Voy al supermercado.**
a mí/ti/él/ella/etc.	**A Juan** y **a mí** nos gusta bailar.

Another use of the word **a** is the *personal* **a,** which is used when someone does an action to another person (when the other person is a direct object). Notice that the first three examples that follow contain the *personal* **a** because, in each case, Maricarmen is looking at a person. The fourth example does not contain the *personal* **a** because Maricarmen is looking at an object.

Maricarmen mira **a** Juan.
Maricarmen mira **al** Sr. López.
Maricarmen mira **a la** profesora.
BUT: Maricarmen mira una foto.

NOTE: **Tener** does not normally take the *personal* **a: Tengo un amigo.**

● As a general rule, use definite articles with parts of the body: *He washes his hands* = **Se lava las manos.**

● As you do these activities every day, practice Spanish by saying what you are doing: **Me lavo las manos con jabón,** etc. Remember: idle time = study time.

II. Describing Daily Routines: Reflexive Verbs

To describe what you usually do, you can use reflexive verbs. A reflexive verb is used when the subject performs and receives the action of the verb. Study the difference between these three drawings:

Ella lava el carro.
(She performs the action.)

Él se ducha.
(He performs and receives the action.)

Él se lava las manos.
(He performs and receives the action.)

1 ▲ In order to use reflexive verbs, you need to know the reflexive pronouns.

levantarse (*to get up*)	
(yo) me levant**o**	**(nosotros/as) nos** levant**amos**
(tú) te levant**as**	**(vosotros/as) os** levant**áis**
(Ud., él, ella) se levant**a**	**(Uds., ellos, ellas) se** levant**an**

Me levant**o** temprano.	*I get up early.*
Él **se** cepill**a** los dientes después de comer.	*He brushes his teeth after he eats.*
Nos duch**amos** por la mañana.	*We take a shower in the morning.*

2 ▲ The reflexive pronoun precedes a simple conjugated verb form.

Todos los días **me** levant**o** temprano.   *I get up early every day.*

3 ▲ When there is a conjugated verb + *infinitive* or + *present participle* (words ending in **-ando/-iendo**), the reflexive pronouns **(me, te, se, nos, os, se)** either precede the conjugated verb or follow attached to the infinitive or the present participle.

Mañana **me voy** a levantar tarde. ⎫
Mañana voy a **levantarme** tarde. ⎬ *Tomorrow, I'm going to get up late.*

Me estoy lavando el pelo. ⎫
Estoy **lavándome*** el pelo. ⎬ *I'm washing my hair.*

Do Workbook **Práctica mecánica I** and corresponding CD-ROM activities.

*NOTE: When the pronoun is attached to the past participle, a written accent is needed. For accent rules, see Appendix B.

ACTIVIDAD 10 **José Manuel en Perú** Completa esta historia (*story*) sobre José Manuel con **a, al, a la, a los** o **a las** sólo (*only*) si es necesario.

_____ José Manuel le gusta mucho trabajar como voluntario en Perú. Tres días por semana va _____ visitar _____ unos niños que no tienen padres. Siempre lleva _____ libros para leer con ellos. Todos los domingos por la noche él llama _____ sus padres por teléfono a Venezuela y les describe _____ su trabajo de arqueología. Los fines de semana generalmente va _____ escalar una montaña o _____ visitar un pueblo diferente. _____ su amigo Rafael le gustaría ir _____ lago Titicaca pues es muy bonito. Esta semana José Manuel y Rafael van a ir _____ ruinas incaicas de Machu Picchu para trabajar en un proyecto.

¿Lo sabían?

El lago Titicaca, entre Bolivia y Perú, es el lago navegable más alto del mundo y tiene más o menos 8.300 km cuadrados (3.025 millas cuadradas). El lago tiene una biodiversidad bastante importante; entre su flora existe la totora, una planta similar al papiro (*papyrus*) de Egipto. Puede medir hasta siete metros (23 pies) de alto. Los uros, nativos de la zona, usan la totora para construir embarcaciones y casas y también como alimento que forma parte de su dieta. Curiosamente, los uros también hacen islas flotantes de totora y construyen sus casas en esas islas. Hoy día, más o menos 300 familias habitan unas 200 islas flotantes en el lago Titicaca.

▲ Una embarcación de totora en el lago Titicaca entre Bolivia y Perú.

ACTIVIDAD 11 **La familia Rosado** Di qué hace la familia Rosado un día típico por la mañana.

ACTIVIDAD
12   **¿Qué vas a hacer?** Di qué vas a hacer con estas cosas.

1. un peine
2. una bañera
3. una ducha
4. un jabón
5. un cepillo de dientes
6. una máquina de afeitar

ACTIVIDAD
13   **Nuestra rutina** **Parte A:** En parejas, digan qué tienen que hacer los estudiantes universitarios un día típico por la mañana.

▲ Nosotros tenemos que levantarnos . . . / Nosotros nos tenemos que levantar . . .

Parte B: Ahora describan la rutina de los estudiantes universitarios los sábados.

▲ Los sábados nos levantamos tarde y . . .

ACTIVIDAD
14   **La rutina** Pregúntales a tus compañeros si hacen las siguientes actividades.

● Some Spanish speakers say **desayunarse.**

1. desayunar (*to have breakfast*) todos los días en una cafetería
2. levantarse temprano los domingos
3. lavarse el pelo por la noche
4. hacer gimnasia un mínimo de tres días por semana
5. correr todos los días
6. ir al cine todas las semanas
7. ducharse dos veces (*times*) por día
8. estudiar los sábados
9. cepillarse los dientes tres veces por día
10. trabajar como voluntario una vez por semana

ACTIVIDAD
15   **Un anuncio comercial** En parejas, escriban el guion de un anuncio comercial para una persona famosa. Escojan (*Pick*) un producto de la lista que sigue.

▲ el maquillaje de Mary Kay / Martha Stewart / maquillarse

Soy una persona práctica. Tengo mucho dinero, pero no es importante. El maquillaje de Mary Kay es bueno, bonito y barato. Y cuando me maquillo con Mary Kay, tengo ojos y labios perfectos. Mary Kay, el maquillaje de hoy. Mary Kay, mi maquillaje y tu maquillaje. Mary Kay, para mí y para ti.

1. una cama Serta / Homer Simpson / levantarse
2. el jabón Ivory / Shaquille O'Neal / lavarse, ducharse
3. la pasta de dientes Colgate / Julia Roberts / cepillarse
4. la crema de afeitar Gillette / Mel Gibson / afeitarse
5. el champú Paul Mitchell / Penélope Cruz / lavarse

● Do Workbook **Práctica comunicativa I** and corresponding CD-ROM activities.

Más allá
Trabajo voluntario

Beneficios de ser voluntario en otro país:

◗ ayudar a alguien que lo necesita
◗ aprender otro idioma
◗ aprender sobre otras culturas
◗ vivir en otro país
◗ obtener un buen trabajo al volver a tu país ◆

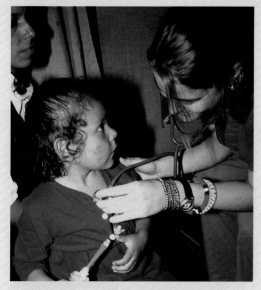

▲ Me llamo Amy y soy norteamericana. Hablo español y francés. Pasé dos años con el Cuerpo de Paz en Guinea, África, donde viví en un pueblo rural. Ahora estudio y trabajo en un hospital de Nueva Orleans y con frecuencia acompaño a médicos y a enfermeras en viajes de una o dos semanas a Centroamérica, donde interpreto del español al inglés y del inglés al español. Sé que soy solamente una persona, pero creo que el trabajo que hice, que hago y que voy a hacer es muy importante.

▲ Me llamo Jessica y soy estudiante de español elemental y estoy en mi segundo semestre. Pasé una semana (mis vacaciones de primavera) en la República Dominicana trabajando con huérfanos (*orphans*) y solamente hablé español con los niños. Ahora, me gustaría hacer más trabajo como voluntaria.

● Some of the verb forms used refer to past actions.

Vocabulario esencial II

I. Los meses, las estaciones y el tiempo
(Months, Seasons, and the Weather)

Un año en el hemisferio sur

El verano

● Notice that months are written in lowercase.

En diciembre hace sol.

En enero hace calor.

En febrero llueve.

El otoño

● Treinta días trae noviembre, con abril, junio y septiembre; de veintiocho sólo hay uno y los demás de treinta y uno.

En marzo está nublado.

En abril hace fresco.

En mayo hace mal tiempo.

El invierno

En junio hace frío.

En julio nieva.

En agosto hace viento.

La primavera

En septiembre hace fresco.

En octubre hace buen tiempo.

En noviembre hace sol.

Expresiones relacionadas con el tiempo

centígrados   centigrade/Celsius
Está a _____ grados (bajo cero).   It's _____ degrees (below zero).
¿Qué tiempo hace?   What's the weather like?
la temperatura   temperature

¿Lo sabían?

En los países que están al sur de la línea ecuatorial (*equator*), las estaciones no son en los mismos meses que en los Estados Unidos. Por ejemplo, cuando es invierno en este país, es verano en Uruguay; por eso, en el hemisferio sur hace calor en la Navidad (*Christmas*). Hay clases desde marzo, en el otoño, hasta noviembre o diciembre, el final de la primavera. En los países que están cerca de la línea ecuatorial, no hay mucha diferencia de temperatura y tiempo entre las estaciones. La temperatura cambia según (*according to*) la altura: hace calor en la costa y hace fresco o frío en las montañas.

II. Las fechas (*Dates*)

● For practice, say dates that are important to your family: birthdays, anniversaries, etc.

—**¿Cuál es la fecha?**   What is the date?
—**Hoy es el 20 de octubre.***   Today is October 20th.
—**¿Cuándo es la fiesta?**   When is the party?
—**Es el 21 de marzo.***   It's on March 21st.

*NOTA: **El primero** de enero, pero **el dos/tres/cuatro . . .** de enero.

● To give a weather forecast, use the present tense to discuss present conditions and use **ir a** + *infinitive* to forecast future weather conditions.

ACTIVIDAD 16   **El pronóstico**   Trabajas para la radio. Lee el pronóstico del tiempo para Santiago de Chile, y luego prepara el pronóstico para Lima, Perú.

Hoy es el lunes 4 de enero y en Santiago de Chile hace calor y está lloviendo. La temperatura está a 27 grados. El martes la temperatura máxima va a estar a 28 grados y la mínima a 20. ¡28 grados! Va a hacer calor y no va a hacer viento. El miércoles va a llover y va a hacer fresco.

Lima		
hoy	mañana	pasado mañana
Viento 18 Km/h	Viento 5 Km/h	Viento 20 Km/h
Precipitaciones —	Precipitaciones —	Precipitaciones 70%
Temperatura máx. 26°	Temperatura máx. 25°	Temperatura máx. 20°
Temperatura mín. 19°	Temperatura mín. 18°	Temperatura mín. 16°

ACTIVIDAD 17 **El informe** En grupos de cuatro, escriban un informe (*report*) sobre el tiempo que va a hacer mañana en diferentes partes del país. Usen expresiones como **va a nevar/llover/hacer sol/estar nublado**/etc. Al terminar, léanle el informe a la clase, siguiendo el modelo de la **Actividad 16.**

> Estudiante A: Honolulú
> Estudiante B: Nueva York
> Estudiante C: Denver
> Estudiante D: Seattle

ACTIVIDAD 18 **Las celebraciones** En parejas, pregúntenle a su compañero/a en qué mes o fecha son estas celebraciones.

> A: ¿Cuándo es el Día de San José?
> B: Es el 19 de marzo.

1. el Día de San Valentín
2. el Día de la Independencia de los Estados Unidos
3. el Día de San Patricio
4. la Navidad
5. el Año Nuevo
6. las próximas (*next*) vacaciones de la universidad
7. su cumpleaños

● In Spanish, **vacaciones** is almost always plural.

ACTIVIDAD 19 **Feliz cumpleaños** **Parte A:** Averigua el cumpleaños de un mínimo de diez compañeros y apunta (*jot down*) la fecha de cada uno.

Parte B: Contesta estas preguntas sobre tus compañeros.

1. ¿Quién cumple años en la primavera? ¿Y en el otoño?
2. ¿Quién cumple años en octubre? ¿Y en agosto?
3. ¿Quién va a celebrar su cumpleaños pronto?
4. ¿Quién celebra su cumpleaños cuando hace frío? ¿Y cuando hace calor?
5. ¿Quién es del signo del zodíaco Virgo? ¿Y Acuario?

El memo

◀ Libros a la venta en
una librería de Costa Rica.
¿Conoces algunos de
los escritores o títulos?

¿Podrías + *infinitive?*	Could you . . . ?
¿Podrías ir tú?	Could you go?
Un millón de gracias.	Thanks a lot.

Teresa va a la agencia de viajes de su tío para trabajar y recibe un memo.

ACTIVIDAD 20   **Lee y contesta** Mira la primera parte del siguiente memo y contesta estas preguntas.

1. ¿Quién escribe el memo?
2. ¿Quién recibe el memo?
3. ¿Cuál es el tema del memo?
4. ¿Cuál es la fecha del memo?

● Which is written as a Roman numeral, the day or the month?

A: Teresa
DE: tu tío Alejandro
FECHA: 20/VI/03
EN RELACIÓN A: información sobre un viaje a Perú y Argentina

Tengo que ir a la librería La Casa del Libro, pero no tengo tiempo porque me estoy preparando para un viaje muy importante. ¿Podrías ir tú? ¿Sabes dónde está? En la Gran Vía. Tomas el metro o el autobús número dos. Tienes que llevarle este paquete de información sobre vacaciones a un señor. Se llama Federico de Rodrigo y quiere ir a Perú, Chile y Argentina, con su familia el mes de agosto. Tú conoces al Sr. de Rodrigo, ¿no? Es bajo, rubio, un poco gordo y tiene la nariz larga. Trabaja en el segundo piso[1] en la sección de arte. En la librería ¿podrías comprar el libro *Comentarios reales* del Inca Garcilaso de la Vega? Va a ser un buen regalo para Federico porque le gusta la historia y ésta es la historia de los incas narrada por una persona con sangre incaica. Un millón de gracias.

1 *floor*

ACTIVIDAD **21** **Preguntas** Después de leer el memo, contesta estas preguntas.

1. Teresa tiene que hacer dos cosas; ¿cuáles son?
2. ¿Dónde está la librería y cómo se llama?
3. Teresa tiene dos opciones para ir a la librería; ¿cuáles son?
4. ¿Adónde quiere ir el Sr. de Rodrigo, con quiénes y por qué?
5. ¿En qué sección de la librería trabaja el Sr. de Rodrigo?
6. ¿Cómo se llama el libro que Teresa tiene que comprar? ¿Es sobre turismo, geografía, arte o historia? ¿Por qué es interesante ese libro?

ACTIVIDAD **22** **Los favores** En parejas, pídanle (*ask*) favores a su compañero/a, usando la expresión **podrías** + *infinitivo*.

 A: ¿Podrías comprar champú?

B: Con mucho gusto. / ¡Por supuesto! / No puedo, tengo que estudiar.

 # Gramática para la comunicación II

I. Talking About Who and What You Know: *Saber* and *Conocer*

Both **saber** and **conocer** mean *to know*, but they are used to express very different kinds of knowledge in Spanish.

A. *Saber*

> 1. **saber** + *infinitive* = to know how to do something

Claudia **sabe** to**car** el saxofón.	*Claudia knows how to play the saxophone.*
Juan Carlos **sabe** esqui**ar.**	*Juan Carlos knows how to ski.*
Yo **sé*** bail**ar** tango.	*I know how to dance the tango.*

*NOTE: The **yo** form of **saber** is **sé;** all other forms are regular.

> 2. **saber** + *factual information* = to know something (by heart)

Teresa **sabe** el número de teléfono de Vicente.	*Teresa knows Vicente's telephone number.*
¿**Sabes** dónde está La Casa del Libro?*	*Do you know where the "Casa del Libro" is?*

No **sé** si Paula se maquilla
mucho.*

*I don't know if Paula puts on a
lot of make-up.*

Ellos **saben** quién es Cameron Díaz.*

They know who Cameron Díaz is.

*NOTE: Words like **si** and question words like **quién, dónde,** and **cuándo**
are always preceded by **saber.**

B. Conocer

> **1. conocer a** + *person* = to know a person

Claudia **conoce al** tío de Teresa.

Claudia knows Teresa's uncle.

¿**Conoces a** Marisel?

Do you know Marisel?

No **conozco*** **a** tu padre.

I don't know your father.

*NOTE: **Conocer** is conjugated like **ofrecer: yo conozco.** All other forms
are regular.

> **2. conocer** + *place/thing* = to be familiar with places and things

Teresa no **conoce** Managua.

Teresa doesn't know Managua.

¿**Conoces** el libro *Cien años de
soledad* de Gabriel García
Márquez?

Do you know the book One
Hundred Years of Solitude
by Gabriel García Márquez?

● Gabriel García Márquez,
Colombian, Nobel Prize for
Literature in 1982.

II. Pointing Out: Demonstrative Adjectives and Pronouns

A. Demonstrative Adjectives

● **Este** has a **t** and you can
touch it, **ese** is over there, and
aquel is so far away you have to
yell.

▲ **Esta** es la familia Grinberg. **Este** animal que está **aquí** con ellos es una llama,
esas ruinas que están **allí** son Machu Picchu y **aquella** montaña que está **allá** en la
distancia se llama Huayna Picchu.

In English there are two demonstrative adjectives: *this* and *that*. In Spanish there are three: **este** (*this*), which indicates something near the speaker; **ese** (*that*), which indicates something farther from the speaker; and **aquel** (*that*), which usually indicates something far away from the speaker and the listener. Many native speakers make no distinction between **ese** and **aquel;** they use them interchangeably. Since **este, ese,** and **aquel** are adjectives, they must agree with the noun they modify in gender and in number.

este libro	estos libros
esta grabadora	estas grabadoras
ese, esa	esos, esas
aquel, aquella	aquellos, aquellas

B. Demonstrative Pronouns

1 ▲ To avoid repetition of a noun with a demonstrative adjective, use a demonstrative pronoun. The pronoun forms are the same as demonstrative adjectives (**esta, ese, aquellas,** etc.). Many writers opt to place written accents over the stressed vowel on the demonstrative pronouns: **éste, ésas, aquél,** etc. Therefore, you may see them with or without accents depending on the author's preference.

Esta ruina es interesante, pero **ésa**   *This ruin is interesting, but that one*
que está allí es fantástica.   *over there is fantastic.*

2 ▲ **Esto, eso,** and **aquello** are neuter demonstrative pronouns that refer to abstract concepts; they do not have accents.

—¿Te gustaría comer ceviche?   *Would you like to eat ceviche?*
—¿Ceviche? ¿Qué es **eso?**   *Ceviche? What's that?*

Internet

Do Workbook
**Práctica mecánica
II,** CD-ROM, Web
ACE Tests, and lab activities.

● **Ceviche** is a raw fish originally from Peru.

ACTIVIDAD
23   **¿Sabes esquiar?** **Parte A:** Haz una lista de tres habilidades que tienes. Luego compártela con el resto de la clase mientras tu profesor/a escribe las ideas en la pizarra.

Parte B: En parejas, túrnense para hacerse preguntas y ver cuántas cosas sabe hacer la otra persona.

▲ A: ¿Sabes bailar tango?
   B: Sí, sé bailar tango. / No, no sé bailar tango.

ACTIVIDAD
24

Sí, lo sé En parejas, túrnense para averiguar cuánto saben.

 cuántos años tiene tu profesor/a

¿Sabes cuántos años tiene tu profesor/a?

Sí, lo sé. Tiene . . . años.   No, no sé.

1. cómo se llama el presidente o la presidenta de la universidad
2. quién es el jefe o la jefa de la facultad (*department*) de español
3. dónde está la oficina de tu profesor/a
4. cuándo es el próximo examen de español
5. de dónde es tu profesor/a
6. cuál es el número de teléfono de tu profesor/a

ACTIVIDAD
25

¿Conoces Lima? En parejas, túrnense para preguntar si su compañero/a conoce diferentes ciudades. Sigan el modelo.

A: ¿Conoces Lima?

B: Sí.   B: No.
A: ¿Cómo es?   A: ¿Te gustaría conocer Lima?
B: Es muy bonita.   B: Sí, me gustaría. / No, no me interesa.

1. Barcelona   4. París   7. Jerusalén
2. Los Ángeles   5. Nueva York   8. Detroit
3. Caracas   6. Dallas   9. Quito

Gente en ▶
un parque
de Caracas,
Venezuela.

ACTIVIDAD 26 ¿Conoces a . . . ? **Parte A:** Escribe una lista con el nombre de cinco personas que conoces personalmente en la universidad. Incluye a profesores, decanos (*deans*), personas que trabajan en la cafetería, deportistas o estudiantes.

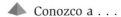 Conozco a . . .

Parte B: En parejas, averigua si tu compañero/a sabe quiénes son las personas de tu lista. Sigue el modelo.

A: ¿Sabes quién es [Peter Smith]?

B: Sí, es profesor de historia, ¿no?   B: No, no sé. ¿Quién es?
A: Sí.   A: Es mi profesor de historia y es excelente.

ACTIVIDAD 27 Una persona que . . . Busca (*Look for*) a las personas de tu clase que saben o conocen:

1. bailar salsa
2. San Francisco
3. las ruinas de Tulum en México
4. tocar el piano
5. el número de teléfono de la policía de la universidad
6. cantar "La bamba"
7. Nueva York
8. una persona importante

ACTIVIDAD 28 ¿Este disco compacto o ése? Completa esta conversación entre dos vendedores de una tienda de música con pronombres y adjetivos demostrativos.

BRUNO: ¿De quién es el disco compacto que tienes en la mano?
PACO: _____ disco compacto es de Enrique Iglesias. Es nuevo.
BRUNO: Me gusta Enrique Iglesias. Paco, ¿sabes cuánto cuestan _____ cintas de Shakira que están allá?
PACO: _____ cuestan cinco dólares con noventa y cinco centavos porque son viejas y ya no son muy populares.
BRUNO: ¿Y _____ discos compactos que veo allí, de salsa?
PACO: ¿Cuáles? ¿_____? ¿Aquí?
BRUNO: No, _____ de Marc Anthony.
PACO: Ah, Marc Anthony. No sé. Un momento. Tengo que mirar uno . . . Sí . . . aquí está . . . _____ cuestan once dólares.

● Remember to use the *personal* a with **conocer** when followed by a person.

ACTIVIDAD
29

¿Éste, ése o aquél? En parejas, "A" cubre (*covers*) la información de B y "B" cubre la información de A. Uds. están en una fiesta y conocen a muchas personas, pero no a todas. Pregúntale a tu compañero/a si conoce a las personas que tú no conoces. Usa oraciones como **¿Conoces a ese chico alto que baila/está bailando?**

A

1. Ramón Paredes, hombre de negocios, el novio de Carmen
3. Carmen Barrios, estudiante universitaria, estudia biología
4. Miguel Jiménez, médico, 31 años, no tiene novia
6. Germán Mostaza, periodista, trabaja para *El Diario*, 27 años

B

2. Ramona Carvajal, dentista, panameña, amiga de Laura
5. Laura Salinas, economista, trabaja en el Banco Hispanoamericano
7. José Peña, geólogo, el novio de Begoña
8. Begoña Rodríguez, programadora de computadoras

Internet

Do Workbook **Práctica comunicativa II,** CD-ROM, Web ACE Tests, and lab activities.

Imágenes

Estrategia: *Predicting*

Predicting helps you start to think about the theme of a selection before you read it. You can predict or guess what a selection will be about by looking at the title, photos or illustrations, and subtitles, as well as by recalling what you know about the topic itself before you actually read the text.

In the following section, you will read some information about Peru. Many words or expressions will be used that you may not understand, but by predicting, guessing meaning from context, and using your knowledge of cognates and the world, you will comprehend a great deal of information.

● The purpose of this activity is to get you to think about the topic. Do it prior to reading.

ACTIVIDAD 30 **¿Qué sabes de Perú?** Antes de (*Before*) leer sobre Perú, contesta las siguientes preguntas sobre ese país. Si es necesario, mira el mapa de Suramérica al final del libro.

1. ¿Dónde está Perú?
2. ¿Cuál es la capital de ese país?
3. ¿Qué países limitan con (*border*) Perú?
4. ¿Qué es Machu Picchu?
5. ¿Quiénes son los incas?

ACTIVIDAD 31 **Lee y adivina** Marisel recibe este libro con una nota de José Manuel. Contesta las siguientes preguntas.

1. Lee la nota de José Manuel. ¿Qué tipo de libro es? ¿Cuál es la parte que tiene que leer Marisel?
2. Lee el título en la página siguiente. ¿De qué se trata esta parte de la guía (*guidebook*)?
3. Ahora lee los cuatro subtítulos. ¿De qué se trata cada sección?

Querida Marisel:
Aquí tienes una guía turística de Perú que incluye Machu Picchu, la ciudad misteriosa de los incas. ¿Te gustaría visitarme? Los Andes son increíbles y a ti te gustaría mucho Lima y, ¡por supuesto, Cuzco y Machu Picchu!

DE PERÚ

MACHU PICCHU: *El lugar misterioso de los incas*

Historia de Machu Picchu

En los Andes, a unos 2.400 metros de altura está Machu Picchu, la ciudad sagrada[1] de los incas, que el arqueólogo norteamericano de la Universidad de
5 Yale, Hiram Bingham, descubrió en 1911. Según una versión de la historia de Machu Picchu, los incas construyeron la ciudad en una montaña para defender a las Mujeres Sagradas,
10 esposas de su dios[2] el Sol. En este refugio de vírgenes, Bingham y otros arqueólogos descubrieron diez esqueletos de mujer por cada esqueleto de hombre.

▲ Machu Picchu, la ciudad sagrada de los incas en Perú.

Arquitectura

15 Machu Picchu es la construcción más perfecta de los incas. Las ruinas de la ciudad sagrada tienen bloques enormes de granito blanco colocados perfectamente y sin[3] cemento. Los arqueólogos no comprenden

20 cómo los incas construyeron esa ciudad tan perfecta sin tener la rueda,[4] el hierro[5] ni el cemento.

Cuzco, ciudad imperial

Para visitar Machu Picchu, muchos turistas pasan por Cuzco, la capital del Impe-
25 rio Incaico. Cuzco fue construida por Manco Cápac, el primer emperador de los incas. Todavía hoy en día, muchos de los habitantes de Cuzco son descendientes de los incas; mantienen sus costumbres y hablan quechua,
30 la lengua incaica.

Cómo llegar a Machu Picchu

Cuzco es la ciudad más cercana a Machu Picchu. Por eso, la mayoría de los turistas visita la ciudad primero y después va a Machu Picchu. Para ir de Cuzco a Machu
35 Picchu hay tres opciones:

▲ Una indígena peruana con su bebé.

1 *sacred* 2 *god* 3 *without* 4 *wheel* 5 *iron*

▶ Salir en tren y hacer un viaje de unos 120 kilómetros y después tomar un autobús a Machu Picchu. El viaje dura más o menos

40 cuatro horas. Ésta es la opción más usada por los turistas.

▶ Hacer trekking por la ruta de "Camino

45 del Inca". Si uno camina por esa ruta, tarda cuatro días en llegar. La

experiencia es increíble, pero sólo es para personas a quienes les gustan las

50 aventuras.

▶ Ir en helicóptero y después en autobús. El viaje es de un poco más de una hora y es posible ver vistas magníficas, pero no es posible ver Machu

55 Picchu desde el helicóptero.

● You will read excerpts from Spanish-language Internet pages about Machu Picchu and Peru at the end of Ch. 4 in your workbook.

ACTIVIDAD 32

¿Cierto o falso? **Parte A:** Después de leer sobre Machu Picchu, escribe **C** si la información es cierta y **F** si es falsa.

1. _____ Machu Picchu es la capital de los incas.
2. _____ Machu Picchu está en Lima.
3. _____ Un arqueólogo de los Estados Unidos descubrió Machu Picchu en 1911.
4. _____ Las construcciones de la ciudad tienen cemento.
5. _____ La lengua de los incas es el quechua.
6. _____ Las personas de Cuzco no hablan quechua.
7. _____ Para visitar Machu Picchu, muchos turistas van a Cuzco primero.

Parte B: Contesta estas preguntas.

1. Hay tres maneras de viajar de Cuzco a Machu Picchu. ¿Cuáles son?
2. ¿Cuál de las tres formas te gustaría utilizar y por qué?

VIDEO

La vida universitaria

Antes de ver

ACTIVIDAD 33

En los EE.UU. Antes de mirar un video sobre la vida universitaria en el mundo hispano, contesta estas preguntas sobre la vida universitaria en los Estados Unidos.

1. Normalmente, ¿dónde viven los estudiantes? ¿En un colegio mayor? ¿En un apartamento? ¿Con su familia?
2. ¿Cuánto cuesta la matrícula en una universidad pública? ¿Y en una universidad privada? ¿Es cara la matrícula en tu universidad?
3. ¿De cuántos años es tu carrera universitaria? ¿Es igual o diferente para todas las especializaciones?

4. ¿Es normal tener clases en diferentes edificios o los estudiantes normalmente tienen todas sus clases en un edificio?
5. Si un estudiante quiere estudiar medicina o derecho, ¿cuál es el proceso? ¿Más o menos cuántos años tarda?
6. Al entrar en la universidad, ¿ya saben su especialización los estudiantes de este país? ¿Es normal cambiar de especialización durante los años universitarios?

Mientras ves

ACTIVIDAD 34 **¿Qué estudias?** En este segmento muchos estudiantes del mundo hispano hablan sobre su universidad. Todas las universidades que mencionan son públicas, excepto San Francisco de Quito que es privada. Mira el video y completa las siguientes tablas. Recuerda mirar las tablas antes de ver el video.

6:37–9:14

Universidad de Buenos Aires

Nombre	*Edad*	*Carrera*
Florencia	22	_____
Andrés	23	diseño de imagen y sonido
Natalia	22	paisajismo (*landscaping*)

Universidad Nacional Autónoma de México

Nombre	*Edad*	*Carrera*
Manuel	21	_____
Nicte-ha	19	_____

Universidad San Francisco de Quito

Nombre	*Edad*	*Carrera*
Gabriela	20	cine y video
Miguel	___	diseño gráfico
Mario	21	_____

▲ Estudiantes de la Universidad San Francisco de Quito.

Universidad de Río Piedras, Puerto Rico

Nombre	*Edad*	*Carrera*
Imelís	19	educación
Carlos	19	comunicación pública
Yoelis	20	_____

Universidad Complutense de Madrid

Nombre	*Edad*	*Carrera*
Néstor	___	ingeniería informática
Raquel	20	_____
Victoria	___	periodismo

9:15–16:09

ACTIVIDAD 35

¿Cuánto cuesta esa carrera? En este segmento Javier habla con Victoria y Mariela habla con Mario sobre las carreras de periodismo (*journalism*) y medicina respectivamente. Escucha a otros estudiantes universitarios y completa la siguiente tabla.

Universidad	Carrera	Años	Costo de la matrícula de un año
San Francisco de Quito	filosofía	___	$5.000
de Buenos Aires	_____	___	gratuita—no cuesta nada
Complutense de Madrid	derecho	___	$400
_____ Autónoma de México	X	X	___ ¢

16:10–end

ACTIVIDAD 36

El tiempo libre Mira el siguiente segmento y haz una lista de lo que hacen los estudiantes en su tiempo libre. Luego compártela con el resto de la clase.

¿Lo sabían?

Muchas universidades del mundo hispano son enormes, como la UNAM en el D. F. que tiene más de 270.000 estudiantes y la Universidad de Buenos Aires con más de 226.000. Por eso, a veces hay ciudades universitarias y a veces no. En el caso de Buenos Aires, las facultades están repartidas por toda la ciudad. Esto no es problemático porque generalmente los alumnos entran directamente de la escuela secundaria en las facultades de derecho, medicina, geología, etc. Luego asisten a todas sus clases en el mismo edificio con otros estudiantes de la misma especialización.

● Useful vocabulary: **carrera** = *course of study*, **especialización** = *major*, **matrícula alta/baja** = *high/low tuition*, **ciudad universitaria** = *campus*

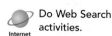 Do Web Search activities.

Después de ver

ACTIVIDAD 37

A comparar En parejas, piensen en lo que vieron en el video y examinen las tablas de las **Actividades 34** y **35** para formar oraciones comparando la vida universitaria en el mundo hispano con la de este país. Sigan el modelo.

▲ En España generalmente cada facultad tiene bar y vende alcohol. En los EE.UU. hay cafeterías en diferentes partes de la ciudad universitaria y normalmente no venden alcohol.

Vocabulario funcional

Las partes del cuerpo

la barba	*beard*
la boca	*mouth*
el brazo	*arm*
la cabeza	*head*
la cara	*face*
el codo	*elbow*
el cuello	*neck*
el dedo del pie	*toe*
los dientes	*teeth*
la espalda	*back*
el estómago	*stomach*
el hombro	*shoulder*
los labios	*lips*
la lengua	*tongue*
la mano	*hand*
la nariz	*nose*
el oído	*inner ear*
el ojo	*eye*
la oreja	*ear*
el pelo	*hair*
el pie	*foot*
la pierna	*leg*
la rodilla	*knee*

Verbos reflexivos   *Ver páginas 106–107.*

Los meses (*Months*)   *Ver página 112.*

El tiempo (*Weather*)

centígrados	*centigrade/Celsius*
Está a ____ grados (bajo cero).	*It's ____ degrees (below zero).*
está nublado	*it's cloudy*
hace buen/mal tiempo	*it's nice/bad out*
hace calor/frío	*it's hot/cold*
hace fresco	*it's chilly*
hace sol	*it's sunny*
hace viento	*it's windy*
llover/llueve	*to rain/it's raining*
nevar/nieva	*to snow/it's snowing*
¿Qué tiempo hace?	*What's the weather like?*
la temperatura	*temperature*

Las estaciones (*Seasons*)

el invierno	*winter*
el otoño	*fall*
la primavera	*spring*
el verano	*summer*

Expresiones de tiempo y fechas (*Time Expressions and Dates*)

el año	*year*
el cumpleaños	*birthday*
la fecha	*date*
el mes	*month*

Adjetivos y pronombres demostrativos   *Ver páginas 117–118.*

Palabras y expresiones útiles

allá	*over there*
allí	*there*
aquí	*here*
la carta	*letter*
conocer	*to know (a person/ place/thing)*
cumplir años	*to have a birthday*
deber + *infinitive*	*ought to/should/must + verb*
desayunar(se)	*to have breakfast (Literally: to break one's fast)*
la facultad	*academic department*
la guía	*guidebook*
hay	*there is/there are*
ocupado/a	*busy*
¿Podrías + *infinitive*?	*Could you . . . ?*
¡Qué + *adjective*!	*How + adjective!*
saber	*to know (facts/how to do something)*
subir	*to go up, climb*
temprano	*early*
Un millón de gracias.	*Thanks a lot.*
las vacaciones	*vacation*

CAPÍTULO 5

▷ Unos aficionados en un concierto de los Van Van en Cuba.

CHAPTER OBJECTIVES

▶ Expressing feelings

▶ Telling time

▶ Discussing clothing

▶ Indicating purpose, destination, and duration

▶ Specifying the location of people, things, and events

▶ Discussing present and future events

Datos interesantes

Películas ganadoras del Oscar para la *Mejor Película Extranjera:*

Todo sobre mi madre	España	1999
Belle époque	España	1993
La historia oficial	Argentina	1985
Volver a empezar	España	1982

Rita Moreno, puertorriqueña, además de Barbra Streisand, es la única persona que recibió un Oscar, un Tony, un Emmy y un Grammy.

¿Qué hacemos esta noche?

Un cine en Managua, ▶
Nicaragua.

¡Me fascina/n!	I love it/them!
se + *third person singular of verb*	they/people + *verb*
Se comenta que . . .	They/People say that . . .
¡No me diga/s!	No kidding!

Juan Carlos y Claudia están en una cafetería haciendo planes para esta noche.

ACTIVIDAD
1

Marca las películas Mientras escuchas la conversación, marca las películas que mencionan Juan Carlos y Claudia. ¡Ojo! Algunas no son nombres de películas.

_____ Palafox   _____ El Norte   _____ Casablanca
_____ Carmen   _____ La historia oficial   _____ Cine Luna
_____ Alphaville   _____ Amaya

JUAN CARLOS: Bueno, entonces ¿qué te gustaría hacer?
CLAUDIA: Pues . . . No sé.
JUAN CARLOS: ¿Te gusta el jazz?

CLAUDIA: ¡Huy! Me fascina, pero esta noche no.

JUAN CARLOS: ¿Y entonces? ¿Prefieres ir al cine?

CLAUDIA: Sí, me gustaría ver una película clásica.

JUAN CARLOS: Bueno, puedo mirar en un periódico. ¡Camarero! ¿Tiene por casualidad un periódico de hoy?

CAMARERO: ¿Qué sección quiere?

JUAN CARLOS: La sección de espectáculos.

CAMARERO: Es posible. Un momento . . . Sí. Aquí está.

JUAN CARLOS: Gracias, y por favor, otra cerveza que tengo sed . . . Quiero ver una película . . . Vamos a ver . . . en el Palafox tienen *Carmen* de Saura. Saura es un director muy bueno y en la película baila Antonio Gades . . . ¡Vaya! Mira, en el Alphaville podemos ver *El Norte* . . .

- Offering an option

CLAUDIA: ¡Huy! *El Norte* es un clásico. Es la película de unos jóvenes guatemaltecos que . . . que emigran a los Estados Unidos, ¿no? Sé que es excelente, pero esta noche quiero algo diferente.

JUAN CARLOS: ¿Y conoces la película *La historia oficial?* Empieza a las diez menos cuarto en el cine Amaya. Creo que actúa la argentina Norma Aleandro.

CLAUDIA: Sí, sí, pero *La historia oficial* es muy triste . . . Esta noche quiero una película con un poco de romance.

JUAN CARLOS: Bueno, está *Casablanca*.

CLAUDIA: ¡No me digas! ¡*Casablanca*! ¡Qué bueno! Vamos a ésa.

JUAN CARLOS: ¿Te gusta Humphrey Bogart?

CLAUDIA: Sí, y me fascina Ingrid Bergman.

- Discussing future time

JUAN CARLOS: Bueno. La película empieza a las diez menos cuarto en el Cine Luna.

- Telling time

CLAUDIA: ¡Huy! Y son las 8:30. Voy a llamar a Vicente y a Teresa para salir a comer después. Ellos también van al cine esta noche.

JUAN CARLOS: O.K. Podemos ir a comer a un restaurante chino.

CLAUDIA: ¿Qué tal el Buda Feliz? Se comenta que la comida que tienen es excelente.

JUAN CARLOS: ¡Perfecto!

ACTIVIDAD **2**   **Preguntas** Después de escuchar la conversación otra vez (*again*), contesta estas preguntas.

1. ¿Qué van a hacer esta noche Juan Carlos y Claudia?
2. ¿Dónde buscan información?
3. ¿Qué película van a ver?
4. ¿Conoces esa película? ¿Qué tipo de película es, violenta o romántica? ¿Es un drama o una comedia?
5. ¿Qué van a hacer Juan Carlos y Claudia después del cine?

¿Lo sabían?

La película *El Norte* (1984), del director méxicoamericano Gregory Nava, es considerada un clásico del cine. Es la historia de un joven y su hermana que se van de Guatemala cuando los militares entran en su pueblo y matan a un gran número de personas, entre ellos a su padre. No quieren salir de su país, pero para no morir se escapan a México y después entran ilegalmente en los Estados Unidos por un túnel en la frontera con el sur de California. Si quieres saber el final de la película, la tienes que ver. Esta película es interesante porque presenta la cruel realidad de las masacres que ocurrieron en Guatemala, especialmente entre los años 1981 y 1983.

● *El Norte* received an Academy Award Nomination for Best Original Screenplay in 1984.

ACTIVIDAD 3

Una entrevista **Parte A:** Clasifica (*Rate*) los siguientes tipos de películas con esta escala de uno a cinco.

1 No me gustan nada.   **2** No me gustan.   **3** Me gustan.
4 Me gustan mucho.   **5** Me fascinan.

_____ románticas   _____ documentales   _____ de Disney
_____ de terror   _____ cómicas   _____ de suspenso
_____ de ciencia ficción   _____ dramáticas   _____ de violencia

Parte B: Ahora, en parejas, entrevisten a su compañero/a para ver qué tipos de películas le gustan y cuáles son sus películas, actores, actrices y directores favoritos.

A: ¿Te gustan las películas de terror?

B: No, no me gustan nada.

A: . . .

ACTIVIDAD 4

Información En parejas, "A" es una persona nueva en esta ciudad y "B" vive aquí. "A" necesita información sobre la ciudad y le pregunta a "B".

A: ¿Dónde se come bien?

B: Se come bien en . . .

1. comer bien
2. nadar
3. correr
4. bailar
5. caminar por la noche
6. vivir con tranquilidad

Vocabulario esencial I

● When you look at your watch try to think of the time in Spanish.

● The hour may be written four different ways depending on the country: **10.00 / 10,00 / 10'00 / 10:00.**

I. La hora, los minutos y los segundos

menos   y

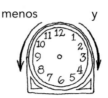

Es la una y cuarto.

Son las ocho menos diez.

Son las cinco y media.

Es (el) mediodía.

Es (la) medianoche.

En el aeropuerto

Los Ángeles

México

Nueva York

Caracas

Montevideo

Madrid

¿Qué hora **es** en Los Ángeles?   **Son las diez** de la mañana.
¿Qué hora **es** en Nueva York?   **Es la una** de la tarde.
¿Qué hora **es** en Montevideo?   **Son las tres** de la tarde.

¡OJO! Son las once *de* **la noche/mañana.** (*specific time*)
Nunca estudio *por* **la noche/mañana.** (*general time period*)

NOTE: To say at what time something occurs, use the following construction:

¿**A** qué hora es la clase?

La clase es **a la una.**   La clase es **a las dos.**

ACTIVIDAD 5   **La hora en el mundo** En parejas, imagínense que Uds. están en el aeropuerto de México. Miren los relojes de la sección **En el aeropuerto** en la página 132, y túrnense para preguntar la hora de las diferentes ciudades.

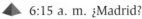 6:15 a. m. ¿Madrid?

A: Si en México son las 6:15 de la mañana, ¿qué hora es en Madrid?

B: En Madrid son las 2:15 de la tarde.

Hora en México
1. 1:15 a. m. ¿Nueva York?
2. 5:50 a. m. ¿Caracas?
3. 4:25 p. m. ¿Los Ángeles?
4. 3:30 p. m. ¿Montevideo?

Hora en México
5. 7:16 a. m. ¿Madrid?
6. 10:20 p. m. ¿Nueva York?
7. 8:45 a. m. ¿Caracas?
8. 2:12 p. m. ¿Madrid?

¿Lo sabían?

El uso de "buenas tardes" o "buenas noches" varía entre los países hispanos. En países como Ecuador, Colombia y Venezuela hay unas doce horas de día y doce horas de noche, porque estos países están cerca de la línea ecuatorial. Por eso, la tarde para ellos empieza más o menos después de las 12:00 y termina más o menos a las 6:00, cuando ya casi no hay sol; después de esa hora, generalmente se dice "buenas noches". En cambio, en España, por ejemplo, la tarde empieza como a las 3:00 después de comer y termina a las 10:00, cuando muchos españoles cenan. Por lo tanto, los españoles generalmente empiezan a decir "buenas noches" a partir de las 10:00. ¿Cuándo se dice *good afternoon* y *good evening* en este país?

● Note: **Son las 7:00** = *It is 7:00*; **El concierto es a las 7:00** = *The concert is at 7:00*. Practice this latter construction when reading movie schedules, TV guides, etc.

ACTIVIDAD 6   **Programas de televisión** En grupos de tres, miren esta página de una guía de televisión y túrnense para preguntar a qué hora son los diferentes programas.

 A: ¿A qué hora es "Locos de remate"?

B: Es a la/las . . .

TVE-1
NOCHE
19:00 **Yo soy Betty, la fea.** Episodio final
20:00 **Cinco en familia.** Cinco jóvenes de la familia Salinger tienen que empezar una vida nueva después de la muerte de sus padres en un accidente automovilístico.
20:55 **Telecupón**
21:00 **Telediario**
21:15 **El tiempo**
21:20 **Deportes**
21:30 **La aventura del hombre.** Documentales sobre la naturaleza, el hombre y el medio ambiente.
23:45 Cine**** *La historia oficial*, drama. Cuando una madre decide saber quiénes son los padres biológicos de su hija adoptiva, comienzan los problemas. (Argentina 1985)

TVE-2
NOCHE
19:00 **Los Simpson.** Homero habla con la profesora de Bart.
19:30 **Super agente 86.** El agente Maxwell Smart y sus cómicas aventuras.
20:00 **Supervivientes.** Expedición Robinson. Aventuras de unos náufragos que deciden dejarlo todo para vivir en una isla desierta.
21:00 **Buffy la cazavampiros**
21:55 **Lotería**
22:00 **Hora Clave.** Programa político-económico con Mariano Grondona.
23:00 **NBA Entrevista con Shaq.**
00:00 **Música: Los 40 principales**
00:30 **Infocomerciales**

ACTIVIDAD 7 **Los teleadictos** **Parte A:** Escribe los nombres de cuatro programas de televisión que te gustan.

Parte B: Ahora, habla con otra persona para ver si conoce los programas y si sabe qué día y a qué hora son.

A: ¿Conoces el programa . . . ?

B: Sí, conozco ese programa.

B: No, no conozco ese programa.

A: ¿Qué día y a qué hora es?

A: Es un programa muy bueno.

B: Es los . . . a la/s . . .

Es los . . . a la/s . . .

ACTIVIDAD 8 **Tu horario** **Parte A:** Completa el siguiente gráfico con tu horario de clases de la universidad e incluye cuándo trabajas si tienes empleo.

hora	lunes	martes	miércoles	jueves	viernes

Parte B: Explícale tu horario a tu compañero/a. Sigue el modelo.

Los lunes tengo clase de . . . a la(s) . . ., etc. . . . Los jueves trabajo . . .

Parte C: Con tu compañero/a tienen que decidir cuándo van a estudiar juntos (*together*) para el próximo examen de español. Es importante estudiar durante el día porque por la noche tienen otras obligaciones. Usen frases como: **Vas a estar libre el lunes a las 2:00, ¿no? Me gustaría estudiar el miércoles a la 1:00, ¿está bien para ti?**

II. Las sensaciones

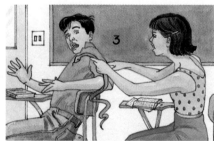

1. Tienen frío.   2. Tiene calor.   3. Tiene miedo.

4. Tienen hambre.   5. Tienen sed.   6. Tiene sueño.   7. Tiene vergüenza.

ACTIVIDAD **9**   **¿Cómo se sienten? Parte A:** Di qué sensaciones tienen estas personas en las siguientes situaciones.

▲ Si veo una serpiente, tengo miedo.

1. Si estás en la playa, . . .
2. En el mes de enero, nosotros . . .
3. Después de correr cuatro kilómetros, yo . . .
4. Si tu amigo ve una película de terror, . . .
5. Son las dos de la mañana y yo . . .
6. Si voy al dentista, . . .
7. Si deseamos beber Coca-Cola, . . .
8. Es la 1:30 de la tarde y nosotros . . .

Parte B: En grupos de tres, inventen más oraciones como las de la Parte A.

Gramática para la comunicación I

● Drill yourself on these forms.

Expressing Habitual and Future Actions and Actions in Progress: Stem-changing Verbs

1 ▲ Among present-tense verbs used to express habitual actions, actions in progress, and future actions, there is a group called stem-changing verbs. These are similar to regular **-ar, -er,** and **-ir** verbs except that they have a vowel change in the last syllable of the stem (the stem is the verb without the **-ar, -er,** or **-ir** ending). You have already seen a verb that has a stem change: **qu<u>e</u>rer (qu<u>ie</u>ro, qu<u>ie</u>res, qu<u>ie</u>re, . . .).** Stem-changing verbs are often referred to as *boot verbs* (since the conjugations resemble a boot). This should help you remember in which persons the changes occur.

entender (e ⟶ ie)	
entiendo	entendemos
entiendes	entendéis
entiende	entienden

poder (o ⟶ ue)	
puedo	podemos
puedes	podéis
puede	pueden

pedir (e ⟶ i)	
pido	pedimos
pides	pedís
pide	piden

jugar (u ⟶ ue)	
juego	jugamos
juegas	jugáis
juega	juegan

—¿Entiendes las reglas del tenis?   *Do you understand the rules of tennis?*

—Sí, juego al tenis muy bien.   *Yes, I play tennis very well.*

—Mañana podemos jugar en el club.   *We can play at the club tomorrow.*

—Bueno. ¿Por qué no pides hora para reservar una cancha?   *Good. Why don't you ask for a time to reserve a court?*

● Note changes in meanings when some verbs become reflexive.

● Use **creer que,** not **pensar que,** to express an opinion: **Creo que la clase de filosofía es difícil porque tengo que pensar mucho.** *I think philosophy class is hard because I have to think a lot.*

● For things you are physically able/unable to do, use **poder;** for things you know/don't know how to do, use **saber.**

2 ▲ The following is a list of common stem-changing verbs.

e ⟶ ie
cerrar   to close
comenzar   to begin
despertar/se*   to wake someone up / to wake up
divertirse*   to have fun
empezar   to begin
entender   to understand
pensar (en)   to think (about)
pensar + *infinitive*   to plan to
perder   to lose
preferir   to prefer
querer   to want
querer a (alguien)   to love (someone)
sentarse*   to sit down
tener**   to have
venir**   to come

o ⟶ ue
acostar/se*   to put someone to bed / to go to bed
almorzar   to have lunch
dormir/se*   to sleep / to fall asleep
encontrar   to find
morirse*   to die
poder   to be able, can
volver   to return, come back

e ⟶ i
decir**   to say; to tell
pedir   to ask for
servir   to serve

u ⟶ ue
jugar   to play (a sport or game)

NOTE: Verbs with one asterisk (*) are reflexive when they end in **se;** for example, **sentarse: Yo me siento.** Verbs with two asterisks (**) are conjugated the same as stem-changing verbs in the present indicative, except for a different **yo** form: **tengo, vengo, digo.**

3 ▲ Stem-changing verbs that end in **-ir** also have a change in the present participle.

o → ue: **u**	dormir → d**u**rmiendo
e → ie: **i**	divertirse → div**i**rtiéndose
e → i: **i**	servir → s**i**rviendo

Do Workbook **Práctica mecánica I** and corresponding CD-ROM activities.

—¿El niño está d**u**rmiendo?
—No, él y yo nos estamos div**i**rtiendo mucho.
—OK, pero estoy s**i**rviendo la comida.

Is the child sleeping?
No, we're enjoying ourselves a lot. /
 We're having a lot of fun.
OK, but I'm serving dinner.

ACTIVIDAD 10 **Preferencias** **Parte A:** Marca cuáles de las siguientes cosas prefieres.

1. beber   Coca-Cola _____   Pepsi _____
2. escuchar   DVDs _____   discos compactos _____
3. comer   papas fritas _____   Doritos _____
4. comer   un sándwich _____   una hamburguesa _____
5. almorzar   en casa _____   en una cafetería _____
6. nadar   en una piscina _____   en una playa _____
7. estudiar   en casa _____   en una biblioteca _____

Parte B: En parejas, túrnense para averiguar si tienen las mismas preferencias.

▲ A: ¿Prefieres beber Coca-Cola o Pepsi?
   B: Prefiero beber Pepsi.

Parte C: Ahora digan qué cosas prefieren Uds. dos.

▲ Nosotros preferimos beber . . .

● Remember: **pensar** + *infinitive* = *to plan to do something.*

ACTIVIDAD 11 **Planes** **Parte A:** Escribe tres cosas que piensas hacer este fin de semana.

▲ El sábado pienso ir . . .

Parte B: Ahora compara tu lista con la lista de otra persona y dile a la clase si piensan hacer las mismas cosas o si tienen actividades diferentes.

▲ Nosotros pensamos escribir una composición el domingo. El sábado ella piensa visitar a sus padres y yo pienso salir con mis amigos.

● Fútbol americano = *football*;
fútbol = *soccer*.

ACTIVIDAD 12 **Los deportes** **Parte A:** Habla con un mínimo de cinco estudiantes y pregúntales si juegan al béisbol, al basquetbol, al fútbol americano, al fútbol, al tenis o al voleibol, y cuándo juegan estos deportes.

▲ A: ¿Juegas al béisbol?

B: Sí, juego muy bien. / No, juego al golf. / No, prefiero jugar al tenis.

A: ¿Cuándo juegas?

B: En el verano. / Todos los días. / Los sábados. / (etc.)

A: Generalmente, ¿pierdes o ganas? / Generalmente, ¿tu equipo pierde o gana?

Parte B: Haz planes (*Make plans*) con una persona que juega al mismo deporte que tú para jugar esta semana.

▲ A: Como nosotros jugamos al . . . , ¿por qué no jugamos el jueves a las 8:00?

B: No puedo el jueves. ¿Estás libre el miércoles?

A: ¿A qué hora?

B: . . .

● At home, analyze why the following words do or don't have accents: **así, café, después, hambre, oficina, minutos.**

ACTIVIDAD 13 **La vida de Gloria** Completa la historia sobre un día en la vida de Gloria con la forma correcta del verbo indicado. Después pon (*put*) los párrafos en orden.

A la 1:30 yo _almorzaré_ (almorzar) en una cafetería. Después voy a la universidad para estudiar ciencias políticas. A las 6:00 _Voy a volver_ (volver) a casa y mi hijo y yo _____ (divertirse) un poco. A las 7:00 _____ (servir) la comida y el niño _____ (acostarse) a las 8:30. Por fin yo _____ (sentarse) y estudio y a veces _____ (dormirse) con el libro en la mano. Así es mi vida. ¿Te gusta? A mí, ¡me fascina!

En las películas las personas siempre están contentas y tienen una vida ideal. ¡Pero mi vida no es así! Yo _____ (dormir) poco, _____ (despertarse) a las 5:30 de la mañana y _____ (ducharse) rápidamente. Después yo _____ (despertar) a mi hijo de tres años y él _____ (pedir) el desayuno porque ese niño siempre _____ (tener) hambre. A las 7:00 _____ (venir) mi

hermana para estar con el niño. Luego yo _____ de la
(salir)

casa y _____ la puerta con mucho cuidado porque si mi
(cerrar)

hijo _____ que yo salgo, _____ a protestar
(saber)   (empezar)

porque _____ estar con con su mamá.
(querer)

   Trabajo en una organización de derechos humanos y al llegar al trabajo,

la directora me _____ qué tengo que hacer. Siempre
(decir)

_____ cosas imposibles y _____ todo en
(pedir)   (querer)

cinco minutos. Nosotros los empleados no _____ beber café
(poder)

ni usar el teléfono para llamadas personales. _____ que la
(Creer)

directora no es una directora mala sino una dictadora terrible. Es muy

irónico tener una jefa así en una organización de derechos humanos, ¿no?

ACTIVIDAD 14 **La rutina diaria** **Parte A:** Lee el siguiente párrafo sobre la rutina diaria de un estudiante colombiano y dile al resto de la clase cuándo o dónde hace las siguientes acciones: **despertarse, empezar clase, sentarse, almorzar, acostarse, divertirse.**

Jorge es un típico estudiante universitario en Bogotá, Colombia. Se despierta a las 5:30 de la mañana porque sus clases en la facultad empiezan generalmente a las 7:00. En clase, a veces se sienta cerca de sus amigos porque las clases generalmente tienen más o menos 30 estudiantes. Después de clase, almuerza en la cafetería de la facultad a la 1:00 y luego prefiere estudiar en la casa de un amigo o en su casa. A las 4:00 come las onces, algo ligero. Más tarde en su casa come algo rápido para la cena a eso de las 7:00 y durante la semana se acuesta entre las 10:30 y las 11:00. Los viernes y sábados, generalmente se divierte con sus amigos: van al cine, a un concierto, a una discoteca, a comer una hamburguesa o se reúnen en casa de amigos.

Parte B: En grupos de tres, digan cuándo y qué acciones hace un típico estudiante universitario en este país. Usen la información sobre Jorge como guía.

ACTIVIDAD 15 **Acciones habituales** **Parte A:** En la primera columna escribe a qué hora haces las siguientes actividades.

	tú	*compañero/a*
1. levantarse	_____	_____
2. empezar la primera clase los lunes	_____	_____
3. terminar la última clase los lunes	_____	_____
4. almorzar	_____	_____
5. volver a casa (o a la residencia)	_____	_____
6. acostarse	_____	_____

● Remember: **¿A qué hora . . . ?** refers to the time at which something takes place. **¿Qué hora es?** refers to present time.

Parte B: Pregúntales a tus compañeros a qué hora hacen ellos las mismas actividades. Si una persona hace una actividad a la misma hora que tú, escribe su nombre en la segunda columna.

▲ A: ¿A qué hora te levantas?
　　B: Me levanto a las ocho.

Parte C: Di a qué hora hacen Uds. las actividades de la Parte A.

▲ Michelle y yo nos levantamos a las ocho.

ACTIVIDAD 16 **Y en Japón, ¿qué?** Di qué hora es en los siguientes lugares y usa una de las acciones de la segunda columna para decir qué están haciendo las personas en esos lugares.

▲ En Santiago de Chile son las nueve de la noche y están mirando la televisión.

1. Japón
2. Alemania
3. la India
4. Hawai
5. Toronto

a. dormir
b. levantarse
c. almorzar
d. trabajar
e. acostarse

ACTIVIDAD 17 **Invitación y excusa** En parejas, túrnense para invitar a su compañero/a a hacer dos o tres actividades diferentes. La otra persona da excusas (*gives excuses*) diciendo por qué no puede.

▲ A: ¿Quieres ir a esquiar?
　　B: Me gustaría, pero no puedo porque

{ no tengo tiempo.
no tengo dinero.
tengo que estudiar.
vienen mis padres.
(etc.)

ACTIVIDAD 18 **¿Verdad o mentira?** **Parte A:** Escribe tres oraciones sobre ti usando los verbos **poder, querer** y **preferir.** Dos deben ser verdad (*true*) y una debe ser mentira (*lie*).

▲ Prefiero estudiar los viernes por la noche porque no hay muchas personas en la biblioteca.

Parte B: En grupos de tres, lean las oraciones y decidan cuáles son mentira.

▲ 　　　　　　　　　A: Quiero ser médico.

B o C: Estás diciendo la verdad.　　B o C: No estás diciendo la verdad.

Do Workbook **Práctica comunicativa I** and corresponding CD-ROM activities.

Más allá
La política

● Look up the Democratic and Republican National Committees on the Internet. Reading about topics familiar to you is relatively easy and a good way to learn new vocabulary.

El voto de los latinos en los Estados Unidos es cada día más importante. Al comienzo del siglo XXI, el voto latino empieza a recibir mucha atención al nivel nacional. Por primera vez los candidatos presidenciales Bush, Gore y Nader tienen páginas web en español, hacen anuncios en la televisión dirigidos a los latinos y tanto Bush como Gore hablan español durante su campaña.

La comunidad latina tiene cada día más influencia política. Por eso hoy día, si sabes español, puedes trabajar al nivel local, estatal, nacional o internacional como activista, analista, diseñador de páginas web, recaudador de fondos, consejero político, miembro del cuerpo diplomático, juez y hasta puedes ser candidato presidencial. Estos empleos no existen solamente en ciudades como San Antonio, San Diego, Miami y Tucson, sino también en lugares como Milwaukee, Wisconsin donde hay más de 70.000 latinos, (el 12% de la población) y en Chicago, con 753.644 latinos (el 26% de la población). Hasta Arkansas tiene 53.729 latinos según el censo del año 2000, un crecimiento (*growth*) del 170,3% en sólo diez años. ◆

Vocabulario esencial II

- Colors are adjectives and agree in number with the noun they modify. Those that end in -o also agree in gender.

- Identify colors in Spanish as you walk down the street.

I. Los colores

anaranjado/a   orange
blanco/a   white
gris   gray
marrón   brown
morado/a   purple
rosa, rosado/a   pink

▶ Logotipo de los Juegos Olímpicos de Barcelona 1992.

¿Lo sabían?

En español, como en inglés, los colores representan diferentes ideas. Por ejemplo, en inglés se dice *"He's/She's blue"* cuando una persona está triste. Adivina qué significan estas expresiones en español: "verlo todo color de rosa", "verlo todo negro" y "un chiste (*joke*) verde". Las respuestas están al pie de la página.

ACTIVIDAD 19   **Asociaciones**   En grupos de cinco, digan qué colores asocian Uds. con estas cosas.

1. el 14 de febrero
2. un elefante
3. la noche
4. la Coca-Cola
5. las plantas
6. el 25 de diciembre
7. el inspector Clouseau y la pantera . . .
8. el arco de McDonald's
9. el café
10. el 4 de julio
11. el jabón Ivory
12. el 17 de marzo

II. La ropa y los materiales (*Clothes and Materials*)

de cuadros

de lunares

de rayas

las gafas de sol

la camisa de manga larga

la corbata

el cinturón

el saco

los pantalones

las medias

los zapatos

el sombrero

la blusa de manga corta

la chaqueta

la falda

los zapatos de tacón alto

Respuestas: *to see everything through rose-colored glasses; to be a pessimist; a dirty joke*

La ropa

el abrigo   coat
la camiseta   T-shirt
la ropa interior   men's/women's
   underwear
el suéter   sweater
el traje   suit
el traje de baño   bathing suit
el vestido   dress
los zapatos   shoes
los (zapatos de) tenis   tennis shoes
probarse (o ⟶ ue)   to try on
vestirse (e ⟶ i, i)   to put on

Los materiales

el algodón   cotton
el cuero   leather
la lana   wool
el nailon/nilón   nylon
el rayón   rayon
la seda   silk

● Remember: The first change is for verbs in the present, and the second change is for –ir verbs in the present participle.

ACTIVIDAD
20

Cuándo y qué En parejas, hagan una lista de ropa que la gente lleva en el invierno y otra lista de ropa que lleva en el verano. Es importante incluir los materiales.

● To indicate origin and material use **ser de: La camisa es de Taiwán y es de seda.**

ACTIVIDAD
21

El origen y el material En grupos de cinco, averigüen de dónde es y de qué (material) es la ropa de cada persona del grupo. Luego compartan la información con el resto de la clase.

▲ A: ¿De dónde es y de qué (material) es tu camisa?
   B: Es de . . .

ACTIVIDAD
22

Comentarios En parejas, díganle (*tell*) a su compañero/a que les gusta una prenda de ropa (*item of clothing*) que lleva. Sigan el modelo.

▲ A: Me gusta esa camisa / blusa. El color es muy bonito. / Es nueva, ¿no? / Es cómoda, ¿verdad? / etc.
   B: Gracias. Es de Gap / de Abercrombie y Fitch / de Goodwill / etc.

● Each morning, describe to yourself what you are wearing: the article of clothing, material, and color.

ACTIVIDAD
23

¿Qué llevan? En parejas, describan qué ropa llevan estos dos modelos. Deben decir el color y el material de cada artículo.

● **talla** = *clothes size;* **número** = *shoe size*

● **costar** (o ⟶ ue) = *to cost*

ACTIVIDAD
24

De compras Mira el catálogo y elige tres prendas para comprar: una prenda para un amigo, una para una amiga y otra cosa para ti. Después, en parejas, hablen de qué van a comprar, de qué colores y por qué van a comprar estas cosas.

● Óscar de la Renta (Dominican) and Carolina Herrera (Venezuelan) are two celebrated designers.

▲ Voy a comprar una blusa de seda roja para mi amiga porque su cumpleaños es el viernes.

A: Vestidos de algodón, lavar a máquina. Colores: rosado, morado o amarillo. Talla: P, M, G, XG.
B: Chaquetas de cuero. Colores: negro, marrón oscuro, marrón claro.
C: Botas de cuero Gacela de Chile con tacón alto. Número: 35–40.

D: Trajes informales de lana para todas las ocasiones. Colores: gris, azul o negro.
E: Camisetas de algodón. Colores: blanco o azul.
F: Sombreros de cuero.
G: Abrigos de lana. Color: beige.
H: Gafas de sol Óscar de la Renta.
I: Zapatos de tenis Nike.

Camisetas de algodón.

Trajes de baño. Colores: rojo con lunares amarillos o amarillo con lunares morados.

Medias de algodón y lana.

Faldas clásicas de lana en muchos colores.

Blusas de seda de Carolina Herrera.

Suéteres, lavar a mano, colores variados.

ACTIVIDAD 25 **El pedido** En parejas, una persona va a llamar a la tienda del catálogo de la página 144 para comprar ropa y la otra persona va a recibir la llamada. Usen las siguientes tablas para encontrar la talla correcta. Después de las tablas hay una lista de expresiones útiles para la conversación.

TALLAS DE MUJER

Ropa:

• Europa	38	40	42	44	46	48	50
• EE.UU.	6	8	10	12	14	16	18

Zapatos:

• Europa	35	36	37	38	39	40	41
• EE.UU.	5	6	7	8	9	10	11

TALLAS DE HOMBRE

Trajes:

• Europa	44	46	48	50	52	54	56
• EE.UU.	34	36	38	40	42	44	46

Camisas:

• Europa	38	39	40	41	42	43	44
• EE.UU.	15	15½	15½	16	16½	17	17½

Zapatos:

• Europa	40	41	42	43	44	44	45
• EE.UU.	6	7	8	9	10	10½	11

A

¿Tiene Ud. . . . en azul?
¿Tiene Ud. . . . en talla/
  número . . . ?
¿De qué (material) es . . . ?
¿Cuánto cuesta/n?
Es muy caro/barato.
Me gustaría comprar . . .

B

No tenemos talla/número . . .
¿De qué color quiere . . . ?
Cuesta/n + *price.* (*Invent prices.*)
¿Va a pagar con Visa, American
  Express o MasterCard?
¿Cuál es el número de su tarjeta (Visa)?
¿Cuál es su dirección (*address*)?

ACTIVIDAD 26 **La noche de los Oscars** En parejas, Uds. están trabajando como reporteros en la ceremonia de los Oscars. Al llegar las estrellas, Uds. tienen que decir qué ropa llevan y con quién vienen.

▶ A: Ahora viene Antonio Banderas y lleva pantalones y chaqueta de cuero y viene con Melanie Griffith.

B: Ella lleva . . .

Las estrellas: Cher, Robert De Niro, Julia Roberts, P. Diddy, Denzel Washington, Sarah Jessica Parker, Cristina Aguilera, Elton John, Janet Jackson, Tom Hanks, Jennifer López, etc.

▲ Antonio Banderas, actor español.

De compras en San Juan

Un hombre de ▶
guayabera.

acabar de + *infinitive*	to have just + *past participle*
Acaban de llegar.	They have just arrived.
Cuesta un ojo de la cara.	It costs an arm and a leg.
Te queda bien.	It looks good on you. / It fits you well.

Teresa está en Puerto Rico de vacaciones y ahora ella y su hermano Luis están de compras en el centro comercial Plaza Las Américas.

ACTIVIDAD 27 **Escoge las opciones** Lee las siguientes oraciones y mientras escuchas la conversación, escoge las opciones correctas para completar cada oración. Puede haber más de una respuesta correcta.

1. Teresa quiere comprar una camiseta . . .
   a. de muchos colores. c. de algodón.
   b. políticamente correcta. d. económica.
2. Luis quiere comprar una guayabera para . . .
   a. salir con Teresa. c. ir a una fiesta.
   b. una fiesta de aniversario. d. almorzar en un restaurante.
3. Luis compra una guayabera . . .
   a. cara. c. de talla 40.
   b. barata. d. de seda.

● **Plaza Las Américas** is a mall in Hato Rey, on the outskirts of San Juan. Puerto Ricans often refer to it as **"Plaza."**

● The currency used in Puerto Rico is the U.S. dollar. In colloquial usage, **dólares** are called **pesos.**

● Indicating purpose

TERESA: Luis, ¡qué grande está Plaza! Cada vez que vengo hay más tiendas.

LUIS: ¿Sabes que es el centro comercial más grande del Caribe?

TERESA: ¿De verdad? Bueno, no me sorprende, porque es inmenso, pero no sé si puedo encontrar la tienda que quiero. Busco unas camisetas de algodón que me fascinan y que son políticamente correctas.

LUIS: ¿Políticamente correctas? ¿De qué estás hablando?

TERESA: Cuando compras una de estas camisetas, la tienda da dos pesos a UNICEF para ayudar a niños necesitados.

LUIS: Pero qué hermana tan buena tengo, ayuda a niños necesitados con su compra. Mira, allí en esa tienda de hombres tienen una rebaja. Me gustaría comprar una guayabera nueva para la fiesta del sábado. ¿Tenemos tiempo?

TERESA: ¡Por supuesto! Y después, ¿qué tal si almorzamos? En España, siempre pienso en la comida típica puertorriqueña.

En la tienda de hombres

LUIS: Por favor, busco una guayabera fina, para una fiesta.

VENDEDOR: Tenemos unas muy elegantes de seda de China que acaban de llegar y . . . también hay de algodón.

LUIS: Me gustaría ver una blanca de talla 40, pero no de algodón, de seda.

VENDEDOR: Aquí tiene Ud. dos guayaberas muy finas.

TERESA: ¿Por qué no te pruebas ésta? ¡Me gusta mucho! ¿Cuánto cuesta?

VENDEDOR: Ciento noventa pesos.

LUIS: ¡Cómo! ¡Ciento . . . ciento noventa pesos? ¡Cuesta un ojo de la cara! Creo que me pruebo una de algodón.

LUIS: ¡Oye! ¿Te gusta?

TERESA: Te queda muy bien. Y ésta, ¿cuánto cuesta?

VENDEDOR: Cuesta treinta pesos.

LUIS: Bueno, me llevo ésta.

TERESA: Claro, es que a ti te gustan las tres "bes": **b**ueno, **b**onito y **b**arato. Y vamos, que tenemos que comprar mi camiseta todavía.

● Asking prices

ACTIVIDAD 28 **Unas preguntas** Después de escuchar la conversación, contesta las siguientes preguntas.

1. ¿Por qué dice Teresa que la camiseta que quiere comprar es "políticamente correcta"?

2. Al hablar de la ropa, ¿cuáles son las tres "bes" que le gustan a Luis? ¿Cuál de las tres "bes" es la más importante para ti?

3. ¿A qué tipo de tienda te gusta ir de compras, a una tienda grande o a una boutique?

4. ¿De qué material es la guayabera que compra Luis? ¿Qué tipo de materiales prefieres usar?

5. ¿Qué prefieres, la ropa práctica o la ropa elegante?

¿Lo sabían?

Como hace calor en las zonas tropicales de Hispanoamérica, con frecuencia los hombres no llevan chaqueta; muchos prefieren llevar guayabera, que es un tipo de camisa muy fresca. Hay guayaberas para uso diario y también hay guayaberas muy elegantes que muchos hombres llevan en vez de traje y corbata. El colombiano Gabriel García Márquez llevaba (*was wearing*) guayabera cuando recibió el Premio Nobel de Literatura en Estocolmo, Suecia.

ACTIVIDAD
29

Las compras En grupos de tres, dos personas van a comprar ropa para una fiesta elegante. La otra persona es el/la vendedor/a. Mantengan la conversación en la tienda. Hablen de diferentes opciones, tallas, colores, materiales y precios.

Los/las clientes pueden usar expresiones como: **te queda bien, cuesta un ojo de la cara, voy a probarme . . .**

El/La vendedor/a puede usar expresiones como: **¿Quiere algo en especial? cuesta/n . . . , también hay de otros colores.**

Gramática para la comunicación II

I. Indicating Purpose, Destination, and Duration: *Para* and *Por*

In this chapter, you will learn a few uses of **para** and **por**. Other uses will be presented in Chapter 9.

Use **para:**

a. to indicate purpose

● Because **por** and **para** are prepositions, verbs that follow them directly must be in the infinitive.

¿**Para qué** es eso? ⟶ Es **para limpiar la computadora.**
    (*purpose: to clean the computer*)

¿**Para qué** necesitas mi carro? ⟶ Necesito tu carro **para ir al centro.**
    (*purpose: in order to go downtown*)

¿**Para qué** estudias? ⟶ Estudio **para (ser) abogado.**
    (*purpose: in order to become a lawyer*)

¿**Para qué** trabajas? ⟶ Trabajo **para tener dinero.**
    (*purpose: in order to have money*)

b. to indicate the recipient of a thing or an action

> **¿Para quién** es el dinero? ⟶   Es **para Ana.**
> **¿Para qué** compañía trabajas? ⟶   Trabajo **para la Coca-Cola.**

c. to indicate destination or goal (physical and temporal)

> El autobús sale **para El Paso, Texas.** (*physical*)
> La tarea es **para mañana.** (*temporal*)

Use **por:**

a. to express duration of an action. You can use **durante** instead or you can omit them altogether and use nothing. The latter is more common.

> Voy a estar en Caracas **por/durante un año.**
> Voy a estar en Caracas **un año.**

b. to express a time period

> Trabajo **por la mañana** y estudio **por la noche.**

II. Indicating the Location of a Person, Thing, or Event: *Estar en* and *Ser en*

1 ▲ You learned in Chapter 3 that **estar en** is used to specify the location of people or things.

> Diana es de los Estados Unidos, pero **está en** España.
> Tu suéter **está en** mi habitación.

2 ▲ **Ser en** is used to specify where an event *takes place* (a concert, a lecture, an exhibit, etc.).

Internet

Do Workbook **Práctica mecánica II,** CD-ROM, Web ACE Tests, and lab activities.

> **La clase de arte es en** el Museo de Arte Contemporáneo.
>   **La clase** ⟶ *the class meeting takes place in the museum*
> **La clase está en** el Museo de Arte Contemporáneo.
>   **La clase** ⟶ *the students are in the museum*

ACTIVIDAD 30   **¿Cuándo?** En parejas, contesten las siguientes preguntas. Usen frases como **por la mañana, dos horas,** etc.

1. ¿Cuándo prefieres estudiar?
2. ¿Cuándo te gusta tener las clases?
3. Si trabajas, ¿cuándo trabajas?
4. ¿Cuándo sales con tus amigos?
5. ¿Cuánto tiempo por semana estudias?
6. ¿Cuánto tiempo por semana miras televisión?

ACTIVIDAD 31 **Una encuesta** Haz una encuesta (*poll*) para averiguar si tus compañeros hacen las siguientes cosas. Intenta encontrar a dos personas para cada situación. Escoge **para** o **por** y haz preguntas (*ask*) como: **¿Trabajas para tu padre en el verano? / ¿Para quién trabajas en el verano?**

1. compra regalos para/por sus parientes
2. estudia para/por ser hombre/mujer de negocios
3. siempre estudia para/por la noche los domingos
4. usa la biblioteca mucho para/por buscar información
5. va a estar en la universidad para/por tres años más
6. trabaja mientras (*while*) estudia para/por tener dinero
7. tiene que terminar un trabajo para/por el viernes

ACTIVIDAD 32 **Los regalos** En parejas, Uds. van a darles (*give*) las cosas de esta lista a diferentes compañeros de la clase. Decidan para quién es cada cosa, para qué se usa y por qué es para esa persona.

 peine   El peine es para Chuck, para peinarse porque tiene el pelo muy bonito.

1. estéreo
2. reproductor de DVD
3. cámara
4. máquina de afeitar
5. libro de filosofía

6. CD de Elvis
7. blusa de seda
8. camiseta de Amnistía Internacional
9. reloj
10. disco compacto de Jennifer López

ACTIVIDAD 33 **Cultura general** En parejas, túrnense para preguntar dónde están las siguientes cosas.

 A: ¿Dónde están las Ruinas de Sipán?

B: Están en Perú. / No tengo idea. ¿Tú sabes?

1. la Estatua de la Libertad
2. el Museo del Prado
3. Machu Picchu
4. el Museo del Louvre y la Torre Eiffel

5. la Pequeña Habana
6. las Pirámides del Sol y de la Luna
7. el Vaticano
8. el Palacio de Buckingham
9. el cuadro *Guernica* de Picasso

¿Lo sabían?

En el cuadro *Guernica*, Pablo Picasso (español) muestra los horrores de la guerra civil española cuando en 1937 Hitler, aliado del general español Francisco Franco, ordena el bombardeo aéreo del pueblo de Guernica en España. Miles de personas mueren en esa masacre, entre ellos niños, mujeres y ancianos. El cuadro está pintado en blanco y negro para dar dramatismo a la escena. Si miras bien, vas a ver que hay tres hombres, dos mujeres, un bebé y dos animales en el cuadro. ¿Puedes encontrar un elemento que simboliza la esperanza (*hope*)?

▲ *Guernica* (349 × 776 cm), Pablo Picasso, Museo Nacional Centro de Arte Reina Sofía, Madrid.

● 349 × 776 cm = 137.4 × 305.5 inches (almost 11½ × 25½ feet)

ACTIVIDAD 34 **Un día de mucha actividad** La policía de Madrid tiene que preocuparse por muchas cosas hoy. Di dónde están las siguientes personas o dónde son los siguientes acontecimientos (*events*).

Personas y acontecimientos

_____ 1. El concierto de Branford Marsalis
_____ 2. El concierto de Plácido Domingo
_____ 3. La exhibición de Frida Kahlo
_____ 4. Los diplomáticos de la ONU
_____ 5. Los hijos de los diplomáticos de la ONU
_____ 6. El partido de fútbol entre el Real Madrid y Zaragoza

● la **ONU** = *the U.N.*

Lugares

a. El Centro de Arte Reina Sofía
b. El Estadio Bernabéu
c. Clamores, club de jazz
d. El Hotel Castellana
e. El Teatro de la Ópera
f. El zoológico en la Casa de Campo

ACTIVIDAD 35 **Los planes** En parejas, miren los anuncios para unos espectáculos y hagan planes para esta noche. Decidan qué van a hacer, dónde y a qué hora.

A: ¿Te gustaría ir . . . ? / ¿Qué tal si vamos . . . ? / ¿Quieres ir al concierto de . . . ?

B: Sí. ¿Dónde es?

A: Es en el Estadio . . .

Conciertos

MERCEDES SOSA

Estadio Ferrocarril Oeste: viernes 20 a las 21 Hs.

LUCIANO PAVAROTTI

En el escenario de Av. 9 de Julio y Estados Unidos. Domingo 15 a las 21.30 Hs.

BAGLIETTO–VITALE

Presentando los discos "La Excusa" y "Postales de este lado del mundo". Teatro Opera, 19 al 21 de diciembre, 22 Hs.

CICLO DEL ENCUENTRO

Los 4 de Córdoba, el Negro Alvarez, el Sapo Cativa, Edgard Di Fulvio, Norma Viola y Santiago Ayala. Teatro Alvear, jueves 19 a las 21 Hs.

LA PLAZA

En el Anfiteatro Pablo Casals, con entrada libre y gratuita, actúan La Fundación (15/12, 18.30 Hs.), Solla y el Cinco de Copas (17/12, 18.30 Hs.), Dúo Vat-Macri (18/12, 13 Hs.), Andrea Serri (19/12, 18.30 Hs.) y Rock Royce (20/12, 18.30 Hs.)

LULLABOP

Jóvenes tocan jazz del '40. En la Feria de las Estrellas, Puerto Madero (15/12, 19.30 Hs.).

Internet

Do Workbook **Práctica comunicativa II** and the **Repaso** section. Do CD-ROM, Web ACE Tests, and lab activities.

ACTIVIDAD 36 **El desfile de modas** En parejas, están en un desfile de modas (*fashion show*). Observen a su compañero/a y describan qué lleva. Escriban la descripción y después léanle esta descripción al resto de la clase. Mencionen el nombre del/de la modelo y su origen. Describan qué lleva: colores, materiales, de dónde es el conjunto (*outfit*) y para qué tipo de ocasión es.

Imágenes

LECTURA

Estrategia: *Activating Background Knowledge*

We read for many different reasons, but they all fall into two broad categories: pleasure-reading and information-seeking. We employ different reading strategies depending on our purpose and the type of text. When we read, we interact with the text depending on the background knowledge we have on the topic. It is for this reason that two readers might interpret the same text differently. For example: a lawyer and a lay person may not have the same perceptions when reading a legal document.

Before reading an article in Spanish, you will do a pre-reading activity that will help you activate your background knowledge by focusing on the topic of Latin American politics. This activity will help prepare you to obtain a global understanding of the reading selection. Remember: it is not important to understand every word when reading; just try to capture the general idea.

ACTIVIDAD 37 **¿Cuánto sabes? Parte A:** Antes de leer el artículo, contesta estas preguntas.

● Individually, you may not be able to answer each question, but as a group you should be able to answer many of them. By learning from your peers, you will be better prepared to understand the reading selection.

1. ¿Sabes qué países hispanoamericanos tienen democracia?
2. ¿Hay dictaduras hoy en día en Hispanoamérica?
3. ¿Sabes qué gobiernos hispanoamericanos son estables o inestables?
4. Hay muchos países del mundo que no respetan los derechos humanos (*human rights*); ¿sabes algo sobre las violaciones de derechos humanos en el mundo hispano?
5. ¿Puedes dar una definición de la frase **refugiado/exiliado político?**
6. ¿Tienes un amigo que no puede (*cannot*) vivir en su país por motivos políticos? ¿Cuál era (*was*) la ocupación de esa persona en su país?
7. ¿Sabes quiénes son Augusto Pinochet y Rigoberta Menchú? ¿De qué países son?
8. ¿Cuáles son los títulos de algunas películas hispanas? ¿Son románticas, violentas o cómicas? ¿Hacen comentarios políticos?

Parte B: Antes de leer el artículo, subraya (*underline*) todos los cognados y todas las palabras que ya sabes.

Palabras desconocidas Mientras lees, busca las siguientes palabras en el texto y adivina qué significan. Después compara tus definiciones con las de un/a compañero/a.

1. lucha (línea 1)
2. obras (línea 6)
3. desaparecen (línea 15)

4. fuga de cerebros (línea 18)
5. procedimiento (línea 27)
6. propio (línea 38)

◆ *Derechos humanos y justicia*

La violación de los derechos humanos y la lucha por defender estos derechos no es nada nuevo en la historia de la humanidad. Con frecuencia, son los artistas e intelectuales los que primero hacen comentarios políticos y sociales contra estas violaciones. Ejemplos típicos son los murales del pintor mexicano

5 Diego Rivera, el cuadro *Guernica* del pintor español Pablo Picasso y muchas obras del escritor colombiano Gabriel García Márquez. También hay películas como *La historia oficial* y *Missing* que critican las dictaduras de Argentina y Chile repectivamente y le informan al mundo sobre las injusticias que ocurren. Pero en última instancia, es la ley de los gobiernos del mundo la que puede

10 hacer respetar estos derechos.

Un caso serio de violación de derechos humanos empieza en Chile en el año 1973 cuando, después de un golpe militar contra un gobierno democrático, el general Augusto Pinochet se instala como el nuevo presidente. Miles de jóvenes, intelectuales y artistas, que no están de acuerdo con esta dictadura,

15 son torturados en campos de concentración donde mueren o "desaparecen", es decir, las familias nunca más vuelven a ver a estos jóvenes. Cuando hay un golpe militar en un país, muchos intelectuales van a vivir a otros países para

Para recordar el golpe de ▶ estado contra Allende, ex presidente de Chile, y para protestar contra la dictadura militar de Pinochet, un artista anónimo pintó este mural en La Victoria, una zona donde viven muchos obreros en Santiago, Chile.

poder expresar sus ideas con libertad. Este éxodo se llama "fuga de cerebros" y es exactamente lo que pasa en Chile cuando Pinochet toma la presidencia.

20   Después de la dictadura, a principios de la década de 1990, el nuevo gobierno democrático de Chile declara a Pinochet senador de por vida y con esto él recibe inmunidad total contra sus crímenes. Por esta razón el gobierno no escucha las protestas de muchos chilenos que quieren saber qué ocurrió[1] con sus familiares desaparecidos. Pero algunos de los desaparecidos son de ascen-
25 dencia española y, por eso, sus familias deciden presentar sus casos ante el gobierno español. Es así como el juez español Baltazar Garzón comienza el procedimiento judicial y cuando en 1998 el ex dictador está de viaje en Inglaterra, Garzón le pide a este país la detención y extradición de Pinochet.

30   Inglaterra está entonces en una situación difícil ya que Chile es su aliado político. Después de meses de deliberaciones, Inglaterra libera a Pinochet, no por ser inocente ni por inmunidad diplomática sino porque los médicos argumentan que, a los 83 años, el ex dictador está enfermo y no está en condiciones de presentarse a juicio. Cuando regresa a Chile en 2000, la corte de su país
35 retira sus privilegios de inmunidad y lo acusa por más de setenta asesinatos en 1973 a manos de un grupo que cumple las órdenes del ex dictador. Entonces el gobierno pone a Pinochet prisionero en su casa. Y este arresto domiciliario tiene lugar en Chile, su propio país.

    Muchos familiares de desaparecidos sienten que por fin se hace justicia;
40 otros creen que no es suficiente la sentencia; pero, posiblemente, lo más importante es que, después del caso Pinochet y la acción del juez Garzón, el mundo sabe que los gobernantes que cometen crímenes contra la humanidad en su país no son inmunes al castigo internacional. De ahora en adelante, dictadores y tiranos van a pensar mucho antes de cometer crímenes de genocidio, terrorismo
45 y tortura contra los ciudadanos de sus propios países.

El Norte   Romero

La historia oficial

1 *happened*

ACTIVIDAD 39

¿Cierto o falso? Después de leer el texto, indica si las siguientes oraciones son ciertas **(C)** o falsas **(F)**.

1. _____ Frecuentemente los artistas son los primeros en hacer comentarios sociales y políticos.
2. _____ La dictadura de Pinochet comienza después de un golpe militar.
3. _____ Los familiares chilenos de desaparecidos presentan sus casos legales a Inglaterra.
4. _____ Pinochet recibe inmunidad diplomática en Inglaterra.
5. _____ Los gobernantes no son inmunes al castigo internacional.

ESCRITURA

Estrategia: *Sequencing*

When describing a sequence of events or activities, adverbs of time help you say when or in what chronological order they take place. Some useful adverbs of time are:

por la mañana/tarde/noche	in the morning/afternoon; at night
primero	first
después de + *infinitive*	after _____ ing
después ⎫	
luego/más tarde ⎭	then, later (on)
por fin	at last, finally
a la una	at one o'clock
a las dos/tres/etc.	at two/three/etc. o'clock

● To express *and then*, use **luego** or **más tarde**. To express *so then*, use **entonces**. For example: **Tengo un examen difícil el lunes y *luego* voy a ir al cine.** (*. . . and then I'm going to the movies.*) **Tengo un examen difícil el lunes; *entonces* voy a estudiar mucho el domingo.** (*. . . so then I'm going to study a lot on Sunday.*)

● Also, look at Act. 13 on page 138 to see how Gloria uses adverbs of time to relate a sequence of events.

ACTIVIDAD 40

¿Qué haces? Parte A: Write a composition describing what you and your friends do on a typical Saturday. Divide your composition in three paragraphs: **por la mañana, por la tarde, por la noche.**

Parte B: Reread your composition. Make a list of all verbs and their subjects, whether overtly stated or implied. Do they agree? If not, change them. For example:

Sujeto	*Verbo*	*¿Correcto?*
(yo, *implied*)	me despierto	sí
Ann y yo	salgo	no ⟶ salimos

🌐 Do Web Search activities.
Internet

Parte C: Rewrite your composition making any changes needed. Staple all drafts plus your subject-verb list together to hand in to your instructor.

Vocabulario funcional

La hora (*Telling Time*)

¿Qué hora es?	*What time is it?*
Es la una menos cinco.	*It's five to one.*
Es (la) medianoche.	*It's midnight.*
Es (el) mediodía.	*It's noon.*
Son las tres y diez.	*It's ten after three.*
¿A qué hora . . . ?	*At what time . . . ?*
A la una. / A las dos.	*At one o'clock. / At two o'clock.*
cuarto	*quarter (of an hour)*
la hora	*hour*
media	*half (an hour)*
el minuto	*minute*
el segundo	*second*

Expresiones de tiempo (*Time Expressions*)   *Ver página 132.*

Verbos con cambio de raíz
Ver páginas 135–137.

costar (o ⟶ ue)	*to cost*
probarse (o ⟶ ue)	*to try on*
vestirse (e ⟶ i, i)	*to get dressed*

Las sensaciones

tener calor	*to be hot*
tener frío	*to be cold*
tener hambre	*to be hungry*
tener miedo	*to be scared*
tener sed	*to be thirsty*
tener sueño	*to be tired*
tener vergüenza	*to be ashamed*

La ropa (*Clothing*)

el abrigo	*coat*
la blusa	*blouse*
las botas	*boots*
la camisa	*shirt*
la camiseta	*T-shirt*
la chaqueta	*jacket*
el cinturón	*belt*
la corbata	*tie*
la falda	*skirt*
las gafas de sol	*sunglasses*
las medias	*stockings; socks*
los pantalones	*pants*
la ropa interior	*men's/women's underwear*
el saco	*sports coat*
el sombrero	*hat*
el suéter	*sweater*
el traje	*suit*
el traje de baño	*bathing suit*
el vestido	*dress*
los zapatos	*shoes*
los zapatos de tacón alto	*high-heeled shoes*
los (zapatos de) tenis	*tennis shoes*

Los colores   *Ver página 142.*

claro/a	*light*
¿De qué color es?	*What color is it?*
oscuro/a	*dark*

Los materiales   *Ver páginas 142.*

¿De qué (material) es?	*What (material) is it made of?*

Ir de compras (*To go shopping*)

barato/a	*cheap, inexpensive*
caro/a	*expensive*
¿Cuánto cuesta/n . . . ?	*How much is/are . . . ?*
de cuadros	*plaid*
de lunares	*polka dotted*
de rayas	*striped*
ir de compras	*to go shopping*
la manga	*sleeve*
el número	*shoe size*
la talla	*clothing size*
Te queda bien.	*It looks good on you. / It fits you well.*

Palabras y expresiones útiles

acabar de + *infinitive*	*to have just + past participle*
el concierto	*concert*
Cuesta un ojo de la cara.	*It costs an arm and a leg.*
Me fascina/n.	*I love it/them.*
¡No me diga/s!	*No kidding!*
No me gusta/n nada.	*I don't like it/them at all.*
Se comenta que . . .	*They/People say that . . .*

CAPÍTULO 6

El cerro Fitz Roy y un glaciar en la Patagonia, Argentina.

CHAPTER OBJECTIVES

▶ Talking about things you and others did in the past

▶ Asking and giving prices

▶ Discussing the location of people and things

▶ Describing family relationships

▶ Describing means of transportation

Datos interesantes

En Suramérica hay 54 lugares que fueron declarados patrimonio mundial (*World Heritage Sites*) por la UNESCO. Entre ellos se encuentran los siguientes en el Cono Sur.

- Parque Nacional Los Glaciares, Argentina: belleza natural espectacular con montañas y glaciares.

- Parque Nacional Ischigualasto, Argentina: fósiles de dinosaurios y otros animales.

- Parque Nacional Talampaya, Argentina: flora y fauna autóctonas, descubrimientos paleontológicos y arqueológicos con petroglifos.

- Parque Nacional Rapa Nui, Chile: situado en la Isla de Pascua de formación volcánica con sus famosos monolitos.

Una carta de Argentina

◀ Galerías Pacífico, elegante centro comercial de la calle Florida en Buenos Aires, Argentina.

¡Qué + *noun* + **más** + *adjective!*	What a + *adjective* + *noun!*
¡Qué hotel más lujoso!	What a luxurious hotel!
adjective + **-ísimo/a**	
bello/a ⟶ **bellísimo/a**	very beautiful

Alejandro, el tío de Teresa, recibe una carta de su amigo Federico de Rodrigo, que está viajando por Argentina.

ACTIVIDAD 1   **Escoge opciones** Lee estas oraciones y, mientras lees la carta que sigue, escoge la opción correcta.

1. La carta es de . . .
   a. Buenos Aires.   b. Las Leñas.
2. Federico está viajando con . . .
   a. unos amigos.   b. su familia.
3. El español de Argentina es . . . español de España.
   a. diferente del   b. igual al
4. La Recoleta es . . .
   a. una zona de oficinas.   b. una zona de cafeterías.

● Note that the city where the letter was written precedes the date.

● Dates can be written **20/VII/03**, **20 de julio de 2003**, or **20/7/03**.

● A colon is preferable to a comma after the greeting, even in informal letters.

● **El Aconcagua** is the highest peak in the western hemisphere.

● Talking about past events (Paragraphs 2 and 3)

● Discussing future plans

Hotel Las Leñas

Reconquista 585 / Mendoza, Argentina

Las Leñas, 20/7/03

Estimado Alejandro:

¿Cómo estás? Perdí tu email y por eso te mando esta carta. Aprovecho un rato libre para mandarles un saludo a ti y a tu familia desde Las Leñas, Mendoza, un centro de esquí muy bonito de la zona andina argentina. Los Andes son impresionantes y muy diferentes de los Pirineos españoles, y el Aconcagua es realmente majestuoso. Las Leñas es un lugar excelente para esquiar. En este momento mi esposa y mis hijos están esquiando y por eso tengo unos minutos para escribir unas líneas.

Llegamos a Buenos Aires el 15 de este mes y fuimos directamente al Hotel Presidente. ¡Qué hotel más lujoso! Comimos y salimos a ver la ciudad para no perder ni un minuto de nuestro viaje. Buenos Aires es una ciudad muy europea y bellísima. Nos divertimos escuchando hablar a los argentinos con ese acento tan bonito que tienen. Casi cantan al hablar y siempre dicen "che".

Al día siguiente Elena y mis hijos fueron a la calle Florida y compraron muchas cosas. El cuero aquí es increíble y buenísimo. Una de las cosas que compró Elena fue un mate porque quiere aprender a beber "yerba mate". Cerca del hotel, a unos cinco minutos, Elena y yo bailamos tango toda la noche y nuestros hijos fueron a la Recoleta. Les llamó la atención ver esa zona de cafeterías y restaurantes enfrente de un cementerio donde están las tumbas de las personas más importantes del país. De veras que es curioso, ¿no?

Después de esquiar en Las Leñas, vamos a viajar a Chile para el casamiento de la hija de unos amigos. Luego volvemos a Argentina para visitar las cataratas del Iguazú y después, como sabes, tenemos que regresar a Madrid la semana que viene. ¡Qué pena! Un millón de gracias a ti y a tu sobrina, Teresa, por organizarnos un viaje fantástico.

Como dicen aquí: un abrazo, "che", de tu amigo,

Federico

ACTIVIDAD 2 ¿**Comprendieron?** Lee la carta otra vez. Luego, en grupos de tres, identifiquen o describan las siguientes cosas o lugares.

1. las montañas donde están Federico y su familia
2. un lugar de compras
3. el itinerario de viaje de la familia
4. el Hotel Presidente
5. el mate
6. la Recoleta

¿Lo sabían?

El mate es un té de yerba que se toma especialmente en Argentina, Paraguay, Uruguay y en algunas partes de Chile. Se bebe en un recipiente, también llamado mate, que puede ser una pequeña calabaza seca (*dry gourd*) o un recipiente de forma similar. Se usa con una bombilla (*a special straw*), y se pasa de persona a persona. Beber mate a veces es una actividad social y normalmente se toma con un grupo de amigos o con la familia.

- **Yerba** is also spelled **hierba**.

- In Paraguay they often drink **tereré**, or cold **mate**.

Un gaucho toma mate en la ▷ provincia de Formosa, Argentina.

- To keep the [k] sound, **-c-** changes to **-qu-** before adding **-ísimo/a: flaco/a → flaquísimo/a.**

ACTIVIDAD 3

¡Qué exageración! Describe de forma exagerada algunas cosas y personas que conoces. Usa estos adjetivos de una manera original: **altísimas, gordísimo, guapísimos, feísimo, flaquísimo, simpatiquísima.** Recuerda que el adjetivo concuerda (*agrees*) con el sustantivo que modifica.

  grandísima   La ciudad de Nueva York es grandísima.

Vocabulario esencial I

I. Los números del cien al millón

- The use of periods and commas differs in English and Spanish:
English = 54.56 and 1,987,789
Spanish = 54,56 and 1.987.789

100	cien
101, 102	ciento uno, ciento dos
200	doscientos
300	trescientos
400	cuatrocientos

- Note spelling of **quinientos, setecientos,** and **novecientos.**

500	quinientos
600	seiscientos
700	setecientos
800	ochocientos
900	novecientos

- **Mil personas,** BUT **un millón de personas.**

1.000	mil
2.000	dos mil
1.000.000	un millón
2.000.000	dos millones

ACTIVIDAD 4 **Las montañas del hemisferio** Las montañas más altas del hemisferio occidental (*western*) están en los Andes. Hay más de 40 montañas más altas que el monte McKinley (20.320 pies) en Alaska. En parejas, "A" cubre la información de "B" y viceversa. Luego háganle preguntas a su compañero/a para averiguar la información que no tienen. Usen preguntas como: **¿Sabes dónde está . . . ? ¿Sabes cuántos metros/pies de alto tiene el Tupungato?**

A

Montaña	País	Pies	Metros
1. Aconcagua	______________	______	______
2. Ojos del Salado	______________	22.572	6.880
3. Bonete	Argentina	______	______
4. Tupungato	Argentina/Chile	22.310	6.800
5. Pissis	______________	22.241	6.779

B

Montaña	País	Pies	Metros
1. Aconcagua	Argentina	22.572	6.960
2. Ojos del Salado	Argentina/Chile	______	______
3. Bonete	______________	22.546	6.872
4. Tupungato	______________	______	______
5. Pissis	Argentina	______	6.779

● Suramérica, especialmente Chile y Argentina, tienen centros de esquí muy buenos. Muchas personas van a estos países para esquiar en julio y agosto.

El monte Whitney en California, la montaña más alta de los EE.UU. fuera de Alaska, tiene sólo 4.418m. (14.494 pies).

ACTIVIDAD 5 **Un ojo de la cara** **Parte A:** En parejas, decidan cuánto cuestan las siguientes cosas que necesita un estudiante universitario.

▲ La matrícula de un año cuesta . . .

1. la matrícula de un año
2. los libros
3. la comida
4. la vivienda
5. la cuenta de teléfono por mes

Parte B: Ahora digan cuánto cuestan las siguientes cosas que quiere tener un estudiante.

1. un estéreo bueno
2. una semana de vacaciones en Cancún
3. un televisor
4. una cámara de fotos digital
5. una computadora
6. una chaqueta de cuero
7. un reloj despertador

II. Preposiciones de lugar

ACTIVIDAD
6

La Meca de la Elegancia En parejas, Uds. están en la tienda, La Meca de la Elegancia. "A" es un/a cliente que quiere comprar una cosa; "B" es un/a vendedor/a.

A: Por favor, ¿(me puede decir) dónde está/n . . . ?
B: Está/n . . .
A: ¿Cuánto cuesta/n . . . ?
B: Cuesta/n . . .
A: . . .

ACTIVIDAD **7**   **La ciudad universitaria**   En grupos de tres, una persona describe dónde están los lugares importantes de su ciudad universitaria (*campus*) y los otros adivinan qué lugar es. La persona que adivina describe otro lugar. Usen preposiciones de lugar.

> A: Este lugar está cerca de la cafetería y a la derecha de Bascom Hall.
>
> B: Es . . .

Gramática para la comunicación I

I. Talking About the Past: The Preterit

1 ▲ In Chapter 5 you saw how to discuss the immediate past using **acabar de** + *infinitive*. To talk about what you did yesterday, last week, or last year, you need to use the preterit. All regular verbs as well as stem-changing verbs ending in **-ar** and **-er** are formed as follows. (You will learn the preterit of stem-changing **-ir** verbs in Chapter 7.)

● All **-ar** and **-er** stem-changing verbs are regular in the preterit, that is, they have no vowel change: **cerrar**: present ⟶ c**ie**rro, preterit ⟶ c**e**rré.

cerrar	
cerré	cerramos
cerraste	cerrasteis
cerró	cerraron

comer	
comí	comimos
comiste	comisteis
comió	comieron

● Note the use of accents.

● **Vosotros** form = **tú** form + **-is**: bebiste + **-is** = bebisteis.

escribir	
escribí	escribimos
escribiste	escribisteis
escribió	escribieron

● **Ver** is regular in the preterit and it has no accents because **vi** and **vio** are monosyllables.

El viernes pasado **vi** una película.   *I saw a movie last Friday.*
Anoche no **estudiamos.**   *We didn't study last night.*
Ayer Paco **almorzó** en un restaurante.   *Paco had lunch in a restaurant yesterday.*
—¿**Trabajaste** mucho ayer?   *Did you work a lot yesterday?*
—Sí, porque **empezaron** las clases.   *Yes, because classes began.*

NOTE:

a. Regular **-ar** and **-ir** verbs have the same ending in the **nosotros** form in the present indicative and the preterit. Context helps determine the tense of the verb. For example: **No almorzamos ayer. / Almorzamos todos los días.**

b. Verbs that end in **-car, -gar,** or **-zar** require a spelling change in the **yo** form: **tocar** ⟶ **toqué, jugar** ⟶ **jugué, empezar** ⟶ **empecé.** For example: **Ayer jugué al fútbol y Juan también jugó.**

c. Regular reflexive verbs follow the same pattern as other regular verbs in the preterit. The reflexive pronoun precedes the conjugated form. For example: **Esta mañana me levanté temprano.**

2 ▲ Four common irregular verbs in the preterit are **ir** and **ser,** which have the same preterit forms, **dar** (*to give*), and **hacer.**

- Note that accents are not needed on these forms.

- Note the **z** in **hizo.**

ir/ser	
fui	fuimos
fuiste	fuisteis
fue	fueron

dar	
di	dimos
diste	disteis
dio	dieron

hacer	
hice	hicimos
hiciste	hicisteis
hizo	hicieron

—Ella no **fue** al concierto.   *She didn't go to the concert.*
—Y tú, ¿qué **hiciste** anoche?   *And what did you do last night?*

3 ▲ The following time expressions are frequently used with the preterit to express a completed past action.

anoche   last night
ayer   yesterday
anteayer   the day before yesterday
hace tres/cuatro/. . . días   three/four/. . . days ago
la semana pasada   last week
el sábado/mes/año pasado   last Saturday/month/year
hace dos/tres/. . . semanas/meses/años   two/three/. . . weeks/ months/years ago
de repente   suddenly
¿Cuánto tiempo hace que + *preterit* . . . **?**   How long ago did . . . ?

Here are some frequently used verbs that you will practice in the chapter activities.

abrir to open	**llegar** to arrive
asistir a to attend (*class, church, etc.*)	**llorar** to cry
	pagar to pay (for)
buscar to look for	**sacar** to get a grade; to take out
decidir to decide	**terminar** to finish
dejar to leave behind; to let, allow	**tomar** to drink; to take (*a bus, etc.*)
gritar to shout, scream	**viajar** to travel

Muchas personas **asistieron** al concierto.   *Many people attended the concert.*

El público **gritó** con entusiasmo.   *The audience shouted enthusiastically.*
El concierto **terminó** a las 11:30.   *The concert ended at 11:30.*

II. Indicating Relationships: Prepositions and Prepositional Pronouns

1 ▲ Prepositions establish relationships between one word and another in a sentence. You are already familiar with prepositions like **a, de, en, para,** and **por.** Other common prepositions include **con** (*with*), **desde** (*from*), **entre** (*between*), **hacia** (*toward*), **hasta** (*until, up to*), and **sin** (*without*).

El sábado pasado, un niño caminó **hacia** la playa.	*Last Saturday, a child walked toward the beach.*
Salió **sin** el permiso de sus padres.	*He left without his parents' permission.*
La policía buscó al niño **hasta** las ocho.	*The police looked for the boy until eight o'clock.*
Al final, volvió solo **desde** la playa.	*In the end, he returned home alone from the beach.*

2 ▲ When pronouns follow a preposition, the forms of the pronouns are the same as subject pronouns, except for the forms corresponding to **yo** and **tú,** which are **mí** and **ti** respectively. Notice that these are the same pronouns you use with **gustar.**

	Prepositional Pronouns	
a para sin (etc.) } +	**mí** **ti** Ud. él ella	nosotros/as vosotros/as Uds. ellos ellas

—Tengo dinero **para ti.**	—¿Van a ir **sin Juan**?
—¿**Para mí?** Gracias.	—No, vamos a ir **con él.**

NOTE:

a. With the preposition **con,** the pronouns **mí** and **ti** become **conmigo** and **contigo:**

—¿Quieres ir **conmigo?**	*Do you want to go with me?*
—Sí, voy **contigo.**	*Yes, I'll go with you.*

b. The preposition **entre** uses **tú** and **yo:**

Vamos a hacer el trabajo **entre tú y yo.**	*We are going to do the work between you and me.*

● Note: Always double check compositions to make sure that prepositional phrases such as **después de** and **antes de** are followed by an infinitive.

3 ▲ When a verb immediately follows a preposition, it is always in the infinitive form.

Después de comer, miraron la tele.*	*After eating, they watched TV.*

*****NOTE:** Compare with this sentence: **Después comieron y miraron la tele.** (*Later they ate and watched TV.*)

Antes de ducharse, Fernando apagó la tele.	*Before showering, Fernando turned off the TV.*
Para dormirme, tomé un té de manzanilla.	*In order to sleep, I had a chamomile tea.*

4 ▲ Note the prepositions used with the following verbs:

casarse con	+ *person*		to marry	+ *person*	
asistir a	⎫		to attend	⎫	
entrar en	⎬ + *place*		to enter	⎬ + *place*	
salir de	⎭		to leave	⎭	
aprender	⎫		to learn	⎫	
comenzar	⎬ + a + *infinitive*		to begin	⎬ + *infinitive*	
empezar	⎬		to begin	⎬	
enseñar	⎭		to teach	⎭	

NOTE: The verbs **deber, necesitar, poder,** and **querer** are directly followed by the infinitive.

Do Workbook **Práctica mecánica I** and corresponding CD-ROM activities.

Quiero estudiar porque tengo un examen.	*I want to study because I have an exam.*
Debemos volver a casa.	*We should return home.*

ACTIVIDAD 8 **Juana en Buenos Aires** **Parte A:** Juana vive en Buenos Aires, Argentina, y cuenta qué hizo el viernes pasado. Completa su historia con la forma correcta de los verbos entre paréntesis.

El viernes por la mañana __se levantó__ a las 7:30,
(levantarse)
__tomó__ un café con leche, __leió__ el
(tomar) (leer)
periódico *La Nación* y __salió__ de mi casa a las 8:30.
(salir)
__Fue__ al trabajo en taxi y __llegó__ justo a
(ir) (llegar)
las 9:00. __se sentó__ enfrente de la computadora hasta la 1:00.
(sentarse)
A esa hora mi compañero de trabajo Agustín y yo _____
(salir)
y _____ en un restaurante que está enfrente del trabajo.
(almorzar)
Yo _____ por los dos porque era (*was*) el cumpleaños
(pagar)
de Agustín y a las 2:00 _____ a la oficina y yo
(volver)
_____ hasta las 7:00.
(trabajar)
   Al final de mi día de trabajo, _____ a un pub cerca de
(ir)
la oficina a tomar una cerveza. A las 8:00 _____ a casa
(regresar)

▲ Una discoteca en Buenos Aires.

muy cansada. Mi madre _____ una cena deliciosa y
(hacer)

nosotros _____ a las 9:30. Luego yo _____
(cenar)   (acostarse)

por dos horas y a las 12:30, _____, _____
(levantarse)   (ducharse)

y con minifalda y zapatos de tacón _____ a una discoteca
(salir)

con mis amigos. _____ desde las 2:00 hasta las 6:30.
(bailar)

Después _____ a tomar un café y a las 7:30 yo
(ir)

_____ a mi casa para dormir ocho horas. ¡Qué día tan largo!
(llegar)

Parte B: Ahora en parejas, díganle a la otra persona qué hicieron el viernes
pasado y a qué hora hicieron esas actividades. Usen la historia de Juana
como guía.

ACTIVIDAD 9 **Ayer** En tu clase probablemente hay personas que hicieron
estas actividades ayer. Haz preguntas para encontrar a esas
personas.

◀ A: ¿Hiciste la tarea ayer?

B: Sí, hice la tarea. / No, no hice la tarea.

1. beber Pepsi
2. correr
3. bailar
4. recibir un email
5. comer a las siete
6. ir al cine
7. tocar el piano
8. mirar televisión

ACTIVIDAD 10 **¿A qué hora?** **Parte A:** En la columna que dice "tú" escribe
a qué hora hiciste ayer (o el viernes pasado si hoy es lunes) las
siguientes actividades.

	tú	*compañero/a*
1. levantarse	te levantaste	_____
2. almorzar	_____	_____
3. ir a la primera clase	_____	_____
4. terminar la última clase	_____	_____
5. volver a casa (o la residencia)	_____	_____
6. acostarse	_____	_____

Parte B: Ahora, pregúntale a otra persona a qué hora hizo las actividades
de la Parte A y escribe su respuesta en la segunda columna.

◀ A: ¿A qué hora te levantaste ayer?

B: Me levanté a las . . .

ACTIVIDAD
11
¿Cuánto tiempo hace que . . . ? En parejas, pregúntenle a su compañero/a cuánto tiempo hace que hizo estas actividades.

A: ¿Cuánto tiempo hace que visitaste a tus padres?

B: Hace tres semanas que visité a mis padres.   B: Visité a mis padres ayer.

1. visitar a tus abuelos
2. ir al médico
3. escribir una composición
4. hablar por teléfono a larga distancia
5. comer pizza
6. sacar "A" en un examen de historia
7. ir al cine

ayer
anteayer
hace tres/cuatro/cinco días
la semana pasada
hace dos/tres semanas
el mes pasado
hace dos/tres/cuatro meses

ACTIVIDAD
12
¿Sabes mucho de historia? En parejas, digan en qué año ocurrieron los siguientes acontecimientos.

La Armada Invencible española / perder contra los ingleses

La Armada Invencible española perdió contra los ingleses en mil quinientos ochenta y ocho.

1. Cristóbal Colón / llegar a América
2. George W. Bush / subir a la presidencia
3. Inglaterra / perder la Guerra Revolucionaria contra las colonias norteamericanas
4. Neil Armstrong / caminar en la luna
5. los Juegos Olímpicos / ser en Barcelona
6. la Segunda Guerra Mundial / empezar

● If you can't remember, invent! Use the preterit to speak about the past and **ir a** + *infinitive* to speak about the future.

ACTIVIDAD
13
Las últimas vacaciones En parejas, pregúntenle a su compañero/a sobre las últimas vacaciones de sus padres o de unos amigos. Averigüen adónde fueron y qué hicieron. Pregúntenle qué planes tienen esas personas para este año. Tomen apuntes (*Take notes*).

ACTIVIDAD
14
De compras Durante tus últimas vacaciones fuiste de compras. En parejas, explíquenle a su compañero/a lo siguiente.

1. adónde fuiste
2. quién fue contigo
3. qué viste

4. si compraste algo y para quién
5. qué hiciste después de ir de compras

ACTIVIDAD **15** **¿Recuerdas?** **Parte A:** Vas a prepararte para hablar de qué hiciste ayer. Piensa en las respuestas a estas preguntas, pero también piensa en detalles (*details*) que puedes añadir.

1. ¿Qué hiciste antes de salir de tu casa?
2. ¿Desayunaste? ¿Dónde y con quién?
3. ¿Cómo fuiste desde tu casa hasta la universidad?
4. ¿Asististe a clase?
5. ¿Almorzaste? ¿Dónde y con quién?
6. Después de almorzar, ¿qué hiciste?
7. Y por la noche, ¿saliste con tus amigos? ¿Hiciste algo interesante? ¿Quiénes fueron contigo?

Parte B: En parejas, hablen sobre qué hicieron ayer. Si quieren saber más, deben hacer preguntas como las siguientes: **Y después de desayunar, ¿qué hiciste? ¿A cuántas clases asististe? ¿Quién comió contigo? Después de terminar las clases, ¿adónde fuiste?** Empiecen la conversación preguntando **¿Qué hiciste ayer?**

ACTIVIDAD **16** **La entrevista** Para hacer publicidad, la administración de tu universidad quiere saber qué tipo de estudiantes asisten a esta institución. En parejas, entrevisten a su compañero/a y luego informen al resto de la clase.

Pregúntenle a su compañero/a . . .

1. en qué año empezó sus estudios universitarios.
2. si asistió a otras universidades. ¿Dónde? ¿Por cuánto tiempo?
3. por qué decidió venir aquí.
4. en qué año comenzó a estudiar en esta universidad.
5. si aprendió a usar computadoras en esta universidad, en otra universidad, en la escuela secundaria o en la escuela primaria (*elementary school*).
6. qué hace generalmente después de asistir a sus clases.
7. si juega al tenis, al basquetbol o a otro deporte.
8. dónde y cuántas horas al día estudia.
9. en qué año va a terminar sus estudios.
10. qué piensa hacer después de terminar la universidad.

ACTIVIDAD **17** **Personas famosas** **Parte A:** Lee esta descripción de una persona famosa y contesta las preguntas que siguen.

Norma Aleandro, famosa actriz argentina, nació el 2 de mayo de 1936 en Buenos Aires. Empezó a actuar en el teatro a los nueve años. Es la protagonista de muchas obras de teatro y también de muchas películas. Durante la época de la dictadura militar en Argentina entre 1976 y 1983, se fue a Uruguay y después de terminar "la guerra sucia", volvió a su país. En 1985 actuó en la película *La historia oficial;* la película recibió el Oscar a la Mejor

Película Extranjera y ella ganó el premio a la Mejor Actriz en el festival de cine de Cannes. Después hizo varias películas en inglés. Por su trabajo en *Gaby* recibió una nominación para el Oscar a la Mejor Actriz.

Hoy día Norma Aleandro actúa en televisión, teatro y cine. Además de ser actriz, también escribe libros y poemas. En el futuro, quiere escribir más. Le gustaría ser directora y productora de una película.

1. ¿En qué año nació Norma Aleandro?
2. ¿Qué hizo?
3. ¿Qué premios recibió?
4. ¿Qué hace ahora? ¿Qué planes tiene para el futuro?

Parte B: Busca en Internet información sobre una de las siguientes personas.

Isabel Allende, escritora
Diego Maradona, futbolista
Don Francisco (Mario Kreutzberger), anfitrión del show *Sábado Gigante*
César Pelli, arquitecto
Charly García, cantante

En la próxima clase, tienes que hablar de la siguiente información:

1. ¿Dónde y cuándo nació? ¿Qué hizo? (usa el pretérito)
2. ¿Qué hace ahora? (usa el presente)
3. ¿Qué va a hacer en el futuro? Puedes inventar la respuesta a esta pregunta. (usa **va a** + *infinitivo*, **quiere** + *infinitivo*, **piensa** + *infinitivo*, **le gustaría** + *infinitivo*)

● To do a search, use a good search engine such as **google.com** and type the name + *biography* to get sites in English or the name + **biografía** to get sites in Spanish. You may need to consult both to complete this assignment. When saying what someone did, avoid description and simply refer to completed actions.

Do Workbook **Práctica comunicativa I** and corresponding CD-ROM activities.

Más allá

Investigación científica

Entre los científicos famosos del mundo hispano está el Dr. Manuel Patarroyo de Colombia, que en 1972 fundó (*founded*) el Instituto de Inmunología del Hospital de San Juan de Dios en Bogotá. En 1978, empezó a estudiar la posibilidad de una vacuna sintética contra la malaria, una enfermedad que tiene entre 1.000.000 y 1.500.000 víctimas cada año. En 1986, Patarroyo terminó de desarrollar (*to develop*) la vacuna experimental SPf66 y donó la patente a la Organización Mundial de la Salud. En 1990, comenzó a colaborar con científicos españoles en la investigación de la vacuna y ahora tiene dos laboratorios, uno en España y otro en Colombia. Hoy día, mucha gente tiene muchas esperanzas que la vacuna SPf66 tenga éxito (*is successful*) y por eso continúan los experimentos tanto en España como en Colombia.

Premios Nobel de Ciencia

Medicina y Psicología

Santiago Ramon y Cajal	1906	sistema nervioso	España
Bernardo Houssay	1917	hormonas y metabolismo de azúcares	Argentina
Severo Ochoa	1959	ácidos nucleicos	España
Baruj Benacerraf	1980	inmunología	Venezuela
César Milstein	1980	anticuerpos	Argentina

Química

Luis Federico Leloir	1970	descubrimiento de azucarnucleótidos	Argentina
Mario Molina	1995	estudios sobre ozono	México

Muchos estudios relacionados con la naturaleza se realizan en laboratorios. Otros se llevan a cabo en la naturaleza misma. Hay lugares como la selva tropical de Costa Rica y las Islas Galápagos de Ecuador, que contienen una biodiversidad increíble y donde se puede hacer una variada cantidad de estudios científicos. También hay lugares como el Parque Nacional Ischigualasto en Argentina, donde existen fósiles de dinosaurios que resultan de gran interés para los expertos en paleontología.

Hoy día, los científicos asisten a congresos en diferentes países, leen informes en muchos idiomas y se comunican con colegas de todas partes del mundo; por eso, si estudias ciencias, va a ser una ventaja (*advantage*) saber otros idiomas.

Jason Hercules, estudiante de la Universidad de Southwestern, vivió en Costa Rica por casi cuatro meses haciendo estudios de biología y al regresar a los Estados Unidos decidió cambiar su especialización a estudios del medio ambiente. También estudió español y comunicaciones como especializaciones secundarias. ◆

▲ "... el mejor trabajo en el campo del medio ambiente sería (*would be*) ... ser consultor y hacer desarrollo de políticas ... el trabajo me permitiría viajar por todo el mundo y ofrecer mis servicios."

—*Jason Hercules, Southwestern University*

Vocabulario esencial II

I. Medios de transporte

1. la moto/motocicleta
2. el metro
3. el barco
4. el autobús
5. la bicicleta
6. el taxi
7. el carro/coche/auto
8. el camión
9. el tren
10. el avión

● Avianca, la aerolínea nacional de Colombia, fue la primera aerolínea de este hemisferio; comenzó sus operaciones en el año 1919.

ACTIVIDAD 18

Asociaciones Di qué medios de transporte se asocian con estas palabras: Greyhound, Northwest, U-haul, el color amarillo, Porsche, Titanic, Amtrak, Kawasaki, Trek.

ACTIVIDAD 19

Los transportes de tu ciudad En parejas, hagan una lista de los medios de transporte de la ciudad donde Uds. estudian. Digan cuánto cuestan, qué zonas recorren y a qué hora empiezan sus servicios. Expliquen también qué medios de transporte no hay, cuáles creen que se necesitan y por qué.

II. La familia de Diana

Frank Miller — Marina Torres Milán   Ramón Vegas Pérez — María Luisa Yépez Ortiz

Rosie Hernández — Frank Jr.   Alicia   Mark — Ana María   Mª Rebeca   Marta — Charles Brown

Zoe   Brandon   Diana   Jesse   Tommy

● **parientes** = *relatives;* **padres** = *parents*

● Many Mexican-Americans adopt some American customs; therefore Diana's uncle is named Frank Jr.

● **Mª** = abbreviation for María.

● **esposo/marido** = *husband;* **esposa/mujer** = *wife*

La familia de Diana es grande. Sus **abuelos** maternos son Ramón y María Luisa y viven en Jalisco, México. Sus **abuelos** paternos son Frank y Marina y viven con los **padres** de Diana en Los Ángeles. El **padre** de Diana se llama Mark y la **madre,** Ana María. Diana tiene un **hermano menor** que se llama Jesse y ella, por supuesto, es la **hermana mayor.** Tiene cuatro **tíos:** Frank Jr. y Alicia son **hermanos** de su padre y Mª Rebeca y Marta, **hermanas** de su madre. Para Marta, Diana es una **sobrina** muy divertida. Diana también tiene dos **tíos políticos:** Rosie, la **esposa** de su **tío** Frank Jr., y Charles, el **esposo** de su **tía** Marta. Rosie y Frank Jr. tienen dos **hijos,** Zoe y Brandon, que son **primos** de Diana; pero su **primo** favorito es Tommy, **hijo** de su **tía** Marta y su **esposo** Charles. Tommy, Diana y Jesse son **nietos** de Ramón y María Luisa.

ACTIVIDAD 20 **La familia de Mark** En parejas, miren el árbol genealógico y describan la familia de Mark. Por ejemplo: **El padre de Mark se llama Frank. Mark tiene dos hermanos, Alicia y Frank Jr.**
Las siguientes palabras pueden ser útiles:

suegro	father-in-law
suegra	mother-in-law
cuñada	sister-in-law
cuñado	brother-in-law

¿Lo sabían?

De dos millones de personas de origen mexicano que viven en los Estados Unidos, muchas son recién llegadas y hablan español e inglés y muchos más están en el proceso de aprender inglés. Los inmigrantes del siglo XXI a los Estados Unidos aprenden inglés más rápidamente que los inmigrantes que vinieron a principios del siglo XX. Al contrario de la idea que tienen algunos norteamericanos, esas personas recién llegadas saben que tienen que aprender inglés para sobrevivir en este país.

▲ Stephanie Valencia y su madre.

Hay muchas familias mexicoamericanas que llevan siglos en los Estados Unidos y ya ni hablan español. Stephanie Valencia, mexicoamericana de Nuevo México, comenta que su madre siempre dice: *"We didn't cross the border, the border crossed us"*. Esta frase se refiere al año 1848 cuando México le cedió (*ceded*) mucho territorio a los Estados Unidos después de la guerra entre los dos países. Ahora, Stephanie es típica de un grupo de jóvenes estadounidenses que quieren aprender el idioma y la cultura de sus antepasados. Por eso puedes ver a muchos estudiantes de apellido español en clases básicas de español, como puedes ver también a gente de origen italiano, alemán y japonés en clases donde estudian el idioma de sus antepasados.

● In 1848, the U.S. and Mexico signed the Treaty of Guadalupe Hidalgo, giving the U.S. control of a large area of land in the Southwestern U.S.

● Immigration stories can be interesting; ask your friends about their family stories. If you don't know your family's history, ask your parents or grandparents.

● **O** (*Or*) becomes **u** before words beginning with **o** or **ho** (vertical **u** horizontal).

ACTIVIDAD 21

¡Bingo! Vas a jugar al bingo. Tienes que hacerles preguntas a diferentes compañeros de la clase basándote en la información de las casillas (*boxes*). Si una persona contesta que sí a una pregunta, escribe su nombre en la casilla correspondiente. La persona que completa primero una hilera (*line*) diagonal, vertical u horizontal es el/la ganador/a (*winner*).

B	I	N	G	O
un hermano	cumpleaños en septiembre	madre alta	un abuelo irlandés	una tía enfermera
cumpleaños en febrero	padre gordo	no tiene hermanos	una tía que se llama Ann	tiene primos
tiene cuatro abuelos	un tío que se llama Bill	cumpleaños en julio	tiene esposo	un hermano rubio
dos hermanos	una abuela italiana	dos cuñados	tiene una sobrina	un abuelo con poco pelo
hermanas	tiene un sobrino	tiene una hija	cumpleaños en el otoño	dos hermanas

ACTIVIDAD 22   **Oraciones incompletas** **Parte A:** En tres minutos escribe oraciones incompletas sobre la familia. Por ejemplo: **La madre de mi madre es mi _____.**

Parte B: Ahora, en grupos de tres, una persona lee sus oraciones incompletas y los compañeros tienen que completar esas oraciones.

La boda en Chile

◀ Unos novios celebran su boda en La Plata, Argentina.

echar la casa por la ventana	to go all out (literally, to throw the house out the window)
requete + *adjective*	really/extremely + *adjective*
requetefeo	really/extremely ugly
en + **barco/tren/**etc.	by boat/train/etc.
tener ganas de + *infinitive*	to feel like + -ing
Tengo ganas de viajar.	I feel like traveling.

Federico de Rodrigo, su esposa y sus hijos fueron de Argentina a Chile para asistir a la boda de Olga, la hija de unos muy buenos amigos. Ahora Federico y su esposa Camila, que es chilena, están hablando sobre la boda con su hijo Andrés.

● **novios** = *boyfriend and girlfriend*, as well as *bride and groom*

ACTIVIDAD
23

Marca los regalos Mientras escuchas la conversación, marca sólo los regalos (*presents*) que recibieron los novios. Lee la lista antes de empezar a escuchar.

¿Qué recibieron?

un reproductor de DVD _____   un sofá _____
un estéreo _____   una casa _____
un televisor _____   un viaje _____
unas toallas _____

ANDRÉS: Buenos días. ¿Cómo están?

FEDERICO: Estoy cansadísimo. Y se debe decir buenas tardes porque ya son las 2:00.

ANDRÉS: ¡Las 2:00 de la tarde! ¡No me digas! Es que nos acostamos muy tarde después de la boda.

FEDERICO: Pero qué divertido estuvo, ¿no?

CAMILA: Sí, la verdad es que los padres de Olga echaron la casa por la ventana . . . comida, música, champán . . . Pero a mí me gustó la ceremonia. ¡Me encantó ver entrar en la iglesia a Olga del brazo de su padre! ¡Y qué buen mozo estaba el novio! Y su madre, ¡qué madrina[1] más elegante!

ANDRÉS: ¿Y sabes qué regalos les dieron?

● Stating who gave what to whom

FEDERICO: Una tía de él les dio un televisor gigante.

CAMILA: Claro, y con control remoto para Olga que siempre cambia de canal.

ANDRÉS: ¡Qué buena tía! ¡Un televisor gigante! ¡Eso sí que es un regalo! Si algún día yo me caso, la tía Carmina me va a regalar toallas, no un televisor.

CAMILA: Y feas.

ANDRÉS: Sí, toallas bien feas.

CAMILA: Feísimas.

FEDERICO: Basta, la tía Carmina es mi hermana. No critiquen.

ANDRÉS: Superfeas.

● Exaggerating

CAMILA: Requetefeas.

FEDERICO: Bueno, bueno, ¿quieres saber qué otras cosas recibieron los novios?

ANDRÉS: Sí, sí.

FEDERICO: El abuelo de Nando les dio un estéreo.

ANDRÉS: ¡Fantástico!

CAMILA: Sí, están contentísimos con el estéreo.

ANDRÉS: ¿Y nosotros no les regalamos nada?

FEDERICO: Pues sí, hombre. Nosotros les regalamos un sofá precioso que compramos aquí en Santiago.

ANDRÉS: Claro. Así puede dormir Olga mientras mira la televisión.

1 *maid of honor*

● Discussing means of
transportation

● Expressing desires

CAMILA: Y saben, Nando me dijo que los padres de él les pagaron el viaje de luna de miel.[2]

ANDRÉS: ¡No me digas! ¿Adónde?

CAMILA: Hoy salen en avión para Santo Domingo y después van a viajar en barco por el Caribe.

FEDERICO: ¡Qué romántico! Yo tengo muchas ganas de ir a la República Dominicana.

CAMILA: Sí, las islas del Caribe deben ser muy bonitas.

ANDRÉS: Y si yo me caso, Uds., mis queridos y adorables padres, ¿me van a regalar un viaje a un lugar tropical?

FEDERICO: Claro, pero primero necesitas novia y eso lo veo muy difícil porque con ese pelo tan largo que tienes y con esa barba estás más feo que las toallas de tu tía Carmina.

ACTIVIDAD 24 **Preguntas** Después de escuchar la conversación otra vez, contesta estas preguntas.

1. ¿Quiénes se casaron? ¿Federico y su familia son amigos de los padres de la novia o del novio?
2. ¿Con quién entró la novia en la iglesia?
3. ¿Quiénes les dieron los siguientes regalos: el estéreo, el televisor, el sofá y el viaje?
4. ¿Adónde van Nando y Olga para la luna de miel y cómo van?
5. Si Andrés se casa, ¿qué dice que va a recibir de su tía Carmina? ¿Qué quiere recibir?
6. ¿Qué palabras usan Andrés y su madre para describir el regalo de la tía Carmina?

¿Lo sabían?

Generalmente cuando una mujer hispana se casa, en muchos países conserva sus apellidos y añade (*adds*) el primer apellido de su esposo. Por ejemplo, si María Luisa Yépez Ortiz se casa con Ramón Vegas Pérez, ella se llama María Luisa Yépez (Ortiz) de Vegas. Si tienen un hijo, sus apellidos van a ser Vegas Yépez. ¿Qué apellidos se usan en los Estados Unidos? Si te casas y tienes hijos, ¿qué apellidos quieres usar para ti? ¿Y para tus hijos?

ACTIVIDAD 25 **La luna de miel** En parejas, pregúntenle a su compañero/a adónde fueron unos amigos o sus padres para su luna de miel, qué hicieron y cómo viajaron. Si su compañero/a está casado/a, pregúntenle sobre su luna de miel.

2 *honeymoon*

¿Lo sabían?

Con frecuencia, en las bodas hispanas los amigos de los novios no
participan directamente en la ceremonia; en cambio, los padres de los
novios son los "padrinos" y están en
el altar acompañando a sus hijos. El
novio entra en la iglesia del brazo de
su madre (la madrina) y, como en los
Estados Unidos, la novia entra del
brazo de su padre (el padrino). ¿Te
gusta la idea de tener a los padres
como padrinos de una boda?

*Pedro Domínguez y
Susana Bensabat de Domínguez participan a
Ud. la boda de su hijo Pablo con la señorita Mónica
Graciela Guerrero y le invitan a presenciar la ceremonia
religiosa que se efectuará en la Iglesia Santa Elena
el viernes 15 de diciembre a las 20 y 30.*

Buenos Aires, 2003

*Los novios saludarán en el atrio.
Juan F. Seguí 3815*

● If you didn't take a trip last
year, invent one!

ACTIVIDAD
26

El viaje del año pasado En grupos de tres, pregúntenles a
sus compañeros adónde fueron de viaje el año pasado, qué
hicieron y qué medios de transporte usaron. También pregúntenles qué tienen ganas de hacer este año.

 A: ¿Adónde fuiste el año pasado?

B: Fui a San Francisco.

A: ¿Cómo fuiste?

B: Fui en avión.

A: . . .

Gramática para la comunicación II

I. Using Indirect-Object Pronouns

1 ▲ In this sentence from the conversation on page 177, **Una tía de él les
dio un televisor gigante,** who gave the TV and who received the TV?

If you said *his aunt* and *them* (*the bride and groom*) respectively, you
are correct. **Una tía de él** is the subject (the person that did the action),
un televisor gigante is the direct object (what was given), and **les** is
the indirect-object pronoun (to whom the TV was given, the people that
received the direct object: the TV). An indirect object indicates to whom or

for whom an action is done. You have already learned the indirect-object pronouns with the verb **gustar.**

● See **gustar,** pp. 51–52.

Indirect-Object Pronouns	
me	nos
te	os
le	les

● What was sent? —→ money = direct object

● To whom was the money sent? —→ to me = indirect object

—¿Quién **te** mandó dinero?   *Who sent you money?*
—Mi padre **me** mandó dinero.   *My father sent me money.*

2 ▲ Like the reflexive pronoun, the indirect-object pronoun precedes a conjugated verb or follows attached to a present participle or an infinitive.

Ayer **le** escribí una carta.   *I wrote him/her a letter yesterday.*
Ahora **le** estoy escribiendo (estoy   *I'm writing him/her a letter now.*
  escribiéndo**le**) una carta.
Mañana **le** voy a escribir (voy a   *I'm going to write him/her a letter*
  escribir**le**) una carta.   *tomorrow.*

3 ▲ An indirect-object pronoun can be emphasized or clarified by using a phrase introduced by the preposition **a,** just as you learned with the verb **gustar (a mí me, a ti te, a Luis le, a mi madre le,** etc.).

Le escribí una carta **a Juan.**   *I wrote a letter to Juan.*
Ella **les** explicó el problema   *She explained the problem to them.*
  a ellos.

NOTE: The indirect-object pronoun in Spanish is almost always mandatory. In the following sentences the items in parentheses are optional and the words in bold type are mandatory. Those in parentheses are used to provide clarity or emphasis.

Les regalaron un viaje (a Olga y a Nando).
Mi padre **me** mandó dinero (a mí).
(A ellos) **les** gustaría ir a la República Dominicana.

The following verbs are commonly used with indirect-object pronouns:

● Conjugate **ofrecer** like **conocer: ofrezco, ofreces . . .**

contar (o —→ ue) to tell	**mandar** to send
contestar to answer	**ofrecer** to offer
dar* to give	**pagar** to pay (for)
decir (e —→ i, i) to say; to tell	**pedir (e —→ i, i)** to ask for
escribir to write	**preguntar** to ask a question
explicar to explain	**regalar** to give a present
hablar to speak	

*****NOTE: Dar** has an irregular **yo** form in the present: **doy, das, da, damos, dais, dan.**

Los padres de Nando **les pagaron** el viaje.

Nando's parents paid for the trip (for them).

La familia de Olga **les regaló** muchas cosas.

Olga's family gave them many things.

II. Using Affirmative and Negative Words

Palabras afirmativas		Palabras negativas	
todo	everything ⎱	**nada**	nothing
algo	something ⎰		
todos/as	everyone ⎱	**nadie**	no one
alguien	someone ⎰		
siempre	always	**nunca**	never

1 ▲ "I'm not doing nothing" is considered incorrect in English, but in Spanish the double negative construction is usually used with the negative words **nada, nadie,** and **nunca** as follows:

> **no** + *verb* + *negative word*

—¿Tienes algo para mí?   —¿Llamó alguien?
—No, **no** tengo **nada.**   —No, **no** llamó **nadie.**

—¿Siempre estudia tu hermana?
—No, **no** estudia **nunca.**

2 ▲ Nunca and **nadie** can also precede the verb. In this case **no** is omitted.

Nunca estudio los viernes.
Nadie llamó.

● Review use of the *personal* **a,** Ch. 4.

Do Workbook **Práctica mecánica II,** CD-ROM, Web ACE Tests, and lab activities.

NOTE: Alguien and **nadie** require the personal **a** when they are the object of the verb.

—¿Llamaste **a alguien?**
—No, no llamé **a nadie.**

ACTIVIDAD **27**   **Las próximas actividades** Describe las actividades que van a hacer estas personas la semana que viene. Forma oraciones con elementos de cada columna.

▲ Yo voy a preguntarle algo indiscreto a Julieta.

yo	explicar	un trabajo	a la psicóloga
el paciente	contestar	algo indiscreto	a Julieta
la abogada	mandar	una carta de amor	a nosotros
Romeo	ofrecer	su problema	a ti
ellos	pedir	un email	al piloto
	preguntar	cien dólares	al médico
		su nombre	a mí

ACTIVIDAD **28**   **Los regalos** **Parte A:** En parejas, pregúntenle a su compañero/a qué les regaló a cinco personas el año pasado. Piensen en ocasiones especiales y en personas como sus abuelos, su novio/a, un/a amigo/a especial, su hermano/a, etc.

Parte B: Pregúntenle a su compañero/a qué le dieron a él/ella el año pasado esas cinco personas.

ACTIVIDAD **29**   **La última vez** Contesta estas preguntas.

1. ¿Cuándo fue la última vez que le mandaste algo a alguien? ¿Qué le mandaste y a quién?
2. ¿Cuándo fue la última vez que alguien te mandó algo? ¿Quién te mandó algo y qué te mandó?
3. ¿Quién te escribe cartas? ¿Quién te manda email? ¿Cuándo fue la última vez que recibiste una carta o email?
4. ¿Cuándo fue la última vez que le hablaste a un/a profesor/a en horas de oficina? ¿Le preguntaste algo? ¿Te contestó la pregunta? ¿Te explicó algo? ¿Qué te explicó?

ACTIVIDAD **30**   **¡No, no y no!** En parejas, terminen estas conversaciones entre padres e hijos con palabras afirmativas y negativas como **siempre, nunca, algo, nada, alguien** y **nadie.** Después, presenten las diferentes conversaciones; una persona es el padre o la madre y la otra es el/la hijo/a.

—¿Qué tienes en la mano?
—No tengo . . .

—¿Qué hiciste?
—No hice . . .

—¿Terminaste la tarea?
— . . . termino la tarea antes de salir a jugar.

—¿Qué me vas a regalar?
— . . . muy especial.

—¿Hay alguien contigo?
—No, no hay . . . Estoy solo/a.

ACTIVIDAD 31 **El optimista y el pesimista** En parejas, uno/a de Uds. es una persona optimista y la otra persona es pesimista; siempre se contradicen.

◆ Optimista: Alguien me manda emails.
Pesimista: Nadie me manda emails. / No me manda emails nadie.

Optimista	*Pesimista*
Voy a comer algo.	_____
_____	No conozco a nadie de la clase.
Siempre me regalan todo.	_____
_____	Nunca voy a fiestas.
Siempre me habla alguien.	_____
_____	Mis padres nunca me dieron nada.

ACTIVIDAD 32 **Educación sexual** Parte A: Vas a entrevistar a una persona sobre el tema de la educación sexual. Primero, usa la siguiente información para preparar las preguntas que le vas a hacer.

1. si le preguntó a alguien de dónde vienen los niños
2. si alguien le explicó la verdad (*truth*)
   si contesta que sí, ¿quién / qué le dijo (*did he/she say*)?
3. si estudió la sexualidad humana en la escuela
4. si les va a decir a sus hijos de dónde vienen los niños

Parte B: Ahora en parejas, túrnense para entrevistarse usando las preguntas de la Parte A.

ACTIVIDAD 33 **La familia de tu compañero** Parte A: Dibuja (*Draw*) el árbol de tu familia y trae (*bring*) este árbol contigo a la próxima clase de español. También debes traer fotos de las personas de tu familia, si las tienes. Para dibujar el árbol, usa símbolos, pero no incluyas nombres. Sigue el modelo que se presenta a la izquierda.

Parte B: En parejas, hagan preguntas para averiguar información sobre las personas del árbol genealógico de su compañero/a. Escriban la información en el árbol. Las siguientes palabras y preguntas pueden ser útiles:

es soltero/a   is single
está casado/a (con)   is married (to)
está divorciado/a (de)   is divorced (from)

la madrastra   stepmother
el padrastro   stepfather
el/la hermanastro/a   stepbrother/stepsister
el/la hijastro/a   stepson/stepdaughter

YO

Do Workbook **Práctica comunicativa II**, CD-ROM, Web ACE Tests, and lab activities.

Pregunten, por ejemplo: **¿Qué hace tu hermanastro? ¿Dónde vive . . . ? ¿Cuántos años tiene . . . ? ¿Cuándo se casó . . . ? ¿Alguien de tu familia habla español? ¿Quién te manda emails?** etc.

Imágenes

Estrategia: *Skimming*

In Chapter 1, you learned about scanning. When scanning, you look for specific information and your eyes resemble laser beams zeroing in on a subject. In this chapter you will learn about skimming. When you skim a text, you simply read quickly to get the main idea without stopping to wonder about the meaning of unknown words. You will practice skimming as you read an article about South America.

ACTIVIDAD 34 **Predicción** **Parte A:** Antes de leer el artículo sobre Suramérica, mira la lista de palabras y trata de predecir cuál de los siguientes es el tema del artículo.

● **patrimonio mundial** = *World Heritage Site*

indígenas	montañas	playas blancas
glaciares	mitología local	parque nacional
flora	fauna	patrimonio mundial

¿Tema del artículo?

a. la naturaleza (*nature*) de Suramérica
b. la destrucción de los ecosistemas de Suramérica
c. el abuso de las grandes compañías petroleras y el efecto que tiene en la ecología
d. unas vacaciones en Suramérica—nadar, esquiar, hacer trekking

Parte B: Ahora en grupos de tres, digan cuál creen que es el tema del artículo y por qué. Usen frases como: **En mi opinión el artículo es sobre . . . porque . . . Creo que el artículo es sobre . . . porque . . . Puede ser un artículo sobre . . . porque . . .**

● Remember: You are not expected to comprehend every word; you are just reading to get the gist.

ACTIVIDAD 35 **Lectura rápida** Ahora lee rápidamente el artículo para confirmar tu predicción de la actividad anterior y para saber qué es Torres del Paine y qué son las cataratas del Iguazú. Luego comparte la información con el resto de la clase.

ACTIVIDAD 36 **Lectura detallada** Al leer el artículo otra vez, contesta las siguientes preguntas basadas en la lectura.

1. En el párrafo 1 (línea 7), ¿cuál es el sujeto del verbo **contrastan**?
2. En el párrafo 2 (línea 16), ¿cuál es el sujeto del verbo **existe**?
3. En el párrafo 3 (línea 20), ¿quién o qué es **Cai Cai**?

4. En el párrafo 3 (línea 23), ¿a qué se refiere **los** en la frase **los convirtió**?

5. En el párrafo 4 (línea 28), ¿cuáles son dos cosas que contrasta la frase **más altas que**?

6. En el párrafo 5 (línea 33), ¿a qué se refiere **Ésta**?

7. En el párrafo 5 (línea 34), ¿a quién se refiere **ella**?

8. En el párrafo 5, ¿cuál es un sinónimo de **se enfadó** (*got mad*)?

9. En el párrafo 5, ¿quién **se enfadó**: el dios, Tarob o Naipi?

10. En el párrafo 5 (línea 37), ¿quiénes son **los enamorados**?

◆ *Suramérica y su belleza natural*

Suramérica se caracteriza por su diversidad y su belleza natural. Esta belleza varía desde la selva amazónica en países como Ecuador, Perú y Brasil hasta el árido desierto de Atacama en el

5 norte de Chile. También se encuentran las playas blancas de Colombia, Venezuela y Uruguay que contrastan con los Andes y sus nieves eternas en Argentina, Chile y Bolivia. Entre las bellezas naturales también están el

10 Parque Nacional Torres del Paine y las cataratas del Iguazú.

▲ Los Cuernos del Paine en el Parque Nacional Torres del Paine, Chile.

El Parque Nacional Torres del Paine se encuentra en la zona de la Patagonia de Chile y es tan espectacular como el Parque Yellowstone

15 o el Yosemite. Tiene una variedad de ecosistemas con flora y fauna que no existe en otras partes del mundo. Entre los lugares más interesantes para visitar están el lago y glaciar Grey y los Cuernos del Paine, dos montañas que son gigantescos pilares de granito que se formaron hace 12 millones de años.

20 La mitología local dice que una serpiente llamada Cai Cai causó una inundación masiva para matar con el agua a la tribu guerrera[1] que vivía en Torres del Paine. Cuando el agua retrocedió, Cai Cai tomó a los dos guerreros más grandes y los convirtió en piedra; ahora son las dos famosas montañas que se llaman los Cuernos del Paine que se pueden ver hoy día en ese parque nacional

25 chileno.

Las cataratas del Iguazú se encuentran en el río del mismo nombre, en la frontera entre Argentina y Brasil cerca de Paraguay. Tienen una caída de ochenta metros y son veinte metros más altas que las cataratas del Niágara entre los Estados Unidos y Canadá. El salto o catarata más importante es la

30 Garganta del Diablo.[2] En el lado brasileño hay una vista panorámica de las cataratas, pero en el lado argentino se puede caminar muy cerca de cada salto.

1 *warrior*   2 *Devil's Throat*

Los indígenas de esta zona explican el origen de estas cataratas con una
leyenda. Ésta dice que el dios de los indígenas eligió a Naipi, la hija del jefe de
la tribu, como esposa, pero ella se enamoró de Tarob y un día Naipi y Tarob se
35   fueron en una canoa por el río Iguazú ("agua grande" en la lengua indígena).
Cuando el dios escuchó esto, se enfureció y decidió crear las cataratas para
matar a los enamorados con su torrente de agua. Así terminó la vida de los
jóvenes amantes.

Las cataratas no sólo son ricas en flora y fauna; también son una fuente de
40   electricidad para Argentina, Brasil y Paraguay. En 1984 la UNESCO declaró
las cataratas del Iguazú patrimonio mundial.

▼ Las cataratas
del Iguazú, entre
Argentina y Brasil.

**ACTIVIDAD
37**   **Busca información**   Después de leer el artículo, contesta las
siguientes preguntas.

1. ¿Con qué parques nacionales de los Estados Unidos se compara el
artículo al parque Torres del Paine? ¿Dónde se encuentra?
2. ¿Cuál es el mito local sobre los Cuernos del Paine?
3. ¿En qué se diferencian las cataratas del Iguazú de las cataratas del Niágara? ¿Dónde se encuentran?
4. ¿Cuál es la leyenda indígena sobre las cataratas del Iguazú?
5. ¿Para qué se utilizan estas cataratas?

ACTIVIDAD 38 **Las leyendas** **Parte A:** Los indígenas tienen leyendas (*legends*) que explican la formación de los Cuernos del Paine y las cataratas del Iguazú. En parejas, comparen las dos leyendas y digan qué tienen en común y en qué aspectos son diferentes.

Parte B: Compara la leyenda norteamericana de Paul Bunyan sobre cómo se formaron los Grandes Lagos entre los Estados Unidos y Canadá con las leyendas de la **Parte A.**

 VIDEO   **Dos celebraciones**

Antes de ver

ACTIVIDAD 39 **La boda en los Estados Unidos** Antes de ver el segmento sobre una boda en Argentina, contesta estas preguntas para hablar sobre la última boda a la que asististe.

1. ¿La boda fue civil o religiosa?
2. ¿Dónde se casaron los novios?
3. ¿A qué hora se casaron?
4. Si la ceremonia tuvo lugar en una iglesia, ¿a quién viste en el altar con los novios?
5. ¿A qué hora empezó la boda y a qué hora terminó la fiesta?
6. ¿Comiste pastel (*cake*) en la fiesta?
7. ¿Tiró (*threw*) algo la novia? Si contestas que sí, explica qué y por qué. ¿Existen otras tradiciones típicas en una boda?

Mientras ves

| 🖵 17:15–22:05 |

ACTIVIDAD 40 **Una boda en Argentina** Mientras ves el video sobre la boda contesta estas preguntas. Lee las preguntas antes de ver este segmento del video.

1. ¿En cuántas ceremonias participó esta pareja?
   a. cero   b. una   c. dos
2. En la ceremonia religiosa, ¿a quiénes viste en el altar?
   a. amigos   b. padres   c. padres y amigos
3. ¿Cuándo tuvo lugar (*took place*) la ceremonia religiosa?
   a. por la mañana   b. por la tarde   c. por la noche
4. Primero bailaron un . . .
   a. tango.   b. vals.   c. merengue.
5. En la fiesta, hay una parte especial llamada . . .
   a. el carnaval. b. el merengue.   c. el ritual.
6. La fiesta terminó . . .
   a. temprano porque los novios empezaron su luna de miel.
   b. tarde, a la 1:00 o a las 2:00 de la mañana.
   c. muy tarde, a las 4:00, 5:00 o 6:00 de la madrugada.

● **madrugada** = *wee hours of the morning*

¿Lo sabían?

Una costumbre argentina es que antes de cortar la torta, las muchachas que no están casadas toman las cintas (*ribbons*) que están en la torta y tiran (*pull*) de ellas. Todas las cintas tienen un dije (*charm*) en el otro extremo, pero una de ellas tiene un anillo (*ring*). La tradición es que la muchacha que saca la cinta con el anillo va a casarse el año próximo.

Después de ver

ACTIVIDAD 41 **A comparar** Ahora en parejas, piensen en sus respuestas de las **Actividades 39** y **40** para comparar una boda argentina con una boda de su país.

Antes de ver

ACTIVIDAD 42 **La conmemoración de los muertos** En los Estados Unidos, existe *Memorial Day*, un día para recordar y conmemorar a los muertos. En tu ciudad, ¿hacen algo especial ese día? ¿Tu familia hizo algo especial el año pasado?

Mientras ves

🖵 22:06–end

ACTIVIDAD 43 **El Día de los Muertos** Mientras ves este segmento sobre la celebración del Día de los Muertos en México, contesta estas preguntas. Lee las preguntas antes de ver el video.

1. ¿Cuándo es el Día de los Muertos?
2. ¿Adónde va la gente para recibir al espíritu del muerto?
3. ¿Dónde se construye el altar en memoria del muerto?
4. ¿Qué cosas ponen en el altar? Haz una lista de algunas de las cosas.
5. En el cementerio ponen velas (*candles*), calaveras (*skulls*), incienso y flores. ¿Qué figuras hacen con las flores?
6. ¿Es el Día de los Muertos un día triste o alegre en México?

Después de ver

ACTIVIDAD
44

Una comparación Después de ver el video, en parejas, comparen *Memorial Day* y el Día de los Muertos.

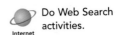

Do Web Search
activities.

Vocabulario funcional

Los números del cien al millón
Ver página 161.

Preposiciones de lugar

a la derecha de	*to the right of*
a la izquierda de	*to the left of*
al lado de	*beside*
cerca de	*near*
debajo de	*under*
delante de	*in front of*
detrás de	*behind*
encima de	*on top of*
enfrente de	*facing, across from*
lejos de	*far from*

Otras preposiciones

con	*with*
conmigo	*with me*
contigo	*with you*
desde	*from*
entre	*between*
hacia	*toward*
hasta	*until, up to*
sin	*without*

Expresiones de tiempo pasado
Ver página 165.

Medios de transporte *Ver página 173.*

Verbos

abrir	to open
asistir a	to attend (class, church, etc.)
buscar	to look for
casarse (con)	to marry; to get married (to)
contar (o ⟶ ue)	to tell
contestar	to answer
dar	to give
decidir	to decide
dejar	to leave behind; to let, allow
enseñar	to teach
entrar en	to enter
explicar	to explain
gritar	to shout, scream
llegar	to arrive
llorar	to cry
mandar	to send
ofrecer	to offer
pagar	to pay (for)
preguntar	to ask a question
regalar	to give a present
sacar	to get (a grade); to take out
terminar	to finish
tomar	to drink; to take (a bus, etc.)
viajar	to travel

La familia

el/la abuelo/a	grandfather/ grandmother
el/la cuñado/a	brother-in-law/ sister-in-law
el/la esposo/a	husband/wife
el/la hermanastro/a	stepbrother/stepsister
el/la hermano/a	brother/sister
el/la hijastro/a	stepson/stepdaughter
el/la hijo/a	son/daughter
la madrastra	stepmother
el/la nieto/a	grandson/ granddaughter
el padrastro	stepfather
los padres/papás	parents
los parientes	relatives
el/la primo/a	cousin
el/la sobrino/a	nephew/niece
el/la suegro/a	father-in-law/ mother-in-law
el/la tío/a	uncle/aunt
es soltero/a	is single
está casado/a	is married
está divorciado/a	is divorced
mayor	older
menor	younger
político	in-law

Palabras afirmativas y negativas
Ver página 181.

Palabras y expresiones útiles

bellísimo/a	very beautiful
la boda	wedding
echar la casa por la ventana	to go all out
en/por + barco/ tren/etc.	by boat/train/etc.
la luna de miel	honeymoon
¡Qué + noun + más + adjective!	What a + adjective + noun!
el regalo	present, gift
requete + adjective	really/extremely + adjective
tener ganas de + infinitive	to feel like + -ing

CAPÍTULO 7

Una representación de la historia española. Los cristianos y los moros (árabes del norte de África) representan batallas cada año durante el mes de abril en Alcoy, España.

CHAPTER OBJECTIVES

▶ Making hotel and plane reservations

▶ Narrating past actions and occurrences

▶ Placing phone calls

▶ Stating how long ago an action took place and specifying its duration

Datos interesantes

- El 11% de la economía del mundo se basa en el turismo.

- Los Estados Unidos es el país más visitado del mundo y España es el segundo.

- España tiene 29 oficinas de turismo en 21 países, entre ellas, cuatro en los Estados Unidos.

- Hay más norteamericanos que visitan Madrid, Barcelona y Sevilla que de otras nacionalidades.

- 1.300.000 españoles trabajan en empleos directa e indirectamente relacionados con el turismo.

191

¿En un "banco" de Segovia?

El Alcázar de Segovia, ▶
España. En este castillo
vivieron los Reyes Católicos
Isabel y Fernando. ¿Te
gustaría visitar este castillo?

Perdimos el autobús.	We missed the bus.
quisiera/quisiéramos	I/we would like
Lo siento.	I'm sorry.

Juan Carlos y Claudia están en Segovia, adonde fueron a comer, y allí tienen problemas.

ACTIVIDAD 1   **Escoge la opción** Lee las siguientes oraciones. Después, mientras escuchas la conversación, escoge la opción correcta.

1. Claudia y Juan Carlos perdieron . . .
   a. el tren.   b. el autobús.   c. el carro.
2. Ellos tuvieron que buscar . . .
   a. una habitación.   b. un autobús.   c. a don Andrés.
3. Claudia llamó a . . .
   a. Teresa.   b. don Andrés.   c. Marisel.
4. Claudia habló con . . .
   a. Teresa.   b. don Andrés.   c. Marisel.
5. Finalmente tuvieron que dormir . . .
   a. en un parque.   b. en una habitación doble.   c. no se sabe dónde.

JUAN CARLOS: Bueno, perdimos el autobús a Madrid y no hay más trenes. ¿Qué vamos a hacer?

CLAUDIA: Pues, buscar o un hotel o un hostal, ¿no?

JUAN CARLOS: Mira, allí hay uno . . . el Hotel Acueducto.

JUAN CARLOS: Buenas noches, señor.

RECEPCIONISTA: Hola, buenas noches. ¿Qué desean?

● Making a request   JUAN CARLOS: Quisiéramos dos habitaciones sencillas.

RECEPCIONISTA: Lo siento, pero no hay.

JUAN CARLOS: Y, ¿una habitación doble?

CLAUDIA: ¿Doble?

JUAN CARLOS: No te preocupes. Ya nos arreglamos.

CLAUDIA: Mmm . . .

● Negating   RECEPCIONISTA: Hace tres días que el hotel está completo. No hay nada, pero si quiere, puedo llamar a otros hoteles.

JUAN CARLOS: Sí, por favor.

CLAUDIA: ¿No sabe dónde hay un teléfono público? Quisiera llamar a Madrid. Mi móvil no tiene pila.

RECEPCIONISTA: Sí, hay uno en el bar de enfrente.

CLAUDIA: Ahora vuelvo. Voy a llamar a Marisel . . .

DON ANDRÉS: Colegio Mayor. Dígame.

CLAUDIA: ¿Quién habla? ¿Don Andrés?

DON ANDRÉS: Sí, ¿quién habla?

● Identifying oneself on the phone   CLAUDIA: Habla Claudia. ¿Está Marisel?

DON ANDRÉS: No, hace dos horas que la vi salir.

● Leaving a message   CLAUDIA: ¿Le puedo dejar un mensaje?

DON ANDRÉS: Sí, cómo no.

CLAUDIA: ¿Le puede decir que Juan Carlos y yo perdimos el autobús y estamos en Segovia? Nos dijeron que no hay autobuses hasta mañana.

DON ANDRÉS: Vale, vale. Adiós, Claudia.

CLAUDIA: Gracias, don Andrés. Hasta mañana.

CLAUDIA: Bueno, ¿pudo encontrar habitación para nosotros?

● Apologizing   RECEPCIONISTA: No, lo siento . . .

JUAN CARLOS: Bueno, Claudia, ¿sabes qué? Hay un parque muy bonito cerca de aquí . . . y tiene unos bancos muy buenos . . .

ACTIVIDAD 2   **Preguntas** Después de escuchar la conversación otra vez, contesta estas preguntas.

1. ¿Cuáles son los problemas que tienen Juan Carlos y Claudia?
2. ¿Tienen solución estos problemas?
3. ¿Perdiste alguna vez un autobús, un tren o un avión? ¿Qué ocurrió? ¿Fue en tu ciudad o en otro lugar?
4. En tu opinión, ¿qué hicieron Claudia y Juan Carlos? ¿Durmieron? ¿Dónde?

¿Lo sabían?

España tiene tantos turistas al año como habitantes, más de 40.000.000. Muchos van a España por su belleza natural, principalmente las playas. Pero otros van por la riqueza histórica. Se dice que "las piedras (*rocks*) hablan" y en realidad, muchos monumentos representan las múltiples culturas que ocuparon la Península Ibérica y que formaron lo que hoy en día se llama España. Entre estas culturas están las de los fenicios, los celtas, los romanos y los moros. Los romanos llevaron la religión cristiana y su lengua y, a través de los moros, no sólo España sino toda Europa aprendió el concepto del cero y el álgebra. En ciudades como Segovia y Toledo es posible revivir la historia española visitando acueductos romanos, sinagogas judías, arcos moros y catedrales cristianas.

▲ La sinagoga de Santa María la Blanca en Toledo, España.

● You will learn more about Spanish history at the end of Ch. 7 in the Workbook.

ACTIVIDAD 3 **Quisiera . . .** En parejas, "A" es turista en esta ciudad y "B" es de la ciudad. Lean las instrucciones para sus papeles (*roles*) y mantengan una conversación.

A. Turista

Quieres saber la siguiente información: dónde hay un hotel barato; dónde hay un restaurante de comida mexicana bueno, bonito y barato; qué dan en los teatros este fin de semana, y si hay un lugar para bailar salsa. Tú empiezas diciendo **Perdón, quisiera saber dónde . . .**

B. Residente de la ciudad

Contesta las preguntas con información verdadera sobre tu ciudad. Si no sabes, responde **Lo siento, pero . . .**

● **teatro** = *theater*
● **cine** = *movie theater*

◢ Vocabulario esencial I

I. El teléfono

Qué decir cuando . . .

contestas el teléfono $\begin{cases} \text{¿Aló?} \\ \text{Diga./Dígame. (España)} \end{cases}$

preguntas por alguien $\begin{cases} \text{¿Está Álvaro, por favor?} \\ \text{Quisiera hablar con Álvaro, por favor.} \end{cases}$

te identificas
{
—¿Quién habla?
—Habla Claudia.
—¿De parte de quién?
—(De parte) de Claudia.
}

marcas el número equivocado
{
—¿Está Marisel, por favor?
—No, tiene el número equivocado.
}

tienes problemas de comprensión   **¿Puede hablar más despacio, por favor?**

Tipos de llamadas telefónicas

local

de larga distancia
{
marcar directo
con ayuda del/de la operador/a
a cobro revertido / para pagar allá
}

el indicativo del país / código internacional   *country code*
el área / prefijo (España)   *area code*

● Words vary according to country. When you travel, you should be familiar with these terms to be able to understand written instructions on public telephones or questions from operators.

ACTIVIDAD 4   **Llamada a la operadora** En parejas, "A" cubre la caja B y "B" cubre la caja A. "B" llama al/a la operador/a para averiguar el teléfono de los lugares que aparecen en su caja y escribe el número. Después cambien de papel.

◆ A: Información.
B: Quisiera el número (de teléfono) de . . .
A: Es el . . . / Lo siento, pero no tengo ese número.

A

Averigua el teléfono de:
1. el Restaurante El Hidalgo
2. el Teatro Bellas Artes
3. la Librería Compás

Usa esta información cuando eres el/la operador/a:

B

Averigua el teléfono de:
1. el Restaurante La Corralada
2. el Peluquero Pedro Molina
3. los Minicines Astoria

Usa esta información cuando eres el/la operador/a:

ACTIVIDAD
5
Una llamada a don Alejandro Vicente llama por teléfono a don Alejandro a su agencia de viajes. Pon esta conversación en orden lógico.

_____ ¿De parte de quién?

__1__ Todos nuestros agentes están ocupados en este momento. Espere, por favor. ♪ ♪ ♪

_____ Bueno. Muchas gracias, Irene. Adiós.

_____ Hola Vicente. Habla Irene, la secretaria de Alejandro. Él no está.

_____ De nada. Adiós.

_____ TravelTur, buenos días. Dígame.

_____ Bueno, quisiera dejarle un mensaje.

_____ Buenos días. ¿Está don Alejandro?

_____ Sí, por supuesto.

_____ De parte de Vicente.

_____ ¿Puede decirle que lo llamé y que yo puedo ir al aeropuerto mañana para recoger a Teresa?

_____ Sí, claro.

¿Lo sabían?

Hoy día, es muy común en países hispanos tener teléfono celular. Ya en el año 2001 había (*there were*) más móviles en México, Paraguay, Chile y Venezuela que teléfonos de línea fija. A diferencia de los Estados Unidos, el dueño del móvil no paga cuando recibe una llamada. Es muy cómodo tener teléfono celular pues para usar un teléfono público, generalmente se necesita tener una tarjeta telefónica prepagada.

ACTIVIDAD
6
Llamada de larga distancia Una persona está en Montevideo, Uruguay, y necesita llamar a un pariente a los Estados Unidos con la ayuda del/de la operador/a. En parejas, Uds. hacen los papeles del/de la operador/a y de la persona que llama. El/La operador/a pregunta qué tipo de llamada quiere, el área y el número. Después cambien de papel.

◆ A: Operador/a internacional, buenos días.

B: Buenos días. Quisiera . . .

II. En el hotel

la recepcionista

el botones

RECEPCIÓN

la empleada
(de servicio)

la maleta

● Star rating system for hotels: 1 star = lowest rating; 5 stars = highest. What class hotel is the Hotel Acueducto?

Acueducto   H ★★★
Padre Claret, 10
Segovia 40001
España
Tel: +34 921424800
79 Habitaciones
ID: 4050
Actualizar Hotel

El hotel tiene los siguientes servicios:

Admite Tarjetas de Crédito   Aire Acondicionado   Ascensor   Bar/Cafetería   Caja Fuerte
Calefacción   Garage   Salón de Reuniones   Teléfono   Televisión   TV satélite

Tarifas Estandares: (impuestos incluidos)

Alojamiento		Ocupación	Tarifa	Reservar
Habitación (Sencilla) Comidas no incluidas	Baño Ducha Lavabo Inodoro	1 Persona	70 EUR Por Alojamiento	0 ↕
Habitación (Doble) Comidas no incluidas	Baño Ducha Lavabo Inodoro	2 Personas	100 EUR Por Alojamiento	0 ↕

Reservar Alojamientos Seleccionados	Ver tarifas en Euros ↕

---

habitación sencilla

habitación doble

baño   (w.c.)

desayuno

media pensión

pensión completa

ACTIVIDAD 7   **¿Quién es o qué es?** Usa el vocabulario sobre el hotel para decir qué es o quién es . . .

1. la persona que lleva las maletas a la habitación del hotel.
2. el lugar donde te bañas o te lavas los dientes.
3. el desayuno y una comida más en el hotel.
4. la persona que te dice los precios de las habitaciones.
5. el desayuno y dos comidas en el hotel.
6. la persona que hace las camas.
7. una habitación para una persona.
8. el lugar del hotel donde está el/la recepcionista.
9. una habitación para dos personas.

ACTIVIDAD 8   **En recepción** En parejas, una persona es el/la recepcionista de un hotel y la otra persona llama para hacer una reserva. El/La recepcionista debe completar esta ficha con la información necesaria. Al terminar, cambien de papel.

HOTEL ACUEDUCTO ★ ★ ★

Fechas   desde _____   hasta _____

Habitación   sencilla _____   doble _____   triple _____
con baño _____   sin baño _____
pensión completa _____   media pensión _____
sólo desayuno _____

Gramática para la comunicación I

I. Talking About the Past: Irregular Verbs and Stem-Changing Verbs in the Preterit

1 ▲ Some common irregular verbs share similar patterns in the preterit.

● Verbs with an irregular preterit stem ending in **-j-** add **-eron**, not **-ieron**, in the third person plural form.

tener	
tuve	tuvimos
tuviste	tuvisteis
tuvo	tuvieron

decir	
dije	dijimos
dijiste	dijisteis
dijo	dijeron

Verbs that are conjugated like **tener:**

estar ⟶ estuve
poder ⟶ pude
poner ⟶ puse
querer ⟶ quise (*tried but failed*)
saber ⟶ supe (*found out*)
venir ⟶ vine

Verbs that are conjugated like **decir:**

traducir* ⟶ traduje
traer ⟶ traje

—¿**Tuviste** que trabajar anoche?　　*Did you have to work last night?*
—Sí, **tuve** que trabajar mucho.　　*Yes, I had to work a lot.*

—¿Quién te **dijo** eso?　　*Who told you that?*
—Lo **dijeron** en las noticias.　　*They said it in the news.*

*NOTE: Most verbs that end in -**ucir** follow the same pattern as **trad<u>uci</u>r:**
prod<u>uci</u>r ⟶ **produje,** etc.

2 ▲ Verbs with stems ending in a vowel + -**er** or -**ir** take -**y**- in the third person singular and plural. These verbs include **leer, creer, construir** (*to build*), and **oír** (*to hear*).

● Note that the accent dissolves diphthongs creating separate syllables.

leer	
leí	leímos
leíste	leísteis
le<u>y</u>ó	le<u>y</u>eron

oír	
oí	oímos
oíste	oísteis
o<u>y</u>ó	o<u>y</u>eron

—¿Por qué no le<u>y</u>eron Uds. el artículo?　　*Why didn't you read the article?*
—Porque él o<u>y</u>ó las noticias en la radio.　　*Because he heard the news on the radio.*

● Review -**ir** stem-changing verbs, Ch. 5.

● Note that the **nosotros** form is the same in the preterit and present indicative. Context will help you determine meaning.

3 ▲ Stem-changing verbs ending in -**ir** have a stem change in the third persons singular and plural.

preferir (e ⟶ ie, i)	
preferí	preferimos
preferiste	preferisteis
pref<u>i</u>rió	pref<u>i</u>rieron

pedir (e ⟶ i, i)	
pedí	pedimos
pediste	pedisteis
p<u>i</u>dió	p<u>i</u>dieron

dormir (o ⟶ ue, u)	
dormí	dormimos
dormiste	dormisteis
d<u>u</u>rmió	d<u>u</u>rmieron

e ⟶ ie, <u>i</u>
m<u>e</u>ntir to lie
s<u>e</u>ntirse to feel

e ⟶ i, <u>i</u>
rep<u>e</u>tir to repeat
s<u>e</u>guir to follow

o ⟶ ue, <u>u</u>
m<u>o</u>rirse to die

—¿D<u>u</u>rmieron en el parque Claudia y Juan Carlos?　　*Did Claudia and Juan Carlos sleep in the park?*
—No, creo que pref<u>i</u>rieron no dormir.　　*No, I think they preferred not to sleep.*

II. Change of Meaning in the Preterit

The following verbs have a change of meaning in English when used in the preterit.

	Present	Preterit
conocer	to know	met
no poder	not to be able	was/were not able and didn't
no querer	not to want	refused to
saber	to know	found out
tener que	to have to,	had to and did
	be supposed to	

Ayer **conocí** al padre de mi novia en un café, pero su madre **no pudo** ir porque **tuvo que** trabajar todo el día. El padre **no quiso** hablar de su esposa y entonces **supe** que piensan separarse.

Yesterday I met my girlfriend's father at a coffee shop, but her mother couldn't come because she had to work all day. Her father refused to talk about his wife and then I found out they plan to separate.

III. Expressing the Duration of an Action: *Hace* + time expression + *que* + verb in the present

You already know how to say how long ago something took place.

Hace + *time expression* + **que** + *verb in the preterit*

—¿Cuánto (tiempo) hace que ella llegó?

How long ago did she arrive?

—**Hace dos horas que** ella **llegó.**

She arrived two hours ago.

To express the duration of an action that began in the past and continues into the present, apply the following formula:

Hace + *time expression* + **que** + *verb in the present*

—¿Cuánto (tiempo) hace que vives aquí?

How long have you lived here?

—**Hace tres años que vivo** aquí.

I have lived here for three years.

Note the difference between these two sentences:

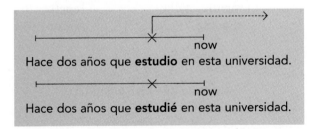

now
Hace dos años que **estudio** en esta universidad.

now
Hace dos años que **estudié** en esta universidad.

Read the following sentences and decide who has spent vacations in San Andrés, Colombia, for the last five years and who went on vacation to San Andrés five years ago.

Hace cinco años que Ramón fue de vacaciones a la isla de San Andrés.
Hace cinco años que Elena va de vacaciones a la isla de San Andrés.

If you answered Elena and Ramón respectively, you are correct.

Do Workbook **Práctica mecánica I** and corresponding CD-ROM activities.

● **a. C.** = *B.C.*
d. C. = *A.D.*

ACTIVIDAD 9 **La historia de España** **Parte A:** Lee la siguiente información sobre la historia de España. Escoge el verbo correcto de la lista al final de cada sección y completa las oraciones con el pretérito de los verbos.

1. Los romanos _____ en lo que hoy en día es España desde 209 a. C. hasta 586 d. C. _____ su religión y su idioma, el latín, a ese nuevo territorio y _____ acueductos, caminos, puentes y teatros que todavía (*still*) se pueden ver hoy día. (construir, estar, llevar)

2. Los moros _____ en el año 711 y _____ casi toda la Península Ibérica. _____ mezquitas y palacios. También _____ consigo (*with them*) sus conocimientos; uno de los más importantes _____ el concepto del cero y el sistema decimal. Junto con académicos judíos y cristianos, _____ textos científicos e históricos del árabe y del latín al castellano. En el año 1492, _____ que salir de la península. (conquistar, construir, llegar, llevar, ser, tener, traducir)

3. En 1492, Cristóbal Colón _____ a América y entonces los europeos _____ de la existencia de otro continente. Pronto la gente _____ historias sobre el oro de los indígenas y empezó así la época de la colonización. _____ muchísimos españoles e indígenas, algunos en la búsqueda del oro y otros por enfermedades y batallas de la colonización. Los misioneros les _____ su religión a los indígenas y también su idioma. En 1898, _____ el período de la colonización: 400 años de dominación que _____ un gran cambio en todo el continente. (llegar, morir, oír, producir, saber, terminar, traer)

Parte B: Contesta estas preguntas acerca de la historia de los Estados Unidos.

1. ¿Cuándo y adónde llegaron los ingleses? ¿Qué trajeron? ¿Qué construyeron?

2. ¿Cuándo y adónde llegaron los españoles en lo que hoy en día son los Estados Unidos? ¿Qué trajeron? ¿Qué construyeron?

ACTIVIDAD 10   **¿Quién lo dijo?** En parejas, decidan quién dijo estas frases famosas. Sigan el modelo.

 No puedo decir mentiras.

George Washington dijo: «No puedo decir mentiras».

1. Ser o no ser, ésa es la cuestión.
2. Pienso luego existo.
3. Ganar no es todo; es lo único.
4. Dios está muerto.
5. Tu hermano mayor te vigila.
6. Elemental, mi querido Watson.
7. Vine, vi, vencí.
8. E es igual a MC al cuadrado.
9. Francamente querida, ¡me importa un bledo!

a. Lombardi
b. Holmes
c. Nietzsche
d. Rhett Butler
e. Hamlet
f. Julio César
g. Descartes
h. Orwell
i. Einstein

ACTIVIDAD 11   **¿Sabes mucho de historia?** En parejas, túrnense para preguntar cuánto tiempo hace que murieron estas personas.

● Franco fue dictador de España desde 1939 hasta 1975.

 A: ¿Cuánto (tiempo) hace que murió Francisco Franco?

B: Hace más o menos 30 años que murió Francisco Franco. (1975)

B: No tengo idea. ¿Tú sabes?

1. Martin Luther King, Jr., y Robert Kennedy
2. John Kennedy
3. Abraham Lincoln
4. Roberto Clemente
5. John Lennon
6. Eva Perón

ACTIVIDAD 12   **Las noticias del año** En parejas, formen oraciones usando las siguientes ideas para hablar de noticias (*news*) importantes de este año.

1. (una persona famosa) / morir
2. (un político) / mentirle al público norteamericano
3. (una persona famosa) / tener un niño
4. (personas famosas) / casarse
5. (una persona famosa) / estar en la prisión
6. la gente / saber la verdad sobre el escándalo de . . .

ACTIVIDAD 13 **Las noticias de ayer** En parejas, Uds. van a narrar las noticias de ayer. Escriban el guion (*script*) que van a usar.

La bomba

● **la policía** = *the police (force);*
el/la policía = *the police officer*

terrorista / poner / bomba / aeropuerto

terrorista / llamar / policía

policía / ir / aeropuerto

personas / salir / aeropuerto

perro / encontrar / bomba

policía / poder detener / terrorista

Lulú Camacho

Lulú Camacho / recibir / título de Miss Cuerpo

anoche / llorar de alegría

darles / las gracias / a sus padres, etc.

perder / título

su agente / decir que / tomar esteroides

Lulú / preferir / no hacer comentarios

● el soplón / la soplona = *tattletale* = el/la acusetas (in some Hispanic countries)

ACTIVIDAD 14

Los soplones En grupos de tres, Uds. trabajan en un restaurante y ayer alguien (una de las personas de la clase) no vino a trabajar. Decidan qué ocurrió y después díganle a su jefe/a todo lo que saben. Incluyan información como la siguiente:

¿Dónde estuvo?
¿Con quién?
¿Qué hizo?
¿Cómo supieron Uds. todo esto?

ACTIVIDAD 15

¿En la escuela secundaria . . . ? Busca personas en la clase que hicieron cosas de la siguiente lista en la escuela secundaria.

A: ¿Te dormiste en una clase en la escuela secundaria?

B: No, no / Sí, me dormí en una clase.

1. leer una novela de Isabel Allende
2. ver la película *Como agua para chocolate*
3. decir una mentira grande como una casa
4. llevar a tu mascota (*pet*) a la escuela
5. conocer a alguien famoso
6. no poder recordar el nombre de tu novio/a
7. tener que pasar una noche sin dormir
8. mentir por un amigo
9. pedir en un restaurante una comida de $30 o más
10. oír una canción de Shakira

● Many people use the *personal* a when talking about their pets.

ACTIVIDAD 16

Tus actividades de la semana pasada **Parte A:** En la primera lista marca las cosas que tuviste que hacer la semana pasada. Luego en la segunda lista (página 205) marca las cosas que no pudiste hacer, y en la tercera lista marca las cosas que hiciste para divertirte.

Tuviste que . . .

_____ trabajar
_____ escribir una composición
_____ tomar un examen
_____ buscar información en Internet
_____ hacer trabajo voluntario

_____ asistir a una reunión (*meeting*)
_____ preparar un proyecto
_____ hacer una presentación
_____ ir a la oficina de un/a profesor/a

No pudiste . . .

_____ terminar la tarea

_____ dormir bien

_____ comer comida saludable (*healthy*)

_____ prepararte bien para un examen de . . .

_____ hablar con tus padres

_____ contestar un email

_____ hacer ejercicio

_____ escuchar el programa de laboratorio de español

_____ leer una novela para la clase de . . .

Para divertirte . . .

_____ ir al cine / a un restaurante

_____ charlar en Internet

_____ bailar en una discoteca

_____ mirar un DVD

_____ organizar una fiesta

_____ ir a una fiesta

_____ ir de compras

_____ oír un CD nuevo

_____ leer una novela

Parte B: Ahora en parejas, usen la información de la **Parte A** para contar qué hicieron la semana pasada. Sigan el modelo.

▲ La semana pasada tuve que tomar un examen en mi clase de física y por eso no pude dormir bien el martes por la noche. Por suerte, me divertí mucho el sábado porque mis amigos y yo fuimos a una fiesta y bailamos toda la noche.

ACTIVIDAD 17 **La entrevista** Lee esta parte del curriculum vitae de Carmen Fernández y completa la entrevista (*interview*) que sigue. La entrevista fue el 7 de septiembre de 2002.

1997–presente	Empleada de IBM
1999–presente	Programadora de computadoras
1997–1999	Recepcionista
1992–1994	Secretaria, Aeroméxico

ENTREVISTADORA: ¿Cuánto tiempo hace que Ud. _____ en IBM?

CARMEN: Hace cinco años que _____ allí.

ENTREVISTADORA: ¿Qué hace?

CARMEN: Soy programadora de computadoras ahora, pero hace tres años _____ recepcionista por un tiempo.

ENTREVISTADORA: ¿Por cuántos años fue Ud. recepcionista en esa compañía?

CARMEN: Dos años.

ENTREVISTADORA: ¿Y antes de trabajar para IBM?

CARMEN: Fui secretaria para Aeroméxico.

ENTREVISTADORA: Entonces, hace seis años que _____ en Aeroméxico.

CARMEN: No, hace ocho años que _____ allí.

ENTREVISTADORA: Entonces, ¿qué hizo entre 1994 y 1997?

CARMEN: Tuve un hijo y me quedé en casa con él.

ACTIVIDAD
18   **¿Qué tienes?** **Parte A:** Marca cuáles de las siguientes cosas tienes.

_____ estéreo

_____ carro

_____ bicicleta

_____ reproductor de MP3

_____ apartamento

_____ motocicleta

_____ computadora portátil

_____ móvil

_____ guitarra

_____ chaqueta de cuero

Parte B: Ahora en parejas, muéstrenle la lista a su compañero y háganse preguntas para averiguar cuánto tiempo hace que la otra persona tiene esos objetos. Sigan el modelo.

A: ¿Cuánto tiempo hace que tienes un reproductor de compacts?

B: Hace un año.

A: ¿Qué marca es?

B: Es un Sony.

Do Workbook **Práctica comunicativa I** and corresponding CD-ROM activities.

ACTIVIDAD
19   **Los anuncios comerciales** En grupos de tres, Uds. trabajan para una agencia de publicidad. Tienen que escribir anuncios (_ads_) para estos productos.

el agua de colonia "Atracción"

Hace un año que uso el agua de colonia "Atracción" y ahora tengo muchos amigos.

1. el jabón para la cara "Radiante"
2. el champú para hombres "Hércules"
3. el detergente para ropa "Blancanieves"
4. el perfume "Gloria"
5. el desodorante "Frescura Segura"

Más allá
El turismo

Cuando un turista visita un lugar, evidentemente necesita comer, beber y dormir y también viajar de una ciudad a otra. Normalmente visita lugares de interés como museos, parques y lugares históricos y, con frecuencia, compra souvenirs del lugar. Es por todo esto que el turismo es una industria que genera no sólo mucho dinero sino también muchas oportunidades laborales.

▶ El turismo crea más trabajos que cualquier otro sector.

▶ En todo el mundo, 73 millones de personas tienen trabajos relacionados con el turismo.

▶ Más de 50 millones de turistas de otros países visitan los Estados Unidos cada año y gastan más de 100 mil millones de dólares.

▶ Más o menos 11 millones de turistas mexicanos visitan los Estados Unidos cada año.

▶ La página web dedicada al turismo del estado de Nueva York está en seis idiomas: alemán, español, francés, inglés, italiano y japonés.

El turismo crea empleos en las áreas de hoteles, restaurantes, producción y venta de souvenirs, agencias de viajes, transporte público, agencias de alquiler de coches, parques de atracciones, parques nacionales y museos. Pero también crea empleos en áreas nuevas como el agroturismo, que consiste en llevar turistas a una zona rural para aprender cómo es la vida de una granja (*farm*). Hay un programa innovador que organizan los indígenas de las tribus de los Grandes Lagos en los Estados Unidos. Ellos atraen el turismo europeo a sus reservas y así los turistas aprenden más sobre la vida de los indígenas y su historia, un tema muy atractivo para el europeo que sólo conoce a los Estados Unidos través de las películas de Hollywood. ◆

▼ Turistas hispanos en Disneylandia.

Vocabulario esencial II

I. El pasaje

● Note the use of the 24-hour clock.

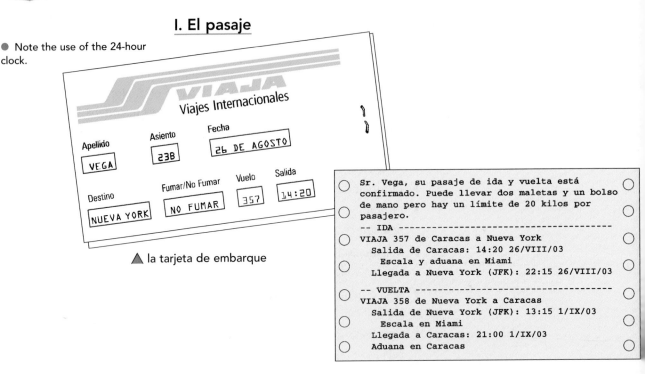

▲ la tarjeta de embarque

la aduana customs	**fumar** to smoke
el asiento seat	**la llegada** arrival
del medio center	**el pasaje** ticket
del pasillo aisle	**de ida** one way
de la ventanilla window	**de ida y vuelta** round trip
el bolso de mano hand luggage	**el/la pasajero/a** passenger
el destino destination	**la salida** departure
el equipaje luggage	**el vuelo** flight
la escala a stop, layover	**la vuelta** return trip

ACTIVIDAD 20   **¿Qué es?** Contesta estas preguntas y las de la página siguiente, usando el vocabulario del pasaje y de la información de la agencia de viajes.

1. ¿Cómo se llama el pasajero?
2. ¿El señor tiene un pasaje de ida o de ida y vuelta?
3. ¿Cómo se dice en español *a one-way ticket?*
4. ¿Qué se presenta en la entrada al avión antes de subir?
5. ¿Tiene el Sr. Vega un vuelo a Nueva York directo o con escala?
6. ¿Cuántas maletas puede llevar el Sr. Vega? ¿Cuántos kilos puede llevar como máximo?

7. ¿Cuál es el número del asiento del Sr. Vega?
8. ¿Sabes qué cosas no se pueden pasar por la aduana?
9. ¿Hay aduanas en aeropuertos que no son internacionales? ¿Qué aeropuertos de este país tienen aduana?

II. En el aeropuerto

Llegadas internacionales

Línea aérea	Número de vuelo	Procedencia	Hora de llegada	Comentarios
Iberia	952	Lima	09:50	a tiempo
Aeropostal	354	Santo Domingo	10:29	11:05
LAN Chile	988	Santiago/Miami	12:45	a tiempo
LASCA	904	México/N.Y.	14:00	14:35

Salidas internacionales

Línea aérea	Número de vuelo	Destino	Hora de salida	Comentarios	Puerta
American Airlines	750	San Juan	10:55	11:15	2
Avianca	615	Bogotá	11:40	a tiempo	3
Aeropostal	357	Miami/N.Y.	14:20	a tiempo	7
Aeroméxico	511	México	15:00	16:05	9

ACTIVIDAD 21   **Información** En parejas, una persona necesita información sobre vuelos y le pregunta a un/a empleado/a del aeropuerto. Usen la información previa sobre los vuelos para contestar las preguntas.

1. ¿A qué hora llega el vuelo número 354 de Santo Domingo?
2. ¿De qué línea aérea es el vuelo 904? ¿Llega a tiempo o hay retraso?
3. ¿De dónde viene el vuelo 952?
4. ¿A qué hora sale el vuelo 615 para Bogotá?
5. ¿De qué puerta sale? ¿Hay retraso?
6. ¿Adónde va el vuelo 615 de Avianca?

Ahora cambien de papel.

1. ¿A qué hora sale el vuelo de Aeropostal a Miami?
2. ¿De dónde viene el vuelo 354?
3. ¿Llega a tiempo o con retraso el vuelo de México?
4. ¿A qué hora llega el vuelo de Santiago?
5. ¿Adónde va el vuelo 750 de American Airlines?
6. ¿De qué puerta sale el vuelo a Nueva York? ¿Hay retraso?

ACTIVIDAD
22   **La reserva** En parejas, Uds. están en México en una agencia de viajes. "A" es el/la cliente que habla con "B", un/a agente de viajes. Lean el papel que les corresponde y mantengan una conversación en la agencia.

A. Cliente

Quieres viajar de México, D. F., a Lima el 23 de diciembre para volver el 2 de enero. No puedes salir por la mañana. No quieres hacer escala. Necesitas saber la aerolínea, la hora de salida y de llegada y el precio.

B. Agente

De México a Lima hay vuelos de Aeroméxico y TACA PERÚ. TACA PERÚ hace escala en Bogotá y sale por la tarde. Aeroméxico sale por la mañana y vuela directo. Necesitas saber si el/la cliente quiere un pasaje de ida y vuelta y las fechas. El vuelo de Aeroméxico cuesta $739 y el vuelo de TACA PERÚ $668.

Un día normal en el aeropuerto

Pasajeros en el aeropuerto ▶
de Santo Domingo.

darse cuenta de algo	to realize something
No me di cuenta de la hora.	I didn't realize the time.
¿Cómo que . . . ?	What do you mean . . . ?
¿Cómo que no hay ningún asiento?	What do you mean there aren't any seats?

Mientras Juan Carlos y Claudia tienen problemas en Segovia, Teresa también tiene algunos problemas durante su viaje. Antes de regresar a España, ella va a la República Dominicana para trabajar una semana en el aeropuerto. Mientras ayuda en el mostrador (check-in counter) *del aeropuerto de Santo Domingo, empiezan los problemas con los pasajeros.*

ACTIVIDAD 23 **¿Cierto o falso?** Lee las siguientes oraciones. Después, mientras escuchas las conversaciones, marca si estas oraciones son ciertas (**C**) o falsas (**F**).

1. _____ El señor es paciente.

2. _____ El señor quiere un asiento en el pasillo.

3. _____ El niño viaja solo.

4. _____ Al final, el niño no lleva el ron.

5. _____ La señora perdió el pasaje.

6. _____ La señora llegó con un día de retraso.

● **Expressing how long an action has been taking place**

TERESA: Siguiente, por favor.

SEÑOR: ¡Por fin! Hace media hora que estoy en esta cola. Aquí está el pasaje, mi pasaporte, la maleta y quiero un asiento en el pasillo.

TERESA: Lo siento, pero no hay ningún asiento en el pasillo.

SEÑOR: ¿Cómo que no hay ningún asiento en el pasillo? ¿Y en la ventanilla?

● **Apologizing**

TERESA: Perdón señor, pero es tarde y sólo hay asientos en el medio. Aquí está su tarjeta de embarque. ¡Que tenga buen viaje!

SEÑOR: Pues, va a ser difícil tener un buen viaje . . . como una sardina en lata voy a viajar . . .

TERESA: Siguiente.

MADRE: Aquí está el pasaje y el pasaporte de mi hijo Ramoncito.

TERESA: ¿Y su hijo viaja solo o con Ud.?

MADRE: Solo, pero lo espera su tío Ramón en Miami. Yo regreso a casa.

NIÑO: Mamá, ¿dónde pongo estas botellas de ron?

MADRE: Las llevas en la mano.

TERESA: Pero señora, su hijo no puede entrar en los Estados Unidos con alcohol porque no tiene veintiún años.

● **Giving a reason**

MADRE: Pero no lo va a beber él; es para su tío.

TERESA: Señora, tiene que darse cuenta de que es ilegal.

MADRE: ¡Bueno! Las ponemos en el bolso de mano. Ramoncito, si te preguntan en la aduana qué llevas, ¿qué les dices?

NIÑO: Les digo que no llevo nada, que no hay ron.

TERESA: Siguiente.

● **Narrating a series of past actions**
● **manejar = conducir (Spain)**

SEÑORA: ¡Ay! Por fin llegué. Es que estaba en la peluquería y no me di cuenta de la hora y es que vine en taxi y, y, y el taxista manejó muy rápidamente. Casi tuvimos un accidente. ¡Qué nervios! Y

luego dejé la maleta en el taxi. Tuve que hablar con un policía,
muy simpático por cierto . . .

TERESA: Su pasaje y pasaporte, por favor.

SEÑORA: Sí, aquí están . . . bueno el policía muy simpático . . .

TERESA: Ejem . . . señora, lo siento pero su vuelo salió hace 24 horas . . .

SEÑORA: ¿Qué?

**ACTIVIDAD
24**   **Los problemas de los pasajeros** Después de
escuchar las conversaciones otra vez, identifica cuáles
son los problemas del señor, del niño y su madre
y de la señora.

Gramática para la comunicación II

I. Using More Affirmative and Negative Words

● Review affirmative and negative words, Ch. 6.

Affirmative and Negative Adjectives		Affirmative and Negative Pronouns	
algún / alguna / algunos/as *some/any*		**alguno/a/os/as** *some/any*	
ningún / ninguna *(not) any*		**ninguno/a** *none/no one*	

—**¿No** vamos a vistar **ninguna***
ciudad este fin de semana?

—Es posible. ¿Tienes **algunos**
libros sobre Segovia?

—Tengo **algunos,** pero **no** tengo
ninguno aquí; están en casa
de mis padres.

—No importa. Deben tener
algún folleto** en la oficina
de turismo.

*Aren't we going to visit a city
this weekend?*

*Possibly. Do you have any books on
Segovia?*

*I have some, but I don't have any
here; they are at my parents'.*

*No problem. They must have a
brochure at the tourism office.*

NOTE:

*The adjectives **ningún/ninguna** and the pronouns **ninguno/a** are seldom
used in the plural.

Since **folleto is masculine and singular, the **-o** is dropped on **algún.** This
is similar to **una/un.** For example: Tengo **una** cinta y **un** CD de Shakira.

II. Avoiding Redundancies: Direct-Object Pronouns

In the conversation between the mother and the child at the airport, to what
does **Las** refer in the following exchange?

NIÑO: Mamá, ¿dónde pongo estas botellas de ron?

MADRE: **Las** llevas en la mano.

If you said **estas botellas de ron,** you are correct. By using the direct-object pronoun **las** instead of repeating **estas botellas de ron,** the conversation sounds more natural. We frequently use direct-object pronouns to avoid redundancy.

A direct object is the person or thing that directly receives the action of the verb and answers the question *what or whom.* In the sentence **Necesito un café,** a coffee is *what* you need. In the sentence **Necesito a mi amigo,** your friend is *whom* you need. Remember that when the direct object is a person, it is preceded by the personal **a.** In Spanish, the direct object may be expressed by the direct-object pronoun to avoid redundancy, as you saw in the exchange above. It follows the same placement rules as the reflexive and the indirect-object pronouns. All object pronouns are placed:

1. before the conjugated verb
2. after and attached to the infinitive
3. after and attached to the present participle **(-ando/-iendo).**

Direct-Object Pronouns	
me	nos
te	os
lo/la	los/las

Look at this email that Claudia and Juan Carlos sent to Marisel and see how they avoid redundancy.

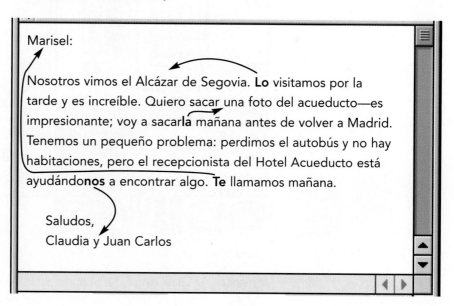

Marisel:

Nosotros vimos el Alcázar de Segovia. **Lo** visitamos por la tarde y es increíble. Quiero sacar una foto del acueducto—es impresionante; voy a sacar**la** mañana antes de volver a Madrid. Tenemos un pequeño problema: perdimos el autobús y no hay habitaciones, pero el recepcionista del Hotel Acueducto está ayudándo**nos** a encontrar algo. **Te** llamamos mañana.

Saludos,
Claudia y Juan Carlos

The following verbs can frequently take direct objects:

amar	to love	**poner**	to put
ayudar	to help	**querer**	to want; to love
esperar	to wait for	**tener**	to have
invitar	to invite	**ver**	to see
necesitar	to need	**visitar**	to visit
odiar	to hate		

Do Workbook **Práctica mecánica II**, CD-ROM, Web ACE Tests, and lab activities.

ACTIVIDAD 25   **La habitación desordenada**   En parejas, "A" cubre la Columna B y "B" cubre la Columna A. El dibujo de la Columna A está incompleto, pero el dibujo de la Columna B está completo. "A" debe averiguar qué cosas de las que están debajo de su dibujo se necesitan para completarlo, cuántas hay y dónde ponerlas. Cuando averigüe, "A" debe dibujar las cosas en el lugar apropiado.

> A: ¿Hay algunas camisas en esta habitación?
>
> B: Sí, hay una. / No, no hay ninguna.
>
> A: ¿Dónde está? / ¿Hay algún televisor?
>
> B: . . .

ACTIVIDAD 26   **¿Qué hay?**   En algunas salas de clase hay muchas cosas, pero otras no tienen mucho. ¿Cuáles de las siguientes cosas hay en tu clase? Fotografías, mapas, televisor con video, ventanas, proyector, pantalla (*screen*), reloj, estéreo, computadoras, tablón de anuncios. Sigan el modelo.

> En nuestra clase no hay ninguna . . .
>
> En nuestra clase hay . . .

ACTIVIDAD 27   **La redundancia** Estas conversaciones no suenan (*sound*) bien porque tienen mucha redundancia. En parejas, cámbienlas usando pronombres para evitar la repetición.

—¿Dónde están mis llaves (*keys*)?
—¡Caramba! Tienes las llaves en la mano.

—¿Compraste el libro?
—No, no compré el libro.
—¿Por qué no compraste el libro?
—Porque la librería no tiene el libro.

—¿Vas a escribir la composición hoy?
—No, voy a escribir la composición mañana.

—¿Cuándo vas a escribir la carta?
—Estoy escribiendo la carta ahora mismo.

—Compré un CD nuevo.
—¿Puedo escuchar tu CD nuevo?

● **pareja** = *partner / pair*

ACTIVIDAD 28   **Las cosas para el viaje** En parejas, una persona es el esposo y la otra es su esposa. Van a hacer un viaje y quieren saber dónde puso su pareja las siguientes cosas. Altérnense haciendo preguntas.

▲ A: ¿Dónde pusiste la cámara?
B: La puse en el bolso de mano.

Cosas: champú, gafas de sol, trajes de baño, máquina de afeitar, peine, zapatos de tenis, cepillo de dientes, pasaporte, regalos, niño
Lugares: la maleta, el carro, el bolso de mano

ACTIVIDAD 29   **Romeo y Julieta** En parejas, inventen una conversación romántica entre los protagonistas de una telenovela (*soap opera*): María Julieta y José Romeo. Usen en la conversación un mínimo de tres de estos verbos en oraciones o preguntas: **querer, necesitar, odiar, invitar** y **esperar.**

▲ JOSÉ ROMEO: María Julieta, te quiero.
MARÍA JULIETA: Yo también te quiero, pero mi padre te odia.

Internet

Do Workbook
**Práctica
comunicativa II**
and the **Repaso** section. Do
CD-ROM, Web ACE Tests, and
lab activities.

ACTIVIDAD
30

Una entrevista **Parte A:** En parejas, entrevístense para completar este cuestionario.

¿Cuándo empezaste a estudiar en esta universidad? _____

¿Estudiaste en otra universidad antes de venir aquí? Sí _____ No _____

   Si contesta que sí: ¿Cuándo empezaste a estudiar allí? _____

   ¿Cuándo dejaste de estudiar allí? _____

¿Trabajas? Sí _____ No _____

   Si contesta que sí: ¿Cuándo empezaste? _____

¿Cuál fue el último trabajo que tuviste? _____

   ¿Cuándo lo empezaste? _____

   ¿Cuándo lo dejaste? _____

¿Tienes carro? Sí _____ No _____

   Si contesta que sí: ¿Cuándo lo compraste? _____

¿Tienes bicicleta? Sí _____ No _____

   Si contesta que sí: ¿Cuándo la compraste? _____

¿Dónde vives?

   Residencia estudiantil _____ Apartamento _____ Casa _____

   ¿Cuándo empezaste a vivir allí? _____

¿Vives con alguien? Sí _____ No _____

   Si contesta que sí: ¿Con quién vives? _____

Parte B: Ahora, haz un resumen de la información del cuestionario. Por ejemplo:

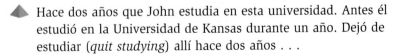
Hace dos años que John estudia en esta universidad. Antes él estudió en la Universidad de Kansas durante un año. Dejó de estudiar (*quit studying*) allí hace dos años . . .

Imágenes

LECTURA

Estrategia: *Identifying Main Ideas*

As you saw in Chapter 6, when skimming you read quickly to find only the main ideas of a text. If the topic interests you, you may want to learn more about it, that is, read more in depth about the topic in question. Main ideas can be found in titles, headings, or subheadings and also in topic sentences, which many times begin a paragraph or a section of a reading. Other important or supporting ideas can be found in the body of a paragraph or section.

In the following reading about lodging in Spain, each section is introduced by a title and a topic sentence.

ACTIVIDAD 31   **Alojamiento en los Estados Unidos** Un español te pregunta sobre alojamiento (*lodging*) en los Estados Unidos. Explícale qué son los siguientes lugares: hoteles, moteles, "B & Bs" y campings.

ACTIVIDAD 32   **Un esquema** Completa las cajas y los espacios en blanco con los títulos de las secciones, la oración principal y las subcategorías relacionadas con los hoteles.

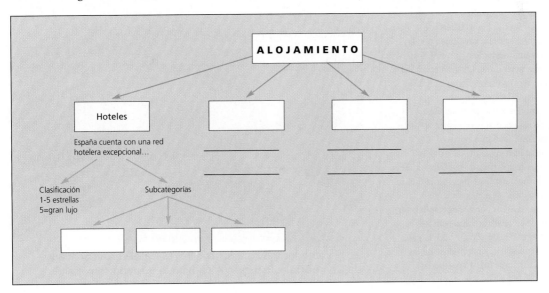

ALOJAMIENTO

Hoteles

España cuenta con una red hotelera excepcional por el número, la variedad y la calidad de unos establecimientos que se reparten por toda la geografía de nuestro país, y que son capaces de adaptarse a cualquier exigencia y posibilidad.

Los hoteles españoles están clasificados en cinco categorías, que se identifican con un número de estrellas que va de una a cinco, según los servicios y las características de cada uno. Existe también un reducido número de hoteles de cinco estrellas, de características auténticamente excepcionales, que ostentan además la categoría máxima de GRAN LUJO.

Los denominados **hoteles-residencia,** que se rigen por la misma clasificación que los demás hoteles, son aquellos que carecen de restaurante, aunque sirven desayunos, tienen servicio de habitaciones y poseen un bar o una cafetería. Los **hostales,** establecimientos de naturaleza similar a los hoteles, pero más modestos, constituyen otra modalidad de alojamiento. Están clasificados en tres categorías que van de una a tres estrellas.

Otra posible modalidad de alojamiento es la constituida por las **casas de huéspedes,** que en España se llaman **pensiones.** De gran tradición en nuestro país, resultan generalmente establecimientos acogedores y cómodos, cuyas instalaciones y servicios pueden variar entre la sobriedad y un lujo relativo. Regentados generalmente por la familia propietaria de la casa, su precio suele incluir solamente el alojamiento y las comidas, frecuentemente excelentes. Las pensiones resultan un tipo de alojamiento ideal para los visitantes que deseen conocer España en profundidad, apartándose de las rutas turísticas más frecuentadas.

Campings

España cuenta con cerca de 800 campings, que reúnen una capacidad global de casi 400.000 plazas. Repartidos por todo el territorio nacional, son especialmente abundantes en las costas, y están clasificados en diversas categorías según sus características e instalaciones, como los hoteles. Sus tarifas varían en función de la cantidad y calidad de sus servicios. En el caso de que se opte por hacer acampada libre es recomendable informarse previamente acerca de la no existencia de prohibiciones municipales que afecten al lugar elegido. Si se desea acampar en un territorio privado, es preciso obtener previamente el permiso del propietario.

La Federación Española de Empresarios de Campings y Ciudades de Vacaciones tiene su sede en
General Oráa 52-2°D,
28006 Madrid.
Tel.: (91) 562 99 94

Apartamentos

El alquiler de apartamentos amueblados constituye también una posibilidad de alojamiento interesante. La oferta de apartamentos turísticos se reparte por todo el litoral español, concentrándose especialmente en la Costa Brava, Valencia, Baleares y la Costa del Sol, y puede resultar muy interesante si se viaja en grupo. Los precios, que varían según el lugar y la temporada del año, se suelen calcular por persona y día.

La oferta y contratación de apartamentos turísticos forman parte de los servicios habituales de las agencias de viajes.

Paradores de Turismo

Los Paradores de Turismo constituyen la modalidad hotelera más original e interesante de la oferta turística española.

La red de Paradores está constituida por 86 establecimientos, que ofrecen los servicios y

▲ El comedor del Parador Los Reyes Católicos en Santiago de Compostela, España. ¿A un niño le gustaría comer allí?

comodidades de los más modernos hoteles, pero ocupan, en cambio, en la mayoría de los casos, antiguos edificios monumentales de valor histórico y artístico, como castillos, palacios, monasterios y conventos, que, abandonados en el pasado, han sido adquiridos y rehabilitados para este fin.

Enclavados casi siempre en lugares de gran belleza e interés, los Paradores, que tienen generalmente categoría de hoteles de tres o cuatro estrellas, se reparten por todos los rincones de nuestro país. Para información y reservas: Paradores de Turismo, Velázquez 18, 28001 Madrid. Tels.: (91) 435 97 00 y (91) 435 97 44.

▲ Parador nacional en Alarcón, España.

ACTIVIDAD 33   **El alojamiento en España** Después de leer el artículo, contesta las siguientes preguntas sobre el alojamiento en España.

1. ¿Qué es más impersonal, un hotel-residencia o una pensión? ¿Por qué?
2. Si eres turista y quieres alquilar un apartamento, ¿adónde debes ir para hacer una reserva?
3. ¿Dónde hay más lugares para hacer camping? ¿En el centro de España o en la costa?
4. ¿Cuántos Paradores hay? ¿En qué tipo de edificios están? ¿En qué lugares geográficos están?
5. ¿Dónde te gustaría pasar una noche: en un hostal, una pensión, un camping, un apartamento turístico o un Parador? ¿Por qué?

ESCRITURA

Estrategia: *The Paragraph*

When writing, under formal or informal circumstances, it is common to develop each paragraph around a theme or idea. The topic sentence generally starts a paragraph and serves as an introduction to the theme of the paragraph. The remainder of the paragraph is comprised of supporting details to expand upon or to support the idea expressed in the topic sentence.

ACTIVIDAD 34

Una carta **Parte A:** Write a letter to a friend about a recent trip (*real or fictitious*). Separate your letter into three paragraphs and use the following outline as a guide.

● Say what you did. Only include completed actions, avoid description. **Quedarse en + hotel** = *to stay in a hotel*

● To describe the hotel, use the present tense.

● To give your friend advice, remember: **tienes que / debes / puedes** + *infinitive.*

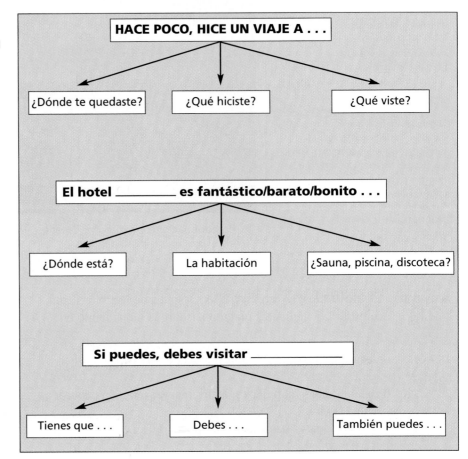

HACE POCO, HICE UN VIAJE A . . .

¿Dónde te quedaste?   ¿Qué hiciste?   ¿Qué viste?

El hotel _____ es fantástico/barato/bonito . . .

¿Dónde está?   La habitación   ¿Sauna, piscina, discoteca?

Si puedes, debes visitar _____

Tienes que . . .   Debes . . .   También puedes . . .

● To review Spanish letter format, see page 82, Ch. 3.

Parte B: Reread your letter. Is it in the format of a Spanish letter? Have you included supporting details that will be of interest to your friend? Make any necessary changes.

Parte C: Staple all drafts and your final draft together to hand in to your instructor.

 Do Web Search Activities.

Internet

Vocabulario funcional

El teléfono

¿Aló? / Diga. / Dígame.	*Hello.*
el área / prefijo	*area code*
¿De parte de quién?	*Who is calling?*
(De parte) de . . .	*It's / This is . . .*
¿Está . . . , por favor?	*Is . . . there, please?*
Habla . . .	*It's / This is . . .*
el indicativo del país / código internacional	*country code*
la llamada a cobro revertido / para pagar allá	*collect call*
la llamada de larga distancia	*long-distance call*
la llamada local	*local call*
marcar directo	*to dial direct*
No, tiene el número equivocado.	*No, you have the wrong number.*
¿Puede hablar más despacio, por favor?	*Can you speak more slowly, please?*
¿Quién habla?	*Who is speaking / calling?*
Quisiera hablar con . . . , por favor.	*I would like to speak with . . . , please.*

El hotel

el baño	*bathroom*
el botones	*bellboy*
la comida	*meal*
el desayuno	*breakfast*
la empleada (de servicio)	*maid*
la habitación doble	*double room*
la habitación sencilla	*single room*
la maleta	*suitcase*
media pensión	*breakfast and one meal included*
pensión completa	*all meals included*
la recepción	*front desk*
el/la recepcionista	*receptionist*

Palabras afirmativas y negativas
Ver página 212.

El aeropuerto

a tiempo	*on time*
la aerolínea	*airline*
la hora de llegada	*time of arrival*
la hora de salida	*time of departure*
la línea aérea	*airline*
la puerta (de salida) número . . .	*gate number . . .*
el retraso	*delay*

El pasaje *Ver página 208.*

no fumar	*no smoking*
la tarjeta de embarque	*boarding pass*

Verbos

amar	*to love*
ayudar	*to help*
conducir	*to drive* (Spain)
construir	*to build*
creer	*to believe* (something)
esperar	*to wait* (*for*)
invitar	*to invite*
manejar	*to drive* (Latin America)
mentir (e ⟶ ie, i)	*to lie*
odiar	*to hate*
oír	*to hear*
producir	*to produce*
repetir (e ⟶ i, i)	*to repeat*
seguir (e ⟶ i, i)	*to follow*
sentirse (e ⟶ ie, i)	*to feel*

Palabras y expresiones útiles

¿Cómo que . . . ?	*What do you mean . . . ?*
darse cuenta de algo	*to realize something*
Lo siento.	*I'm sorry.*
las noticias	*news*
Perdimos el autobús.	*We missed the bus.*
por fin	*at last, finally*
el precio	*price*
quisiera / quisiéramos	*I / we would like*
la última vez	*the last time*

CAPÍTULO 8

▷ Aeropuerto Ronald Reagan en Washington, D.C.; realizado por César Pelli, arquitecto argentino.

CHAPTER OBJECTIVES

▶ Indicating sequence
▶ Describing wants and needs
▶ Describing the layout of a house
▶ Describing furnishings and household items
▶ Expressing hope, giving advice, and making requests

Datos interesantes

Algunas de las construcciones realizadas por el arquitecto argentino César Pelli:

- Torres Petronas, Kuala Lumpur
- Bank of America Centro Corporativo, Charlotte, NC
- Edificio de Física y Astronomía, Universidad de Washington, Seattle
- Museo de la Ciudad de Osaka, Japón
- Torre de Carnegie Hall, Nueva York
- Jardín de invierno en el World Trade Center, Nueva York (destruido el 11 de septiembre de 2001)

En busca de apartamento

La Pedrera, edificio de ▶
apartamentos en Barcelona,
España diseñado por el
arquitecto español Antonio
Gaudí. Se puede visitar
el techo (*roof*) y el ático
del edificio, donde hay
una exhibición de las obras
del arquitecto español.

o sea	that is to say
Fulano, Mengano y Zutano	Tom, Dick, and Harry
¡Vaya!	Wow!

Las cinco chicas buscan apartamento porque el colegio mayor se cierra el mes de agosto durante las vacaciones. Ahora Diana, Marisel y Teresa están hablando sobre qué tipo de apartamento quieren.

ACTIVIDAD 1 **Marca qué buscan** Lee la siguiente lista. Después, mientras escuchas la conversación, marca qué cosas buscan las chicas en un apartamento.

dormitorios	2	3	4
cocina grande	sí	no	opcional
patio	sí	no	opcional
muebles	sí	no	opcional
portero	sí	no	opcional
línea de teléfono	sí	no	opcional
aire acondicionado	sí	no	opcional
balcón	sí	no	opcional
muchas ventanas	sí	no	opcional

● Describing what you are looking for

MARISEL: Entonces necesitamos un apartamento que tenga tres dormitorios.

TERESA: ¡Claro! Y también debemos tener una cocina grande porque cocinamos mucho.

MARISEL: ¡Por supuesto! Y no sólo para nosotras, porque siempre van a estar los novios de Teresa y Claudia que comen como dos gorilas.

TERESA: Tienes razón. No sé cómo comen tanto.

DIANA: Bueno, pero recuerden que el apartamento debe ser barato, y ¿no lo queremos amueblado?

TERESA: No, sin muebles porque mi tío tiene muebles de segunda mano que podemos usar. O sea, tres dormitorios, cocina grande y barato. ¿Algo más?

MARISEL: Sí, que tenga portero.

DIANA: ¿Portero? ¿Por qué?

● Giving a reason

MARISEL: Porque un portero es una ayuda enorme. Limpia la entrada, recibe las cartas, saca la basura, abre la puerta y además es el policía del edificio.

TERESA: Me gusta la idea, pero los edificios con porteros son un poco más caros y . . .

DIANA: Bueno, bueno. Con o sin portero. Depende del precio. ¿Qué más? ¡Ah! ¿Vamos a poner línea de teléfono?

MARISEL: Bueno, no sé. Todas tenemos móviles, ¿no? Y si necesitamos línea, nos instalan la línea en cuarenta y ocho horas.

DIANA: Sí, es verdad, por ahora no hay problema. Lo único es que a mí me gustaría tener balcón y muchas ventanas.

● Expressing a desire

MARISEL: Pues si . . . si no quieres que te vean Fulano, Mengano y Zutano desde la calle, es mejor que esté en un segundo o tercer piso porque un apartamento en el primer piso y con balcón . . . no sé, pero puede traer problemas.

DIANA: ¡Vaya! Entonces buscamos un apartamento que esté en un segundo piso o más alto, con tres dormitorios, balcón, muchas ventanas, una cocina grande, que sea barato y si es posible, con portero. ¡Uf! ¡No pedimos nada!

● In most Hispanic countries, la **planta baja/el bajo** = *first or ground floor;* **el primer piso** = *second floor.* Therefore, if you are in an elevator, the button marked "PB" or "B" is the ground floor.

ACTIVIDAD **2** **¿Comprendiste?** Después de escuchar la conversación otra vez, contesta estas preguntas.

1. ¿Qué comentario hace Marisel sobre los novios de Teresa y de Claudia?
2. ¿Qué es un portero? ¿Es común tener portero en los Estados Unidos? ¿Te gustaría vivir en un edificio con portero?
3. ¿Por qué dice Marisel que no hay problema por ahora si no tienen línea de teléfono en el apartamento?
4. Cuando Diana dice, "¡Uf! ¡No pedimos nada!", ¿quiere decir que va a ser fácil o difícil encontrar apartamento?
5. ¿Prefieres vivir en un apartamento o en una residencia estudiantil?

ACTIVIDAD 3

¿Qué prefieren Uds.? En grupos de cinco, decidan cuáles son las cosas más importantes para Uds. en un apartamento. Clasifiquen las siguientes cosas con una escala de uno a tres. Después díganle al resto de la clase las cosas que son importantes para Uds.

1 no es importante   **2** es importante   **3** es muy importante

_____ el número de dormitorios   _____ la parte de la ciudad en que esté
_____ que sea barato   _____ que tenga garaje
_____ que tenga balcón   _____ que tenga cocina grande
_____ que tenga vista   _____ el piso en que esté
_____ que esté amueblado   _____ que tenga portero

¿Lo sabían?

Los países de habla española le han dado al mundo un grupo de arquitectos con mucha visión. Entre ellos se encuentra el minimalista mexicano Luis Barragán (1902–1988), quien recibió el Premio Pritzker en 1980 por sus diseños de casas que incluyen no sólo aspectos autóctonos mexicanos sino también árabes y mediterráneos. Otro arquitecto incomparable es Antonio Gaudí (1852–1926) de Barcelona, España, quien parecía no conocer la línea recta. Sus edificios se caracterizan por sus curvas sensuales y su diseño casi surrealista que les dan un aspecto de fantasía. El argentino César Pelli (1926–), que fue decano (*dean*) de la Facultad de Arquitectura de Yale, tiene una empresa de arquitectura que diseña torres de oficinas, teatros, museos, hoteles, estadios deportivos, etc.,

en todo el mundo. Santiago Calatrava, español (1951–), quien también diseña en diferentes partes del mundo, es conocido por sus estructuras dinámicas de estilo muy abierto y que, algunas veces, hasta se mueven (*they even move*).

▲ *El Pabellón Quadracci*, extensión del Museo de Arte de Milwaukee realizada por Santiago Calatrava, arquitecto español. Esta estructura simula un pájaro con alas que se abren y se cierran y que funcionan como un parasol para el pabellón que está debajo.

● Pelli and Calatrava have their own web pages and Barragán as well as Gaudí have many web pages written about them. All contain photos and descriptions of their works.

Vocabulario esencial I

I. Los números ordinales

1º	primero	6º	sexto
2º	segundo	7º	séptimo
3º	tercero	8º	octavo
4º	cuarto	9º	noveno
5º	quinto	10º	décimo

● Felipe II and Alfonso XIII are former Spanish kings. Alfonso XIII is the grandfather of the present king, Juan Carlos I.

1 ▲ Ordinal numbers are used to refer to things such as floor numbers, grade levels in school, and finishing positions in races. It is not common to use ordinal numbers above **décimo;** cardinal numbers are used instead.

Felipe II **(segundo)** construyó El Escorial.
BUT: Alfonso XIII **(trece)** murió en 1941.

2 ▲ Ordinal numbers agree in gender and number with the nouns they modify. **Primero** and **tercero** drop the final **-o** when modifying a masculine singular noun.

Ella vive en el **primer** apartamento del **tercer** piso.
La **primera** esquiadora en llegar fue la chilena Nuria Menéndez.

ACTIVIDAD **4**   **La carrera de ciclismo** En una carrera (race) de ciclismo este fin de semana participaron seis ciclistas de Hispanoaméri- ca. En parejas, lean las pistas (clues) y adivinen el número de llegada (primero, segundo, etc.), nombre, nacionalidad y color de camiseta de cada ciclista.

1. Claudio Vardi, con camiseta roja, es de un país suramericano.
2. El uruguayo llegó en tercer lugar.
3. El hombre de camiseta amarilla se llama Augusto Terranova y no es uruguayo.
4. El colombiano que llegó primero tiene camiseta roja.
5. Hernando Calasa, con camiseta morada, no llegó cuarto.
6. Francisco Lara, que tiene camiseta azul, es el único que no es suramericano.
7. Silvio Scala, de nacionalidad chilena, llegó justo después del boliviano de camiseta amarilla.
8. El peruano de camiseta morada llegó último.
9. El guatemalteco llegó justo después del colombiano.
10. La camiseta del uruguayo Marcelo Ruso es verde y no negra como la del ciclista chileno.

¿Lo sabían?

El ciclismo es un deporte muy popular en muchos países y cada año hay carreras internacionales. Quizás las más interesantes sean las de España y de Colombia, por la habilidad de los participantes y también por ser muy difíciles, pues hay muchas montañas. La carrera más importante del mundo es la Vuelta a Francia, que tiene lugar todos los años en el mes de julio. En 1985, Fabio Parra de Colombia ganó la carrera. En 1988, la ganó un español, Pedro Delgado, y la ganó otro español, Miguel Indurráin, de 1991 a 1995. Los ciclistas hispanos se encuentran entre los mejores del mundo. ¿Sabes los nombres de algunos ciclistas norteamericanos que ganaron la Vuelta a Francia?

La Vuelta a España empezará en Tenerife y terminará en Madrid.

II. Las habitaciones de una casa

● dormitorio = habitación, alcoba, cuarto, recámara, pieza

Palabras relacionadas

el agua water	**la electricidad/luz** electricity
alquilar to rent	**la fianza/el depósito** security deposit
el alquiler rent	**el gas** gas
amueblado/a furnished	**los gastos** expenses
la calefacción heat	

ACTIVIDAD 5 **Asociaciones** Di qué cuartos de la casa asocias con las siguientes actividades o cosas: dormir, mirar televisión, comer, estudiar, hablar con amigos, leer, ducharse, escuchar música, lavarse las manos, preparar comida.

ACTIVIDAD 6 **¿Cómo es tu casa?** En grupos de tres, cada persona les describe la casa de su familia a sus compañeros. Digan si es grande o pequeña, qué tiene (cuántos dormitorios, etc.) y si tiene alguna característica especial.

● **Departamento** is sometimes used for **apartamento** in some Latin American countries.

ACTIVIDAD 7 **En busca de información** En grupos de tres, "A" y "B" van a trabajar en Montevideo, Uruguay, por seis meses y tienen que alquilar un departamento. "C" es un/a amigo/a y les dice que hay un departamento para alquilar en su edificio. "A" y "B" quieren información sobre el departamento y le hacen preguntas a "C". Lean sólo las instrucciones para su papel.

A y B
Quieren saber:

1. cuánto es el alquiler
2. si es necesario pagar depósito
3. si está amueblado
4. si hay calefacción
5. si hay otros gastos como gas, agua y luz

C
Sabe:

1. el alquiler es 3.000 pesos al mes
2. un mes de depósito
3. está amueblado (con muebles viejos)
4. hay calefacción central
5. el alquiler incluye gas, agua y luz

Gramática para la comunicación I

Talking About the Unknown: The Present Subjunctive

A. Use of the Present Subjunctive

When talking about something or someone, you may describe it/him/her with an adjective or with an adjective clause usually introduced by **que**:

> **Vivo en un apartamento** *grande.* (adjective)
> **Vivo en un apartamento** *que es grande.* (adjective clause)

The two previous sentences describe an apartment where the speaker lives. The apartment actually exists: the speaker knows the address, how many bedrooms it has, etc. When describing something that you are not sure exists, you may also use an adjective or an adjective clause, normally introduced by **que,** that contains a verb in the subjunctive mood:

Busco un apartamento *grande.*
Busco un apartamento *que sea grande.*

Compare the following sentences:

Exists	*May or may not exist*
Conozco al portero que trabaja en mi edificio.	Busco un portero **que trabaje bien.***
Tengo una cama que es cómoda.	Necesito una cama **que sea cómoda.**
Mis padres viven en un apartamento que tiene balcón.	Mis padres quieren un apartamento **que tenga balcón.**

***NOTE:** The *personal* **a** is not used when the direct object refers to a person or persons that may or may not exist, unless it is **alguien: Busco a alguien que conozca bien la zona.**

A verb in the subjunctive mood is also used in adjective clauses to describe something that does not exist from the point of view of the speaker. This type of construction is frequently used to complain or whine about a problem.

No hay ningún apartamento **que sea bonito.**
No conozco a nadie **que sepa cocinar bien.***

***NOTE:** The *personal* **a** is used when **nadie** is the direct object.

B. Forms of the Present Subjunctive

1 ▲ To conjugate most verbs in the subjunctive, apply the following rules.

a. Take the present indicative **yo** form: **hablo, como, salgo**
b. Drop the **-o** from the verb ending: **habl-, com-, salg-**
c. Add **-e** for **-ar** verbs: habl**e**
   Add **-a** for **-er** and **-ir** verbs: com**a**, salg**a**
d. Add the endings for the other persons as shown in the following charts:

caminar		correr	
camino ⟶ que camin**e** que camin**emos**		corro ⟶ que corr**a** que corr**amos**	
que camin**es** que camin**éis**		que corr**as** que corr**áis**	
que camin**e** que camin**en**		que corr**a** que corr**an**	

● When practicing the subjunctive, say **que** before each form.

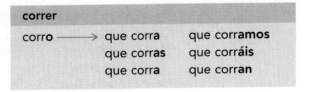

salir	
salgo ⟶ que salg**a** que salg**amos**	
que salg**as** que salg**áis**	
que salg**a** que salg**an**	

NOTE:

a. Remember that reflexive pronouns precede a conjugated form.

levantarse	
que **me** levante	que **nos** levant**emos**
que **te** levante**s**	que **os** levant**éis**
que **se** levante	que **se** levant**en**

b. Verbs ending in -**car**, -**gar**, -**zar**, and -**ger** require spelling changes in all present subjunctive forms.

	Indicative	*Subjunctive*
bus**car**	busco	que bus**que**
pa**gar**	pago	que pa**gue**
empe**zar**	empiezo	que empie**ce**
esco**ger**	escojo	que esco**ja**

2 ▲ In the subjunctive, stem-changing verbs ending in -**ar** and -**er** have the same stem change as in the present indicative: **que yo piense, que él quiera, que nosotros almorcemos.** Stem-changing verbs ending in -**ir** have the same stem change as in the present indicative, except in the **nosotros** and **vosotros** forms, which require a stem change from -**e**- to -**i**- or from -**o**- to -**u**-.

● Review -**ir** stem-changing verbs, Chs. 5 and 7.

mentir	
que **mie**nta	que **mi**ntamos
que **mie**ntas	que **mi**ntáis
que **mie**nta	que **mie**ntan

dormir	
que **due**rma	que **du**rmamos
que **due**rmas	que **du**rmáis
que **due**rma	que **due**rman

3 ▲ The following verbs are irregular in the present subjunctive:

● The accent distinguishes **dé**, the subjunctive, from **de**, the preposition. Accents on **estar** reflect pronunciation.

dar ⟶ que **dé**   estar ⟶ que **esté**   ser ⟶ que **sea**
ir ⟶ que **vaya**   saber ⟶ que **sepa**

Here are the complete conjugations of **dar** and **estar**:

dar	
que **dé**	que d**emos**
que des	que d**eis**
que **dé**	que d**en**

estar	
que **esté**	que est**emos**
que est**és**	que est**éis**
que est**é**	que est**én**

● Do Workbook **Práctica mecánica I** and corresponding CD-ROM activities.

NOTE: **Hay** ⟶ **que haya**

ACTIVIDAD 8

Nuestra primera casa **Parte A:** En parejas, imagínense que Uds. son una pareja de recién casados (*recently married*) y quieren comprar una casa. Obviamente, tienen que pensar en el futuro y la vida que van a tener. Decidan cómo debe ser su casa. **Queremos una casa que . . .**

Parte B: Ahora, comparen lo que quieren Uds. con lo que quiere la pareja de la siguiente tira cómica de Maitena.

● If something exists, use the indicative. If something may or may not exist, use the subjunctive.

ACTIVIDAD 9

Por teléfono En parejas, una persona busca apartamento y llama a una agencia de alquiler. La otra persona trabaja en la agencia y le da información.

▲ A: Busco un apartamento que tenga . . . , que sea . . . y que esté . . .

B: Tenemos un apartamento que tiene . . . , que es . . . y que está . . .

ACTIVIDAD 10

Lo ideal En grupos de cuatro, describan a su profesor/a, jefe/a (*boss*), secretario/a, padre/madre o amigo/a ideal. El/La secretario/a del grupo toma apuntes. Después, comparen su descripción con las de otros grupos.

▲ Queremos tener un profesor que . . .

Buscamos un jefe que . . .

ACTIVIDAD 11   **Se busca** **Parte A:** Busca personas en la clase que tengan o hagan las siguientes cosas.

 que tenga dos hijos

A: ¿Tienes dos hijos?

B: Sí, tengo dos hijos. / No, no tengo dos hijos.

1. que trabaje en un restaurante
2. que termine los estudios este año
3. que vaya a Bolivia este verano
4. que tenga tres hermanos
5. que sepa hablar catalán
6. que sea de Illinois
7. que hable japonés
8. que piense casarse este año
9. que tenga perro
10. que sepa preparar mole poblano

● **Catalán** is a language spoken in **Cataluña** (northeastern Spain). Capital of **Cataluña**: Barcelona.

● **mole poblano** = a spicy Mexican sauce made with chocolate

Parte B: Ahora, contesta las preguntas de tu profesor/a.

▲ ¿Hay alguien en la clase que trabaje en un restaurante?

Sí, hay alguien que trabaja en un restaurante; [Charlie] trabaja en [Red Lobster].

No, no hay nadie que trabaje en un restaurante.

● Nonexistence from the speaker's point of view = subjunctive

ACTIVIDAD 12   **El eterno pesimista** Eres una persona pesimista. Completa estas oraciones de forma original.

1. No hay nadie que . . .
2. No tengo nada que . . .
3. No conozco a nadie que . . .
4. El presidente no hace nada que . . .
5. En las tiendas no encuentro nada que . . .
6. No tengo ningún profesor que . . .

ACTIVIDAD 13   **Se necesita** Parte A: Lee y completa los siguientes anuncios. Después decide cuáles pueden combinarse.

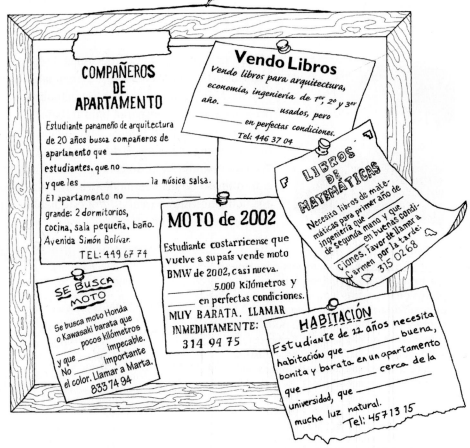

COMPAÑEROS DE APARTAMENTO

Estudiante panameño de arquitectura de 20 años busca compañeros de apartamento que _____ estudiantes, que no _____ y que les _____ la música salsa. El apartamento no _____ grande: 2 dormitorios, cocina, sala pequeña, baño. Avenida Simón Bolívar.
TEL: 449 67 74

Vendo Libros
Vendo libros para arquitectura, economía, ingeniería de 1er, 2º y 3er año. _____ usados, pero en perfectas condiciones.
Tel: 446 37 04

LIBROS DE MATEMÁTICAS
Necesito libros de matemáticas para primer año de ingeniería que _____ de segunda mano y que _____ en buenas condiciones. Favor de llamar a Carmen por la tarde: 315 0268

MOTO de 2002
Estudiante costarricense que vuelve a su país vende moto BMW de 2002, casi nueva. _____ 5.000 kilómetros y en perfectas condiciones. MUY BARATA. LLAMAR INMEDIATAMENTE: 314 94 75

SE BUSCA MOTO
Se busca moto Honda o Kawasaki barata que _____ pocos kilómetros impecable. y que _____ importante No _____ el color. Llamar a Marta. 833 74 94

HABITACIÓN
Estudiante de 22 años necesita habitación que _____ buena, bonita y barata en un apartamento que _____ cerca de la universidad, que _____ mucha luz natural. Tel: 457 13 15

● The infinitive is frequently used to give impersonal written commands: **Llamar a Javier.**

Parte B: En parejas, una persona llama para pedir más información y la otra da información adicional.

A: ¿Aló?
B: Sí, llamo por la moto . . .

¿Lo sabían?

En los países hispanos no es común vender cosas de segunda mano delante de la casa o en el garaje (*tag or garage sales*). Generalmente, la gente les regala la ropa usada a miembros de la familia, a personas pobres o también a la iglesia. Las cosas usadas como estéreos, computadoras y libros se anuncian en la sección de avisos clasificados del periódico, en revistas o periódicos como *Segundamano* o en Internet. ¿Conoces algún periódico como éste en tu ciudad?

 Do Workbook **Práctica comunicativa I** and corresponding CD-ROM activities.

Más allá

Trabajo en el ámbito legal

Con la gran cantidad de personas de habla española en los Estados Unidos y con los acuerdos comerciales como el Tratado de Libre Comercio (*NAFTA*) que existen en la actualidad, cada día se buscan más y más personas que sepan español para trabajar en el ámbito legal. Esto incluye desde secretarios, intérpretes para juicios (*court cases*) hasta abogados. Algunas especialidades de derecho tienen más demanda que otras, como el derecho migratorio, el derecho penal y el derecho internacional. Pero con el gran número de hispanohablantes en los Estados Unidos, hasta los abogados de bienes raíces (*real estate*) que hablan español tienen muchas oportunidades de trabajo en ciertas regiones. ◆

▲ Estudié ciencias políticas, derecho y cursos de español en la universidad. Hoy día soy abogado y también fotógrafo profesional. Gracias a mi español, tuve la oportunidad de conocer todo un continente y sus culturas. También pude documentarlas en mis trabajos como consultor sobre sociedad civil y en industrias de alta tecnología que tienen operaciones en Latinoamérica.

—*David Kupferschmid*

Paralegal - Ft. Lauderdale	
Hiring Entity:	AOL-Latin America
Hiring Entity type:	Internet/Online Services
Posted by:	AOL Latin America
Compensation:	******
Languages:	English - Fluent Spanish - Fluent Portuguese - Studied
Minimum Education:	Bachelor Degree
Minimum Years Experience:	3
Resumes accepted in:	English
Location Info:	Ft. Lauderdale Florida, United States
Candidate Location:	Only candidates in same state/locale

Vocabulario esencial II

Los muebles

1. la alfombra
2. la cómoda
3. el armario/el ropero
4. el sillón
5. el estante

● The word **o** becomes **u** before words starting with **o** or **ho**.

ACTIVIDAD 14 **Asociaciones** Di qué muebles u objetos asocias con las siguientes habitaciones, acciones o cosas.

1. la sala, el dormitorio y el comedor
2. dormir, leer, maquillarse, escribir, comer y sentarse
3. suéteres, vestidos, peine y diccionario

ACTIVIDAD 15 **Casa amueblada** Mira el plano (*diagram*) de la casa en la página 227 y describe los muebles que ves y en qué parte de la casa están.

En la cocina

● Clothes dryers (**secadoras**) are not as common in Spain and Hispanic America as in the U.S. **La secadora** = (*clothes*) *dryer*; **el secador** = *hair dryer*.

● Some people say **el lavavajillas** for **el lavaplatos**.

1. el (horno de) microondas
2. la estufa/cocina eléctrica / de gas
3. el lavaplatos
4. el fregadero
5. la nevera
6. el congelador
7. la aspiradora
8. la lavadora
9. la tostadora
10. la cafetera

En el baño

1. el inodoro
2. el bidé
3. la bañera
4. la ducha
5. el espejo
6. el lavabo

ACTIVIDAD **16**   **Asociaciones** Asocia estas marcas con el vocabulario de electrodomésticos (*appliances*) y de las cosas del baño.

Maytag   Mr. Coffee   Mr. Bubble   Hoover
Frigidaire   Toastmaster   Kenmore   Saniflush

ACTIVIDAD **17**   **¿Dónde se ve?** Lee las siguientes situaciones y decide si éstas se ven generalmente en los Estados Unidos (**E**), en un país hispano (**H**) o en los dos (**EH**).

1. _____ Hay portero en el edificio.
2. _____ Los ascensores tienen espejos.
3. _____ En el congelador hay mucha comida congelada.
4. _____ Hay televisor en la cocina.
5. _____ No hay secadora en la casa.
6. _____ Hay bidé en el baño.

ACTIVIDAD **18**   **Describe y dibuja** En parejas, "A" le describe a "B" su cocina, sala o baño. "A" debe indicar qué muebles y otras cosas tiene en ese cuarto y dónde están. "B" dibuja un plano del lugar con muebles y otras cosas. Después cambien de papel.

ACTIVIDAD **19**   **El apartamento** En grupos de tres, Uds. acaban de alquilar un apartamento semiamueblado. El apartamento tiene tres dormitorios, teléfono, sofá, dos camas, dos cómodas, una mesa grande en el comedor y solamente tres sillas para la mesa. Miren la siguiente lista y seleccionen solamente cuatro cosas que necesitan.

alfombras	sillas para el comedor	camas	estantes
una aspiradora	un microondas	un estéreo	sillones
una cafetera	espejos	un televisor	cómodas
una tostadora	una lavadora		

Todos son expertos

El Rastro, un mercado al ▶
aire libre en Madrid, España.
Sólo se abre los domingos.

● **ojalá** = *may God grant* (from
Arabic)

ojalá (que) + *subjunctive*	I hope (that) . . .
Ojalá que quiera venderla.	I hope he wants to sell it.
la plata	slang for "money" (Literally: "silver")
¡Por el amor de Dios!	For heaven's sake! (Literally: "For the love of God!")

*Don Alejandro, el tío de Teresa, tiene algunos muebles para el apartamento
que acaban de alquilar las chicas, pero ellas tienen que comprar algunas
cosas. Vicente y don Alejandro le están dando consejos a Teresa sobre los
muebles de la casa.*

**ACTIVIDAD
20**   **Marca los muebles** Mientras escuchas la
conversación, marca sólo las cosas que necesitan
las chicas.

_____ alfombra	_____ estantes	_____ escritorio
_____ cama	_____ lámparas	_____ sofá
_____ cómoda	_____ lavadora	

● Asking about needs

TÍO: Entonces, con los muebles que voy a darles, ya tienen casi amueblado el apartamento.

TERESA: ¡Sí, es fantástico!

VICENTE: Pero todavía necesitan una cama y una lámpara, ¿no?

TERESA: Sí, una cama y una lámpara y también dos estantes para los
libros.

VICENTE:	¿Crees que en el Rastro puedas encontrar unos estantes y una lámpara que no cuesten mucha plata?
TERESA:	Buena idea, porque no tenemos mucho dinero.
TÍO:	Oye, Teresa, creo que es necesario que tengan lavadora, ¿no?
TERESA:	Es verdad, pero una lavadora nos va a costar un ojo de la cara.
VICENTE:	¿Sabes? Ayer me dijo Juan Carlos que la semana que viene Raúl se va a México para hacer investigación.
TERESA:	¿Raúl? ¿Quién es Raúl?
VICENTE:	Raúl, ¿no recuerdas? Es un amigo sociólogo que se va a trabajar a México por un tiempo. Y tiene apartamento con lavadora. Podemos llamarlo para preguntarle si la va a vender.
TERESA:	¡Ah, Raúl! ¡Ya sé quién es! ¿Se va a México? ¡No me digas! Estoy segura que no se va a llevar la lavadora a México. Ojalá que quiera venderla. Y podemos preguntarle si también quiere vendernos una cama.
TÍO:	Pero, Teresa, ¡cómo que una cama de segunda mano! No quiero que compres una cama usada.
TERESA:	Entonces, ¿quieres que duerma en la alfombra?
TÍO:	No, ¡por el amor de Dios! Tu tío Alejandro te compra una cama nueva.
VICENTE:	¿Matrimonial?

● Expressing influence

● Giving an implied command

**ACTIVIDAD
21** ¿Hay soluciones? Después de escuchar la conversación otra vez, explica cómo va a obtener Teresa estas cosas.

la cama   una lámpara   dos estantes   la lavadora

¿Lo sabían?

El famoso mercado de El Rastro se encuentra en el corazón de Madrid y ocupa varias calles. Allí puedes encontrar de todo: ropa, zapatos, juguetes, muebles e inclusive antigüedades. Se abre sólo los domingos por la mañana y se cierra a eso de las 2:00 de la tarde. En contraste con este y otros mercados en grandes metrópolis, está el mercado de Chichicastenango que se encuentra en una ciudad pequeña de Guatemala donde los indígenas de la zona venden sus productos. En este colorido mercado, los jueves y los domingos, se venden flores, artesanías (crafts), textiles, muebles, frutas, condimentos y hierbas medicinales entre otras cosas.

▲ Vendedoras de comida en el mercado de Chichicastenango, Guatemala.

ACTIVIDAD
22

Los deseos de Año Nuevo Uds. están celebrando el Año Nuevo y están brindando (*toasting*) por el año que comienza. Hagan un deseo para el año nuevo.

Ojalá que este año pueda ir de vacaciones a México.

Gramática para la comunicación II

I. Using *ya* and *todavía*

A. Ya

1 ▲ **Ya** means *already* or *now*. Context helps determine which meaning is being conveyed.

—¿Te explico la lección?	*Shall I explain the lesson to you?*
—No, gracias. **Ya** la entiendo.	*No, thank you. I **already** understand it.*

—¿Ves? Así se hace una tortilla.	*See? This is how a tortilla is made.*
—¡Ah! ¡**Ya** entiendo!	***Now** I understand!*

2 ▲ **Ya no** means *no longer, not anymore*.

Ya no tengo que estudiar porque terminé los exámenes.
*I **don't** have to study **anymore** because I finished my exams.*

B. Todavía

1 ▲ **Todavía** means *still*.

Todavía tengo problemas.	*I **still** have problems.*

2 ▲ **Todavía no** means *not yet*.

—¿Estudiaste?	*Did you study?*
—**Todavía no.**	***Not yet.***

II. Giving Advice and Stating Desires: Other Uses of the Subjunctive

In the conversation you heard between Teresa and her uncle, how many subjects are there in each sentence in the following exchange?

TÍO:	**No quiero que compres una cama usada.**
TERESA:	**. . . ¿quieres que duerma en la alfombra?**

If you said two, you were correct. What form of the verb follows the word **que?** The correct answer is *subjunctive*.

1 ▲ To give someone advice, to request that another person do something, or to express hopes and desires about somebody else, you may use a noun clause that contains a verb in the subjunctive.

Quiero **que (tú) vayas** al Rastro.	*I want you to go to the Rastro.*
Siempre me pide **que me levante** temprano.	*He/She always asks me to get up early.*
Te aconsejo **que compres** este estante.	*I advise you to buy this shelf.*
Ella espera **que compres** éste.	*She hopes you buy this one.*
Nos prohíbe **que fumemos.**	*He/She forbids us to smoke.*
El presidente espera **que haya** paz en el mundo.	*The president hopes there will be peace on earth.*

Verbs frequently used in the independent clause to give advice, to request an action, or to express hopes and desires include **querer, aconsejar, desear, prohibir, pedir,** and **esperar.** However, when only one subject is present, use an infinitive.

Quiero **ir** al Rastro.	*I want to go to the Rastro.*

2 ▲ You can also give advice, request an action, or express hopes and desires in an impersonal way about someone or something specific.

Es mejor **que te acuestes.**	*It's better that you go to bed.*
No es importante **que vuelvas** pronto.	*It isn't important that you return soon.*
Es necesario **que la casa tenga** una cocina grande.	*It's necessary that the house have a big kitchen.*

However, when you want to give advice, request an action, or express hopes and desires, but not over someone in particular, use a verb in the infinitive.

Es necesario **volver** mañana.	*It's necessary to return tomorrow.* (no **que** and no subject in the dependent clause)

Impersonal expressions frequently used to give advice, request an action, or express hopes and desires include **(no) es necesario, es mejor, es bueno,** and **(no) es importante.**

Internet

Do Workbook **Práctica mecánica II,** CD-ROM, Web ACE Tests, and lab activities.

ACTIVIDAD 23   **¿Ya estudiamos . . . ?** En parejas, háganse preguntas para ver si ya estudiaron los siguientes temas en esta clase de español.

A: ¿Ya estudiamos el pretérito?

B: Sí, ya lo estudiamos.   B: Todavía no.

1. el objeto directo   4. los números del cien al millón
2. el imperfecto   5. palabras afirmativas y negativas
3. el subjuntivo   6. el superlativo

ACTIVIDAD 24

¿Ya limpiaste? En parejas, "A" cubre la Columna B y "B" cubre la Columna A. "A" y "B" viven en la misma casa y cada persona tiene sus responsabilidades. El problema es que "B" no es muy responsable y hace las cosas a último momento. "A" le pregunta a "B" si ya hizo las tareas que le corresponden.

A: ¿Ya lavaste la ropa?

B: Sí, ya la lavé.   B: Todavía no.
A: ¿Ya fuiste al supermercado?   A: ¿Cómo que todavía no?
B: . . .   B: . . .

● A check mark indicates the task has been completed.

A

limpiar el baño
comprar el periódico
darle de comer al perro
pagar la luz
comprar detergente

B

Tareas para hoy:
☐ comprar el periódico
☐ pagar la luz
☐ comprar detergente
☐ limpiar el baño
☐ darle de comer al perro

ACTIVIDAD 25

La búsqueda Termina esta conversación entre Mario y un señor que trabaja para la agencia Vivir Feliz. Escribe las formas apropiadas de los verbos indicados usando el subjuntivo, el indicativo o el infinitivo.

MARIO: Necesito un apartamento que _____ cerca de la universidad. (estar)

AGENTE: Hay un apartamento a cinco minutos de aquí que _____ un dormitorio. (tener)

MARIO: No, ése no me va a servir. Busco un apartamento que _____ tres dormitorios y dos baños. (tener)

AGENTE: Te aconsejo que _____ con otra agencia porque nosotros sólo tenemos apartamentos pequeños. (hablar)

MARIO: ¿Algún otro consejo?

AGENTE: Sí, es importante que _____ a buscar ahora, porque hay pocos apartamentos y muchos estudiantes. (empezar)

MARIO: Buena idea. ¿Es necesario que yo _____ un depósito o solamente tengo que firmar un contrato? (pagar)

AGENTE: Generalmente es necesario _____ en el momento de firmar. (pagar)

MARIO: Ahora tengo que _____, pero como Ud. dice, es importante que yo _____ temprano para buscar apartamento. Muchas gracias, Sr. Moreno. (estudiar, levantarse)

ACTIVIDAD 26 **Todos quieren algo de mí** Muchas personas quieren que tú hagas ciertas cosas, pero tú quieres hacer algo diferente.

🔺 Mi madre quiere que yo sea dentista, pero yo quiero ser director/a de cine.

1. mi madre
2. mi padre
3. mis amigos
4. mi jefe/a
5. mi profesor/a de
6. mi perro/gato

ACTIVIDAD 27 **Consejos para presidentes** **Parte A:** Imagina que tienes la oportunidad de hablar directamente con el/la presidente/a de tu país. Dale consejos.

1. no querer / que / Ud. / subir / los impuestos
2. es importante / que / Ud. / preocuparse / por los pobres
3. es mejor / que / los candidatos / no recibir / dinero de grupos con intereses económicos
4. es necesario / que / haber / menos corrupción en el gobierno
5. esperar / que / Ud. / escuchar / al pueblo (*people*)
6. aconsejarle / que / ser / (más o menos) liberal
7. . . .

Parte B: Tu universidad es buena, pero no es perfecta. En parejas, preparen cuatro consejos para el/la presidente/a de su universidad con cambios que les gustaría ver.

ACTIVIDAD 28 **Los consejos de un padre** En parejas, "A" es un padre o una madre que tiene que darle consejos a su hijo/a sobre las drogas y el alcohol. "B" es el/la hijo/a que reacciona y también da consejos. Lean sus papeles y al hablar, usen frases como **te aconsejo (que), te prohíbo (que), es importante (que),** etc.

A (El padre/La madre)

Crees que tu hijo/a de 16 años consume drogas y bebe alcohol. Habla con él/ella y dale consejos. Quieres mucho a tu hijo/a. Recuerda: tú no eres perfecto/a tampoco.

B (El hijo/La hija)

Tienes 16 años y eres muy rebelde. Tu padre toma una copa de vino cuando llega del trabajo y también con la comida. Tu madre siempre toma un whisky antes de la comida. Los dos fuman. Dale algún consejo a tu padre/madre. Recuerda: tú no eres perfecto/a tampoco.

ACTIVIDAD 29 **Querida Esperanza** **Parte A:** Dos personas con problemas personales le escribieron a Esperanza, una señora que da consejos en Internet. Completa sus cartas con el indicativo (presente, pretérito), el infinitivo o el subjuntivo de los verbos que están en el márgen.

cambiar

comprar

empezar

escribir

hablar

hacer

salir

ser

tener

> Querida Esperanza:
>
> _____ un hombre de 35 años y tengo un problema: hace una semana _____ una crema especial y muy cara para cambiarme el color del pelo. Mi pelo _____ de color, pero también _____ a caerse. Después de una semana ya no _____ pelo.
>
> ¡Imagínese! Me da vergüenza _____ de casa. ¿Qué puedo _____? ¿Comprar un sombrero? ¿Qué es mejor, que le _____ a la compañía que hizo la crema o que _____ con un abogado?
>
> Calvo y sin plata
>
> Para la respuesta de Esperanza, haz clic <u>aquí</u>.

caminar

comprar

hablar

hacer

hacer

llevar

morirse

tener

> Querida Esperanza:
>
> Hace un mes _____ mi suegra y ahora _____ problemas con la herencia. Ella estuvo enferma durante tres años y yo la _____ al médico, le di de comer y cuando ya no pudo _____, le _____ una silla de ruedas. El hermano de mi esposa no _____ nada, pero recibió todo el dinero y a nosotros mi suegra nos dejó solamente el gato y un álbum de fotos. ¿Qué nos aconseja que _____? ¿Es necesario que _____ con el hermano de mi esposa?
>
> Responsable pero pobre
>
> Para la respuesta de Esperanza, haz clic <u>aquí</u>.

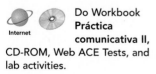

Internet

Do Workbook Práctica comunicativa II, CD-ROM, Web ACE Tests, and lab activities.

Parte B: Ahora imagínate que eres Esperanza y tienes que escribir respuestas a estas personas. Usa expresiones como **es necesario que, le aconsejo que,** etc.

Imágenes

LECTURA

Estrategia: *Using the Dictionary*

● Note: Since all dictionaries are not the same, it is important to familiarize yourself with your dictionary. Consult the Table of Contents and indexes.

So far in this text you have practiced a number of strategies to help you understand the meaning of a passage you are reading; for example, predicting, identifying cognates, and guessing meaning from context. In this chapter, you will practice using the dictionary to discern meaning. Remember: Use a dictionary only when the word is essential to your understanding of the passage.

The following guidelines will help you make better use of the dictionary.

1. Try to guess meaning from context. Then, look up the word to confirm your guess. Remember that a word may have more than one meaning, so you should check the context in which it appears when making your choice.

● The verb *to leave* can be transitive or intransitive and has two equivalents in Spanish. Transitive (takes a direct object): He always leaves his keys on the table. **Siempre deja las llaves en la mesa.** Intransitive (doesn't take a direct object): She leaves at seven every morning. **Todas las mañanas ella sale a las siete.**

2. Check the grammatical form of the word. This may help you determine which definition is correct according to context. Important grammar abbreviations are: *m.* (masculine noun), *f.* (feminine noun), *adj.* (adjective), *adv.* (adverb), *v. tr.* (a transitive verb—one that is followed by a direct object), *v. intr.* (an intransitive verb—one that does not admit a direct object), and *reflex.* (reflexive verb).

3. If a word you are looking up is part of an idiom, you will find it referenced under the main word of the idiom.

4. Nouns are usually presented in the singular form of the corresponding gender: masculine singular, feminine singular.

5. Adjectives are normally presented in their masculine singular form.

● In the sentence **Busco una persona que tenga estas credenciales**, the word **tenga** is the subjunctive of the verb **tener** and you should look up the word **tener.**

6. Verbs are normally listed only in the infinitive form; therefore, it is necessary to determine what the infinitive is from the conjugated form.

7. Knowing some common abbreviations may be helpful: ARTS fine arts; BOT. botany; CHEM. chemistry; COLL. colloquial; FIG. figurative; ZOOL. zoology; etc. There is normally a key to abbreviations in the dictionary itself, which should be consulted when a question arises.

ACTIVIDAD 30   **Contexto histórico** Vas a leer un poema de Ángela Figuera, una poeta española que escribió el poema "No quiero" después de la guerra civil de España. Determina si las siguientes oraciones son ciertas (**C**) o falsas (**F**) para averiguar cuánto sabes sobre la guerra civil y la posguerra española.

1. _____ La guerra civil de España ocurrió después de la Segunda Guerra Mundial.
2. _____ Los fascistas ganaron la guerra.
3. _____ Después de la guerra, el dictador fue el general Francisco Franco.
4. _____ No participaron otros gobiernos en la guerra civil española.
5. _____ Después de la guerra, España pasó por un período de mucha censura.

ACTIVIDAD 31   **Lectura rápida** Lee el poema una vez y mira los dibujos para comprender mejor el significado de algunas palabras. No uses el diccionario. Contesta estas preguntas al terminar.

1. ¿Cómo se siente la poeta Ángela Figuera, triste o contenta?
2. ¿Qué aspecto de su sociedad critica ella, que la gente es demasiado materialista o que no tiene libertad de expresión?
3. En los Estados Unidos, ¿pueden pasar las cosas que ella critica? ¿Por qué sí o no?

◆ No quiero

Ángela Figuera

1   No quiero
     que los besos se paguen
     ni la sangre se venda
     ni se compre la brisa
     ni se alquile el **aliento.**

2   No quiero
     que el trigo se queme y el pan se **escatime.**

3   No quiero
     que haya frío en las casas,
     que haya miedo en las calles,
     que haya rabia en los ojos.

4 No quiero
    que en los labios se encierren mentiras,
    que en las arcas se encierren millones,
    que en la cárcel se encierre a los buenos.

5 No quiero
    que el **labriego** trabaje sin agua,
    que el marino navegue sin brújula,
    que en la fábrica no haya **azucenas,**
    que en la mina no vean la aurora,
    que en la escuela no **ría** el maestro.

6 No quiero
    que las madres no tengan perfumes,
    que las mozas no tengan amores,
    que los padres no tengan tabaco,
    que a los niños les pongan los **Reyes**
    camisetas de **punto** y cuadernos.

7 No quiero
    que la tierra se parta en porciones,
    que en el mar se establezcan dominios,
    que en el aire se **agiten** banderas,
    que en los trajes se pongan señales.

8 No quiero
    que mi hijo desfile,
    que los hijos de madre desfilen
    con fusil y con muerte en el hombro:
    que jamás se **disparen** fusiles,
    que jamás se fabriquen fusiles.

9 No quiero
    que me manden Fulano y Mengano,
    que me **fisgue** el vecino de enfrente,
    que me pongan carteles y sellos,
    que decreten lo que es poesía.

10 No quiero
    amar en secreto,
    llorar en secreto,
    cantar en secreto.

11 No quiero
    que me **tapen** la boca
    cuando digo NO QUIERO.

ACTIVIDAD 32

El diccionario Lee el poema otra vez con más cuidado (*care*). Mira las palabras que están en negrita (*boldface*) y busca el significado de cada palabra. A continuación se presentan definiciones de estas palabras.

a·gi·tar tr. (*sacudir*) to wave, shake; FIG. (*alborotar*) to agitate, excite —reflex. (*sacudirse*) to wave, flutter; FIG. (*perturbarse*) to be agitated *or* excited; MARIT. to be rough or choppy.

a·lien·to m. (*soplo*) breath; (*respiración*) breathing, respiration; FIG. (*valor*) strength, courage ◆ **dar a. a** FIG. to encourage • **de un a.** FIG. in one breath, without stopping • **cobrar a.** FIG. to take heart • **sin a.** breathless.

a·zu·ce·na f. BOT. white *or* Madonna lily; CUBA, BOT. nard; FIG. pure *or* delicate person ◆ **a. anteada** day *or* fire lily • **a. atrigada** tiger lily • **a. de agua** water lily.

dis·pa·rar tr. to fire, shoot; (*echar*) to throw, hurl.

es·ca·ti·mar tr. to skimp on, to be sparing with ◆ **e. la comida** to skimp on food; to spare • **no e. esfuerzos** to spare no effort.

fis·gar tr. (*pescar*) to spear, harpoon (fish); (*husmear*) to pry into, snoop on —intr. & reflex. to make fun of, mock.

la·brie·go, -ga m.f. farm hand or worker.

pun·to m. (*señal pequeña*) small dot; (*sitio*) point, spot ◆ **p. de reunión** the meeting point; (*ocasión*) point, verge • *ellos están a p. de lograrlo* they are on the verge of accomplishing it; GRAM. dot *el p. de la i* the dot of the i; period; • **al p.** at once, immediately • **a p.** just in time • **a p. de** on the verge of, about to • **de p.** knitted • **calcetines de p.** knitted socks • **dos puntos** GRAM. colon • **en p.** on the dot, sharp.

reír intr. to laugh *echarse a. r.* to burst out laughing; FIG. (*burlar de*) to make fun of, laugh at; (*brillar*) to be bright, sparkle, (one's eyes).

rey m. (*monarca*) king, sovereign; (*en juegos*) king; FIG. king • **r. de los animales** the king of beasts ◆ **a cuerpo de r.** FIG. like a king *vivir a cuerpo de r.* to live like a king • **cada uno es r. en su casa** a man's home is his castle • **día de Reyes** Epiphany, Twelfth Night • **Reyes magos** the Three Magi *or* Wise Men.

rí·a f. estuary.

rí·a, río *see* reír

ta·par tr. (*cubrir*) to cover, cover up; (*cerrar*) to plug up, to stop up; (*ocultar*) to block, obstruct (the view); FIG. (*esconder*) to conceal, hide —reflex. to cover oneself up.

ACTIVIDAD 33

En otras palabras Indica qué idea representa mejor cada estrofa (*stanza*) del poema. Es posible escribir más de un número en cada línea.

a. _____ Hay cosas que cada persona debe poder tener.

b. _____ No debe haber hambre en el mundo; hay comida para todos.

c. _____ Las dictaduras producen terror.

d. _____ Una persona no debe ir a la cárcel (*jail*) por sus ideas.

e. _____ Los seres humanos tienen el derecho (*right*) de ser felices.

f. _____ La tierra es de todos, no de diferentes gobiernos con sus ideologías.

g. _____ La violencia no es necesaria.

h. _____ Nadie debe decirle a nadie qué debe hacer, pensar o decir.

ACTIVIDAD 34

Poesía El poema que acabas de leer se llama "No quiero". Ahora vas a imitar el estilo de ese poema para escribir el siguiente poema titulado "Quiero". ¡Ojo! A veces necesitas usar infinitivo y a veces subjuntivo.

Quiero

que _____

que _____

que _____

Quiero

que _____

que _____

que _____

Quiero

_____

_____

_____

Quiero

que _____

que _____

que _____

● Be careful when writing the third stanza!

La vida de la ciudad

Antes de ver

ACTIVIDAD 35   **El barrio ideal** En parejas, miren la siguiente lista y digan qué cosas buscan Uds. en el barrio (*neighborhood*) ideal y por qué. Sigan el modelo.

◆ Es importante que tenga un supermercado cerca porque no quiero usar mi carro para hacer compras.

ser tranquilo
haber mucha gente joven
ser seguro
tener tiendas muy cerca
no haber niños

poder estacionar (*park*) el
   carro en la calle
tener restaurantes económicos
estar en un lugar céntrico
tener acceso a transporte público

Mientras ves

Javier con ▶
Carmen Fernández.

📺 25:48–29:32

ACTIVIDAD 36   **Busca un apartamento que . . .** Javier quiere alquilar un apartamento en Madrid en el mes de agosto. Mira el siguiente segmento y escribe qué muebles y otras cosas ves en las diferentes habitaciones del apartamento de Carmen, una secretaria administrativa que vive con su hija en un barrio de clase media.

salón comedor	dormitorio	baño	cocina

ACTIVIDAD 37 **Visita por el barrio** En este segmento, Carmen lleva a Javier a conocer el barrio. Escribe una lista de lugares que están cerca del apartamento.

[ ] 29:33–30:29

Después de ver

ACTIVIDAD 38 **A comparar** Compara tu casa o apartamento con el de Carmen Fernández. Luego compara el barrio de Madrid donde vive Carmen con el de tu casa o apartamento.

Mientras ves

ACTIVIDAD 39 **Visita por Buenos Aires** En este segmento Mariela habla con una amiga en Buenos Aires, Argentina, sobre el centro de esa ciudad. Mientras escuchas la conversación, completa las siguientes ideas.

[ ] 30:30–end

1. San Martín es el _____ de Argentina.
2. El edificio alto que se puede ver es el _____ rascacielos (*skyscraper*) de América Latina.
3. La zona de la calle Florida es el centro _____.
4. El horario de trabajo es de _____ a _____.
5. El horario del almuerzo es de _____ a _____.
6. La ropa típica que llevan los hombres al trabajo es pantalones _____, saco _____ y camisa _____.
7. Después del trabajo la gente va a la casa, _____ o a _____.

Después de ver

ACTIVIDAD 40 **Costumbres de este país** En parejas, digan cuáles son algunas costumbres de este país para poder describírselas a un turista.

1. horario de trabajo
2. horario del almuerzo
3. ropa típica que llevan al trabajo los hombres y las mujeres
4. cosas típicas que hace una persona después del trabajo
5. número de semanas de vacaciones

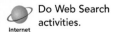

Do Web Search activities.

Vocabulario funcional

Los números ordinales   *Ver página 226.*

Las habitaciones de la casa

el baño	*bathroom*
la cocina	*kitchen*
el comedor	*dining room*
el cuarto de servicio	*maid's room*
el dormitorio	*bedroom*
el hall (de entrada)	*entrance hall*
el pasillo	*hallway*
la sala	*living room*

Los muebles

la alfombra	*carpet*
el armario/el ropero	*closet*
la cómoda	*dresser*
el estante	*bookshelf*
el sillón	*easy chair*

En la cocina

la aspiradora	*vacuum cleaner*
la cafetera	*coffee maker*
el congelador	*freezer*
la estufa/cocina eléctrica / de gas	*stove*
el fregadero	*kitchen sink*
el (horno de) microondas	*microwave (oven)*
la lavadora	*washing machine*
el lavaplatos	*dishwasher*
la nevera	*refrigerator*
la tostadora	*toaster*

En el baño

la bañera	*bathtub*
el bidé	*bidet*
la ducha	*shower*
el espejo	*mirror*
el inodoro	*toilet*
el lavabo	*sink*

Más verbos

aconsejar	*to advise*
escoger	*to choose, select*
esperar	*to hope*
limpiar	*to clean*
prohibir	*to prohibit*

Palabras relacionadas con la casa o el apartamento

el agua	*water*
alquilar	*to rent*
el alquiler	*rent*
amueblado/a	*furnished*
el apartamento	*apartment*
la calefacción	*heat*
el edificio	*building*
la electricidad	*electricity*
la fianza/el depósito	*security deposit*
el garaje	*garage*
el gas	*gas*
los gastos	*expenses*
la luz	*light; electricity*
el piso	*floor*
el portero	*doorman; janitor*

Palabras y expresiones útiles

la calle	*street*
el consejo	*advice*
de segunda mano	*secondhand, used*
es bueno	*it's good*
es importante	*it's important*
es mejor	*it's better*
es necesario	*it's necessary*
la esperanza	*hope*
Fulano, Mengano y Zutano	*Tom, Dick, and Harry*
la gente	*people*
el/la jefe/a	*boss*
o sea	*that is to say*
ojalá (que) + *subjunctive*	*I hope that . . .*
la plata	*slang for "money" (Literally: "silver")*
¡Por el amor de Dios!	*For heaven's sake! (Literally: "For the love of God!")*
todavía	*yet*
todavía no	*not yet*
¡Vaya!	*Wow!*
ya	*already; now*
ya no	*no longer, not anymore*

CAPÍTULO 9

▷ **Indígenas zapotecas en un mercado del estado de Oaxaca en México.**

CHAPTER OBJECTIVES

- ▶ Discussing leisure-time activities
- ▶ Expressing doubt and certainty
- ▶ Telling how an action is done (quickly, etc.)
- ▶ Indicating time and age in the past
- ▶ Identifying food items
- ▶ Giving instructions
- ▶ Expressing emotion

Datos interesantes

- • México es tres veces más grande que Texas.
- • Tiene más de 20.000.000 de turistas al año, entre ellos, más de 15.000.000 de estadounidenses.
- • México es el segundo importador mundial de productos estadounidenses.
- • El Paso y Ciudad Juárez forman la comunidad fronteriza (*border community*) más grande del mundo: 2.000.000 de personas y un crecimiento anual del 5%.

251

El trabajo y el tiempo libre

Un restaurante en México. ▶

● **Tal vez** and **quizá** (or **quizás**) don't use **que;** they are followed directly by the subjunctive.

¿No sabías?	You didn't know?
tal vez/quizá(s) + *subjunctive*	perhaps/maybe
Somos dos.	There are two of us.
¡Qué (buena) suerte! /	What good/bad luck!
¡Qué mala suerte!	

Raúl, el sociólogo, está en México donde está haciendo una investigación sobre la percepción del tiempo. Ahora entra a almorzar en un restaurante con su amiga Rosa, una socióloga mexicana.

ACTIVIDAD 1   **¿Cierto o falso?** Lee las siguientes oraciones y luego, mientras escuchas la conversación, identifica si son ciertas (**C**) o falsas (**F**).

1. _____ La mujer que conoció Raúl en Nogales es soltera.
2. _____ La mujer de Nogales es muy joven.
3. _____ La mujer tarda diez minutos en llegar al trabajo.
4. _____ El concepto del tiempo es diferente en el D. F. que en ciudades pequeñas.
5. _____ En México, el fútbol es muy popular entre los hombres.
6. _____ Raúl va a mirar un partido de fútbol el sábado.

● Stating age in the past

● Asking an opinion

● Indicating doubt

● Expressing certainty

RAÚL: ¿Podemos sentarnos en esa mesa al lado de la ventana?

MESERO: ¿Cuántos son?

RAÚL: Somos dos.

MESERO: Sí, ahora la limpio.

RAÚL: Gracias, señor. Rosa, ¿sabes que finalmente tuve la oportunidad de entrevistar en Nogales a una señora que tenía unos 50 años?

ROSA: Para tu investigación, ¿no?

RAÚL: Sí, para mi investigación.

ROSA: ¿Y qué tal?

RAÚL: Pues, resulta que su marido trabaja en una maquiladora y ella hace sándwiches.

ROSA: ¿Sándwiches o tortas? Porque en México los sándwiches se hacen con pan de caja y las tortas con pan fresco de la panadería. ¿No sabías?

RAÚL: Ah, sí, es verdad . . . son tortas y las hace en su casa. Y me contó que todas las mañanas prepara sándwi . . . tortas y las lleva al mercado que está a dos cuadras de su casa. ¿Y cuánto tiempo crees que tarda en llegar al mercado?

ROSA: No sé, no creo que tarde más de diez minutos.

RAÚL: Pues, tarda casi dos horas.

ROSA: ¿Cómo que dos horas? ¿Y por qué?

RAÚL: Pues porque en el camino habla con gente, pregunta por su salud, por sus familiares y tal vez les venda una que otra torta. Para ella es como parte de su día de trabajo. El concepto del tiempo de esta mujer es bastante diferente del concepto del tiempo en las grandes ciudades. Dudo que aquí en el D. F. el concepto del tiempo sea igual que en ese pueblo.

ROSA: Claro, porque el D. F. es una gran metrópolis y aquí se separa más la vida social de la vida laboral.

RAÚL: Y dime, ¿qué hace la gente de esta gran ciudad en su tiempo libre? Es decir, ¿cómo socializa?

ROSA: La gente va al cine, a tomar café y un pastel, a bailar . . . Nos gusta hablar mucho de política, pero los hombres hablan de fútbol, juegan al fútbol y su vida es el fútbol. En la calle donde yo vivo, hay hombres jóvenes que juegan en la calle, así, informal.

RAÚL: ¿En la calle misma?

ROSA: Sí, si hay un carro que tiene que pasar, es como un jugador más.

RAÚL: ¡Cómo me gustaría jugar un partido!

ROSA: Pues si vienes este sábado a mi casa, mi esposo seguro que te invita a jugar.

RAÚL: ¡Qué suerte tengo! Partido de fútbol este fin de semana.

ACTIVIDAD 2

Preguntas Después de escuchar la conversación otra vez, contesta estas preguntas.

1. ¿Qué comida prepara en su casa la mujer de Nogales?
2. ¿Cuánto tiempo tarda la mujer en caminar al mercado para vender su comida y por qué?
3. ¿Qué le gusta hacer a la gente del D. F. en su tiempo libre?
4. ¿Dónde juega al fútbol el marido de Rosa? ¿Qué obstáculo participa a veces en un partido?
5. Raúl y Rosa hablan de una percepción diferente del tiempo en los pueblos y las ciudades pequeñas en comparación con las grandes ciudades. ¿Existe esta diferencia en tu país?

¿Lo sabían?

En la frontera entre México y los Estados Unidos hay más de 2.500 maquiladoras, fábricas que producen productos para el mundo entero. Más del 60% de ellas pertenecen a empresas estadounidenses que reciben muchos beneficios, entre ellos: mano de obra barata, pocas restricciones laborales, proximidad a los EE.UU. y la posibilidad de ahorrar (*to save*) hasta el 50% de los costos de producción.

Más de un millón de mexicanos trabajan en maquiladoras y el 60% son mujeres. Algunos dicen que estos empleos les dan libertad económica y los ayudan a salir de la pobreza.

▲ Una trabajadora en una maquiladora en Reynosa, México.

Pero los críticos de las maquiladoras hablan de la explotación: sueldos mínimos, largas horas de trabajo, condiciones peligrosas, etc. Buenas o malas, las maquiladoras forman parte de lo que es México hoy en día en la época de la globalización.

● Note the use of the subjunctive in **Actividad 3**.

ACTIVIDAD 3

¿Qué crees? Parte A: Contesta estas preguntas escogiendo las opciones que describen tu opinión.

1. ¿Crees que exista la suerte?
   _____ Sí, creo que existe.
   _____ Es posible que exista.
   _____ No, no creo que exista.
2. ¿Crees que se pueda ver el futuro en la palma de la mano?
   _____ Sí, creo que se puede ver el futuro en la palma de la mano.
   _____ Es posible que se pueda ver el futuro en la palma de la mano.
   _____ No, no creo que se pueda ver el futuro en la palma de la mano.

3. ¿Crees que haya personas en otros planetas (Venus, Marte, Plutón, Urano)?

_____ Sí, creo que las hay.

_____ Es posible que las haya.

_____ No, no creo que las haya.

4. ¿Crees que algunas personas tengan percepción extrasensorial (*ESP*)?

_____ Sí, creo que algunas personas tienen percepción extrasensorial.

_____ Es posible que algunas personas tengan percepción extrasensorial.

_____ No, no creo que ninguna persona tenga percepción extrasensorial.

Parte B: En parejas, háganle a su compañero/a las preguntas de la **Parte A** para ver qué opina y por qué.

ACTIVIDAD 4   **Quizás . . . quizás . . . quizás** En parejas, Uds. tienen problemas y quieren hablar con un/a amigo/a para pedirle consejos. "A" cubre la Columna B y "B" cubre la Columna A. Primero "A" le explica sus problemas a "B" para ver qué piensa. Después cambien de papel.

◆ A: Dejé las llaves dentro del coche.

B: Tal vez tengas que romper la ventanilla. / Quizás debas llamar a la policía.

A

1. No funciona el televisor nuevo que compraste.
2. Acabas de recibir una cuenta de teléfono de $325. Hay tres llamadas de larga distancia a Japón y no llamaste a nadie allí.

B

1. Acabas de empezar un nuevo trabajo y tu jefe/a quiere salir contigo.
2. Un buen amigo bebe mucho y crees que es alcohólico.

Vocabulario esencial I

I. Los pasatiempos

1. jugar con juegos electrónicos/ videojuegos
2. jugar (al) billar
3. jugar (al) ajedrez
4. jugar (a las) cartas
5. hacer rompecabezas

● Associate people you know with their hobbies.

Otros pasatiempos

arreglar el carro   to fix the car
cocinar   to cook
coleccionar   to collect
  estampillas   stamps
  monedas   coins
coser   to sew
cuidar plantas (jardinería)   to take care of plants (gardening)
escribir cartas/poesías   to write letters/poems
hacer artesanías   to make crafts
hacer crucigramas   to do crossword puzzles
navegar por Internet   to surf the Net
pescar   to fish
pintar   to paint
tejer   to knit; to weave

ACTIVIDAD 5   **Los pasatiempos** **Parte A:** Escribe la primera letra de tu nombre en el primer espacio en blanco de la columna apropiada para describir tus pasatiempos. Luego, escribe una "m" en el segundo espacio en blanco para describir los pasatiempos de tu madre.

Me/Le gusta . . .	mucho	poco	nada
1. pintar	—— ——	—— ——	—— ——
2. cuidar plantas	—— ——	—— ——	—— ——
3. navegar por Internet	—— ——	—— ——	—— ——
4. pescar	—— ——	—— ——	—— ——
5. hacer crucigramas	—— ——	—— ——	—— ——
6. . . .	—— ——	—— ——	—— ——

Parte B: En parejas, hablen con su compañero/a para ver qué hacen él/ella y su madre en el tiempo libre. Hagan preguntas como: **¿Te gusta cocinar? ¿Pintas en tu tiempo libre? ¿A tu madre le gusta cocinar?**

Parte C: En parejas, escriban tres oraciones para describir qué hacen Uds. en su tiempo libre. Por ejemplo:

▲ A nosotros nos gusta mucho navegar por Internet, pero a la madre de Phil no le gusta nada.

ACTIVIDAD 6   **Los intereses** Habla con varias personas y pregúntales si hacen las siguientes actividades en su tiempo libre.

1. jugar a las cartas
   Si contestan que sí: ¿A qué juegan? ¿Con quiénes? ¿Juegan por dinero? En general, ¿pierden o ganan dinero?
   Si contestan que no: ¿Por qué no?

2. tener alguna colección

   Si contestan que sí: ¿De qué? ¿Cuántos/as? ¿Cuánto tiempo hace que coleccionan?

   Si contestan que no: ¿Les gustaría tener una colección? ¿Qué les gustaría coleccionar?

3. hacer crucigramas o rompecabezas

   Si contestan que sí: ¿Dónde? ¿Cuándo? ¿Son expertos?

   Si contestan que no: ¿Por qué? ¿Son interesantes esos juegos o les causan frustración?

4. jugar con juegos electrónicos

   Si contestan que sí: ¿Cuáles? ¿Dónde? ¿Son expertos? ¿Cuánto tiempo hace que juegan?

   Si contestan que no: ¿Por qué no juegan? ¿Tienen computadora?

5. ¿Qué otra actividad hacen en su tiempo libre?

II. Cosas de la cocina

● Spoons come in many sizes. Some common sizes include **cuchara de sopa** and **cucharita de café.**

● The use of **el** or **la** with **sartén** varies from country to country.

1. la cuchara ⎫
2. el tenedor ⎬ los cubiertos
3. el cuchillo ⎭
4. el vaso
5. la taza

6. la servilleta
7. el plato
8. la olla
9. el/la sartén

Otras cosas de la cocina

el salero   salt shaker

el pimentero   pepper shaker

la copa de vino   wine glass

ACTIVIDAD 7   **A comer** Di qué cosas usas para preparar, comer o beber las siguientes comidas y bebidas.

1. un consomé
2. el agua
3. una ensalada
4. una hamburguesa

5. el champán
6. el café
7. la fruta
8. un sándwich

ACTIVIDAD 8   **Cómo poner la mesa** Numera cada cosa que ves en esta foto de una mesa elegante.

1. copa de agua
2. copa de champán
3. copa de vino
4. cuchara de postre (*dessert*)
5. cuchara de sopa
6. cuchillo de entrada (*first course*)
7. cuchillo de postre
8. cuchillo principal

9. pimentero
10. plato para pan
11. platos
12. salero
13. servilleta
14. tenedor de entrada
15. tenedor de mariscos (*seafood*)
16. tenedor principal

Gramática para la comunicación I

I. Expressing Doubt and Certainty: Contrasting the Subjunctive and the Indicative

In the conversation between Rosa and Raúl at the beginning of the chapter, Raúl says, **"Dudo que aquí en el D. F. el concepto del tiempo sea igual que en ese pueblo."** Is he expressing certainty or doubt?

If you said doubt, you were correct. To express doubt or disbelief about something or someone, you may use the subjunctive in a dependent noun clause. Doubt may be expressed in a personal or an impersonal way.

1 ▲ To express doubt in a personal way, use the following formula:

Person expressing doubt	+	**que**	+	action or state that is doubted
Dudo		**que**		ellos **sean** buenos amigos.
No creo		**que**		él **cocine** bien.

¿Crees que necesitemos vasos?	*Do you think we need glasses?*
No creo que yo **gane** la lotería.	*I don't believe (think) that I will win the lottery.*

Notice in the previous sentence that a person can express doubt about his/her own actions or state.

When no doubt is expressed, the indicative is used.

Creo que a las chicas les **gusta** pescar.*	*I believe (think) that the girls like to fish.*
Estoy seguro de que Vicente **va** a venir.	*I'm sure Vicente is going to come.*

*NOTE: **Creer** in an affirmative statement does not imply doubt.

● **Quizá(s)** and **tal vez** imply doubt.

2 ▲ You can also express doubt or denial in an impersonal way about someone or something specific with an independent clause that contains an impersonal expression such as **(no) es posible, (no) es probable, es dudoso, no está claro, no es evidente,** and **no es cierto/verdad.**

No es cierto/verdad que Diana **escriba** poesías.	*It isn't true that Diana writes poetry.*
Es probable que ellos **jueguen** al ajedrez.	*It's probable that they play chess.*

However, if you want to express doubt, but not about someone in particular, omit the word **que** and use the infinitive: **Es posible ir mañana.**

When the impersonal expression indicates certainty, the indicative is used.

Es verdad que juegan al ajedrez.   *It's true that they play chess.*

Other impersonal expressions that express certainty and do not require the subjunctive are **es cierto, está claro, es evidente, no hay duda (de),** and **es obvio.**

II. Saying How an Action is Done: Adverbs Ending in *-mente*

An adverb of manner indicates how the action expressed by the verb is done. English adverbs of manner that end in *-ly* are formed in Spanish by adding **-mente** to the feminine singular form of the adjective. However, if the adjective ends in a consonant or **-e,** simply add **-mente.** If the adjective has an accent, it is retained when **-mente** is added.

rápido ⟶ rápid**amente**   general ⟶ general**mente**
Speedy González corre   *Speedy González runs rapidly.*
   rápidamente.

Common adverbs include:

● When this type of adverb appears in a series, only the last adverb contains **-mente;** the others use the feminine form of the adjective: **Speedy González corre rápida y frecuentemente.**

constantemente	frecuentemente
continuamente	generalmente
divinamente	inmediatamente
fácilmente	posiblemente
probablemente	solamente*
tranquilamente	

> ADVERTENCIA DEL CIRUJANO GENERAL: Dejar de Fumar Ahora Reduce Enormemente Los Graves Riesgos Para Su Salud.

● Note the use of **para.**

*NOTE: **solamente** = **sólo** (*only*), but **solo/a** (*alone*).

III. Indicating Time and Age in the Past: *Ser* and *Tener*

You already know one way to talk about the past, the *preterit.* There is another way called the *imperfect,* which has its own uses.

1 ▲ When you want to indicate age in the past, use one of the following imperfect forms of the verb **tener.**

tener	
tenía	teníamos
tenías	teníais
tenía	tenían

Álvaro **tenía** diez años cuando   *Álvaro was ten when he flew for the*
   viajó en avión por primera vez.   *first time.*
Una vez, cuando **tenía** quince   *Once, when I was fifteen, I went to*
   años, fui a Chichén Itzá.   *Chichen Itza.*

Ruinas mayas de Chichén ▶
Itzá, península de Yucatán,
México.

Do Workbook **Práctica mecánica I** and corresponding CD-ROM activities.

2 ▲ When you want to indicate the time an action took place, use the imperfect form of the verb **ser: era** or **eran.**

Era la una de la mañana cuando
me llamó mi novia.

It was one in the morning when my girlfriend called me.

Eran las ocho cuando salí de
mi casa.

It was eight when I left my house.

● Doubt = subjunctive
Certainty = indicative

ACTIVIDAD 9

La política **Parte A:** En parejas, altérnense dando sus opiniones sobre el presidente de los Estados Unidos, formando oraciones con frases de las tres columnas.

Es evidente		ser inteligente
Dudo		entender los problemas del país
(No) creo		vivir en Washington
(No) es cierto	que el presidente	ser liberal
Es obvio		ser bueno
(No) es posible		trabajar mucho
(No) es probable		decir la verdad
(No) es verdad		saber hablar con otros líderes

● Doubt = subjunctive
Certainty = indicative

Parte B: Después de escuchar las oraciones de tu pareja, ¿crees que él/ella sea liberal, conservador/a o que tenga poco interés en la política?

ACTIVIDAD 10 **¿Estás de acuerdo o no?** Di si estás de acuerdo o no con estas ideas relacionadas con la vida de los Estados Unidos. Para dar tu opinión usa frases como **Creo que . . . , No creo que . . . , Dudo que . . . , No es cierto que . . . , Es posible que . . .** Luego, justifica tu respuesta.

1. Los jóvenes no reciben buena educación académica.
2. Las minorías tienen muchas posibilidades de triunfar en la sociedad.
3. Los jóvenes de hoy tienen prejuicios.
4. La "guerra" contra las drogas no es eficaz y a veces hasta los policías venden o consumen (*use*) drogas.
5. Cada día aumenta la diferencia entre ricos y pobres.
6. Cualquier persona puede ser presidente.

ACTIVIDAD 11 **Los mexicanos** **Parte A:** Lee la siguiente información sobre los mexicanos y responde a las preguntas de tu profesor/a.

▶ México es un país principalmente católico pues casi el 90% de la población es católica aunque muchos no van a la iglesia.

▶ En el país se hablan más de 250 idiomas diferentes y la gran mayoría son idiomas indígenas como el náhuatl.

▶ La composición de la población es la siguiente:

mestizo	60%
amerindio	30%
blanco	9%
otro	1%

▶ La educación pública a nivel primario, secundario y universitario es gratuita o casi gratuita, pero la gente de clase alta generalmente asiste a instituciones privadas.

▶ Con frecuencia, los hijos no se van de la casa de sus padres hasta casarse. Algunos de la clase trabajadora se quedan en la casa después de casarse y al tener hijos, si ya no hay más lugar en la casa, se van.

▶ El 10% más rico de la población consume el 36,6% del mercado interno mientras que el 10% más pobre consume el 1,8%.

Parte B: Ahora, en parejas, usen la información que leyeron en la **Parte A** para expresar su opinión sobre las siguientes ideas. Al opinar, usen frases como **creo que . . . , dudo que . . . , no creo que . . . ,** etc. y expliquen por qué piensan de esa manera.

1. Hay mucha diversidad en México.
2. No existe la discriminación racial en México.
3. Hay igualdad de oportunidades.
4. Las familias son muy unidas.
5. El porcentaje de divorcios es muy bajo, menos del 7%.

ACTIVIDAD 12 **Las galletas de la suerte** En grupos de cuatro, imagínense que están en un restaurante chino y que les acaban de dar galletas de la suerte. Cada uno debe leer su suerte y los otros deben comentarla. Usen frases de la lista para formar oraciones como:

🔺 *El que habla mucho, poco dice.*
   Es evidente que tú hablas mucho.
   Es importante que escuches a los otros porque . . .

es evidente que . . . porque . . .   no creo que sea verdad porque . . .
es verdad que . . . porque . . .   es probable que . . . porque . . .
es posible que . . . porque . . .   dudo que . . . porque . . .
es necesario que . . . porque . . .   es mejor que . . . porque . . .

Una persona empieza, preguntándole a otra: —¿Qué dice tu galleta de la suerte?

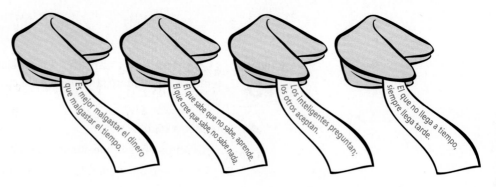

ACTIVIDAD 13 **¿Verdad o mentira?** **Parte A:** Escribe cuatro oraciones sobre tu vida actual. Dos deben ser falsas y dos deben ser ciertas. Por ejemplo:

🔺 Vivo en un apartamento con cinco personas y dos perros.

Parte B: En parejas, túrnense para leerle las oraciones a su compañero/a. El/la compañero/a debe decir si cree que son verdad o mentira. Usen frases como **(No) creo que . . . , Dudo que . . . , (No) es verdad que . . . , Es cierto que . . .** y justifiquen sus respuestas. Sigan el modelo.

🔺 A: Vivo en un apartamento con cinco personas y dos perros.

B: Creo que sí vives en un   B: No creo que vivas en un
    apartamento con . . .   apartamento con . . .
    porque . . .   porque . . .

ACTIVIDAD 14   **¿Qué hace?** ¿Crees conocer bien a tu compañero/a? Escribe oraciones sobre las costumbres de tu compañero/a usando las palabras que se presentan a continuación. Después, en parejas, léanle las oraciones para ver si Uds. se conocen bien o no.

▲ Tú duermes constantemente.

			constante
		bailar	continuo
		comer	divino
		conducir	fácil
Tú	(no)	correr	frecuente
		dormir	general
		estudiar	inmediato
		leer	tranquilo
			rápido

ACTIVIDAD 15   **¿Cuántos años tenían?** En parejas, averigüen cuántos años tenía su compañero/a o alguien de su familia cuando hizo estas cosas.

▲ aprender a nadar

A: ¿Cuántos años tenías cuando aprendiste a nadar?

B: Tenía siete años cuando aprendí a nadar.

1. terminar la escuela secundaria
2. sus padres / casarse
3. empezar a jugar al (un deporte)
4. tener su primer trabajo
5. tener novio/a por primera vez
6. aprender a leer

ACTIVIDAD 16   **Era medianoche cuando . . .** En parejas, lean la siguiente historia y después digan a qué hora ocurrieron las acciones que se presentan, empezando cada oración con **Era/Eran** (+ hora) **cuando . . .**

Era medianoche cuando Pablo llegó a casa. Una hora más tarde, alguien llamó por teléfono, pero él no contestó porque diez minutos antes había empezado (*had started*) a bañarse. Estuvo en el baño por media hora. Justo cuando salió de la bañera empezó un episodio de "Viaje a las estrellas", donde el Sr. Spock casi se enamora de la enfermera del *Enterprise*. Cuando terminó el programa, Pablo se acostó.

1. él / llegar / a casa
2. alguien / llamar
3. él / empezar a bañarse
4. el programa / empezar
5. él / acostarse

Do Workbook **Práctica comunicativa I** and corresponding CD-ROM activities.

Más allá

Asistencia social

Con más de veintiún millones de habitantes de habla española en los Estados Unidos, la demanda de asistentes sociales en las áreas de gerontología, de servicios para niños y de asistencia para familias es urgente. En lugares como el condado de Los Ángeles, por ejemplo, hay una ley que exige que el asistente social le hable al cliente en su propio idioma si es que éste no habla bien el inglés. Desafortunadamente, hay casos en que el asistente social no habla español y generalmente un hijo, con frecuencia menor de diez años, traduce para sus padres, muchas veces sobre temas muy delicados o complicados. Como sabemos, hay inmigrantes de una variedad de países hispanos. La mayoría habla español y las diferencias gramaticales entre los dialectos son mínimas, casi sin importancia, pero el uso del vocabulario regional puede causar problemas de comunicación para el asistente social. Así por ejemplo, para la palabra **autobús,** los caribeños usan **guagua** y los inmigrantes mexicanos usan **camión.** Por esa razón, el asistente social debe conocer por lo menos las diferencias léxicas más importantes. Sin embargo, y quizá lo más importante, es que debe estar familiarizado con las diferencias culturales de los grupos de inmigrantes. Esto puede romper barreras entre el cliente y su asistente y hacer que la comunicación sea mucho más fácil. ◆

Vocabulario esencial II

● Practice vocabulary at the supermarket, when making up your shopping list, and when cooking.

I. La comida

1. la sal	6. el jamón	11. el tomate
2. la pimienta	7. el queso	12. la fruta
3. el aceite	8. los huevos	13. la mazorca (de maíz) /
4. el vinagre	9. la lechuga	el elote (México)
5. el pan	10. la cebolla	

● Prepared salad dressings are not commonly used; Hispanics generally use **aceite y vinagre**.

ACTIVIDAD 17

Una ensalada En grupos de tres, Uds. van a preparar una ensalada (*salad*). Digan qué ingredientes van a ponerle.

ACTIVIDAD 18

El menú En parejas, planeen el menú para un picnic usando productos que se venden en la tienda.

 ¿Lo sabían?

Las horas de la comida varían de país en país. En algunos países, como México, España y Colombia, la comida más importante del día es la que se come al mediodía. Esta comida se llama el almuerzo o la comida y generalmente se come más tarde que en los Estados Unidos. En otros países, como Argentina y Chile, la comida más importante es la de la noche. Ésta se llama la cena y generalmente se come a las nueve de la noche. ¿Cuál es la comida más importante en este país y a qué hora se come?

II. La preparación de la comida

1. revolver
2. añadir
3. freír

4. cortar
5. poner la mesa
6. darle la vuelta

● **Freír** is an irregular verb. See Appendix A.

● Note: **Se cort_a_ el jamón,** but **Se cort_an_ los tomates.**

● **Se _le_ da la vuelta al huevo,** but **Se _les_ da la vuelta a los huevos.**

ACTIVIDAD 19

Los cocineros Di qué cosas de la siguiente lista de comida se pueden cortar, freír, revolver, añadir, etc.

se corta/n
se fríe/n
se añade/n
se le/s da la vuelta a
se revuelve/n

la sal
los tomates
las papas
el jamón
la pimienta
el aceite
el queso
las cebollas
el vinagre

Después de comer, nada mejor que la sobremesa

Making Tortillas, ▶
Diego Rivera, 1926.

hay que + *infinitive*	one/you must + *verb*
mientras tanto	meanwhile
No puedo más.	I can't take it anymore.

● **platicar** = *to chat* (Mexico); many other countries use **charlar.**

Después de la cena en casa de Rosa y Mauricio, Raúl y sus amigos hacen la sobremesa, es decir, platican y beben un café después de la comida.

ACTIVIDAD 20   **¿Cierto o falso?** Mientras escuchas la conversación entre Rosa, Mauricio y Raúl, escribe **C** si la oración es cierta y **F** si es falsa.

1. _____ Rosa y Mauricio son cocineros excelentes.
2. _____ Raúl quiere postre con el café.
3. _____ Comieron tacos en la comida.
4. _____ En muchos hogares (*homes*) de México, la tortilla es más importante que el pan.
5. _____ El maíz (*corn*) se cultiva en algunas zonas de México.
6. _____ Con la comida, Raúl bebió una bebida hecha con maíz.

RAÚL:	Muchas gracias por la cena. Estuvo maravillosa. Uds. son cocineros excelentes.
ROSA/MAURICIO:	Gracias, gracias.
ROSA:	Raúl, ¿quieres más postre?
RAÚL:	No, gracias. Comí muchísimo. No puedo más. Pero te acepto un café.
MAURICIO:	Bueno, Uds. platican y yo mientras tanto voy a preparar el café, ¿de acuerdo?

● Expressing emotion

RAÚL:	Oye, Rosa. Me sorprendo de que coman tanta tortilla aquí en México. ¿Qué es? ¿El plato nacional? Ayer en el desayuno, comí huevos con tortilla, hoy en la comida comí tacos en una taquería . . .
ROSA:	Y esta noche nosotros te preparamos quesadillas.
RAÚL:	Sí, y el otro día en el museo hasta vi un cuadro de Diego Rivera con mujeres preparando tortillas. Parece que es más importante que el pan.
ROSA:	Bueno, en muchas casas es así, es mucho más importante que el pan. Para la gente de clase trabajadora, la tortilla muchas veces es la comida principal.
RAÚL:	La comida principal, ¿eh?
ROSA:	Así es. En otros casos no, pero la tenemos totalmente integrada a las comidas. Es que el maíz, que es el ingrediente principal, se cultiva en todo México.
RAÚL:	Y entonces es una comida económica.

● Giving information

ROSA:	Sí, es muy barata. Se compran las tortillas en el supermercado, en puestos en la calle o inclusive hay tortillerías para comprarlas. Y el atole que probaste esta noche, ¿te gustó o no?
RAÚL:	¿El qué?
ROSA:	El atole. La bebida que bebiste con la comida.
RAÚL:	Delicioso. Me encantó.
ROSA:	Bueno, el atole que bebiste con la comida es un derivado líquido del maíz. Mira, ahí viene Mauricio con el café. Recuerda, hay que acompañar el café con una deliciosa tortilla fresca.

● Joking

RAÚL:	¿Otra vez?
ROSA:	No, te estoy tomando el pelo.

ACTIVIDAD
21

Preguntas Después de escuchar la conversación otra vez, contesta estas preguntas.

1. ¿Quién es buen cocinero? Y tú, ¿cocinas bien?
2. ¿Qué comidas con tortillas comió Raúl en México?
3. ¿Dónde se compran las tortillas en México? ¿Y en tu ciudad?
4. ¿Cuál es el principal ingrediente de las tortillas y por qué es tan importante en México?
5. ¿Qué bebida tomó Raúl con la cena?
6. ¿Con qué dice Rosa que hay que acompañar el café y por qué?
7. ¿Sabes cuál es la diferencia entre la tortilla española y la tortilla mexicana?

¿Lo sabían?

Diego Rivera (1886–1957) y Frida Kahlo (1907–1954) fueron una pareja de famosos pintores mexicanos. Se conoce a Rivera por sus murales que presentan la historia y los problemas sociales de su país o de otros países del hemisferio occidental. Pintó muchos murales en edificios públicos, ya que consideró que la clase trabajadora debía tener acceso a ellos. En los Estados Unidos se pueden ver sus murales en Detroit y en San Francisco.

Kahlo, quien de joven sufrió un terrible accidente que la afectó durante toda la vida, pintó mayor-

mente autorretratos. Ella dijo: "Me pinto a mí misma porque estoy a menudo sola, y porque soy la persona a la que mejor conozco". Muchas de sus pinturas, tristes y con elementos fantásticos, se encuentran hoy día en el Museo Frida Kahlo en Coyoacán, México, que está en la casa donde vivieron los dos pintores.

ACTIVIDAD
22

Las necesidades Termina estas frases, usando **hay que**.

 Para aprender más sobre México . . .

Hay que buscar información en Internet. Hay que ir a la biblioteca y leer. Hay que hablar con los mexicanos. Hay que hablar con el/la profesor/a de español. etc.

1. Para ver las pinturas de Frida Kahlo . . .
2. Para hacer un viaje a México . . .
3. Para preparar un taco . . .
4. Si el vuelo de Aeroméxico al D. F. está completo . . .

Gramática para la comunicación II

I. Giving Instructions: The Passive *Se*

One way to give instructions in Spanish is to use the *passive* **se.** You already did this in **Actividad 19.** The passive **se** is used when it is not important who is performing the action. Study the following formulas and examples:

se +	*third person singular of verb*	+	*singular noun*
	third person plural of verb	+	*plural noun* / *series of nouns*

Primero, **se lava la fruta.**

First, you wash the fruit. (Literally: *First, the fruit is washed.*)

Segundo, **se cortan los tomates** en trozos pequeños.

Second, you cut the tomatoes in small pieces. (Literally: *Second, the tomatoes are cut in small pieces.*)

Tercero, **se cortan una cebolla y una patata.**

Third, you cut an onion and a potato. (Literally: *Third, an onion and a potato are cut.*)

NOTE: You may also use the *passive* **se** to request or give information as in the following sentences.

¿Dónde **se venden verduras** frescas en esta ciudad?

Where do they sell fresh vegetables in this city? (Literally: *Where are fresh vegetables sold in this city?*)

Se necesitan camareros.

Waiters (are) needed. (Sign seen in a restaurant window.)

● Review uses of **para** and **por,** Ch. 5.

II. Other Uses of *Para* and *Por*

You have already learned some uses of **para** and **por** in Chapter 5. Here are some other uses.

1 ▲ To give a personal opinion, use **para.**

Para Gabriel, el carro español Seat es el coche perfecto.

For Gabriel, the Spanish car Seat is the perfect car.

2 ▲ To indicate exchange, use **por.**

¿Cuánto pagaste **por** tu raqueta de tenis?

How much did you pay for your tennis racket? (Payment indicates exchange.)

Te doy mis esquíes **por** tus patines.

I'll give you my skis for your skates.

3 ▲ To express *along, by, through,* use **por.**

Caminaron **por** la playa.	*They walked along the beach.*
Mandé la carta **por** correo.	*I sent the letter by mail.*
Viajaron **por** barco.	*They traveled by boat.*
Van a entrar **por** la puerta principal.	*They are going to come in through the main door.*

4 ▲ As you learned in Chapter 5, to indicate the recipient of an action, use **para.** To indicate that a person is substituting for or replacing someone, use **por.**

Ana y Raquel juegan **para** los Tigres, un equipo de basquetbol profesional.	Perla va a jugar **por** Raquel.
Ana and Raquel play for the Tigers, a professional basketball team. (The team receives the action of their playing.)	*Perla is going to play for Raquel. (She will substitute for/replace her.)*

III. Expressing Emotions: More Uses of the Subjunctive

Up to now, you have seen that the subjunctive is used in dependent noun clauses to give advice, to indicate hope, and to express doubt. It is also used to express emotion about other people's actions. As in other cases, emotion can be expressed in a personal or impersonal way.

1 ▲ To express emotion in a personal way, use the following formula:

Person expressing emotion	+	**que**	+	person expressing the emotion about
Siento		**que**		no **vayas** con nosotros.

Verbs frequently used in the independent clause to express emotion include **alegrarse de** (*to be happy about*), **esperar, sentir** (*to feel/be sorry*), **tener miedo de,** or **sorprenderse de** (*to be surprised about*).

¿Te alegras de que vayamos a ese restaurante?	*Are you happy that we are going to that restaurant?*
Me sorprendo de que no **sepas** cocinar, Álvaro.	*I'm surprised that you don't know how to cook, Álvaro.*
Nos alegramos de que te **guste** la tortilla.	*We're glad that you like the tortilla.*

However, when there is no change of subject, the infinitive is used: **Lamento no poder ir a la fiesta.**

2 ▲ You can also express emotions in an impersonal way about someone or something specific. The independent clause contains impersonal expressions such as **qué lástima, es una pena, qué pena,** or **es fantástico.**

¡Es una pena que no **podamos** salir esta noche!	*It's a pity that we can't go out tonight!*

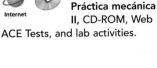

Do Workbook **Práctica mecánica** **Internet** II, CD-ROM, Web ACE Tests, and lab activities.

However, if you want to express emotion, but not about someone in particular, use the infinitive: **Es fantástico viajar.**

ACTIVIDAD
23

Una receta La tortilla española es muy diferente de la tortilla mexicana. Da instrucciones para preparar una tortilla española usando el **se** pasivo.

▲ Lavas las patatas. ⟶ Se lavan las patatas.

1. Cortas las patatas y la cebolla.
2. Fríes las patatas y la cebolla.
3. Pruebas las patatas y la cebolla.
4. Revuelves los huevos.
5. Pones las patatas y la cebolla en un recipiente.
6. Revuelves las patatas y la cebolla con los huevos.
7. Añades la sal.
8. Quitas casi todo el aceite de la sartén.
9. Pones todo en la sartén.
10. Le das la vuelta a la tortilla.
11. Comes la tortilla.

▲Una tortilla española, jamón serrano y pan. ¿Tienes hambre?

¿Lo sabían?

La comida tiene un gran significado cultural entre los garífunas, una población descendiente de africanos con mezcla de indígenas caribeños. Los garífunas viven en las costas de Honduras, Guatemala, Belice y Nicaragua y, aunque se adaptan a la vida de estos países, también conservan, casi intactas, su cultura y sus tradiciones africanas.

El nombre garífuna significa "gente que come yuca". Los hombres son pescadores (*fishermen*) y, por tres días, celebran una ceremonia, *dugü*, al espíritu del mar para obtener mucho pescado. Los pescadores cantan mientras pescan y cuando regresan con el pescado también recogen otros productos de los bosques y de las fincas—pollo, carne de cerdo, maíz, arroz, frijoles y coco. Al llegar, los recibe toda la comunidad con música de tambores, canciones y velas. Cuando termina el *dugü*, entierran (*they bury*) comida en la playa o la tiran al mar para mandársela a sus antepasados, al otro lado del océano.

ACTIVIDAD 24

El "chef" Eres cocinero/a y vas a inventar un plato nuevo. Escribe la receta (*recipe*) y después explícale la receta a un/a amigo/a. Por ejemplo: **Primero se cortan . . . , Después se . . . ,** etc. **Se llama . . . y es delicioso.**

ACTIVIDAD 25

Quinceañera Sandra vive en un pueblo de México y hoy cumple 15 años. Sus padres le organizaron una fiesta muy grande. Forma oraciones para las siguientes situaciones relacionadas con la fiesta usando **para** o **por**.

1. Los padres de Sandra alquilaron un salón de fiestas y celebraron su cumpleaños.
2. Los padres le compraron un vestido blanco a Sandra. Les costó 5.000 pesos.
3. Óscar compró doce rosas rojas porque es el cumpleaños de su novia.
4. Sus abuelos de Guadalajara fueron a la fiesta y viajaron en Aeroméxico.
5. El padre de Sandra trabaja en el Banco Central de México.
6. Su padre no fue al trabajo hoy para asistir a la fiesta. Su amigo Ramón trabajó en su lugar.
7. Su tío de Los Ángeles le mandó un regalo. Usó la compañía FedEx.
8. Después de la misa, la quinceañera, su familia y sus invitados caminaron de la iglesia al salón de fiestas detrás de una banda de músicos. Caminaron a través del pueblo.
9. En la fiesta, su padre le cambió los zapatos a Sandra. Le quitó los zapatos de tacón bajo y le puso unos de tacón alto.
10. Sandra cree que su fiesta de quinceañera fue un evento muy especial.

¿Lo sabían?

En México y en partes de los Estados Unidos donde hay influencia mexicana, cuando las chicas cumplen los 15 años se hace una celebración que marca el paso de niña a mujer. El día del cumpleaños, la quinceañera, su familia y otros invitados van a una misa especial en la iglesia. Después, es común organizar un baile en la casa o en un salón de fiestas. En pueblos pequeños la quinceañera, su familia y sus amigos caminan detrás de una banda desde la iglesia hasta el lugar de la fiesta. En las grandes ciudades, algunos alquilan limosinas para este corto viaje. En la fiesta, el padre da un discurso para presentar a su hija en sociedad y luego empieza el baile con música en vivo. La quinceañera primero baila con su padre, generalmente un vals,

▲ Tarjeta de Hallmark.

pero después baila música moderna con sus chambelanes. En algunos casos, las damas de honor y los chambelanes hacen un baile con coreografía. En algunos festejos, la quinceañera lleva zapatos de tacón bajo a la iglesia, y luego en la fiesta, el padre le cambia los zapatos y le pone zapatos de tacón alto para representar que ya no es una niña.

● **chambelanes y damas de honor** = a group of young men and women similar to a prom court

ACTIVIDAD 26

Opiniones Parte A: En grupos de tres, expresen sus opiniones sobre estas oraciones.

    ¿Crees que los colegios mayores sean excelentes?

Sí, creo que son excelentes.   No, creo que son horribles.

1. El Escarabajo de Volkswagen es un carro fantástico.
2. El programa de "Jeopardy" es muy aburrido.
3. La música rap es antifeminista.
4. El presidente es muy inteligente.

Parte B: Ahora, forma oraciones para describir las opiniones de las personas de tu grupo.

Para mí, el Escarabajo de Volkswagen es un carro fantástico porque . . . , pero para ellos, el Escarabajo es un carro feo.

● Emotion = subjunctive

ACTIVIDAD 27

La esperanza y el miedo Todos tenemos esperanzas y miedos sobre el futuro. Lee la siguiente lista de frases y di si te dan miedo o si son tus esperanzas. Empieza con **Espero (que)** . . . o **Tengo miedo de que** . . . , etc.

1. la gente / preocuparse / por la ecología
2. (yo) ayudar / a otras personas
3. el mundo / tener / una guerra nuclear
4. la gente del mundo / vivir / en paz
5. California / tener / un terremoto (*earthquake*)
6. (yo) conseguir / un trabajo bueno
7. (yo) sacar / buenas notas
8. todos los grupos religiosos / aprender a vivir / juntos

ACTIVIDAD 28

Esperanzas Haz una lista de cosas que esperas hacer en el futuro y otra de cosas que esperas que hagan tus compañeros de clase.

▲ Espero vivir en una ciudad grande porque . . .

Espero que Steve sea profesor de filosofía porque . . .

ACTIVIDAD 29

Nada es perfecto En parejas, hagan una lista de algunas características positivas y otras negativas de su universidad. Usen expresiones como:

Positivas

Me alegro de que . . .
Es fantástico que . . .
Me sorprendo de que . . .
Estoy contento/a de . . .
Espero que . . .

Negativas

Es una pena . . .
¡Qué pena que . . . !
Me sorprendo de que . . .
Es una lástima que . . .

ACTIVIDAD 30

¿Cuál? **Parte A:** Tus amigos y tú siempre intentan tomar las mismas clases juntos. Uds. tienen que tomar una clase de *Anatomía I* porque quieren ser médicos. Lee las siguientes descripciones de los profesores y decide con cuál de los tres quieres estudiar. Escribe tres razones por las que quieres tener a esta persona como profesor/a y escribe dos razones en contra de los otros dos.

Profesor Emilio Escarpanter

56 años. Es muy inteligente y va a clase bien preparado, pero tiene una voz monótona. Sus clases no son interesantes, pero siguen una organización lógica y es muy fácil tomar apuntes. La asistencia a clase es obligatoria y te baja la nota final si tienes muchas faltas. Tienes que leer muchísimo para la clase. Hay dos exámenes parciales y un examen final. Sus exámenes son muy difíciles (se basan en los apuntes de clase y las lecturas), pero el 45% de la clase recibe buenas notas.

Profesora Rosalía Obregón

45 años. Es muy inteligente y muy organizada en clase. Es cómica y explica las lecciones a base de ejemplos divertidos. A veces trae su guitarra a clase y canta canciones para ayudar a los estudiantes a recordar la materia importante. Es necesario asistir a clase todos los días. También hay que leer mucho y saber la materia antes de ir a clase porque la participación cuenta un 25% de la nota final. Hay un proyecto que también cuenta un 25% y un examen final que cuenta el 50%. Ella no tiene fama de regalar buenas notas, pero es justa. Hay que trabajar mucho en su clase, pero los estudiantes saben la materia al terminarla.

Profesora Enriqueta Maldonado

45 años. Es muy inteligente, pero desorganizada en clase. Si un estudiante tiene preguntas es mejor verla fuera de clase. Es muy simpática y escribe buenas cartas de recomendación. La asistencia no es obligatoria y los exámenes se basan en las lecturas, no en la materia presentada en clase. Sus exámenes son relativamente fáciles y el 65% de la clase recibe buena nota, pero por lo general no están bien preparados para *Anatomía II* al terminar el curso.

Parte B: En grupos de tres, decidan con quién van a tomar la clase. Usen frases como:

es posible que . . .   dudo que . . .
es una lástima que . . .   es mejor que . . .
creo que . . .

---

apuntes = *class notes;*
notas = *grades;*
lecturas = *readings*

Internet   Do Workbook **Práctica comunicativa II** and the **Repaso** section. Do CD-ROM, Web ACE Tests, and lab activities.

Imágenes

Estrategia: *Finding References, Part I*

When reading, you need to identify the subject of a sentence. In English, subjects generally precede their verbs; to avoid repeating a noun as a subject, writers use subject pronouns. In Spanish, writers have more options, so you need to look more closely to find references for subjects.

▶ If a subject is overtly stated, it may precede or follow the verb.

El perro viene sólo cuando **mi padre** lo llama.
El perro viene sólo cuando lo llama **mi padre.**

▶ A subject may be separated from the verb in the same sentence or omitted if mentioned in a previous sentence.

El Sr. Ibáñez, padre de familia y amigo de todos, **está** aquí con nosotros. Hoy **va** a hablarnos de la importancia de hacer ejercicio todos los días.

▶ A subject pronoun may replace a noun or the verb may be used alone. If the latter occurs, the subject must be determined from context.

Juan y Pepe llegan tarde a la oficina. **Ellos** siempre tienen mucho sueño y beben mucho café en el trabajo.

You will practice identifying subjects of verbs in the reading passage.

ACTIVIDAD 31 **¿Qué opinas?** **Parte A:** Antes de leer el siguiente artículo publicado en una revista mexicana, di si estás de acuerdo o no con estas oraciones sobre las telenovelas de los Estados Unidos. Para dar tu opinión, usa frases como **Creo que . . . , No creo que . . . , Dudo que . . . , No es cierto que . . . , Es evidente que . . . ,** etc.

1. Muchas personas imitan a las personas que aparecen en las telenovelas.
2. Las telenovelas representan la realidad.
3. La gente aprende mucho cuando ve telenovelas.
4. Las cadenas de televisión, como la NBC, la CBS y la ABC, se preocupan por presentar telenovelas de contenido educativo.
5. Las telenovelas ayudan a la gente a buscar soluciones para sus problemas de la vida real.
6. Los personajes de las telenovelas son buenos modelos para los jóvenes.
7. El valor de la familia como institución es un tema (*theme*) importante en las telenovelas.
8. Para ser popular, una telenovela debe tener mucho sexo y mucha violencia.

Parte B: Lee el artículo rápidamente y decide cuál de las siguientes frases describe mejor la idea principal.

a. Identifica un problema de México y habla de las posibles ramificaciones negativas.
b. Identifica un problema de México y ofrece una posible solución.
c. Critica la influencia negativa de la televisión en la vida diaria del mexicano.

ACTIVIDAD
32

Búsqueda de sujetos Al leer el artículo, identifica los sujetos de los verbos marcados con círculos.

1. (página 279, líneas 1–2)
   Expertos de la industria mundial de la telenovela (sometieron) . . .
2. (página 279, línea 11)
   . . . en aras de ganar teleauditorio (afectó) . . .
3. (página 279, líneas 12–13)
   . . . y en contraparte (aseguró) que los cambios . . .
4. (página 280, primera caja)
   Los teledramas son vehículos de entretenimiento con contenido social, (opina) Miguel Sabido.
5. (página 280, líneas 17–18)
   . . . dada la influencia que (logran) . . .
6. (página 280, línea 47)
   (Sirven) de punto de partida . . .

¿Para qué sirven las telenovelas?

LUIS ADRIÁN YSITA

Expertos de la industria mundial de la telenovela sometieron a profundos análisis ese género[1] tan gustado. Expositores de veinte países ventilaron experiencias con el objetivo de impulsar la creación de
5 nuevos seriales con elevado nivel de calidad y, sobre todo, con mayor contenido social.
        Desde la inauguración misma del evento, Emilio Azcárraga Jean externó conceptos interesantes de apertura[2], entre otras cosas, el joven dirigente televisivo
10 reconoció que la competencia sostenida con Televisión Azteca en aras de ganar teleauditorio afectó negativamente algunos procesos creativos de su empresa, y en contraparte aseguró que los cambios en los seriales dramáticos de Televisa serán notables: "Qeremos mandar mensajes sociales a través de las telenovelas, si
15 logramos tener programas culturales entretenidos, la gente no se irá".

El propósito de Televisa: enviar mensajes sociales a través de telenovelas

● Televisa y Televisión Azteca son dos cadenas de la televisión mexicana.

1 genre
2 opening

¿QUÉ ES UNA TELENOVELA?

Según los expositores de Espacio 98[3], los teledramas no son simplemente instrumentos de esparcimiento[4]; dada la influencia que logran sobre millones de personas se convirtieron en vehículos de comunicación social sin
20   perder desde luego, su capacidad de entretener[5].

LAS TELENOVELAS DEL FUTURO

Por las exigencias populares y por la influencia comprobada de las series dramáticas sobre la gente aficionada a ellas, la empresa Televisa trabaja en la modificación de sus mecanismos de creación para lograr
25   que dentro de cinco años todas las producciones ahí realizadas tengan fuertes cargas emotivas, en combinación con contenido social.

Aunque tenga que sacrificarse puntos en la estadística *raiting*[6], el compromiso[7] de Televisa es apegarse a la realidad social en cada una de sus telenovelas. La creación de víctimas, villanos y personajes de duda ya no será provocada únicamente por el interés de ganar una competencia entre televisoras.

Y de ese modo se logrará, a juicio de los doctos en el género, la finalidad soñada por los productores de telenovelas: conectar a la audiencia con la televisión mediante un lazo de conciencia social.

Los teledramas son vehículos de entretenimiento con contenido social, opina Miguel Sabido

30   **Los dramas en televisión propician cambios en las**
35   **conductas ciudadanas**

CONCLUSIONES

Al final de las conferencias el resultado fue:

40   • Las telenovelas promueven y propician cambios de comportamiento social.

• Se convierten en un factor de contribución al mejoramiento de conductas sociales.

• Mediante los dramas se busca la integración familiar.

45   • Defienden la superación personal en muchas facetas de la vida.

• Sirven de punto de partida para reflexionar sobre diversas problemáticas, así como sobre sus soluciones.

▼ *Personajes de la telenovela colombiana, Betty, la fea.*

3 A convention named "Espacio 98"
4 entertainment
5 to entertain
6 rating (the English word is used in Spanish, with a slight spelling change)
7 commitment

50

55

60

▲ *Miguel Sabido, productor y director de telenovelas de éxito para Televisa.*

"El que llamó caja idiota a la televisión, es un idiota": Miguel Sabido

"Insisto en que el que tituló de ese modo a la televisión es un idiota, pues no es posible cerrar los ojos ante un medio de comunicación tan transcendente."

"Después del libro, la televisión es el instrumento cultural de mayor relevancia, por lo mismo, sería adecuado contar con todos los apoyos posibles para su pleno desarrollo y sobre todo en el género de las telenovelas."

ACTIVIDAD 33

Una vez más Lee el artículo otra vez y marca **C** si las siguientes oraciones son ciertas o **F** si son falsas. Corrige las oraciones falsas.

1. _____ Televisa y Televisión Azteca quieren producir telenovelas que sean educativas.

2. _____ Según Emilio Azcárraga Jean, es posible que las telenovelas tengan mayor contenido social sin tener escenas de violencia y sexo y que también sean populares.

3. _____ La estadística *raiting* no es muy importante para Televisa.

4. _____ Emilio Azcárraga Jean opina que la televisión ayuda a formar la conciencia social si contiene programas buenos.

5. _____ Según Miguel Sabido, sólo los idiotas miran la televisión.

6. _____ El Sr. Sabido dice que la televisión tiene una influencia más fuerte que los libros en la cultura de un país.

ACTIVIDAD 34

La popularidad El artículo habla de la influencia de la televisión en el comportamiento de la gente y cómo puede tener un efecto positivo si los programas tienen buen contenido social. En grupos de tres, discutan las siguientes preguntas.

¿Tienen éxito (*are successful*) programas como "El Show de Cosby"? ¿Estos programas educan a la gente? ¿Por qué tienen éxito algunos programas sin tener ni sexo ni violencia?

ESCRITURA <u>**Estrategia:** *Describing and Giving Your Opinion*</u>

When describing something—a situation, a theory, etc.—first you must establish the main idea you want to convey by answering the question *what?* To describe supporting details and to give your reader the necessary background information for understanding, you should also address questions such as *who?, when?, where?, how?,* and *why?* In formal writing, expressions such as **es importante notar, se dice, tal vez, es bueno/malo que,** etc., introduce the author's point of view. In informal writing, you may express your point of view or interpretation of the topic with phrases such as **dudo que, en mi opinión, creo que,** and **tal vez.**

ACTIVIDAD 35 **Tu opinión Parte A:** In the article **¿Para qué sirven las telenovelas?,** Emilio Azcárraga Jean describes the changes that Televisa is going to make in the production of its soap operas and why he believes these changes will be successful for his company and for Mexico. Write an essay giving your opinion about the proposed changes.

▶ Briefly explain the content of the article in **your own words**.

▶ Azcárraga and Sabido both believe that they can produce soap operas with less violence and sex and still keep an audience. Write about the possible ramifications of these changes, both good and bad, for Televisa and for the Mexican people.

▶ Bring a copy of your essay to the next class period and keep the original for yourself.

● Keep a copy of your essay in case your partner loses it!

Parte B: Exchange your essay with a partner. At home, critique (in Spanish) your partner's essay. Is it clear? Logical? Well explained? Are ideas from the article paraphrased or are they copied too closely from the text? Are there supporting details? Is there a need for a justification somewhere? Are there grammar or vocabulary problems (for example, agreement of subjects with verbs and adjectives with nouns)? When commenting, use phrases like: **Interesante. Bien explicado. Buena justificación. No entiendo. Necesitas más explicación. No entiendo la lógica. No es correcto. La forma del verbo es incorrecta.** (etc.) When finished, write at the top of the paper: "Revisado por" and your name.

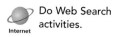

Do Web Search activities.

Parte C: Read your partner's comments and make all necessary changes in your final draft. Staple together all drafts and hand them in to your instructor.

Vocabulario funcional

Los pasatiempos (*Hobbies*) *Ver páginas 255–256.*

Cosas de la cocina

la copa (de vino)	*(wine) glass*
la cuchara	*spoon*
el cuchillo	*knife*
la olla	*pot*
el pimentero	*pepper shaker*
el plato	*plate*
el salero	*salt shaker*
el/la sartén	*frying pan*
la servilleta	*napkin*
la taza	*cup*
el tenedor	*fork*
el vaso	*glass*

La comida

el aceite	*oil*
la cebolla	*onion*
la fruta	*fruit*
el huevo	*egg*
el jamón	*ham*
la lechuga	*lettuce*
la mazorca (de maíz)	*corn on the cob*
el pan	*bread*
la pimienta	*pepper*
el queso	*cheese*
la sal	*salt*
el tomate	*tomato*
el vinagre	*vinegar*

Otro vocabulario relacionado con la comida

la ensalada	*salad*
el postre	*dessert*
el primer plato	*first course*
el segundo plato	*second course*

La preparación de la comida

añadir	*to add*
cocinar	*to cook*
cortar	*to cut*
darle la vuelta	*to turn over, flip*
freír	*to fry*
poner la mesa	*to set the table*
revolver	*to mix*

Verbos

alegrarse de	*to be happy about*
arreglar	*to fix; to arrange*
dudar	*to doubt*
sentir (e ⟶ ie, i)	*to feel sorry*
sorprenderse de	*to be surprised about*

Adverbios   *Ver página 260.*

Expresiones impersonales de duda

no es cierto	*it isn't true*
no está claro	*it isn't clear*
es dudoso	*it's doubtful*
no es evidente	*it isn't evident*
(no) es posible	*it is/isn't possible*
(no) es probable	*it is/isn't probable*
no es verdad	*it isn't true*

Expresiones impersonales de certeza

es cierto	*it's true*
está claro	*it's clear*
es evidente	*it's clear, evident*
es obvio	*it's obvious*
es verdad	*it's true*
no hay duda (de)	*there's no doubt*

Expresiones impersonales de emoción

es fantástico	*it's fantastic*
es una pena	*it's a pity*
qué lástima	*what a shame*
qué pena	*what a pity*

Palabras y expresiones útiles

estar seguro/a (de)	*to be sure (of)*
hay que + *infinitive*	*one/you must + verb*
mientras tanto	*meanwhile*
No puedo más.	*I can't take it anymore.*
¿No sabías?	*You didn't know?*
probar	*to taste*
¡Qué (buena) suerte!/ ¡Qué mala suerte!	*What good/bad luck!*
Somos dos.	*There are two of us.*
tal vez/quizás + *subjunctive*	*perhaps/maybe*
tener (buena) suerte/ tener mala suerte	*to be lucky/unlucky*

CAPÍTULO 10

▷ **Volcán Poás, Costa Rica.**

CHAPTER OBJECTIVES

▶ Making use of postal services and the Internet

▶ Expressing likes, dislikes, and opinions

▶ Avoiding redundancies in everyday speech

▶ Talking about sports

▶ Describing in the past

▶ Telling what you used to do

Datos interesantes

• Costa Rica sólo cubre el 0,03% de la superficie total del planeta, pero contiene aproximadamente un 6% de la biodiversidad mundial.

• Desde 1869 la educación es obligatoria y gratis y hoy día el 95% de la población sabe leer.

• El país no tiene ejército desde 1948.

• Costa Rica tiene la democracia más antigua de América Latina y se considera el país más estable de Centroamérica.

• Óscar Arias, ex presidente costarricense, recibió el Premio Nobel de la Paz en 1987.

¡Feliz cumpleaños!

Niños en una carreta en ▶
Costa Rica. ¿Para qué crees
que se usen las carretas?

echar de menos	to miss (*someone or something*)
a lo mejor + *indicative*	perhaps
quedarse en + *place*	to stay in/at + *place*
aburrirse como una ostra	to be really bored (Literally: to be bored like an oyster)

*Después de pasar dos años en España sin ver a su familia, Vicente regresa
a Costa Rica de vacaciones para ver a sus padres y para celebrar su
cumpleaños.*

ACTIVIDAD   **¿Cierto o falso?** Mientras escuchas la conversación
entre Vicente y sus padres, escribe **C** si la oración es
cierta y **F** si es falsa.

1. _____ Hace un mes que Vicente le mandó una tarjeta a su madre.
2. _____ A la madre le gustó la tarjeta.
3. _____ Hoy es el cumpleaños de Vicente.
4. _____ Los padres de Vicente le compraron un regalo.
5. _____ Vicente y sus padres van a ir a Sarchí.
6. _____ Es posible que Vicente le compre un regalo a Teresa.

VICENTE: No saben cuánto me gusta estar en Costa Rica otra vez; siempre los echo de menos a Uds. y a mis amigos.

MADRE: Y a nosotros nos encanta tenerte en casa, hijo.

VICENTE: Por cierto, mamá, no dijiste nada sobre la tarjeta que te mandé para tu santo.

MADRE: Pero, ¿qué tarjeta? ¿Me mandaste una de esas tarjetas virtuales que bailan y cantan?

VICENTE: No, no. Era una tarjeta normal. Te la mandé hace un mes por correo.

MADRE: Yo no recibí nada.

● Complaining

PADRE: Es que el correo es terrible. Mandas cosas y tardan un siglo en llegar, si llegan.

MADRE: No te preocupes; ya va a llegar. Además, mi mejor regalo es tener a mi hijo aquí con nosotros, gracias a Dios.

VICENTE: Gracias, mamá. Bueno, ¿qué vamos a hacer hoy?

PADRE: Primero, vamos a darte tu regalo de cumpleaños; aquí está. Te lo compramos porque sabemos que es algo que te gusta. ¡Feliz cumpleaños!

VICENTE: . . . ¡Una raqueta de tenis! Hace mucho tiempo que no juego. Muchas gracias, mamá . . . papá.

PADRE: ¿Te gusta?

● Expressing likes

VICENTE: ¡Me fascina!

PADRE: Bueno, ahora vamos a ir a Sarchí para ver las carretas.

VICENTE: ¿Para el festival?

PADRE: Sí, lo celebran hoy.

● Discussing memories

VICENTE: ¡Pura vida![1] Echo de menos el "canto" de las carretas. Tenía tres años cuando subí a la carreta del abuelo por primera vez y me fascinó. ¿Vas a venir con nosotros, mamá?

MADRE: No, me quedo en casa porque no me siento bien y quiero dormir un poco.

VICENTE: Pero mamá, . . . te vas a aburrir como una ostra.

MADRE: No, es mejor que vayan Uds. solos. ¡Ah! ¡Oye! Sarchí es un buen lugar si Uds. quieren comprarle algo de artesanía típica a Teresa.

VICENTE: Ahhh, a lo mejor le regalo una carreta pequeña.

● Avoiding redundancies

PADRE: Sí, yo conozco un lugar perfecto donde se la puedes comprar.

VICENTE: Bueno, voy a echarle gasolina al carro. Ahorita vengo, papá. Adiós mamá; espero que te mejores.

MADRE: Hasta luego, mi amor; que Dios te acompañe.

PADRE: . . . ¿Ya llamaste a todos sus amigos?

MADRE: Sí, vienen como a las ocho. A Vicente le va a encantar verlos a todos. Tengo mucho que hacer mientras Uds. están en Sarchí. No pueden llegar hasta las nueve, ¿eh?

---

1 *That's great!* (Costa Rican expression)

ACTIVIDAD **2** **Preguntas** Después de escuchar la conversación otra vez, contesta estas preguntas.

1. ¿Por qué le mandó Vicente una tarjeta a su madre?
2. Según el padre de Vicente, ¿qué ocurre cuando se mandan cosas por correo?
3. ¿Qué van a hacer Vicente y su padre en Sarchí?
4. ¿Qué va a pasar esta noche en la casa de Vicente?
5. ¿Es verdad que la madre de Vicente se siente mal?
6. La madre de Vicente usa frases de origen religioso. ¿Cuáles son?

¿Lo sabían?

En español las palabras **Dios** y **Jesús** se oyen con frecuencia en las conversaciones. Esto no significa que la persona que las usa sea religiosa o irrespetuosa. Algunas expresiones comunes que se usan son **¡Por Dios!, ¡Dios mío!, Con la ayuda de Dios, ¡Sabe Dios . . . !** (*Who knows . . . !*), **Dios mediante** (*God willing*) y **Que Dios te acompañe** (*May God be with you*). ¿Es común usar el nombre de Dios en los Estados Unidos?

ACTIVIDAD **3** **Echo de menos . . .** Ahora que Uds. están en la universidad, a lo mejor echan de menos algunas cosas (casa, pueblo, escuela secundaria, familia, etc.). En parejas, hagan una lista de cinco cosas que echan de menos y de tres cosas que no echan de menos. Después, compartan sus ideas con la clase.

▲ Paul echa de menos a su perro . . . y yo echo de menos . . .

Vocabulario esencial I

El correo y la red

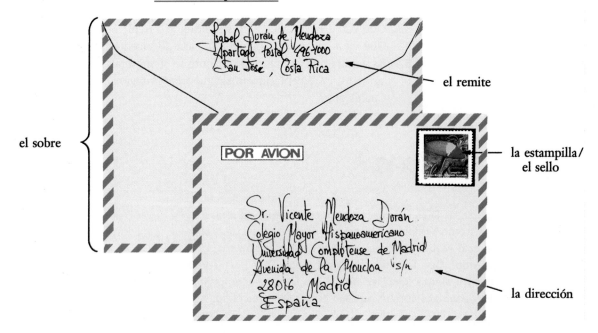

el sobre

el remite

la estampilla / el sello

POR AVION

la dirección

*Isabel Durán de Mendoza
Apartado Postal 496-1000
San José, Costa Rica*

*Sr. Vicente Mendoza Durán
Colegio Mayor Hispanoamericano
Universidad Complutense de Madrid
Avenida de la Moncloa s/n
28016 Madrid
España*

- Practice this vocabulary while receiving and sending letters, and working on the Internet.

- In Spanish, many people use English terms with Spanish pronunciation when discussing cyberspace; others choose to use the Spanish equivalent. Note: The term **Internet** is frequently used without an article in Spanish: **Lo leí en Internet.**

Otras palabras relacionadas con el correo y la red

el buzón   mailbox
la carta   letter
el/la cartero   letter carrier
el fax
hacer cola   to stand in line
mandar una carta   to send a letter
el paquete   package
la (tarjeta) postal   postcard

el buscador   search engine
el correo electrónico / mensaje electrónico / email
el enlace   link
hacer clic   to click
la Internet
navegar (por)   to surf
la red   the Web
el sitio   site

This is how you read an Internet address in Spanish:

http://www.gauchonet.com = **h t t p dos puntos barra barra w w w punto gauchonet punto com**

This is how to read an email address:

smith@abc.edu = **smith arroba a b c punto edu**

ACTIVIDAD
4

En orden, por favor En parejas, pongan estas oraciones
sobre el correo en orden lógico.

_____ Busco un buzón.   _____ Escribo el remite en el sobre.
_____ Le pongo una estampilla.   _____ Echo la carta en el buzón.
_____ Escribo la carta.   _____ La pongo en un sobre.
_____ Escribo la dirección en el sobre.

ACTIVIDAD
5

Definiciones En parejas, una persona define o explica
palabras que tienen que ver con el correo y la red y la otra
adivina qué palabras son. Altérnense frecuentemente.

◆ A: Si quiero mandarte un libro, te mando esto.
  B: Un paquete.

ACTIVIDAD
6

La red En grupos de tres, hablen con sus compañeros para
averiguar si usan y cómo usan la red. Apunten sus respuestas.

1. su dirección de correo electrónico
2. si mandan muchos o pocos mensajes por correo electrónico cada semana
3. a quién le escriben
4. si cada semana navegan mucho o poco por Internet
5. su buscador favorito
6. su enlace favorito y la dirección (si la saben)

ACTIVIDAD
7

El toque personal Mira este anuncio de una oficina de
correos. Luego, di si hay ocasiones cuando uno debe mandar
una carta o una tarjeta en vez de un email o una tarjeta virtual.

Gramática para la comunicación I

I. Expressing Likes, Dislikes, and Opinions: Using Verbs Like *Gustar*

In Chapter 2, you learned how to use the verb **gustar.**

¿Te gusta el festival?
Nos gustan las carretas de Sarchí.

● The verb agrees with what is loved, what bothers you, etc. The indirect-object pronoun tells who is affected. See Ch. 2 and review **gustar** if needed.

1 ▲ Here are some other verbs that function like **gustar:**

encantar to like a lot, to love	**fascinar** to like a lot, to find fascinating
faltar to lack, to be missing	**molestar** to be bothered by, to find annoying

A Vicente **le encanta** visitar a su familia.

Vicente loves to visit his family. (Literally: Visiting his family is really pleasing to him.)

Le fascina hablar y salir con sus amigos,* pero **le molestan** las personas que fuman en los bares.

He likes to talk to and go out with his friends, but he is bothered by people who smoke in bars. (Literally: . . . people that smoke in bars bother him.)

*NOTE: Use the singular verb form when one or more infinitives follow.

2 ▲ The verb **parecer** (*to seem*) follows the same pattern as **gustar,** except that it is normally followed by an adjective or a clause introduced by **que.**

Me parecen bonitas esas estampillas.

Those stamps seem pretty to me.

A él **le parece que** el correo está cerrado.

It seems to him that the post office is closed.

Notice the meaning of **parecer** when it is used in a question with the word **qué.**

¿Qué te pareció el regalo?

How did you like (What did you think of) the present?

II. Avoiding Redundancies: Combining Direct- and Indirect-Object Pronouns

In the conversation, you heard Vicente say to his mother, "**Era una tarjeta normal. Te la mandé hace un mes por correo.**" In the last sentence, *to whom* and *to what* do you think the words **te** and **la** refer?

If you said *to his mother* and *to the card,* you were correct.

In Chapters 6 and 7 you learned how to use the indirect- and the direct-object pronouns separately. Remember that the indirect object tells *for whom* or *to whom* the action is done, and the direct object is the person or thing that directly receives the action of the verb and answers the question *what* or *whom*.

Indirect-Object Pronouns		Direct-Object Pronouns	
me	nos	me	nos
te	os	te	os
le	les	lo, la	los, las

Le mandé un regalo a mi amiga.   *I sent a gift to my friend.*

—¿Mandaste el regalo?   *Did you send the gift?*
—Sí, **lo** mandé.   *Yes, I sent it.*

● Remember: Indirect before direct (I.D.).

1 ▲ When you use both an indirect- and a direct-object pronoun in the same sentence, the indirect-object pronoun immediately precedes the direct-object pronoun.

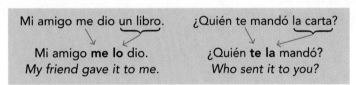

Mi amigo me dio un libro.   ¿Quién te mandó la carta?

Mi amigo **me lo** dio.   ¿Quién **te la** mandó?
My friend gave it to me.   *Who sent it to you?*

2 ▲ The indirect-object pronouns **le** and **les** become **se** when combined with the direct-object pronouns **lo, la, los,** and **las.**

le/les ⟶ se + lo/la/los/las

Le voy a pedir un café (a Inés). ⟶ **Se lo** voy a pedir (a Inés / a ella).
Les escribí las instrucciones (a ellos). ⟶ **Se las** escribí (a ellos).

● Remember to add accents when needed.

● Note: Never use me lo, me la, etc., with verbs like **gustar** since the noun following the verb is not a direct object, but rather the subject of the verb.

● Do Workbook **Práctica mecánica I** and corresponding CD-ROM activities.

3 ▲ Remember that object pronouns either precede a conjugated verb or are attached to the end of an infinitive or present participle.

Se lo mandé ayer.   ⟶   ———
Se lo voy a mandar.   ⟶   Voy a mand**árselo.**
Se la estoy escribiendo.   ⟶   Estoy escrib**iéndosela.**

ACTIVIDAD 8 **¿No te gusta, te gusta o te encanta?** Vas a hacer una encuesta. Pregúntales a tus compañeros si les gustan estas cosas. Anota (*Jot down*) sus nombres en la columna apropiada.

▲ ¿Te gusta la comida picante?

No, no me gusta.   Sí, me gusta.   Sí, me encanta.

	No gustar	*Gustar*	*Encantar*
la comida picante (*spicy*)	_____	_____	_____
los postres	_____	_____	_____
la música clásica	_____	_____	_____
cocinar	_____	_____	_____
los juegos electrónicos	_____	_____	_____
fumar	_____	_____	_____
recibir email	_____	_____	_____
hacer gimnasia	_____	_____	_____

▲ En México y en algunos países centroamericanos y suramericanos, se usa una gran variedad de chiles en la preparación de comidas picantes.

ACTIVIDAD 9 **Las cosas que te faltan** Imagina que acabas de mudarte (*to move*) a un apartamento semiamueblado. Escribe una lista de cinco cosas que todavía te faltan. Después, en parejas, comparen sus listas.

▲ Todavía me falta una lavadora.

ACTIVIDAD 10 **¿Te molesta?** **Parte A:** En parejas, digan si les encanta o si les molesta hablar de los siguientes temas: la política, la religión, el arte, la música, los problemas de otros, sus problemas, la economía, la comida, la vida de personas famosas, los deportes, la ropa.

Parte B: Teniendo en cuenta los temas que le encantan a tu compañero/a, sugiérele una revista.

▲ Como te encanta la música, te aconsejo que compres *Rolling Stone.*

ACTIVIDAD 11 **No todo es perfecto** **Parte A:** En parejas, hagan una lista de cinco cosas que les encantan de la universidad, dos cosas que les molestan y dos cosas que le faltan a la universidad.

Parte B: Ahora, escriban dos oraciones dándole consejos al/a la presidente/a de la universidad. Sigan el modelo.

▲ Señor/a presidente/a, como a la universidad le falta/n . . . le aconsejamos / es importante que . . . También nos molesta/n . . . por eso queremos que . . .

ACTIVIDAD
12

¿Qué te pareció? **Parte A:** En parejas, túrnense para averiguar qué opina su compañero/a sobre estos temas.

 A: ¿Qué te pareció la última prueba de la clase de español?
B: Me pareció fácil/difícil/justa/etc.

1. el partido del *Superbowl* del año pasado
2. los resultados de las últimas elecciones
3. los escándalos presidenciales de Clinton
4. la última película de Julia Roberts
5. tus clases del semestre pasado
6. el último disco compacto de Bono y U2

Parte B: Ahora, pregúntale a tu compañero/a cuál de los temas de la **Parte A** le interesa más: los deportes, la política, el cine, la universidad o la música. Luego conversen con su pareja sobre ese tema por un minuto. Por ejemplo, si a tu pareja le interesa la música:

 A: ¿Qué te parece la música de . . . ?
B: Me parece horrible/fantástica porque . . .
A: A mí me fascina . . .

ACTIVIDAD
13

Me lo, me la . . . La conversación al principio de este capítulo usa pronombres directos e indirectos para evitar la redundancia. Mira la página 286 y di a qué o a quién se refieren las palabras en negrita en las siguientes líneas. ¡Ojo! Tienes que leer estas líneas en el contexto de la conversación para poder contestarlas.

1. Vicente: "Por cierto, mamá, no dijiste nada sobre la tarjeta que **te** mandé para tu santo."
2. El padre: "Primero, vamos a darte tu regalo de cumpleaños; aquí está. **Te lo** compramos porque sabemos que es algo que te gusta. ¡Feliz cumpleaños!"
3. El padre: "Sí, **lo** celebran hoy."
4. El padre: "Sí, yo conozco un lugar perfecto donde **se la** puedes comprar."

● Remember: The indirect-object pronouns **le** and **les** become **se** when followed by **lo**, **la**, **los**, and **las**.

ACTIVIDAD
14

La redundancia Estos conversaciones tienen mucha repetición innecesaria. En parejas, arréglenlas para que sean más naturales.

1. A: ¿Piensas comprarle un regalo a tu hermano?
   B: Sí, mañana pienso comprarle un regalo a mi hermano.
   A: ¿Cuándo vas a mandarle el regalo a tu hermano?
   B: Voy a mandarle el regalo a mi hermano mañana por la tarde.

2. A: Vicente, ¿les trajiste los cubiertos a Teresa y a Marisel?
   B: No, no les traje los cubiertos a Teresa y a Marisel. ¿Quieres que les traiga los cubiertos a Teresa y a Marisel mañana?
   A: Claro, mañana puedes traerles los cubiertos.

3. A: ¿Cuándo vas a preparme mi comida favorita?

   B: Estoy preparándote tu comida favorita ahora.

   A: Pero no me gustan los frijoles. Siempre dices que vas a prepararme mi comida favorita y nunca me preparas esa comida.

   B: Bueno, bueno. Voy a prepararte tu comida favorita mañana.

ACTIVIDAD
15

No es así Las oraciones de la primera columna contienen información incorrecta. La segunda columna contiene información correcta que necesitan, pero está fuera de orden. En parejas, túrnense para leer estas oraciones. Al leer una oración, la otra persona tiene que corregir la información. Sigan el modelo.

▲ A: Los navajos le vendieron la ciudad de Nueva York a Peter Minuit.

   B: No, los lenapes **se la** vendieron.

1. Los navajos le vendieron la ciudad de Nueva York a Peter Minuit.
2. La Cruz Roja le construye casas a la gente necesitada.
3. El avión Barón Rojo les tiró la bomba atómica a los habitantes de Hiroshima.
4. Para ser popular, Diego Maradona les regaló bicicletas a los niños argentinos pobres.
5. En el 2000 los ingleses le dieron el control del canal a Panamá.
6. AmeriCorps les da asistencia a personas enfermas en todo el mundo.
7. Julián de Medici le financió el viaje a Cristóbal Colón.
8. Inglaterra les regaló la Estatua de la Libertad a los norteamericanos.

a. Enola Gay
b. Francia
c. Isabel la católica
d. Habitat para la Humanidad
e. los lenapes
f. Eva Perón
g. los norteamericanos
h. Médicos sin fronteras

ACTIVIDAD
16

¿Ya lo hiciste? En parejas, usen las oraciones de la lista que sigue para formar dos conversaciones lógicas de seis líneas cada una. A continuación tienen la primera oración de cada conversación.

Conversación A

—¿Me compraste el champú?

—???

Conversación B

—¿Me compraste la cinta?

—???

_____ Ah, es verdad. Las tengo en la chaqueta.

_____ Sí, te lo compré. ¿Y tú? ¿Le diste las cartas al cartero?

_____ Ya te lo di, ¿no?

_____ No, no se las di.

_____ Perfecto. ¿Puedes darme las llaves del carro?

_____ Sí, se lo di.

_____ Ah, es cierto. Se lo mandé al dueño ayer.

_____ Sí, te la compré. ¿Y tú? ¿Le diste el paquete al cartero?

_____ Ya te las di, ¿no?

_____ ¿Puedes mandarlas mañana, por favor? ¿Y cuándo vas a darme el dinero del alquiler?

● Remember to address each other formally.

ACTIVIDAD 17 **En la oficina** **Parte A:** En parejas, una persona es el/la empleado/a y cubre la Columna A y la otra persona es el/la jefe/a y cubre la Columna B. Los dos quieren saber si la otra persona hizo las cosas que tenía que hacer. El/La jefe/a hace preguntas primero, basándose en la información de la Columna A.

◢ Jefe/a: ¿Le mandó el fax a la directora de la compañía M.O.L.A.?

Empleado/a: Sí, ya se lo mandé. / No, no se lo mandé.

● A check mark indicates that the task has been completed.

A (Jefe/a)

Esto es lo que tiene que hacer tu empleado/a hoy:

☐ pedirle los documentos al Sr. Lerma
☐ mandarle un fax al Dr. Fuentes
☐ llamar a la agente de viajes
☐ comprar estampillas
☐ darle la información a la Dra. Ramírez

B (Empleado/a)

Esto es lo que tienes que hacer hoy:

☐ pedirle los documentos al Sr. Lerma
☑ mandarle un fax al Dr. Fuentes
☐ llamar a la agente de viajes
☑ comprar estampillas
☑ darle la información a la Dra. Ramírez

Parte B: Ahora, el/la empleado/a hace las preguntas, basándose en la información de la Columna B.

A (Jefe/a)

Cosas que debes hacer hoy:

☑ mandarle el email a la Srta. Pereda
☐ escribirle a la Sra. Hernández
☑ darle las instrucciones a la nueva secretaria
☑ preguntarles su dirección a los Sres. Montero
☐ llamar al médico

B (Empleado/a)

Cosas que debe hacer tu jefe/a hoy:

☐ mandarle el email a la Srta. Pereda
☐ escribirle a la Sra. Hernández
☐ darle las instrucciones a la nueva secretaria
☐ preguntarles su dirección a los Sres. Montero
☐ llamar al médico

Do Workbook **Práctica comunicativa I** and corresponding CD-ROM activities.

Más allá

El español y el ocio

Sentados frente al televisor, en el teatro, en un concierto, en el cine o simplemente escuchando la radio, es inevitable oír español en los Estados Unidos. En el área musical, este país tuvo el primer boom latino en las décadas de 1930 y 1940, y más tarde al final del siglo XX empezó otro boom que continúa hoy día. Poco a poco, la música latina se ha integrado a la programación musical tanto de la radio como de la televisión. En el teatro, el tango llegó a Broadway con los shows *Tango Argentino* y *Tango Forever*. Las galerías y museos tienen mucho interés en exponer obras del mundo de habla española, y los artistas latinos que viven en los Estados Unidos tienen cada día más éxito (*success*). Igualmente, el idioma español también se hace presente en el cine, inclusive en películas dirigidas al público de habla inglesa. Esto se ve, por ejemplo, en la película *Traffic*, que contiene escenas en español subtituladas en inglés.

El gran público hispano sigue los eventos deportivos en canales como Univisión, Telemundo y Galavisión ya que es enorme la participación de latinos en béisbol, boxeo y, por supuesto, fútbol. En realidad, es tan grande la teleaudiencia hispana que, recientemente, cuando en la ciudad de Nueva York se hizo un análisis del *raiting* a la hora de las noticias, el canal Univisión superó a ABC, CBS y NBC en cuanto a la cantidad de televidentes; y, como consecuencia, las grandes compañías quieren atraer este público con sus anuncios comerciales.

Es evidente que la vida y las culturas hispanas han llegado a ser parte de los Estados Unidos, y los medios de comunicación diariamente ayudan a transmitirlas y llevan al público la riqueza y variedad de estas culturas. ◆

AT FENWAY, IT'S FIESTA TIME
LATINO NIGHT TO HONOR PLAYERS, FANS WHO HELP SHAPE RED SOX AND THEIR CITY

Move over, Fenway Franks. Make room for pastelitos de pollo. In its first-ever Latino Night at Fenway Park, the Red Sox, or Medias Rojas, are pulling out all the stops tonight. From the music, to the food, to announcing the lineup in Spanish, Fenway will feel a little more Caribbean. Forget about hearing ballpark favorites like "Celebrate" by Kool & The Gang. Instead, they'll blare Celia Cruz's "La vida es un carnaval" with its frenzied congas and

▲ Pedro Martínez.

Major Photographic Exhibition "Americanos: Latino Life in the United States" Opens April 1

It is estimated that 100,000 Latinos call Greater Memphis home. The arrival of Americanos: Latino Life in the United States at the National Civil Rights Museum provides a unique and intimate view of the extensive and varied national Latino community through the work of 30 prize-winning photographers. The 120 photographs in the exhibition are organized around themes that reflect the diversity and scope of the Latino experience, ranging from family and community to work and sports.

◀ Policía con su hijo en el Desfile Puertorriqueño de Nueva York.

 Vocabulario esencial II

Los artículos deportivos

El Estadio del Deporte

312 Alcalá   Tel: 456 33 42

SE CIERRA EL NEGOCIO

GRANDES REBAJAS

Tenemos todo lo que Ud. necesite para los deportes: en el campo de fútbol, en la cancha de tenis, en el gimnasio. Uniformes de todo tipo.

1. balones de fútbol, fútbol americano, basquetbol y pelotas de tenis, squash, golf y béisbol
2. raquetas de tenis y de squash
3. palos de golf
4. cascos de bicicleta, moto y fútbol americano
5. pesas
6. bolas de bolos
7. patines de hielo y en línea
8. esquíes de agua y de nieve
9. bates
10. guantes de béisbol, boxeo y ciclismo
11. uniformes

● **jugar a los bolos** = **jugar al boliche**

ACTIVIDAD
18

Asociaciones Asocia estas personas con un deporte y los objetos que se usan en ese deporte.

1. Serena y Venus Williams
2. Pelé y Hugo Sánchez
3. Grant Hill
4. Sammy Sosa y Nomar García Parra
5. Kristi Yamaguchi y Michelle Kwan
6. Arnold Schwarzenegger
7. Muhammad Ali y Óscar de la Hoya
8. Tiger Woods y Sergio García
9. Joe Montana y Steve Young
10. Laverne y Shirley

ACTIVIDAD
19

Categorías Pon los artículos de deportes en las siguientes categorías.

1. cosas que se usan en deportes de equipo o deportes individuales
2. cosas que se usan dentro de un gimnasio o al aire libre
3. cosas de madera, de metal o de plástico

● **equipo** = *team; gear, equipment*

ACTIVIDAD
20

¿Son Uds. deportistas? En grupos de cuatro, identifiquen estos equipos y digan de dónde son, a qué deporte juegan, cómo se llama el estadio donde juegan y cuáles son los colores de su uniforme.

▲ El equipo de los Packers es de Green Bay, Wisconsin. Ellos juegan al fútbol americano en el Estadio Lambeau. Los colores de su uniforme son verde y amarillo.

1. Yankees
2. Bears
3. Broncos
4. Dodgers
5. Padres
6. Redskins

ACTIVIDAD
21

¿Y tú? En parejas, pregúntenle a su compañero/a qué deportes practica y qué equipo tiene para jugarlos.

ACTIVIDAD
22

Opiniones Los deportes favoritos cambian de país en país. En grupos de cuatro, hablen sobre cuáles creen que sean los deportes más populares de los Estados Unidos, de Suramérica y del Caribe y por qué creen que sean populares. Después de terminar, comparen sus opiniones con las de otros grupos.

▲ A: Creo que el béisbol es . . .

B: No, no creo que el béisbol sea el deporte . . .

C: Es posible que sea el fútbol americano porque . . .

¿Lo sabían?

En la mayoría de los países hispanos el fútbol es el deporte más popular. Es un deporte muy económico porque sólo se necesita un balón y se puede jugar en cualquier lugar. En los Estados Unidos vive un comentarista argentino de fútbol llamado Andrés Cantor. Él es famoso por su gran conocimiento de todos los aspectos de este deporte, pero quizá es más famoso por la manera en que grita la palabra **gol**. Un "¡GOOOOOOL!" de Cantor puede durar más de 20 segundos.

En el Caribe el deporte más popular es el béisbol. A principios del siglo XX, los norteamericanos lo llevaron a esa zona porque tiene un clima ideal que permite practicar el deporte todo el año. Otros deportes populares en el mundo hispano incluyen el voleibol y el atletismo (*track*) en Cuba, el boxeo en Panamá y Cuba y el basquetbol en España y en Puerto Rico.

En países como España, México y Perú, la corrida de toros es popular. A mucha gente le gusta ver la corrida y la considera un arte y no un deporte, pero también hay muchas personas a quienes no les gusta. ¿Crees que la corrida de toros sea cruel? ¿Por qué crees que algunos la consideran un arte?

MARTES
DIA **18** DE AGOSTO
6 TOROS 6
DE LA GANADERIA DE
D. NAZARIO IBAÑEZ AZORIN,
DE YECLA (MURCIA).

(X̄)

PARA LOS ESPADAS:
**PEPIN JIMENEZ
CRISTINA SANCHEZ
ANTONIO FERRERA**

Teresa, campeona de tenis

Puesta del sol en una ▶
playa de Tamarindo,
Costa Rica.

cambiando de tema	changing the subject
dejar de + *infinitive*	to stop/quit + -ing
Te va a salir caro.	It's going to cost you.

Vicente acaba de volver de sus vacaciones en Costa Rica y está hablando con Teresa.

ACTIVIDAD 23   **¿Qué hizo?** Mientras escuchas la conversación, marca las cosas que hizo Vicente en Costa Rica.

1. _____ Pasó tiempo con sus padres.
2. _____ Salió con sus amigos.
3. _____ Votó en las elecciones.
4. _____ Fue a la playa.
5. _____ Jugó un partido de fútbol.
6. _____ Fue a un partido de fútbol.
7. _____ Vio a una estrella de cine.
8. _____ Notó tensión por problemas económicos.
9. _____ Jugó al tenis.

● Telling about a series of completed past actions

● Telling about a completed past event

● Describing habitual past actions

● Indicating the end of an action

TERESA: ¿Qué tal todo por Costa Rica?

VICENTE: ¡Pura vida!, como decimos allí.

TERESA: ¿Qué hiciste?

VICENTE: Visité a mis padres, salí con mis amigos, fui al interior y a la playa . . .

TERESA: O sea . . . un viaje típico.

VICENTE: ¡Ah! ¿No te dije que fui a un partido de fútbol en que jugó Marcelo Salas? ¿Y sabes quién estaba sentado enfrente de mí?

TERESA: No, pero tiene que ser alguien famoso. ¿Una estrella de cine?

VICENTE: Te doy una pista: ¡GOOOOOOOOOOOOOOOOOOOOOOOOL!

TERESA: No me digas. ¿Viste a Andrés Cantor? No te creo.

VICENTE: Fue estupendo. Me divertí mucho.

TERESA: ¡Qué bueno! Y tu familia, ¿cómo está?

VICENTE: Todos bien, pero hay muchos problemas económicos en Centroamérica y aun en Costa Rica se siente la tensión.

TERESA: Pero la situación en Costa Rica es bastante buena, ¿no?

VICENTE: Sí, es cierto, pero todavía así hay tensión.

TERESA: Bueno, pero cambiando de tema, ¿qué hiciste con tus amigos?

VICENTE: Pues . . . salir, nadar, jugar al tenis; mis padres me regalaron una raqueta de tenis fenomenal para mi cumpleaños.

TERESA: ¡Ah! ¿Te gusta el tenis? No sabía que jugabas.

VICENTE: Sí, empecé a jugar cuando tenía ocho años. Practicaba todos los días, pero dejé de jugar cuando vine a España.

TERESA: Yo también jugaba mucho.

VICENTE: ¿Y ya no juegas?

TERESA: Muy poco, pero me encanta. ¿Sabes? Fui campeona de mi club en Puerto Rico hace tres años, pero dejé de jugar cuando tuve problemas con una rodilla.

VICENTE: Pero, vas a jugar conmigo, ¿no?

TERESA: Claro que sí . . . y te voy a ganar.

VICENTE: ¿Y qué pasa si le gano a la campeona?

TERESA: Dudo que puedas. Pero, si ganas tú, te invito a comer y si gano yo, tú me invitas. ¿De acuerdo?

VICENTE: De acuerdo, pero creo que debes ir al banco ya para sacar dinero porque la comida te va a salir muy cara.

ACTIVIDAD 24 **¿Entendiste?** A veces, para entender una conversación se necesita saber algo de política, deportes, arte, cine, etc. En parejas, traten de contestar estas preguntas sobre la conversación entre Vicente y Teresa.

1. ¿Cuál es uno de los deportes más populares en Costa Rica?
2. ¿Qué tipo de problemas hay en Centroamérica?
3. ¿Sabes qué países de Hispanoamérica tienen una economía estable?

ACTIVIDAD 25 **¿Quién va a ganar?** En parejas, usen la información de la conversación para predecir quién va a ganar el partido de tenis, Teresa o Vicente, y por qué.

ACTIVIDAD 26 **Problemas económicos** Uds. acaban de recibir la cuenta de Visa y no tienen dinero para pagarla. En parejas, decidan qué van a dejar de hacer para ahorrar (*save*) el dinero.

▲ Ahora fumo mucho, pero puedo dejar de fumar.

Gramática para la comunicación II

Describing in the Past: The Imperfect

In the conversation, when talking about tennis, Vicente said, "**Practicaba todos los días . . .**" and Teresa responded, "**Yo también jugaba mucho.**" In these sentences, do the verbs **practicaba** and **jugaba** refer to past actions that occurred only once or to habitual or repetitive past actions?

If your response is habitual or repetitive past actions, you are correct.

As you have already learned, the preterit in Spanish talks about completed past actions. There is another set of past tense forms, the imperfect, whose main function is to describe and to report habitual or repetitive past actions.

A. Formation of the Imperfect

1 ▲ To form the imperfect of *all* -**ar** verbs, add -**aba** to the stem.

caminar	
camin**aba**	camin**ábamos**
camin**abas**	camin**abais**
camin**aba**	camin**aban**

2 ▲ To form the imperfect of **-er** and **-ir** verbs, add **-ía** to the stem.

● Note accents.

volver	
volvía	volvíamos
volvías	volvíais
volvía	volvían

salir	
salía	salíamos
salías	salíais
salía	salían

3 ▲ There are only three irregular verbs in the imperfect.

ser	
era	éramos
eras	erais
era	eran

ver	
veía	veíamos
veías	veíais
veía	veían

ir	
iba	íbamos
ibas	ibais
iba	iban

B. Using the Imperfect

1 ▲ As you learned in Chapter 9, the imperfect is used when telling time and one's age in the past. The imperfect is also used when describing people, places, scenes, or things in the past, as well as ongoing past states of mind and feelings.

El salvavidas **era** alto y **tenía** pelo corto. — *The lifeguard was tall and had short hair.* (description of a person)

Había mucha gente en el mar.* — *There were many people in the water.* (description of a scene)

Hacía mucho calor en la playa. — *It was very hot at the beach.* (description of the weather)

La gente **estaba** contenta. — *People were happy.* (ongoing past feelings)

*NOTE: **Había** means both *there was* and *there were*.

2 ▲ The imperfect is used for habitual or repetitive actions in the past.

Diana **iba** a clase todos los días. — *Diana used to go to class every day.* (habitual action)

Se levantaban temprano, **desayunaban** y **leían** el periódico. — *They used to get up early, eat breakfast, and read the newspaper.* (a series of habitual actions)

Internet · Do Workbook **Práctica mecánica II,** CD-ROM, Web ACE Tests, and lab activities.

● Description of habitual past actions.

ACTIVIDAD 27   **Los deportes que jugabas** Habla con un mínimo de cinco personas para averiguar a qué deportes jugaban cuando estaban en la escuela primaria y cuáles en la escuela secundaria.

 A: ¿A qué deportes jugabas en la escuela primaria?

B: Jugaba al fútbol, al béisbol, . . .

A: ¿Y en la secundaria?

B: . . .

Unos jóvenes juegan al béisbol en La Habana, Cuba. ▶

● Past habitual actions.

ACTIVIDAD 28   **La niñez** Parte A: Marca las actividades que hacías cuando eras pequeño/a bajo la columna **Yo.**

Yo	Mi compañero/a	Acción
		chuparse el dedo
		comer espinacas
		asistir a una escuela privada
		asistir a una escuela pública
		tomar un autobús para ir a la escuela
		caminar a la escuela
		ir en coche con sus padres a la escuela
		llevar la comida a la escuela
		comer la comida de la escuela
		portarse bien en clase
		hablar en clase

Parte B: Ahora, en parejas, entrevístense para ver qué hacían cuando eran niños/as. Marquen la respuesta de su compañero/a en la lista de la **Parte A.** Sigan el modelo.

A: ¿Caminabas a la escuela?

B: Sí, caminaba a la escuela. / No, no caminaba a la escuela.

Parte C: Cuéntenle a la clase las cosas que hacían Uds. cuando eran niños/as.

Yo iba en coche con mis padres a la escuela, pero él tomaba el autobús. Nosotros llevábamos la comida a la escuela y . . .

ACTIVIDAD
29

Vida activa **Parte A:** Usa la siguiente escala de uno a cuatro para marcar en la columna que dice **tú** qué actividades no te gustaban y cuáles te encantaban.

1. no me gustaba nada
2. me gustaba

3. me gustaba mucho
4. me encantaba

	tú	*tu compañero/a*
leer novelas como *Harry Potter*	_____	_____
navegar por Internet	_____	_____
jugar en un equipo	_____	_____
nadar sin traje de baño	_____	_____
escuchar música	_____	_____
dormir en casa de amigos	_____	_____
hacer camping	_____	_____
invitar a los amigos a la casa	_____	_____
mirar mucha televisión	_____	_____
jugar juegos electrónicos	_____	_____
hablar en clase	_____	_____

Parte B: En parejas, entrevisten a su compañero/a para averiguar qué actividades le gustaban cuando era niño/a. Marquen las respuestas en la lista de la **Parte A.** Sigan el modelo.

◣ A: ¿Hacías camping?

B: Sí, me gustaba mucho. / Sí, me encantaba. / No, no me gustaba nada.

● Describing people in the past.

Parte C: En parejas, piensen en las respuestas de su compañero/a para decirle cuáles de los siguientes adjetivos describen mejor cómo era él/ella de niño/a y por qué.

1. extrovertido/a o introvertido/a
2. hablador/a o callado/a
3. travieso/a u obediente
4. activo/a o inactivo/a
5. bien/mal educado/a

● **bien educado/a** = *well behaved/mannered*

● Description of habitual past actions.

ACTIVIDAD
30

La rutina diaria En parejas, describan un día típico de su vida cuando tenían quince años. Digan qué hacían con sus amigos.

● Describing ongoing past states of mind and past habitual actions.

ACTIVIDAD 31

Ilusiones y desilusiones **Parte A:** En parejas, pregúntenle a su compañero/a (1) qué fantasías tenía cuando era niño/a y cuándo dejó de creer en ellas, y (2) si hacía ciertas cosas y cuándo dejó de hacerlas. Usen las siguientes listas.

¿Creías . . . ?

en el Coco (*boogie man*)
en el ratoncito (*tooth fairy*)
que había monstruos (*monsters*)
  debajo de la cama
que la cigüeña (*stork*) traía a
  los bebés

¿Hacías estas cosas?

odiar a los chicos/las chicas
dormir con la luz encendida (*lit*)
jugar con pistolas/muñecas (*dolls*)
comer toda la comida

Parte B: Ahora comenten esta pregunta: ¿Es bueno que los niños tengan fantasías? ¿Por qué sí o no?

¿Lo sabían?

▲ En Tizmín, estado de Yucatán en México, se celebra la Epifanía. ¿Sabes cuándo es la Epifanía?

Por influencia de los Estados Unidos y Europa, en muchos países hispanos se habla de Santa Claus o Papá Noel. En algunos países, como Panamá, Uruguay y Puerto Rico, los niños reciben los regalos de Papá Noel o del Niño Jesús a la medianoche del veinticuatro de diciembre (Nochebuena).

En España, México y otros países hispanos, de la misma manera que en Bélgica y Francia, los Reyes Magos (*Three Wise Men*) les traen los regalos a los niños el 6 de enero, día de la Epifanía. En los Estados Unidos, Santa Claus llega a las casas con los regalos. En cambio, en otros países, los Reyes Magos llegan en camello y dejan los regalos en los balcones o cerca de las ventanas. Con frecuencia, en las ventanas de la casa, los niños ponen los zapatos llenos de paja (*hay*) para los camellos y, al día siguiente, encuentran los regalos al lado de ellos. Compara la costumbre de los Reyes Magos con la costumbre de Santa Claus en los Estados Unidos. ¿Es similar o diferente?

● Describing past beliefs.

ACTIVIDAD 32

¿Tenías razón? **Parte A:** Piensa en las ideas que tenías sobre la universidad antes de comenzar el primer año y di qué piensas ahora. ¿Qué creías y qué crees ahora?

Lo que creía antes

las clases eran difíciles
???

Lo que creo ahora

las clases son fáciles
???

Parte B: En grupos de tres, compartan sus ideas y digan si cambiaron o no. Usen oraciones como:

 Yo creía que las clases eran difíciles, pero ahora me parece que son fáciles.

● Description in the past.

ACTIVIDAD 33

Descripciones En grupos de tres, describan cómo creen que eran las siguientes personas u otros personajes famosos y qué hacían.

▲ George Washington tenía pelo blanco, era alto, tenía dientes de madera, nunca decía mentiras, . . .

Winston Churchill	Abraham Lincoln	Romeo y Julieta
Cleopatra	Marilyn Monroe	Martin Luther King, Jr.
Don Quijote		

● Description of a person or thing.

ACTIVIDAD 34

El extraterrestre Uds. vieron a un extraterrestre. En grupos de tres, contesten estas preguntas para describirlo. Después, léanle su descripción al resto de la clase.

1. ¿Dónde estaban Uds. cuando lo vieron?
2. ¿Día?
3. ¿Hora?
4. ¿Qué tiempo hacía?
5. ¿Cómo era?
6. ¿Color?
7. ¿Cuántos ojos?
8. ¿Llevaba ropa?
9. ???

● Description of a place.

● Remember: **hay** = there is/there are
había = there was/there were

ACTIVIDAD 35

La escuela En parejas, Uds. van a entrevistarse (*interview each other*) sobre su escuela primaria. Usen la siguiente información para hacer las preguntas y anoten las respuestas. Hagan preguntas como: **¿Era grande o pequeña tu escuela primaria? ¿Cuántos estudiantes había?**

nombre de la escuela	número de estudiantes
ciudad / pueblo	maestro/a favorito/a
escuela pública o privada	clases favoritas
escuela grande, mediana o pequeña	deportes

ACTIVIDAD 36

Mi dormitorio En parejas, explíquenle a su compañero/a cómo era su dormitorio y qué hacían allí cuando tenían diez años. Sigan este bosquejo. Al terminar, cambien de papel.

I. Descripción física
   Muebles: cama (dormir solo/a o con hermano/a), silla, cómoda, armario, escritorio
II. Decoración y diversión
   A. Color
   B. Carteles (*Posters*)
   C. Juguetes (*Toys*)
   D. Televisión, estéreo, radio, computadora, etc.
III. Actividades y cuándo
   A. Con amigos
      jugar, hablar, dormir
   B. Solo/a
      leer, escuchar música, estudiar, mirar televisión

● **Póster** is a common Anglicism for **cartel**; in many countries, **afiche** is used.

Internet

Do Workbook **Práctica comunicativa II**, CD-ROM, Web ACE Tests, and lab activities.

Imágenes

LECTURA

Estrategia: *Finding References, Part II*

In Spanish, as in English, writers frequently use pronouns to avoid redundancies. As one reads, it is necessary to identify the reference for subject, object, and reflexive pronouns.

> Subject pronouns: **yo, tú, Ud., él, ella, nosotros/as, vosotros/as, Uds., ellos/as**
> Direct-object pronouns: **me, te, lo/la, nos, os, los/las**
> Indirect-object pronouns: **me, te, le (se), nos, os, les (se)**
> Reflexive pronouns: **me, te, se, nos, os, se**

● Note: The indirect-object pronouns **le** and **les** become **se** when followed by **lo, la, los,** or **las.**

In Chapter 9, you reviewed some ways to identify subject pronouns. Here are a few more helpful hints.

▶ Subjects usually follow verbs like **gustar,** or they may be omitted altogether. Infinitives may also serve as subjects of verbs like **gustar.**

> —¿Le gustan mucho **los deportes**? —Sí, le encantan.
> —¿Le gusta **jugar** mucho? —Sí, le fascina.

▶ With the verb **parecer,** a clause introduced by **que** can function as the subject. If the subject is omitted, you will need to look at the preceding sentences to identify it.

> Me parece **que la película es interesante.**
> Me parece interesante **la película.**
> Ya vi **esa película.** Me pareció interesante.

You will practice identifying subjects of verbs and finding references for pronouns in this reading passage.

ACTIVIDAD 37 **Predicciones** **Parte A:** En el siguiente artículo llamado "El fútbol y yo", el escritor comenta que no está muy contento con el fútbol profesional. Piensa tú en algunos de los problemas de los deportes profesionales en los Estados Unidos y antes de leer el artículo, contesta esta pregunta: ¿Qué quejas (*complaints*) crees que tenga el escritor sobre el fútbol? Escribe una lista de por los menos tres quejas.

Parte B: Lee el artículo rápidamente para confirmar o corregir tu predicción.

El fútbol y yo

ADOLFO MARSILLACH

Hay algunas cosas de **las** que últimamente me estoy quitando. Y entre **ellas** está el fútbol. Ya no me **gusta.** Recuerdo que cuando
5 era jovencito jugué de portero y me metían muchos goles, pero yo lo pasaba muy bien. Luego, **me** hice partidario de un equipo de mi ciudad que **perdía** casi siem-
10 pre. Este fracaso continuo me parecía fascinante porque venía a coincidir con mi idea romántica de entender la vida. (Me **encanta** sentirme al lado de los perde-
15 dores. No hay que darme las gracias, naturalmente.)

En aquella época, el fútbol reunía dos condiciones estupendas: era un juego que se basaba
20 en atacar y hacer gol y, por otra, los jugadores pertenecían a la región que **representaba** el equipo para el que **estaban jugando.** En cuanto se **pusieron** de moda las
25 tácticas defensivas y se contrataron — a precios irritantes — futbolistas de todos los países del mundo, comencé a aburrirme como una ostra. (No sé quién descubrió que
30 las ostras se aburren: seguramente alguien que no tenía nada que hacer.)

Y, además, está lo de las primas[1]. Me **parece** escandaloso que

▲ Un partido entre Bolivia y España.

35 se premie a un individuo para que haga bien algo que está obligado a no hacer mal. Vamos, como si a un actor **le** entregaran unas pesetillas[2] para que diga su texto
40 sin equivocarse.

Bueno, lo dejo, no vaya a dar ideas.

Adolfo Marsillach español,
ex director de la Compañía
Nacional de Teatro Clásico.

---

1 dinero extra   2 unas pocas pesetas (*old Spanish currency*)

ACTIVIDAD
38

Las referencias Ahora lee el artículo otra vez para contestar estas preguntas.

1. ¿A qué o a quiénes se refieren estos pronombres?
   a. **las** (línea 1)
   b. **ellas** (línea 3)
   c. **me** (línea 7)
   d. **le** (línea 38)
2. ¿Cuáles son los sujetos de estos verbos?
   a. **gusta** (línea 4)
   b. **perdía** (línea 9)
   c. **encanta** (línea 13)
   d. **representaba** (línea 22)
   e. **estaban jugando** (línea 23)
   f. **pusieron** (línea 24)
   g. **parece** (línea 34)

ACTIVIDAD
39

¿Qué opinas? **Parte A:** El escritor Adolfo Marsillach está un poco disgustado con el fútbol. ¿Cuáles son las dos razones que menciona?

1. Es un juego lento y aburrido.
2. Su equipo favorito siempre pierde.
3. Los jugadores del mismo equipo son de todas partes del mundo.
4. A los jugadores les dan demasiado dinero y hasta les dan pagos extra simplemente por hacer su trabajo.
5. Hay muchos escándalos hoy en día, como el consumo de drogas ilegales.

Parte B: En parejas, discutan las siguientes preguntas sobre los deportes.

1. ¿Creen Uds. que los deportistas ganen demasiado dinero?
2. ¿Creen Uds. que las universidades abusen de sus deportistas?
3. Las mujeres deportistas normalmente ganan menos dinero que los hombres. ¿Creen Uds. que esto cambie en el futuro? ¿Va a ser más popular en el futuro el basquetbol o el voleibol de mujeres?
4. ¿Qué les gustaría ser: un político famoso, un deportista famoso, un actor famoso o una persona normal con un trabajo interesante?
5. ¿Se sorprenden Uds. de que haya deportistas como Mike Tyson, Diego Maradona y O. J. Simpson que tienen problemas con la ley? ¿Por qué sí o no?

VIDEO — El buen sabor

Antes de ver

ACTIVIDAD 40 **¿Dónde comen qué?** Mira la siguiente lista de comidas e indica con qué país asocias cada comida.

1. _____ coco
2. _____ carne a la parrilla (*grilled*)
3. _____ tacos
4. _____ paella

a. Argentina
b. España
c. México
d. Puerto Rico

Mientras ves

33:31–38:12

ACTIVIDAD 41 **Cómo se prepara y se come un taco** En este segmento Javier va a una taquería en el D. F. y una pareja le explica cómo se prepara y se come un taco al pastor. Escucha la conversación y completa las siguientes instrucciones sobre los seis pasos para preparar un taco y los tres pasos para comerlo.

Seis pasos para preparar un taco al pastor

1. Se corta _____ de cerdo.
2. Se _____ a la tortilla.
3. _____ un trocito de piña.
4. Se le ponen frijoles.
5. Se le pone _____ roja.
6. Se le pone _____.

Tres pasos para comerlo

1. La persona se pone de pie.
2. Se _____ hacia delante.
3. Se extienden los _____ y las _____ hacia adelante.

Charo, Paquita ▶
y Javier en la cocina
de La Corralada,
un restaurante
en Madrid.

ACTIVIDAD 42 **Restaurante La Corralada** En este segmento Javier visita un restaurante en Madrid. Mientras miras el video contesta las siguientes preguntas.

`[ ]` 38:13–end

1. ¿Cuál es la especialidad de este restaurante los miércoles?
2. ¿De qué región de España es la comida de este restaurante?
3. ¿A qué hora almuerza la gente? ¿A qué hora cena?
4. ¿Cuántos platos pide una persona y qué bebe después de comer?

Después de ver

ACTIVIDAD 43 **Cuando eras niño/a** En grupos de tres, hablen de las siguientes preguntas relacionadas con la comida.

1. ¿Qué comías en casa cuando eras niño/a?
2. ¿Cuántos platos había en una comida normal en tu casa?
3. ¿Cuál era tu restaurante favorito y qué comida pedías?
4. ¿Te gustaba comer en casa de amigos? ¿Por qué?

¿Lo sabían?

En varios países hispanos, el uso del tenedor y el cuchillo para ciertas comidas es mucho más frecuente que en este país. En casa o en restaurantes que no sirven comida rápida, es común usar estos cubiertos para comer sandwiches, pizza y papas fritas. Inclusive se usan los cubiertos para comer frutas tales como la sandía (*watermelon*). Hasta la banana se pela (*one peels it*), con frecuencia, con cuchillo y tenedor y no con la mano. Por otro lado, a la hora de comer pan en la mesa, es común partirlo (*break it*) con la mano en trozos pequeños. También en algunos lugares se usa el pan como otro utensilio para empujar (*push*) la comida hacia el tenedor. Las costumbres pueden variar de país a país; por eso, cuando estés en el mundo hispano, es importante que observes y que imites.

 **Do Web Search** activities.

Internet

Vocabulario funcional

El correo y la red

la dirección	*address*
la estampilla/el sello	*stamp*
el remite	*return address*
el sobre	*envelope*

Otras palabras relacionadas con el correo y la red   *Ver página 288.*

Palabras y expresiones útiles

a lo mejor + *indicative*	*perhaps*
aburrirse como una ostra	*to be really bored (Literally: to be bored like an oyster)*
cambiando de tema	*changing the subject*
dejar de + *infinitive*	*to stop, quit + -ing*
echar de menos	*to miss (someone or something)*
quedarse en + *place*	*to stay in/at + place*
Te va a salir caro.	*It's going to cost you.*

Otros verbos como *gustar*   *Ver página 290.*

Artículos deportivos y deportes   *Ver página 297.*

el basquetbol	*basketball*
el béisbol	*baseball*
el fútbol	*soccer*
el fútbol americano	*football*
el hockey	*hockey*
el tenis	*tennis*
el voleibol	*volleyball*

Palabras relacionadas con los deportes

el balón	*ball (large)*
los bolos	*bowling*
el boxeo	*boxing*
el campeón/ la campeona	*champion*
el equipo	*team; equipment, gear*
el estadio	*stadium*
ganar	*to win; to earn*
montar en bicicleta	*to ride a bicycle*
el partido	*game*
patinar	*to skate*
la pelota	*ball (small)*

CAPÍTULO 11

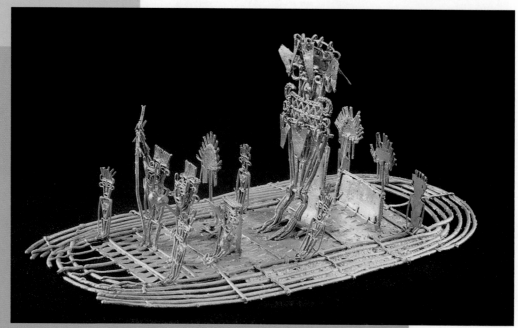

▷ **Balsa muisca, Museo del Oro, Bogotá.**

CHAPTER OBJECTIVES

▸ Explaining medical problems

▸ Naming the parts of a car and items associated with it

▸ Describing and narrating past events

▸ Expressing two actions that occurred at the same time

▸ Telling about past actions in progress and what interrupted them

Datos interesantes

- El 75% de la población de Colombia vive en la zona andina, el 21% vive en las costas y sólo el 4% vive en el interior del país.

- El 72% de los colombianos tienen una mezcla de razas: el 58% son mestizos (blanco e indígena) y el 14% son mulatos (negro y blanco).

- En Colombia hay una gran variedad de climas: verano eterno en las costas, primavera perpetua en las ciudades andinas, clima tropical en la selva amazónica e invierno continuo en las montañas de los Andes.

- Colombia es el único país de Suramérica con costa en dos océanos.

De vacaciones y enfermo

(No) vale la pena.	It's (not) worth it.
(no) vale la pena + *infinitive*	it's (not) worth + *-ing*
ahora mismo	right now
además	besides

Don Alejandro, el tío de Teresa, tuvo que ir a Bogotá en un viaje de negocios y decidió llevar a toda su familia para hacer turismo. Cuando estaban allí, su hijo Carlitos no se sentía bien y lo llevaron al médico para ver qué tenía.

ACTIVIDAD 1   **Marca los síntomas** Mientras escuchas la conversación en el consultorio de la doctora, marca los síntomas que tenía Carlitos.

_____ diarrea	_____ falta de apetito
_____ hemorragia	_____ dolor de cabeza
_____ dolor de estómago	_____ fiebre
_____ náuseas	_____ dolor de pierna
_____ vómitos	

ENFERMERA:	Pasen Uds.
ALEJANDRO:	Gracias . . . Buenos días, doctora.
DOCTORA:	¿Cómo están Uds.?
ALEJANDRO:	Mi esposa y yo bien, pero Carlitos nos preocupa. Ayer, el niño estaba bien cuando se levantó; fuimos a visitar la Catedral de

● Explaining symptoms		Sal y cuando caminábamos en la mina, de repente el niño empezó a quejarse de dolor de estómago, tenía náuseas, vomitó una vez y no quiso comer nada en todo el día.
	CARLITOS:	Me sentía muy mal. Hoy me duele la pierna derecha y casi no puedo caminar.
	DOCTORA:	¿También tenía fiebre o diarrea?
	ROSAURA:	Anoche tenía 39 de fiebre.
	DOCTORA:	A ver, Carlitos, ¿puedo examinarte?
	CARLITOS:	¿Me va a doler?
	DOCTORA:	No, y tú eres muy fuerte . . . ¿Te duele cuando te toco aquí?
	CARLITOS:	No.
	DOCTORA:	¿Y aquí?
● Expressing pain	CARLITOS:	¡Ay, ay, ay!
	DOCTORA:	Bueno, creo que debemos hacerle un análisis de sangre ahora mismo. Pero por los síntomas, es muy posible que tenga apendicitis.
	ALEJANDRO:	¿Hay que operarlo?
	DOCTORA:	Si es apendicitis, hay que internarlo en el hospital y mientras tanto, hay que darle unos antibióticos para combatir la infección.
● Speculating	ROSAURA:	Entonces, quizá tengamos que quedarnos unas semanas en Bogotá.
	ALEJANDRO:	Claro, y Cristina y Carlitos van a perder el comienzo de las clases. Tal vez valga la pena buscarles un profesor particular.
● Expressing desires	CARLITOS:	¡Ay, mamá! No quiero que me operen. Y, además, yo quería ir a Monserrate y subir en funicular y . . . y ahora no voy a poder.
	ALEJANDRO:	Vamos, Carlitos. No te preocupes. Vas a ver que la operación no es tan mala. Te prometo que antes de regresar a España te vamos a llevar a Monserrate; dicen que desde allí, la vista de la ciudad es muy bonita.
	CARLITOS:	Bueno, pero, también puedo ir al Museo del Oro . . . y quisiera . . . y . . .

ACTIVIDAD 2   **¡Pobre Carlitos!** Después de escuchar la conversación otra vez, pon esta lista en orden cronológico. Luego, en parejas, comparen sus respuestas.

_____ antibióticos
_____ tener dolor de estómago, náuseas y no querer comer
_____ operación
_____ dolor de pierna
_____ 39°C de fiebre
_____ análisis de sangre

ACTIVIDAD
3

La mala noticia En parejas, una persona hace el papel de don Alejandro y la otra persona el de Teresa. Don Alejandro llama a Teresa a España para explicarle qué le pasó a Carlitos.

ACTIVIDAD
4

¿Vale la pena? Habla de las cosas que vale o no vale la pena hacer, formando oraciones con frases de las tres columnas.

si no estás enamorado		tener aire acondicionado
si no hace mucho calor en tu ciudad		visitar Machu Picchu
si quieres saber esquiar bien		ver su última película
si te gusta Tom Hanks	(no) vale la pena	tener alarma en la casa
si visitas Perú		tomar clases
si quieres sentirte seguro/a (*safe*)		casarte
si no te gusta el pescado		alquilar unos esquíes buenos
		ir por el Camino del Inca
		comer en Red Lobster

¿Lo sabían?

En Colombia hay muchos lugares de atracción turística. Uno de ellos es el Museo del Oro en Bogotá, que contiene más de 33.600 piezas hechas de oro. Estas piezas son de pueblos como los tayronas o los muiscas que antes de la llegada de los españoles vivían en lo que hoy día es Colombia.

La Catedral de Sal es otro lugar de interés turístico. Está en Zipaquirá, a unos 50 kilómetros de Bogotá, y es una obra única de ingeniería, arquitectura y arte. Es una iglesia enorme, construida en varios niveles (*levels*) debajo de la tierra, en una mina de sal que los indígenas ya explotaban antes de la llegada de los españoles a América.

Catedral de Sal, Zipaquirá, Colombia. ▶

Vocabulario esencial I

I. La salud

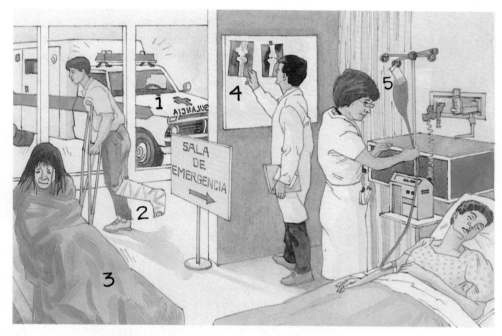

1. la ambulancia
2. la fractura
3. tener escalofríos

4. la radiografía
5. la sangre

Otras palabras útiles

doler*(ue)   to hurt
la enfermedad   sickness, illness
estar mareado/a   to be dizzy
estar resfriado/a   to have a cold
estornudar   to sneeze
la herida   injury, wound
la infección   infection
romperse (una pierna)
   to break (a leg)
sangrar   to bleed

tener
   buena salud   to be in good health
   catarro/resfrío   to have a cold
   diarrea   to have diarrhea
   fiebre   to have a fever
   gripe   to have the flu
   náuseas   to feel nauseous
   tos   to have a cough
toser   to cough
vomitar/devolver (ue)   to vomit

● Remember: In Spanish, the possessive adjectives (**mi, tu, su,** etc.) are seldom used with parts of the body: **Me duele la cabeza.**

*NOTE: The verb **doler,** like **gustar,** agrees with the subject that follows: **Me duelen los pies. Me duele la cabeza.**

ACTIVIDAD
5

Los síntomas Di qué síntomas puede tener una persona que . . .

● embarazada = *pregnant*

1. tiene gripe
2. tuvo un accidente automovilístico
3. está embarazada
4. tiene mononucleosis

ACTIVIDAD
6

Los dolores Después de jugar un partido de fútbol, los deportistas profesionales siempre tienen problemas. Mira el dibujo de estos futbolistas y di qué les duele.

◆ Al número 10 le duele el codo.

ACTIVIDAD
7

Una emergencia En parejas, lea cada uno solamente uno de los siguientes papeles y luego mantengan una conversación telefónica.

Sala de Emergencias ✚ Hospital Centro Médico Fulgencio Yegros

Fecha:	el 14 de mayo
Hora:	6:30 p.m.
Paciente:	Mariano Porta Lerma
Dirección:	Avenida Bolívar, 9
Ciudad:	Asunción
Teléfono:	26-79-08
Estado civil:	casado
Alergias:	penicilina
Diagnóstico:	contusiones; fractura de la tibia izquierda
Tratamiento:	5 puntos en el codo derecho
Causa:	accidente automovilístico

Ernesto Bello

● **puntos** = *stitches*

A

Tú eres el Dr. Bello y vas a llamar a la Sra. Porta por teléfono para decirle que su esposo tuvo un accidente automovilístico. Usa la ficha médica para explicar qué ocurrió. Cuando ella conteste el teléfono, dile: —Buenos días. ¿Habla la Sra. Porta?

B

Tú eres la Sra. Porta y estás preocupada porque son las 12 de la noche y tu esposo todavía no llegó a casa. Ahora suena el teléfono. Contesta el teléfono diciendo: —Aló.

II. Los medicamentos y otras palabras relacionadas

el antibiótico   antibiotic
la aspirina   aspirin
la cápsula   capsule
la inyección   injection

el jarabe   (cough) syrup
la píldora/pastilla   pill
la receta médica   prescription
el vendaje   bandage

▲ Puesto de un mercado de La Paz, Bolivia, donde se venden hierbas para combatir diferentes enfermedades: úlceras, gases de estómago, bronquitis, etc.

¿Lo sabían?

Si viajas a un país hispano y te enfermas a las tres de la mañana, ¿adónde vas para comprar medicamentos? En muchas ciudades hispanas hay farmacias de turno, o de guardia, adonde puedes ir durante la noche. Éstas se anuncian en el periódico o en la puerta de las farmacias mismas.

Hay muchos medicamentos que, a diferencia de los Estados Unidos, no necesitan receta médica. Antes de comprar un medicamento para la tos, para un catarro o para algo más grave, es habitual que la gente recurra al farmacéutico para que éste le recomiende qué tomar.

FARMACIAS

Farmacias en servicio de urgencia día y noche, ininterrumpidamente.

Tetuán-Fuencarral-Peña Grande y barrio del Pilar: Bravo Murillo, 257 / San Modesto, 42 (delante de la clínica Ramón y Cajal) / San Benito, 20 (Ventilla) / Sangenjo, 5 (semiesquina a Ginzo de Limia) / Capitán Haya, 5.

Universidad-Moncloa: Martín de los Heros, 48 (esquina a Rey Francisco) / Fernando el Católico, 12.

Chamberí: Divino Pastor, 28 (próximo a San Bernardo) / Plaza de San Juan de la Cruz, 3 (frente al Ministerio de la Vivienda).

Centro-Latina: Marqués de Valdeiglesias, 6 (semiesquina a Gran Vía, 2) / Paseo Imperial, 29 (semiesquina a Gil Imón, 10) / Argensola, 12 (semiesquina a Génova).

ACTIVIDAD **8**

Asociaciones Di qué palabras asocias con estas marcas.

Bayer, Contac, Formula 44, ACE, Valium, Nyquil

ACTIVIDAD **9**

Tratamientos Di cuáles son algunos tratamientos para los siguientes síntomas. ¡Ojo! Hay muchas posibilidades.

Problema

1. Una persona se cortó y está sangrando.
2. Tiene tos.
3. Tiene una infección de oído.
4. Está resfriado.
5. Tiene fiebre.
6. Tiene diarrea.
7. Se rompió el brazo.
8. Estornuda cuando está cerca de los gatos.

Debe / Tiene que . . .

a. comer poco y beber agua mineral
b. ponerse un vendaje
c. llamar una ambulancia
d. tomar pastillas para la alergia
e. tomar antibióticos
f. acostarse y descansar
g. tomar un jarabe
h. tomar aspirinas

ACTIVIDAD **10**

Consejos En parejas, "A" se siente enfermo/a y llama a su compañero/a para quejarse (*to complain*). "B" le da consejos. Después cambien de papel.

B: ¿Aló?

A: Hola, habla . . .

B: Ah, hola. ¿Qué tal?

A: La verdad, no muy bien. Tengo fiebre y no tengo mucho apetito.

B: ¡Qué lástima! Te aconsejo que tomes dos aspirinas y te acuestes. / Debes tomar dos aspirinas y acostarte.

Gramática para la comunicación I

Narrating and Describing in the Past: The Preterit and the Imperfect

Before studying the grammar explanation, look at the following sentences and identify the uses of the imperfect that you have practiced.

● Review uses of the imperfect from Ch. 10.

a. *Eran* las 11:00 de la mañana.
b. El niño *tenía* cuatro años.
c. *Era* un día horrible; *hacía* frío.
d. Él siempre *se levantaba* temprano.

The first sentence describes time, the second age, the third weather, and the last one habitual or repetitive actions in the past.

As you have already learned, the preterit is used to talk about or *narrate* completed actions in the past, and the imperfect is used to *describe* in the past. If you think of the preterit as a Polaroid camera that gives you individual, separate shots of events, you can think of the imperfect as a video camera that gives a series of continuous shots of a situation, or a picture that is prolonged over an indefinite period of time.

En la fiesta la gente **cantaba** y **bailaba.** Por eso el señor **llamó** a la policía.

1 ▲ The preterit narrates:

a. a specific action in the past or a series of completed past actions

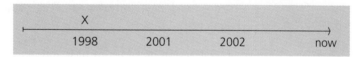

En 1998 mi familia **fue** a Colombia.

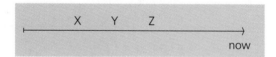

Entré en la casa, **fui** a la cocina y **tomé** un vaso de agua fría.

b. an action that occurred over a period of time for which specific time limits or boundaries are set

Mi familia **vivió** en España seis años.

c. the beginning or the end of an action

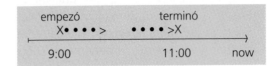

La película **empezó** a las nueve.

Cuando la película **terminó,** salimos.

2 ▲ The imperfect describes:

a. a repetitive or habitual past action or a series of repetitive or habitual past actions

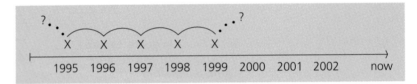

Antes **íbamos** a Colombia todos los años.

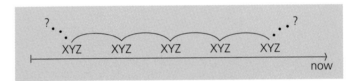

Todos los días yo **entraba** en la casa, **iba** a la cocina y **tomaba** un vaso de agua fría.

b. a past action or series of past actions with no specific time limits stated by the speaker

Mi familia **vivía** en Panamá.

3 ▲ When talking about the past, the imperfect sets or describes the background and tells what was going on. It refers to an action in progress or a certain situation that existed. The preterit narrates what occurred against the background situation or what interrupted an action in progress.

Ella **leía** cuando él **entró**.

a. two simultaneous actions in
progress in the past

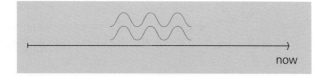

Tú **leías** mientras ella **trabajaba**.

b. an action in progress interrupted by another action

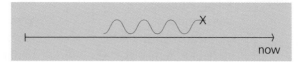

Mientras **caminábamos** por la calle, **explotó** la bomba.

c. a situation that existed when another action occurred

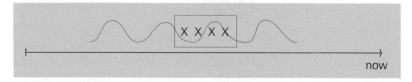

Cuando yo **vivía** en Quito, **trabajé** en un banco por cuatro meses.

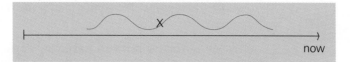

Era invierno cuando **fui** a Chile por primera vez.

NOTE: A past action in progress can also be expressed by using the past
progressive.

estaba/estabas/etc. + *present participle* = imperfect

Do Workbook **Práctica
mecánica I** and
corresponding CD-ROM activities.

Estaba llov**iendo**. = **Llovía**.
Estábamos viv**iendo** en Panamá. = **Vivíamos** en Panamá.

● Describing actions in progress.

ACTIVIDAD 11   **Estaba . . .** En parejas, averigüen qué estaba haciendo ayer su compañero/a a las siguientes horas.

◆ A: ¿Qué estabas haciendo ayer a las ocho y diez de la mañana?
   B: A las ocho y diez, yo estaba durmiendo. / A las ocho y diez, yo dormía.

1. 7:00 a. m.
2. 9:30 a. m.
3. 12:15 p. m.
4. 3:30 p. m.
5. 6:05 p. m.
6. 8:45 p. m.
7. 10:30 p. m.
8. 11:45 p. m.

● Repetitive or habitual actions in the past.

ACTIVIDAD 12   **Las costumbres** Hay ciertos personajes de la televisión que todos conocemos. En parejas, digan qué cosas de la lista hacían los siguientes personajes en sus programas de televisión: Gilligan, Marcia Brady, Hawkeye Pierce, Seinfeld y Dylan McKay. ¡Ojo! Hay más de una respuesta correcta.

asistir a la escuela secundaria en Beverly Hills
llevar la misma ropa siempre
hablar con Greg
caerse mucho
ser médico en Corea
no hablar de nada
salir con Brenda

tener familia
besar a las enfermeras (*nurses*)
llevar ropa de los años setenta
ser amigo de Radar
vivir en un apartamento
tener problemas con sus novios
nadar en una laguna
ser alcohólico

ACTIVIDAD 13   **¿Qué tiempo hacía?** En parejas, digan adónde fueron el verano pasado, qué hicieron y qué tiempo hacía.

ACTIVIDAD 14   **La historia médica** En parejas, hablen con su compañero/a sobre las enfermedades que tuvieron durante el último año y los síntomas que tenían.

◆ Tuve gripe. Me sentía fatal y me dolía todo el cuerpo.

ACTIVIDAD 15   **Todos somos artistas** **Parte A:** Rompe un papel en cuatro partes iguales. En cada papel, dibuja una de las siguientes oraciones, pero no escribas la oración en el papel. Algunas oraciones quizá necesiten dos dibujos.

El terrorista salía del banco cuando explotó la bomba.
El terrorista salió del banco y explotó la bomba.
Ella besaba a su novio cuando su padre entró.
Ella besó a su novio y su padre entró.

Parte B: Muéstrales tus dibujos a otras personas de la clase para que decidan a cuál de las oraciones se refiere cada uno.

- Simultaneous actions in progress.

ACTIVIDAD 16 **Dos cosas a la vez** Muchas personas hacen dos cosas a la vez (*at the same time*). Piensa en lo que hacías ayer mientras hacías las siguientes cosas.

¿Qué hacías ayer mientras . . .

1. . . . comías?
2. . . . hablabas por teléfono?
3. . . . escuchabas música?
4. . . . mirabas televisión?
5. . . . caminabas a clase?
6. . . . escuchabas al/a la profesor/a?

- Ongoing action interrupted by another action.

ACTIVIDAD 17 **¿Qué pasó?** En parejas, pregúntenle a su compañero/a si le ocurrió alguna de estas cosas y averigüen qué estaba haciendo cuando le ocurrió.

▲ A: ¿Alguna vez dejaste las llaves en el carro?
B: Sí.
A: ¿Qué pasó? / ¿Qué estabas haciendo?
B: . . .

1. encontrar dinero
2. tener un accidente automovilístico
3. romperse una pierna/un brazo
4. perder una maleta
5. quemarse (*to burn oneself*)
6. ???

- Remember: **La policía** (*the police*) is singular.

ACTIVIDAD 18 **¿Aló?** Aquí tienen la mitad (*half*) de una conversación telefónica. En parejas, inventen la otra mitad y preséntenle la conversación a la clase.

¿Dónde estaba José?
¿Con quién?
¿Qué estaban haciendo ellos mientras tú esperabas?
¿Qué ocurrió?
¡Por Dios! ¿Y después?
¿Qué hizo la policía?
¿De verdad?
¿Qué hacían ellos mientras la policía hacía eso?
¿Cómo se sentían?
¿Adónde fueron?

ACTIVIDAD
19

Objetos perdidos En parejas, imagínense que una persona perdió algo y va a la oficina de objetos perdidos para ver si está allí. La otra persona trabaja en la oficina y tiene que llenar este formulario haciendo las preguntas apropiadas.

Nombre: _____

Dirección: _____

Ciudad: _____

Teléfono: _____

Email: _____

Artículo perdido: _____

   Dónde: _____

   Cuándo: _____

   Descripción: _____

ACTIVIDAD
20

¿Una noche ideal? En parejas, miren la siguiente historia y cuenten qué ocurrió el sábado pasado en la casa de Francisco. Usen el **pretérito** y el **imperfecto** al contar la historia.

Do Workbook **Práctica comunicativa I** and corresponding CD-ROM activities.

Más allá

La medicina

Cada día en el campo de la medicina en este país, se necesitan más y más personas que puedan comunicarse en español. Hay situaciones muy delicadas en las que un doctor debe explicarle claramente al paciente la condición física en que se encuentra. Con frecuencia, el paciente habla sólo español y si el médico no sabe el idioma, necesita la ayuda de un intérprete. Existen también servicios de traducción telefónica que pueden usarse en situaciones de emergencia. Por ejemplo, cuando los paramédicos atienden a un paciente que no habla inglés, usan la ayuda de un intérprete telefónico para comunicarse con el paciente. Para evitar el uso de intérpretes, muchas personas que trabajan en el campo de la medicina —tanto paramédicos y enfermeras como psicólogos y médicos— se preocupan por aprender español para poder darles un mejor servicio a sus pacientes. Como consecuencia, muchas universidades ofrecen clases de español para estas profesiones.

Las compañías de seguro médico, así como el Departamento de Salud y otras organizaciones públicas de este país, se preocupan por crear folletos (*brochures*) en español para educar, informar y atender a las necesidades de la población hispana. ◆

◀ Somos ginecólogos bilingües y trabajamos en una clínica del condado (*county*) de Joliet cerca de Chicago. El 50% de nuestras pacientes son de habla española, la gran mayoría de ellas de ascendencia mexicana. Como médicos, es esencial para nosotros poder comunicarnos directamente con nuestras pacientes.
—*Dr. Frank Garcini y Dra. Hysoo Ka*

Vocabulario esencial II

● While in a car, practice vocabulary by quizzing yourself on car parts.

El carro

1. las luces
2. el parabrisas
3. el limpiaparabrisas
4. la llanta
5. la puerta
6. el baúl
7. el tanque de gasolina

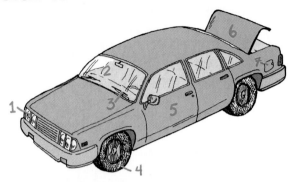

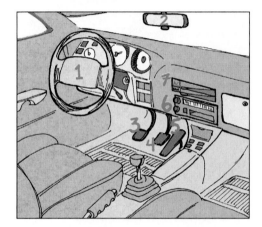

1. el volante
2. el (espejo) retrovisor
3. el embrague
4. el freno
5. el acelerador
6. el/la radio
7. el aire acondicionado

Otras palabras relacionadas con el carro

el aceite oil	**automático** automatic
la batería battery	**el motor** engine
la matrícula/placa license plate	**con cambios** standard shift
la licencia/el permiso de conducir driver's license	**el cinturón de seguridad** seat belt

Verbos útiles

abrocharse el cinturón to buckle the seat belt	**chocar (con)** to crash (*into*)
apagar to turn off	**manejar/conducir** to drive
arrancar to start the car	**pisar** to step on
atropellar to run over	**revisar** to check

● **Conducir** is an irregular verb. See Appendix A for conjugations.

ACTIVIDAD 21   **Definiciones** En grupos de tres, una persona da definiciones de palabras asociadas con el carro y las otras personas tienen que adivinar qué cosas son.

  A: Es un líquido que cambias cada tres meses.
     B: El aceite.

ACTIVIDAD 22

El alquiler de un carro En grupos de tres, dos personas son amigos que van a alquilar un carro y la otra persona es el/la agente de alquiler. Tienen que decidir qué tipo de carro van a alquilar: **baúl grande/pequeño, aire acondicionado, radio, automático/con cambios, descapotable** (*convertible*), etc.

Se vende Escort ZX2. 120.000 k. 4 cilindros, aire acondicionado, radio/cassette, bolsas de aire, alarma, llantas nuevas. Buen estado. Llamar al 587 74 84.

ACTIVIDAD 23

Problema tras problema Todos conocemos a alguien que tiene un carro desastroso. ¿Cuáles son algunos problemas que puede tener un carro?

 Las llantas pierden aire.

ACTIVIDAD 24

La persuasión En parejas, Uds. van a mantener una conversación en un concesionario de autos (*car dealership*). Para prepararse lea cada uno el papel A o B solamente. Luego empiecen la conversación así:

A: Buenos días. ¿En qué puedo servirle?
B: Me interesa comprar este carro.
A: ¡Ah! Es un carro fantástico. Tiene llantas Michelín . . .

A

Eres vendedor/a de carros en Los Ángeles y recibes comisión si los clientes compran los accesorios adicionales del carro. Intenta convencer al/a la cliente que gaste mucho dinero.

B

Eres cliente y estás interesado/a en comprar un carro. Quieres un buen precio, no tienes mucho dinero y le tienes fobia a los vendedores de carros.

radiocassette estéreo	estándar
llantas Michelín	estándar
cinturones de seguridad	estándar
limpiaparabrisas trasero	estándar
motor de seis cilindros	estándar
frenos hidráulicos	estándar
dos bolsas de aire	estándar
retrovisor diurno y nocturno	estándar
transmisión automática	$999
aire acondicionado	$799
ventanillas y cierre automático	$349
asientos de cuero	$689

Precio total sin impuestos
   ni matrícula $28.995
Garantía: 7/70.000
35 millas por galón de gasolina

Si manejas, te juegas la vida

Cordillera Real, los Andes, ▶
Bolivia. ¿Te gustaría manejar
en esta carretera?

¡Qué lío!	What a mess!
¡Qué va!	No way!
para colmo	to top it all off
jugarse la vida	to risk one's life

Operaron a Carlitos y don Alejandro todavía tiene negocios que hacer. Por eso deja a la familia en Bogotá y se va en un carro alquilado hacia el sur del país. Ahora, don Alejandro tiene una conversación de larga distancia con su esposa.

ACTIVIDAD
25

¿Cierto o falso? Mientras escuchas la conversación, marca **C** si estas oraciones son ciertas o **F** si son falsas. Corrige las oraciones falsas.

1. _____ Cuando don Alejandro llamó, su esposa estaba preocupada.
2. _____ Don Alejandro llegó tranquilo a Cali.
3. _____ El carro alquilado era un desastre.
4. _____ Las gasolineras estaban cerradas porque era mediodía.
5. _____ Carlitos va a salir mañana del hospital.
6. _____ Don Alejandro va a regresar en carro.
7. _____ A don Alejandro le gusta viajar en carro por Colombia.

<table>
<tr><td>ROSAURA:</td><td>¿Aló?</td></tr>
<tr><td>ALEJANDRO:</td><td>¿Rosaura?</td></tr>
<tr><td>ROSAURA:</td><td>¿Alejandro? ¡Por Dios! ¡Qué preocupada estaba! ¿Qué te pasó? ¿Por qué no me llamaste?</td></tr>
</table>

- Stating intentions

ALEJANDRO: Iba a llamarte ayer, pero no pude. No sabes cuántos problemas tuve con ese carro que alquilé. Pero, ¿cómo sigue Carlitos?

ROSAURA: Sigue mejor; no te preocupes. Pero, ¿qué te pasó con el carro? ¿Dónde estás ahora?

- Describing

ALEJANDRO: Pues, ya llegué a Cali, gracias a Dios, pero creí que nunca iba a llegar. ¡Qué lío! Manejar por los Andes es muy peligroso y, para colmo, el carro que alquilé casi no tenía frenos. Y como ya era tarde, las gasolineras estaban cerradas.

ROSAURA: Entonces, ¿qué hiciste?

- Narrating a series of completed actions

ALEJANDRO: Pues seguí hasta que por fin encontré una gasolinera que estaba abierta. El mecánico era un hombre muy simpático y eficiente. Arregló los frenos, le echó gasolina al carro y revisó las llantas y el aceite. Pero era tarde cuando terminó y me dijo que era peligrosísimo manejar a esa hora y por eso me ofreció dormir en su casa y, por supuesto, acepté.

ROSAURA: ¡Virgen Santa!

ALEJANDRO: Te iba a llamar, pero el teléfono de la gasolinera no funcionaba.

ROSAURA: Pero, ¿estás bien?

ALEJANDRO: Sí, sí. Por fin llegué esta mañana con los nervios destrozados.

ROSAURA: Ojalá que ya no tengas más problemas. ¿Qué tal Cali?

ALEJANDRO: Muy agradable; tiene un clima ideal que es un alivio después del frío constante de Bogotá. Y tú, ¿estás bien?

- Expressing an unfulfilled obligation

ROSAURA: Sí, sólo un poco cansada. Carlitos tenía que salir del hospital hoy, pero los médicos dicen que debemos esperar hasta mañana. ¿Cuándo regresas?

ALEJANDRO: El jueves, si Dios quiere.

ROSAURA: ¿Y piensas manejar?

ALEJANDRO: ¡Qué va! Me voy por avión. Ahora entiendo por qué Colombia fue el primer país del mundo en tener aviación comercial. Si viajas en carro, ¡te juegas la vida!

ACTIVIDAD 26 **¡Vaya problemas!** Después de escuchar la conversación otra vez, contesta estas preguntas.

1. Cuando don Alejandro llamó, ¿dónde estaba él y dónde estaba su esposa Rosaura?
2. Don Alejandro tuvo muchos problemas. ¿Cuáles fueron?
3. ¿Cómo era el mecánico? ¿Qué le ofreció a don Alejandro y por qué?
4. ¿Por qué es difícil viajar en carro por Colombia?
5. ¿Manejaste alguna vez en las montañas? ¿Cómo fue? ¿Tenías miedo mientras manejabas?

ACTIVIDAD 27   **Casi me muero** En grupos de cinco, cuéntenles a sus compañeros una situación cuando se jugaron la vida.

▲ Javier bebió mucha cerveza, pero yo decidí ir con él en el carro. Él estaba manejando cuando, de repente, perdió el control y chocamos con otro carro. Me di un golpe en la cabeza y terminé en el hospital. ¡Qué tonto fui! Nunca más le permito a un amigo que maneje después de beber.

¿Lo sabían?

Si viajas, vas a notar que en muchos países hispanos no es común tener autoservicio en las gasolineras; normalmente hay personas que atienden a los clientes y es costumbre darles una pequeña propina.

El precio de la gasolina puede ser muy alto, excepto en países que producen petróleo como Venezuela, Colombia y Ecuador. También es más común encontrar carros pequeños y con cambios. ¿Por qué crees que es común tener carros pequeños en muchos países hispanos?

▲ San Juan, Puerto Rico.

 Gramática para la comunicación II

I. Expressing Past Intentions and Responsibilities: *Iba a* + infinitive and *Tenía/Tuve que* + infinitive

1 ▲ To express what you were going to do, but didn't, use **iba a** + *infinitive*. To tell what you actually did, use the preterit.

Iba a estudiar, pero **fui** a una fiesta.	*I was going to study, but I went to a party.* (unfulfilled intention)

2 ▲ To express what you had to do, and perhaps didn't, use **tenía que** + *infinitive.*

Tenían que trabajar, pero **fueron** al cine.	*They had to/were supposed to work, but they went to the movies.* (They did not fulfill their obligation.)
—**Tenía que** hablar con el profesor.	*I had to/was supposed to speak with the professor.*
—¿Y? ¿**Hablaste** con él o no?*	*And? Did you speak with him or not?*

*NOTE: The listener does not know whether or not the obligation was fulfilled and therefore has to ask for a clarification.

3 ▲ To express what you had to do and did, use **tuve que** + *infinitive.*

—**Tuve que ir** al médico.	*I had to go to the doctor.* (I had to and did go.)
—¿Qué te dijo el médico?	*What did the doctor tell you?*

After studying the grammar explanation, answer the following questions.

In the sentences that follow, who actually went to buy a present, the man or the woman?

Ella fue a comprarle un regalo.   Él iba a comprarle un regalo.

If you said "the woman," you were correct since the words **iba a** imply merely an unfulfilled intention to do something.

If someone said, "**Tenía que comprarle un regalo**", what would be a logical response?

¿Qué compraste?   ¿Lo compraste al fin?

If you chose the second, you were correct. **Tenía que** simply indicates an obligation; if that obligation was met or not is up in the air.

● To review uses of **saber** and **conocer**, see Ch. 4.

II. *Saber* and *Conocer* in the Imperfect and Preterit

Saber and **conocer** express different meanings in English depending on whether they are used in the preterit or the imperfect. Note that the imperfect retains the original meaning of the verb.

	Imperfect	Preterit
conocer	knew	met (for the first time), became acquainted with
saber	knew	found out

Conocí a tu padre el sábado. ¡Qué simpático!	*I met your father on Saturday. He's really nice!*
Lo **conocía** antes de empezar a trabajar con él.	*I knew him before starting to work with him.*
Ella **supo** la verdad anoche.	*She found out the truth last night.*
Ella **sabía** la verdad.	*She knew the truth.*

III. Describing: Past Participle as an Adjective

The past participle can function as an adjective to describe a person, place, or thing. To form the past participle (*rented, done, said*) in Spanish, add **-ado** to the stem of all **-ar** verbs, and **-ido** to the stem of most **-er** and **-ir** verbs. When the past participle functions as an adjective it agrees in gender and number with the noun it modifies.

alquilar ⟶ alquil**ado**   perder ⟶ perd**ido**   servir ⟶ serv**ido**

Él fue a Cali en un carro **alquilado.**	He went to Cali in a rented car.
Sólo encontró gasolineras **cerradas.**	He only found closed gas stations.

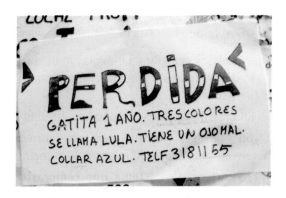

Use **estar** + *past participle* to describe a condition resulting from an action. The past participle functions as an adjective.

Cerraron las gasolineras.	They closed the gas stations.
Las gasolineras **están cerradas** ahora.	The gas stations are closed now.
Ella se sentó.	She sat down.
Ya **está sentada.**	She is already sitting/seated.

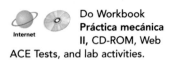

Do Workbook **Práctica mecánica II**, CD-ROM, Web ACE Tests, and lab activities.

ACTIVIDAD 28   **Buenas intenciones** En español, como en inglés, hay un refrán que dice "No dejes para mañana lo que puedas hacer hoy". Pero, con frecuencia, todos dejamos para mañana lo que podemos hacer hoy. En parejas, digan qué acciones iban a hacer la semana pasada, pero no hicieron.

▲ Iba a visitar a mi hermana, pero no fui porque no tenía carro.

ACTIVIDAD 29 **¿Mala memoria?** Su profesor/a organizó una fiesta para la clase, pero nadie fue. Ustedes tienen vergüenza y tienen que inventar buenas excusas. Empiecen diciendo: **"Lo siento. Iba a ir, pero tuve que . . ."**

ACTIVIDAD 30 **¿Eres responsable?** Escribe tres cosas que tenías que hacer y que no hiciste el fin de semana pasado y tres cosas que tuviste que hacer. Luego, en parejas, comenten por qué las hicieron o por qué no.

ACTIVIDAD 31 **¿Ya sabías?** En parejas, digan a qué personas o qué cosas ya conocían o qué información ya sabían el primer día de clases de su primer año de universidad y qué personas o lugares conocieron o qué información supieron después de empezar el año.

> A: ¿Sabías el número de tu habitación?
>
> B: Sí, ya lo sabía. / No, no lo sabía todavía.
>
> A: ¿Cuándo lo supiste?
>
> B: Lo supe cuando llegué a la residencia.

1. la ciudad universitaria
2. dónde ibas a vivir
3. el nombre de tu compañero/a de cuarto
4. tu compañero/a de cuarto o apartamento
5. tu número de teléfono
6. tus profesores
7. tu horario de clases
8. si tus clases iban a ser fáciles o difíciles

● participio pasivo = *past participle*

ACTIVIDAD 32 **¿Qué pasó?** Terminen estas oraciones usando **estar** + *el participio pasivo* de un verbo apropiado: **aburrirse, beber, decidir, dormir, encantar, levantarse, pagar, preocuparse, resfriarse, terminar, vender** y **vestirse.** Hay más verbos de los que necesitas.

● Use **estaba** + *past participle*, since you are describing in the past.

● Remember: Past participles as adjectives agree in gender and number with the nouns they modify.

1. El carro iba haciendo eses (*was zigzagging*) porque el conductor _____.

2. La chica estaba en una clase de matemáticas y el profesor hablaba y hablaba y ella _____.

3. Salí a comer con mi amigo y cuando iba a pagar la cuenta, el camarero me dijo que la cuenta ya _____.

4. Queríamos comprar entradas para el cine, pero todas _____.

5. El tenor José Carreras no pudo cantar porque _____.

6. Mi padre _____ en el sillón cuando terminó el programa de televisión.

7. Mi novio llegó temprano y tuvo que esperar porque todavía yo no _____.

8. Su esposa debía de llegar a las 8:00 y ya era la medianoche. El señor _____.

ACTIVIDAD 33

Un poema **Parte A:** Alfonsina Storni (1892–1938), poeta argentina, escribió el poema "Cuadrados y ángulos" para hacer un comentario social. Primero, cierra los ojos y escucha mientras tu profesor/a lee el poema en voz alta. Después contesta esta pregunta: ¿Oíste mucha repetición de letras? ¿De palabras?

Parte B: En parejas, pongan las letras de los dibujos al lado de la línea del poema que representan.

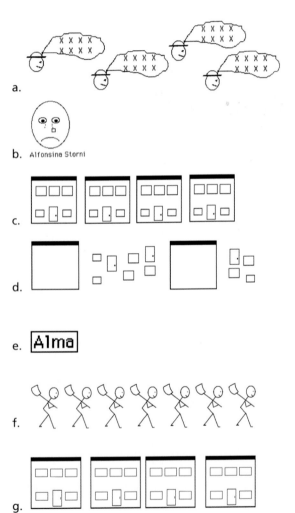

a.

b. Alfonsina Storni

c.

d.

e.

f.

g.

Cuadrados y ángulos

Casas enfiladas[1], casas enfiladas,
casas enfiladas. _____
Cuadrados[2], cuadrados, cuadrados. _____
Casas enfiladas. _____
Las gentes ya tienen el alma[3] cuadrada, _____
ideas en fila _____
y ángulo en la espalda. _____
Yo misma he vertido[4] ayer una lágrima[5],
Dios mío, cuadrada. _____

1 *in rows*   2 *squares*   3 *soul*   4 *shed*   5 *tear*

Parte C: Ahora, decidan cuál de las siguientes oraciones describe mejor el mensaje del poema. Justifiquen su respuesta.

1. Storni dice que la vida es aburrida porque todo es igual —no hay variedad.
2. Storni dice que la gente se conforma con las normas establecidas de la sociedad —no hay individualismo.

Parte D: Discutan estas preguntas y justifiquen sus respuestas.

1. ¿Storni se conforma con las normas establecidas o es individualista?
2. ¿Uds. se conforman con las normas establecidas o son individualistas?

¿Lo sabían?

Entre los grandes poetas del mundo hispano se encuentran los chilenos Gabriela Mistral (1889–1957) y Pablo Neruda (1904–1973). Mistral, que llegó a ser diplomática y ministra de cultura, fue la primera mujer de América Latina en recibir el Premio Nobel de Literatura. Los temas principales de su poesía son el amor, la tristeza y los recuerdos dolorosos. Entre sus obras más famosas está *Sonetos de la muerte*. Neruda, que fue diplomático y estaba afiliado al partido marxista, también recibió el Premio Nobel de Literatura. Entre sus obras más famosas está *Veinte poemas de amor y una canción deses-* *perada*. Él habla no sólo del amor sino también de la lucha política de la izquierda y del desarrollo histórico social de Suramérica.

En los países de habla española, generalmente, los estudiantes de la primaria y la secundaria tienen que memorizar poemas de escritores famosos para recitarlos, pues se considera que la poesía se escribe para ser escuchada. Esto lleva a tener cierta apreciación por la poesía y no es de sorprender que si un grupo de adultos viaja en un autobús, en vez de cantar canciones, alguien recite un poema.

ACTIVIDAD 34 **Músicos, poetas y locos** "De músico, poeta y loco, todos tenemos un poco", dice el refrán. Escribe un poema siguiendo las indicaciones.

primera línea:	un sustantivo
segunda línea:	dos adjetivos (es posible usar participios)
tercera línea:	tres acciones (verbos)
cuarta línea:	una frase relacionada con el primer sustantivo (cuatro o cinco palabras máximo)
quinta línea:	un sustantivo que resuma la idea del primer sustantivo

Internet

Do Workbook **Práctica comunicativa II** and the **Repaso** section. Do CD-ROM, Web ACE Tests, and lab activities.

Imágenes

Estrategia: *Approaching Literature*

When reading a work of literature, it is important to separate what may be reality from what may be fantasy. Once you have distinguished between the two, the meaning of the work becomes clearer.

You will get a chance to practice separating reality from fantasy when reading "Tragedia" by the Chilean author Vicente Huidobro (1893–1948). In this story, the author tells us about a woman named María Olga who seems to have a dual personality, just as she has a double first name.

ACTIVIDAD 35 **María Olga** Mientras lees el cuento, anota en una hoja las características o acciones que se refieren a María y las que se refieren a Olga.

María: encantadora
Olga: muy encantadora . . . etc.

TRAGEDIA

VICENTE HUIDOBRO

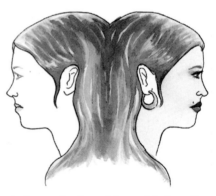

María Olga es una mujer encantadora. Especialmente la parte que se llama Olga.

Se casó con un mocetón grande y fornido,
un poco torpe, lleno de ideas honoríficas,
5 reglamentadas como árboles de paseo.

Pero la parte que ella casó era su parte que
se llamaba María. Su parte Olga permanecía
soltera y luego tomó un amante que vivía en
adoración ante sus ojos.

10 Ella no podía comprender que su marido se
enfureciera[1] y le reprochara[1] infidelidad. María
era fiel, perfectamente fiel. ¿Qué tenía él que
meterse con Olga?[2] Ella no comprendía que él
no comprendiera[1]. María cumplía con su
15 deber[3], la parte Olga adoraba a su amante.

¿Era ella culpable de tener un nombre
doble y de las consecuencias que esto puede
traer consigo?

Así, cuando el marido cogió el revólver,
20 ella abrió los ojos enormes, no asustados,
sino llenos de asombro, por no poder entender un gesto tan absurdo.

Pero sucedió que el marido se equivocó y
mató a María, a la parte suya, en vez de
25 matar a la otra. Olga continuó viviendo en
brazos de su amante, y creo que aún sigue
feliz, muy feliz, sintiendo sólo que es un
poco zurda[4].

---

1 Subjunctive verb forms referring to the past: **enfurecerse** (*to become angry*), **reprochar** (*to reproach*), and **comprender.**
2 *Why did he have to stick his nose in Olga's business?* 3 *she did what she was supposed to do* 4 *left-handed; awkward; incomplete*

ACTIVIDAD
36

La narración **Parte A:** Vuelve a leer el cuento y marca todos los verbos que aparecen en el pretérito.

Parte B: Ahora lee sólo las frases del cuento que tienen un verbo en el pretérito y di para qué se usa el pretérito en este cuento.

a. para contar los hechos (*the events*) de la historia
b. para hablar de acciones en progreso
c. para describir escenas (*scenes*)

Parte C: Vuelve a leer el cuento y marca todos los verbos que aparecen en el imperfecto.

Parte D: Ahora lee sólo las frases del cuento que tienen un verbo en el imperfecto y di cuáles de los siguientes usos tiene en cada caso.

a. describir un sentimiento
b. describir una acción habitual o repetitiva
c. describir un estado

ACTIVIDAD
37

¿Realidad o no? En parejas, discutan (*discuss*) el final del cuento. Decidan si el marido de verdad mató a María o si la acción de matarla fue solamente una metáfora. Estén preparados para defender su opinión.

ESCRITURA

Estrategia: *Narrating in the Past*

When narrating in the past, you need to say what happened (preterit) and add descriptive and background information (imperfect). As you saw while reading "Tragedia," it is by combining the preterit and the imperfect that one is able to give a complete narration in the past.

ACTIVIDAD
38

Una anécdota **Parte A:** Think about something that occurred in the past. It can be a personal experience. Make two lists. The first should contain what happened and the second should contain description.

Qué pasó (pretérito)   *Descripción (imperfecto)*

Parte B: Now, combine the sentences from the first column with the descriptions in the second column to create a story with logical paragraphs.

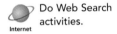 Do Web Search activities.

Parte C: Hand in your lists from Part A, your drafts, and your final version to your instructor.

Vocabulario funcional

La salud (*Health*)   *Ver página 317.*

la ambulancia	*ambulance*
la fractura	*fracture, break*
la radiografía	*x-ray*
la sangre	*blood*
tener escalofríos	*to have the chills*

El carro   *Ver página 328.*

el baúl	*trunk*
el limpiaparabrisas	*windshield wipers*
la llanta	*tire*
las luces	*lights*
el parabrisas	*windshield*
la puerta	*door*
el tanque de gasolina	*gas tank*

Los medicamentos y otras palabras relacionadas   *Ver página 319.*

Palabras y expresiones útiles

además	*besides*
ahora mismo	*right now*
casi	*almost*
jugarse la vida	*to risk one's life*
mientras	*while*
(No) Vale la pena.	*It's (not) worth it.*
(No) Vale la pena + infinitive.	*It's (not) worth + -ing.*
para colmo	*to top it all off*
¡Qué lío!	*What a mess!*
¡Qué va!	*No way!*
quejarse	*to complain*

CAPÍTULO 12

▷ Una pareja baila un tango sensual para un grupo de turistas, en el barrio de La Boca en Buenos Aires.

CHAPTER OBJECTIVES

▶ Discussing music

▶ Ordering food and planning a meal

▶ Discussing past occurrences

▶ Describing geographical features

▶ Making comparisons

▶ Describing people and things

Datos interesantes

La música hispana en los EE.UU. en el siglo XX

1904	Pablo Casals, violonchelista, concierto en la Casa Blanca para Roosevelt
1928	Andrés Segovia, guitarrista, debut en Nueva York
los 30	Xavier Cugat con la samba y la rumba
1940	Desi Arnaz presenta la conga en Broadway
los 50	Tito Puente con el chachachá y el mambo
los 70	Celia Cruz, "la reina de la salsa", en Nueva York
los 80	Gloria Estefan y Miami Sound Machine, Julio Iglesias, Los Lobos
los 90	El boom de la música hispana: Selena, Jon Secada, Ricky Martin, Christina Aguilera, Luis Miguel, Enrique Iglesias, Marc Anthony, Shakira, Buena Vista Social Club, etc.

¡Qué música!

¡Qué chévere!	Great! (*Caribbean expression*)
cursi	overly cute; tacky, in bad taste
¿Algo más?	Something/Anything else?

Teresa ganó el partido de tenis y por eso Vicente la invitó a comer. Están en un restaurante argentino donde hay un conjunto de música.

ACTIVIDAD 1   **¿Cierto o falso?** Mientras escuchas la conversación, marca **C** si la oración es cierta y **F** si es falsa.

1. _____ Teresa aprendió a jugar al tenis en un parque de Puerto Rico.
2. _____ Vicente juega bien al tenis.
3. _____ Teresa pide sopa, ensalada y churrasco.
4. _____ Vicente es un hombre muy romántico.
5. _____ A Teresa le gusta mucho que los músicos le toquen una canción.

CAMARERO: Su mesa está lista . . . Aquí tienen el menú.

VICENTE: Muchas gracias.

TERESA: ¡Qué chévere este restaurante argentino! ¡Y con conjunto de música!

● Being facetious

VICENTE: Espero que a la experta de tenis le gusten la comida y los tangos argentinos con bandoneón y todo.

TERESA: Me fascinan. Pero, juegas bastante bien, ¿sabes?

VICENTE: Eso es lo que pensaba antes de jugar contigo; pero, ¿cómo aprendiste a jugar tan bien?

TERESA: Cuando era pequeña aprendí a jugar con mi hermano mayor. Todas las tardes, después de la escuela, íbamos a un parque donde había una cancha de tenis y allí nos encontrábamos con

● Describing habitual past actions

unos amigos de mi hermano para jugar dobles. Seguí practi-
cando y después de mucha práctica, empezamos a ganar.

VICENTE: ¿Así que aprendiste con tu hermano?

TERESA: No exactamente; mi padre se dio cuenta de que yo tenía talento y me buscó un profesor particular. Yo jugaba al tenis a toda
hora; era casi una obsesión, no quería ni comer ni dormir.

VICENTE: ¡Por eso! Ya decía yo . . .

CAMARERO: ¿Están listos para pedir?

TERESA: No, todavía no . . . Perdón, ¿cuál es el menú del día?

CAMARERO: De primer plato, hay sopa de verduras o ensalada mixta; de
segundo, churrasco con patatas y de postre, flan con dulce de
leche.

● Ordering a meal

TERESA: Me parece perfecto. Quiero el menú con sopa, por favor.

CAMARERO: ¿Y para Ud.?

VICENTE: También el menú, pero con ensalada. ¿El churrasco viene con
papas fritas?

CAMARERO: Sí. ¿Y de beber?

VICENTE: Vino tinto, ¿no?

TERESA: Sí, claro.

CAMARERO: ¿Algo más?

VICENTE: No, nada más, gracias. Teresa, este restaurante es fantástico.
No sabes cuánto me gusta estar aquí contigo. Estoy con una
chica no solamente inteligente y bonita sino también buena
tenista. ¿Me quieres?

TERESA: Claro que sí. ¿Y tú a mí?

VICENTE: Por supuesto que sí . . . Mira, aquí vienen los músicos.

MÚSICOS: *En mi viejo San Juan*
cuántos sueños forjé
en mis años de infancia . . .

● Showing playful anger

TERESA: ¡¡¡VICENTE!!! ¡Te voy a matar! ¡Qué cursi! ¿Cuánto les
pagaste?

VICENTE: ¿No te gusta?

● Carlos Gardel = famoso
cantante **argentino** de tangos

TERESA: La próxima vez quiero uno de esos tangos superrománticos y
sensuales que cantaba Carlos Gardel.

**ACTIVIDAD
2**   **Preguntas** Después de escuchar la conversación
otra vez, contesta estas preguntas.

1. ¿Qué tipo de música se asocia con Argentina?
2. ¿Por qué es buena jugadora de tenis Teresa?
3. ¿Qué van a comer Vicente y Teresa?
4. ¿Por qué a Vicente le gusta Teresa?
5. ¿Crees que la última canción que tocan los músicos sea un tango?
6. ¿Por qué crees que los músicos fueron a la mesa de Vicente y Teresa a
tocar esa canción?

ACTIVIDAD
3

¿Cursi o chévere? Di si las siguientes cosas son cursis o chéveres.

¡Qué chévere es la playa de Luquillo en Puerto Rico!
¡Qué cursis son las tarjetas del día de San Valentín!

jugar al bingo   unas vacaciones en el Caribe
Graceland y Elvis   el concurso de Miss Universo
los videojuegos   ganar la lotería

Vocabulario esencial I

I. Los instrumentos musicales

● Other instruments:
el sintetizador, el oboe, la guitarra eléctrica, el bajo, el flautín, el piano

Concierto esta tarde

● As you listen to music, try to name all the instruments you hear.

1. el trombón
2. la trompeta
3. la batería
4. el violín

5. la flauta
6. el clarinete
7. el saxofón
8. el violonchelo

ACTIVIDAD
4

¿Qué sabes de música? En parejas, decidan qué instrumentos necesitan estos grupos musicales.

una orquesta sinfónica   una banda municipal   un conjunto de **rock**

¿Lo sabían?

En España, muchas facultades de las diferentes universidades tienen tunas formadas por estudiantes que cantan y tocan guitarras, bandurrias (*mandolins*) y panderetas (*tambourines*). Los tunos, o miembros de la tuna, llevan trajes al estilo de la Edad Media y cantan canciones tradicionales en restaurantes, en plazas y por las calles. Generalmente, los tunos son hombres, pero últimamente también es posible ver tunas de mujeres.

Un miembro de la Tuna de Derecho ▶
de Valladolid se casa en la iglesia de
Santa María en Wamba, España.

ACTIVIDAD 5

¿Tocas? En grupos de tres, descubran el talento musical de sus compañeros. Pregúntenles qué instrumentos tocan o tocaban y averigüen algo sobre su experiencia musical, según las indicaciones.

Nombre _____

Instrumento(s) _____

Toca/Tocaba _____ muy bien _____ bien _____ un poco

Cuándo empezó a tocar _____

Dónde aprendió a tocar _____

Quién le enseña/enseñaba _____

Cuánto tiempo practica/practicaba _____

Si ya no toca, cuándo dejó de tocar y por qué _____

_____

Si no toca ningún instrumento, pregúntale cuál le gustaría tocar y por qué _____

ACTIVIDAD 6

Preferencias En parejas, planeen la música para una boda en una iglesia y para la recepción en un restaurante, sin preocuparse por el dinero. ¿Qué tipo de música quieren? ¿Qué instrumentos van a tocar los músicos?

¿Lo sabían?

Dos músicos españoles famosísimos del siglo XX fueron Andrés Segovia (1893–1987) y Pablo Casals (1876–1973). Segovia llevó la guitarra de la calle y de los bares a los teatros del mundo y la convirtió en un instrumento de música clásica. Casals tocaba el violonchelo; era maestro, compositor, director y organizador de festivales musicales. Se fue de España en 1939 por no estar de acuerdo con la dictadura de Franco y vivió en Francia y después en Puerto Rico hasta su muerte. Segovia y Casals dieron conciertos en lugares como el Lincoln Center y la Casa Blanca. Cuando murieron, el mundo perdió a dos músicos extraordinarios. ¿Te gusta la guitarra clásica? ¿Tienes algún disco compacto de Segovia o de Casals?

▲ Pablo Casals, violonchelista español.

II. La comida

● Think of the names of food items when you eat.

1. el ajo
2. el pollo
3. la carne de res
4. el cordero
5. el cerdo
6. la coliflor
7. los espárragos
8. las habichuelas/judías verdes
9. las zanahorias

Verduras (*Vegetables*)

los frijoles   beans
los guisantes/las arvejas   peas
las lentejas   lentils

Aves (*Poultry*)

el pavo   turkey

Carnes (*Meats*)

el bistec (churrasco in Argentina)   steak
la chuleta   chop
el filete   fillet; sirloin
la ternera   veal

Postres

el flan   Spanish egg custard
el helado   ice cream

Gazpacho andaluz

2   kilos de tomates muy maduros
1/2 pepino
1   barrita de pan pequeña
un vaso (de los de vino) de aceite
sal
1   pimiento grande
1   cebolla grande
2   dientes de ajo
2 ó 3 cucharadas (de las de sopa) de vinagre

Primero, se pelan los tomates y se pasan por la licuadora. Mientras tanto, se ponen a remojar el pan y los pepinos (cortados en rodajas) en un poco de agua con sal. Se trituran juntos, en la licuadora, el pepino, el pimiento, la cebolla, el ajo, el aceite, el pan, el agua del pan, el vinagre y sal a gusto. Se mezcla este líquido con los tomates y se pasa todo, otra vez, por la licuadora. Se pone todo en la nevera. Se sirve con trocitos de pimiento, pepino, tomate y pan.

¿Lo sabían?

La comida básica de los países hispanos varía de región a región según la geografía. Por ejemplo, en la zona del Caribe la base de la comida son el plátano (*plantain*), el arroz (*rice*) y los frijoles. El maíz es importante especialmente en México y Centroamérica, y la papa en la región andina de Suramérica. En el Cono Sur se come mucha carne, producto de las pampas argentinas.

El nombre de muchas comidas también varía según la región; por ejemplo, judías verdes, habichuelas, porotos verdes, vainas y ejotes son diferentes maneras de decir *green beans*. ¿Con qué regiones de los Estados Unidos relacionas estas comidas: langosta (*lobster*), "grits", "jambalaya" y el queso "cheddar"? ¿Por qué son populares estos platos en esas regiones?

ACTIVIDAD 7   **Una comida especial** En parejas, Uds. invitaron a su jefe a comer y necesitan planear una comida muy especial que incluya **primer plato, segundo plato, postre, bebida,** etc. Usen vocabulario de este capítulo y de otros.

ACTIVIDAD 8 ¡Camarero! En grupos de cuatro, una persona es el/la camarero/a y las otras tres son clientes que van a comer juntos en el restaurante Mi Buenos Aires Querido. Tienen que pedir la comida. Antes de empezar, miren la siguiente lista de frases útiles.

Camarero/a	*Clientes*
¿Qué van a comer?	¿Está bueno/a el/la . . . ?
¿De primer plato?	¿Cómo está el/la . . . ?
¿De segundo plato?	Me gustaría el/la . . .
¿Qué desean beber?	¿Qué hay de primer/segundo plato?
El/La . . . está muy bueno/a hoy.	¿Viene con papas?
El/La . . . está muy fresco/a hoy.	¿Hay . . . ?
El menú del día es . . .	¿Cuál es el menú del día?
De postre tenemos . . .	¿Qué hay de postre?
Aquí tienen la cuenta (*bill*).	La cuenta (*bill*), por favor.

● Although this restaurant is in Madrid, the terminology used is typically Argentine. Prices are in euros (€).

Mi Buenos Aires Querido

Casa del Churrasco
Castellana 240, Madrid

Primer plato	
Sopa de verduras	5,00
Espárragos con mayonesa	6,00
Melón con jamón	7,20
Tomate relleno	6,00
Ensalada rusa	4,80
Provoleta (queso provolone con orégano)	5,00

Segundo plato	
Churrasco con papas fritas	15,00
Bistec de ternera con puré de papas	14,00
Medio pollo al ajo con papas fritas	12,00
Ravioles	9,00
Lasaña	9,00
Pan	1,00

Ensaladas	
Mixta	5,00
Zanahoria y huevo	5,00
Waldorf	6,00

Bebidas	
Agua con o sin gas	3,00
Media botella	2,00
Gaseosas	2,00
Té	2,50
Café	2,50
Vino tinto, blanco	4,00

Postres	
Helado de vainilla, chocolate	5,20
Flan con dulce de leche	5,20
Torta de chocolate	5,80
Frutas de estación	5,50

Menú del día: ensalada mixta, medio pollo al ajo con papas, postre, café y pan	18,00

Gramática para la comunicación I

I. Negating: *Ni . . . ni*

To express *neither . . . nor* use **ni . . . ni.** If **ni . . . ni** is part of the subject, a plural form of the verb is normally used.

Ni él **ni** ella asist**en** a la clase.	*Neither he nor she attends the class.*
No como **ni** carne **ni** pollo.*	*I eat neither meat nor chicken.*

*NOTE: When **no** precedes the verb, the first **ni** is often omitted: ***No** como carne *ni* pollo.

● Review uses of the preterit
and imperfect, Chs. 9, 10, and 11.

II. Narrating and Describing: Preterit and Imperfect

Do the following sentences express an action that occurred only once or are they habitual or repetitive actions in the past? What time expressions can you find?

Todas las tardes íbamos a un parque.
Yo jugaba al tenis a toda hora.
Muchas veces ella salía con sus amigos.

These sentences refer to habitual or repetitive actions and the time expressions that appear are **todas las tardes, a toda hora,** and **muchas veces.** Certain time expressions are often used with the imperfect, since one of its functions is to describe habitual or repetitive actions in the past.

Imperfect	
a menudo	frequently, often
con frecuencia	frequently, often
a veces	at times
algunas veces	sometimes
de vez en cuando	once in a while, from time to time
muchas veces	many times
siempre	always
todos los días/meses	every day/month

Notice the difference in meaning in the following sentences where the preterit denotes a completed past action and the imperfect is used to describe repetitive or habitual actions.

Preterit ⟶ *completed past action*   *Imperfect* ⟶ *repetitive or habitual*
                                                            past action

La semana pasada fuimos   **Íbamos con frecuencia** a la playa.
a la playa.
Anteayer comí paella.   **A menudo comía** paella.
El mes pasado Vicente **jugó**   En Costa Rica, Vicente **jugaba** al
al tenis dos veces.   tenis **de vez en cuando.**

The time expression **de repente** (*suddenly*) always takes the preterit. Other expressions such as **anoche, ayer, anteayer, hace tres días, la semana pasada,** etc., can be used with either the preterit or the imperfect.

Ayer caminábamos por la   *Yesterday we were walking on the*
playa cuando **de repente**   *beach when all of a sudden it*
empezó a llover.   *began to rain.*
Anoche fuimos al cine.   *Last night we went to the movies.*
Anteayer a las ocho yo **miraba**   *The day before yesterday at eight*
televisión mientras Felipe   *o'clock I watched (was watching)*
leía.   *TV while Felipe read (was reading).*

III. Describing: Irregular Past Participles

As you saw in Chapter 11, a past participle can be used as an adjective to describe a noun. The following verbs have irregular past participles.

● Remember: Past participles used as adjectives agree in gender and number with the nouns they modify.

abrir	**abierto**	morir	**muerto**
cubrir	**cubierto**	poner	**puesto**
decir	**dicho**	romper	**roto**
escribir	**escrito**	ver	**visto**
hacer	**hecho**	volver	**vuelto**

● Do Workbook **Práctica mecánica I** and corresponding CD-ROM activities.

—¿Abriste la puerta?
—No, ya **estaba abierta**.
—¿Robaron algo?
—No, pero la guitarra **estaba rota** y los pájaros **estaban muertos**.

Did you open the door?
No, it was already open.
Did they steal anything?
No, but the guitar was broken and the birds were dead.

ACTIVIDAD 9 **Los gustos** **Parte A:** Marca lo que no te gusta.

● **Popeye come espinacas.**

_____ el ajo	_____ la coliflor	_____ las habichuelas
_____ las arvejas	_____ el cordero	_____ los huevos fritos
_____ el brócoli	_____ los espárragos	_____ el jamón
_____ la carne de res	_____ las espinacas	_____ las lentejas
_____ la cebolla	_____ el filete de	_____ el pescado
_____ las chuletas	ternera	_____ el pollo
de cerdo	_____ el flan	_____ el queso
_____ las coles de	_____ los frijoles	_____ el tofú
Bruselas	_____ la fruta	_____ las zanahorias

Parte B: En parejas, entrevisten a su compañero/a para averiguar qué no le gusta comer.

▲ A: ¿Qué no te gusta comer?
 B: No me gustan ni las habichuelas ni la carne de res ni . . .

ACTIVIDAD 10 **De pequeño** En parejas, miren la lista de la actividad anterior y digan qué comían y qué no comían cuando eran niños.

▲ Cuando era niño, no comía ni lentejas ni frijoles. Siempre comía sándwiches de jamón. Ahora me gustan las lentejas, pero no como frijoles.

ACTIVIDAD 11

Antes y después En grupos de tres, hagan un anuncio para la dieta "Kitakilos", basándose en las siguientes fotos del Sr. Delgado. Expliquen cómo era y qué hacía cuando estaba gordo, cuándo empezó la dieta y qué tuvo que hacer para bajar de peso (*lose weight*). También expliquen cómo es y qué hace ahora.

Promoción
Pre-Primavera Slim:

Plan Slim Clásico
Plan Slim para ejecutivos
Plan Slim para adolescentes
Plan Slim post-parto
Plan Slim para parejas
Plan Slim familiar

(Bajó 27 Kg. en Slim)

ACTIVIDAD 12

Un email Diana le escribe un email a una colega que es profesora de español en los Estados Unidos. Completa la carta con la forma y el tiempo correctos de los verbos que aparecen después de cada párrafo.

Madrid

Querida Vicky:

Ya hace cinco meses que _____ a España y por fin hoy _____ unos minutos para _____ tu carta. Las cosas aquí me van de maravilla. _____ en un colegio mayor, pero ahora _____ un apartamento con cuatro amigas hispanoamericanas. _____ muy simpáticas y estoy _____ mucho de España y también de Hispanoamérica.

(alquilar, aprender, contestar, llegar, ser, tener, vivir)

Durante el verano pasado, _____ clases todos los días. Por las mañanas, nosotros _____ a la universidad y por las tardes _____ museos y lugares históricos como la Plaza Mayor, el Palacio Real y el Convento de las Descalzas Reales. Cuando _____ por primera vez en el Museo del Prado, me _____ grandísimo, y solamente _____ las salas de El Greco y de Velázquez.

(entrar, ir, parecer, tener, ver, visitar)

_____ enamorada de España. La música me _____ porque tiene mucha influencia árabe y gitana (*gypsy*). El otro día _____ por la calle cuando _____ a unos niños gitanos cantando y bailando; _____ unos diez años y me _____ que, con frecuencia, ellos _____ en la calle para _____ dinero.

(caminar, cantar, decir, estar, fascinar, ganar, tener, ver)

Mis clases _____ hace dos meses; después _____ seis semanas de vacaciones y las clases _____ otra vez la semana pasada. Además de tomar clases, _____ enseñando inglés desde junio para _____ dinero.

(empezar, estar, ganar, tener, terminar)

Bueno, ya tengo que irme a la clase de Cervantes. Espero que _____ un buen año en la escuela y ojalá que me _____ pronto.

(escribir, tener)

Un abrazo desde España de tu amiga,

Diana

ACTIVIDAD 13 **Con frecuencia** En parejas, digan cuándo o con qué frecuencia hicieron o hacían las siguientes actividades en su niñez. Usen el pretérito o el imperfecto según el caso y palabras como: **una vez, dos veces, a veces, de vez en cuando, con frecuencia, a menudo, todos los sábados, una vez al año,** etc. Sigan el modelo.

◆ Cuando era pequeña, yo iba al dentista dos veces al año, ¿y tú?

1. ir al dentista
2. visitar Disneyworld o Disneylandia
3. ir a conciertos
4. comer pavo
5. ver películas
6. ir al teatro
7. visitar a tus abuelos
8. romper una ventana
9. asistir a misa o a un servicio religioso / ir a una sinagoga o una mezquita

ACTIVIDAD 14 **¿Qué hiciste ayer?** En parejas, hablen de las cosas que hicieron ayer. Usen palabras como **primero, después, a las 8:30, mientras,** etc.

◆ Ayer me levanté a las . . . Después . . .

ACTIVIDAD 15 **Los críticos** **Parte A:** Lee las siguientes preguntas para pensar en la última película que viste.

1. ¿Cuál fue la última película que viste?
2. ¿Cómo calificas la película?

   _____ patética   _____ mala   _____ la mejor del año

   _____ buena, pero   _____ muy buena   _____ excelente
   no muy buena

3. ¿De qué género es?

   _____ romance/drama   _____ comedia   _____ acción

   _____ suspenso   _____ ciencia ficción _____ terror

4. ¿Quiénes actuaron? ¿Quién dirigió la película?
5. ¿Cuál era el argumento de la película?
6. ¿Cómo te sentías mientras veías la película?

   _____ triste   _____ contento/a   _____ enojado/a

   _____ confundido/a   _____ aburrido/a   _____ asustado/a (*scared*)

   _____ emocionado/a   _____ interesado/a _____ divertido/a

7. ¿Cómo era la música? ¿Las imágenes? ¿La dirección? ¿Los actores?
8. ¿Cuál fue tu parte favorita y qué ocurrió?
9. ¿Te molestó algo de la película?
10. ¿Les vas a recomendar a tus amigos que vean la película?

Parte B: En parejas, usen la información de la Parte A para hablar de la última película que vieron.

ACTIVIDAD **16** **Detectives** En parejas, Uds. son el detective Sherlock Holmes y su ayudante Watson. Describan la escena que encontraron al entrar en un apartamento donde ocurrió un asesinato. Usen el participio pasivo de los siguientes verbos: **abrir, cubrir, escribir, hacer, morir, poner, preparar, romper** y **servir.**

◆ Un plato estaba roto . . .

ACTIVIDAD **17** **Un cuento** **Parte A:** En un libro de texto, normalmente lees un cuento y después contestas preguntas para ver si entendiste o no el contenido. Ahora, en parejas, van a hacer esta actividad pero al revés (*backward*). Usen la imaginación y contesten estas preguntas para crear un cuento basado en las contestaciones.

1. ¿Adónde fueron Ricardo y su esposa de vacaciones?
2. ¿Cómo era el lugar y qué tiempo hacía?
3. ¿Qué hicieron durante las vacaciones?
4. ¿Cómo se murió la esposa de Ricardo?
5. ¿Por qué estaba abierta la puerta?
6. ¿Qué estaba haciendo Ricardo cuando se rompió la pierna?
7. La policía no dejó a Ricardo volver a su ciudad. ¿Por qué?
8. ¿Quién era la señora del vestido negro y los diamantes?
9. ¿Cómo era físicamente la señora?
10. ¿Qué importancia tiene ella?
11. Al fin, la policía supo la verdad. ¿Cuál era?

Parte B: Como tarea, usen sus respuestas de la Parte A y escriban individualmente una historia coherente y lógica sobre lo que les pasó a Ricardo y a su esposa. Conecten sus ideas con palabras como **primero, más tarde, mientras** y **de repente.**

Parte C: En grupos de tres, lean sus historias en voz alta.

Do Workbook **Práctica comunicativa I** and corresponding CD-ROM activities.

Más allá
El español te abre puertas

A lo largo de este libro has leído sobre diferentes maneras de usar el español en este país o en un país de habla española. Ya sea en el campo laboral o en el trabajo voluntario, saber español te ofrece oportunidades en el área de las comunicaciones, los negocios, la medicina, el mundo legal y el de la diversión o el entretenimiento. Asimismo, el español te abre puertas a nivel personal: Te permite leer poesía, cuentos cortos y novelas en su versión original. Te permite también disfrutar de la música y de películas hispanas en el idioma original, ya que se pierden muchas sutilezas (*subtleties*) al traducir una película o una canción.

El saber español te abre además las puertas de la comunicación con gente de habla española en cualquier parte del mundo. En el trabajo, puedes sentir el placer de comunicarte con un colega en su propia lengua. Si viajas, no hay nada mejor que hablar el idioma del país que visitas; así puedes conocer a la gente del lugar, comprender su cultura, entender cómo piensa, cómo actúa y cuáles son sus costumbres. Todas éstas son cosas que un libro apenas puede empezar a mostrar.

Un país de habla española tal vez sea el lugar donde te interese trabajar y, posiblemente algún día, jubilarte (*retire*). (Hay cientos de miles de jubilados de los Estados Unidos viviendo en México y otros países latinoamericanos.) Y, quién sabe, quizá a través del español, puedas llegar a conocer a alguien muy especial con quien decidas pasar el resto de tu vida. ◆

▼ Sarah (norteamericana) y Hernán (venezolano) recién casados.

◀ Irma (cubana) y Richard (norteamericano) llevan 50 años de casados.

Vocabulario esencial II

La geografía

1. el río
2. las cataratas
3. la carretera
4. el puente
5. el pueblo
6. el lago
7. el valle
8. la montaña

● **norte** = *north,*
sur = *south,*
este/oriente = *east,*
oeste/occidente = *west*

Otras palabras relacionadas con la geografía

la autopista   freeway, expressway
el bosque   woods
el campo   countryside
la ciudad   city
la colina   hill
la costa   coast
la isla   island

el mar   sea
el océano   ocean
la playa   beach
el puerto   port
la selva   jungle
el volcán   volcano

ACTIVIDAD 18   **Asociaciones** Asocia estos nombres con las palabras presentadas.

Amazonas, Cancún, Pacífico, Cuba, Mediterráneo, Titicaca, Andes, Iguazú, Baleares, Quito, Panamericana

ACTIVIDAD 19   **Categorías** En parejas, organicen las palabras relacionadas con la geografía en las siguientes categorías.

1. cosas que asocian Uds. con el agua
2. lugares donde normalmente hace calor
3. lugares donde normalmente hace frío
4. cosas que no forman parte de la naturaleza

¿Lo sabían?

La variedad geográfica de Hispanoamérica incluye fenómenos naturales como el lago de Nicaragua que, aunque es de agua dulce (*fresh water*), tiene tiburones (*sharks*) y el lago Titicaca, entre Bolivia y Perú, que es el lago navegable más alto del mundo. En los Andes está el Aconcagua, la montaña más alta del hemisferio. También hay erupción de volcanes y terremotos causados por una falla (*fault line*) que va de Centroamérica a Chile. Esta variedad geográfica que les da su encanto a diferentes partes de América Latina, también trae problemas catastróficos. Algunos desastres que ocurrieron al final del siglo XX hicieron eco en todo el mundo.

1985   Un terremoto destruyó parte del centro y suroeste de México. Murieron unas 25.000 personas.

1985   La erupción de un volcán en Colombia destruyó un pueblo de más de 20.000 habitantes.

1998   El huracán Mitch mató a 8.000 personas en Honduras y un millón de personas se quedaron sin casa.

1999   En la ciudad de La Guaira, en la costa venezolana, hubo terribles inundaciones y derrumbamientos de lodo (*mud slides*). Murieron más de 30.000 personas.

▲ Salto Ángel, Venezuela, la catarata más alta del mundo.

ACTIVIDAD 20 **¿Dónde naciste tú?** **Parte A:** En parejas, descríbanle a su compañero/a la geografía de la zona donde nacieron.

Parte B: Ahora, descríbanle a su compañero/a la geografía de una zona donde les gustaría vivir. Empiecen diciendo: **Quiero vivir en un lugar que tenga . . .**

ACTIVIDAD 21 **La propaganda** **Parte A:** En grupos de tres, cada uno de Uds. va a preparar un anuncio para la televisión hispanoamericana para atraer más turismo a una zona específica. Deben poner énfasis en la variedad de belleza natural que tiene cada lugar. Escojan uno de los siguientes lugares.

- Andorra (los sitios web pueden estar escritos en catalán, español [castellano], francés o inglés)
- El Petén
- Patagonia

Como tarea, cada uno debe investigar su lugar en Internet y preparar un anuncio comercial de un mínimo de 30 segundos e incluir fotos del lugar.

Parte B: Cada persona de un grupo debe presentarles el anuncio a los otros.

La propuesta

Pareja de novios en un ▶
parque de Sarchí, Costa Rica.

hoy (en) día	today; nowadays
verdadero/a	real, true
Ya era hora.	It's about time.

Vicente tiene una pequeña sorpresa (surprise) planeada para Teresa. Todos sus amigos los esperan en el apartamento para ver qué pasa.

ACTIVIDAD 22   **Reacciones iniciales** Escucha la conversación y marca tus reacciones a estas preguntas.

1. ¿Cómo está Teresa al principio de la conversación?
   - _____ triste
   - _____ preocupada
   - _____ contenta
   - _____ distraída (*distracted*)

2. ¿Cómo es Vicente?
   - _____ romántico
   - _____ estúpido
   - _____ divertido
   - _____ absurdo

GRUPO: Aquí vienen. Aquí vienen. Todos al dormitorio. El champán, ¿eh? Rápido. Vamos. Oye, ¿quieres cerrar la puerta? ¡Huy! Shhhhhhh.

VICENTE: Hola, hola.

TERESA: ¿No hay nadie?

VICENTE: No. Solos por fin.

● Making a suggestion

TERESA: Sí, sí. ¿Por qué no te sientas allí mientras miro el correo?

VICENTE: Bueno.

TERESA: ¿Qué haces?

VICENTE: Nada. En el restaurante dijiste que querías un tango, ¿no?

TERESA: ¿Cómo? Lo que quiero es leer mi correo.

VICENTE: Sí, un tango romántico.

TERESA: ¿Ahora quieres ser Carlos Gardel?

VICENTE: Romántico y sensual.

TERESA: ¿Sabes algún tango?

VICENTE: En realidad no, pero sé muchas canciones románticas y sensuales. Eso es lo que dijiste el otro día, ¿no?

TERESA: ¡Huy! 114 euros de mi cuenta del móvil. ¡Por Dios!

● Exaggerating

VICENTE: Ahhhh . . . Aquí tienes la canción más romántica del mundo: "Cuando se quiere de veras, como te quiero yo a ti, es imposible mi vida tan separados vivir".

TERESA: Hoy en día todo es tan caro. ¿Me vas a querer si soy pobre? Porque después de . . .

VICENTE: "No te acuerdas, cuando te decía, a la pálida luz de la luna: yo no puedo querer más que a una, y esa una, mi vida, eres tú".

TERESA: ¿Y eso es lo que les cantas a todas las mujeres?

VICENTE: "Solamente una vez, amé en la vida. Solamente una vez y nada más".

TERESA: . . . ¿Y ésa que amaste soy yo? ¿Por qué?

● Comparing

VICENTE: "Por ser la chica más guapa del barrio, la más bonita de la localidad".

TERESA: ¿Pero estás loco?

VICENTE: Loco no . . . "yo soy un hombre sincero de donde crece la palma . . ."

TERESA: ¡Basta ya!

VICENTE: Teresa . . . quiero que te cases conmigo y que pasemos el resto de la vida juntos.

TERESA: Sí que estás loco, ¿eh?

VICENTE: No, no. Nada de loco. Lo digo en serio. ¿Quieres ser mi esposa?

TERESA: ¿Hablas en serio? ¿Esto es una verdadera propuesta de matrimonio?

VICENTE: ¿Qué más esperabas de mí? Pero, por supuesto. Por favor. Si no te casas conmigo, voy a continuar cantando. "La gallina turuleta ha puesto uno, ha puesto dos, ha puesto tres . . ."

TERESA: ¡No puedo más! Sí, sí, sí me caso contigo.

GRUPO: ¡Felicitaciones! ¡Enhorabuena! Ya era hora.

ACTIVIDAD 23   **Preguntas** Después de escuchar la conversación contesta estas preguntas.

1. ¿Cómo son las canciones que canta Vicente: románticas, violentas, cómicas, cursis, tristes?

2. ¿Qué le propone Vicente a Teresa?

3. ¿Teresa le contesta que sí o que no?

4. ¿Cómo sabes que Vicente estaba convencido de que Teresa iba a decir que sí?

5. ¿Te gustaría tener un novio o novia tan chistoso/a como Vicente o prefieres una persona más romántica?

6. Las primeras cuatro canciones que canta Vicente son canciones de amor y todas tienen un tema en común. ¿Cuál es?

   a. la atracción física entre el cantante y la mujer
   b. sólo hay una mujer para el cantante y es la mujer a quien le canta
   c. la atracción espiritual entre el cantante y la mujer
   d. el cantante salió con muchas mujeres, pero la mujer a quien le canta es la mejor de todas

¿Lo sabían?

El tango se originó en los barrios pobres de inmigrantes en las afueras de Buenos Aires al final del siglo XIX. Al principio los instrumentos del tango eran la guitarra, la flauta y el violín, pero más tarde se introdujo el bandoneón, que es una especie de acordeón con botones. Al principio se consideraba el tango como una música vulgar, pero en los años 20 el tanguero Carlos Gardel empezó a tener fama y a llevar el tango a los escenarios de Europa y de todo el continente americano y llegó a hacer películas para la Paramount Pictures. Lamentablemente en 1935, Gardel falleció en un accidente aéreo en Colombia. Hoy día Gardel sigue siendo un símbolo del tango, y su estatua, que se encuentra en un cementerio de Buenos Aires, tiene placas y flores de admiradores de todas partes del mundo.

Músico con bandoneón. ▶

Gramática para la comunicación II

I. Describing: Comparisons of Inequality

1 ▲ To compare two people or two things, use the following formula:

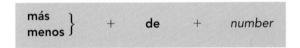

$$\left.\begin{array}{l}\textbf{más}\\\textbf{menos}\end{array}\right\} \quad + \quad noun/adjective/adverb \quad + \quad \textbf{que}$$

Hablamos **más español que** ellos.	*We speak more Spanish than they do.*
Mis clases son **más difíciles que** tus clases.	*My classes are more difficult than your classes.*
Me acosté **más tarde que** tú.	*I went to bed later than you.*
Hoy tengo **menos clases que** ayer.	*Today I have fewer classes than yesterday.*
Carlos es **menos estudioso que** su hermana.	*Carlos is less studious than his sister.*

2 ▲ To indicate that there is more or less than a certain *amount*, use the following formula:

$$\left.\begin{array}{l}\textbf{más}\\\textbf{menos}\end{array}\right\} \quad + \quad \textbf{de} \quad + \quad number$$

Hay **más de veinte** lenguas indígenas en Guatemala.	*There are more than twenty native languages in Guatemala.*
Me costó **menos de 20.000** pesos.	*It cost me less than 20,000 pesos.*

3 ▲ Some adjectives have both a regular and an irregular comparative form, as well as a change in meaning in some cases.

Regular Comparisons		
bueno	**más bueno**	better; kinder*
malo	**más malo**	worse; meaner; naughtier*
grande	**más grande**	larger in size
pequeño	**más pequeño**	smaller in size

*NOTE: **Más bueno** and **más malo** usually refer to *goodness* or lack of it.

Irregular Comparisons		
bueno	**mejor**	*better*
malo	**peor**	*worse*
grande	**mayor**	*older (person); greater*
pequeño	**menor**	*younger (person); lesser*

● Note: **Mayor** (*greater*) and **menor** (*lesser*) may be used with things as in **mayor/menor importancia** (*greater/lesser importance*).

Las playas del Caribe son **mejores que** las playas del Pacífico.	*The Caribbean beaches are better than the Pacific beaches.*
Pablo es **menor que** Juan.	*Pablo is younger than Juan.*
Pablo es **más bueno que** Juan.	*Pablo is kinder/a better person than Juan.*
Pablo es **peor** estudiante **que** Juan.	*Pablo is a worse student than Juan.*

II. Describing: The Superlative

When you want to compare three or more people or things, use the following formula:

> **el/la/los/las** (*noun*) **más** ⎱
> **el/la/los/las** (*noun*) **menos** ⎰   +   *adjective*

Toño es **el** (chico) **más optimista**.	*Toño is the most optimistic (young man).*
Raquel es **la mejor** (cantante) **del** conjunto.*	*Raquel is the best (singer) in the group.*

*NOTE:

a. In the superlative, *in* = **de: El fútbol es el deporte más popular *de* Suramérica.**

b. **Mejor** (*Best*) and **peor** (*worst*) usually precede the nouns they modify: **Lucía es mi *mejor* amiga. Luquillo es *la mejor* playa *de* Puerto Rico.**

Do Workbook **Práctica mecánica II**, CD-ROM, Web ACE Tests, and lab activities.

ACTIVIDAD 24   **Las vacaciones** En parejas, "A" cubre la Columna B y "B" cubre la Columna A. Ustedes deben decidir adónde quieren ir de vacaciones. Con su compañero/a, describan y comparen diferentes características de los lugares para decidir cuál de los dos lugares les parece mejor.

A: El Hotel Casa de Campo tiene tres canchas de tenis.
B: Pues el Hotel El Caribe tiene seis canchas.
A: Entonces el Hotel Caribe tiene más canchas de tenis que el Hotel Casa de Campo.

A	B
La Romana, República Dominicana	Cartagena, Colombia
Hotel Casa de Campo*****	Hotel El Caribe****
Media pensión	Pensión completa
Temperatura promedio 30°C	Temperatura promedio 27°C
Increíble playa privada	Playas fabulosas
Tres canchas de tenis	Seis canchas de tenis
Golf, windsurfing	Golf, pesca, esquí acuático
Discoteca	Casino
US$2.199 por persona en habitación doble por semana	US$2.599 por persona en habitación doble por semana

ACTIVIDAD 25 **¿Cuánto ganan?** Di cuánto crees que gana una persona en las siguientes ocupaciones durante el primer año de trabajo. Sigue el modelo.

🔺 El primer año de trabajo, un médico gana más de 50.000 dólares y menos de 75.000 dólares.

1. un/a abogado/a
2. un/a policía
3. un/a profesor/a de escuela secundaria
4. un/a asistente social
5. un/a recepcionista
6. un beisbolista profesional

ACTIVIDAD 26 **¿Mejor o peor?** En parejas, túrnense para preguntar cuál de las siguientes cosas son mejores o peores. Justifiquen sus respuestas.

1. unas vacaciones en las montañas o en la playa
2. tener un trabajo aburrido donde se gana muchísimo dinero o tener un trabajo interesante donde se gana poco dinero
3. ser hijo/a único/a o tener muchos hermanos
4. vivir en una ciudad o vivir en el campo
5. una cena romántica o un concierto
6. ir de camping o quedarse en un hotel elegante
7. el machismo o el feminismo

¿Lo sabían?

En español hay muchos dichos que son comparaciones. Es común oír expresiones como "es más viejo que (la moda de) andar a pie", "es más viejo que Matusalén", "es más largo que una cuaresma (*Lent*)" o "es más largo que una semana sin carne". Para hablar de la mala suerte se dice: "es más negra que una noche". Para decir que uno es muy buena persona, los hispanoparlantes dicen "él es más bueno que el pan" mientras que en inglés se dice "*he's better than gold*". ¿Qué se puede aprender de una cultura y los valores de su gente a través de sus dichos?

ACTIVIDAD 27 ¿**Qué es más caro?** Comparen estas personas, lugares o cosas. Usen el comparativo si hay dos cosas o el superlativo si hay tres.

◤ un disco compacto y un cassette   Un disco compacto es más caro que un cassette.

   Nueva York, Chicago y Austin   Nueva York es la (ciudad) más grande de las tres.

1. el lago Superior, el lago Michigan y el lago Erie
2. David Letterman o Jay Leno
3. Alaska, California y Panamá
4. un Mercedes Benz y un Volkswagen
5. el Nilo, el Amazonas y el Misisipí
6. Will Smith y P. Diddy
7. El Salvador, Paraguay y México
8. las cataratas del Iguazú y las del Niágara

Río Amazonas, Perú. ▶

ACTIVIDAD 28 **Comparaciones** **Parte A:** Rompe un papel en tres partes. Sin consultar con nadie, escribe el nombre de una persona famosa en el primer papel. En el segundo papel, escribe el nombre de un lugar famoso. En el tercero, escribe el nombre de una cosa. Dobla cada papel.

Parte B: Tu profesor/a tiene tres sobres grandes, uno dice **gente famosa,** otro dice **lugares** y el tercero dice **cosas.** Pon los papeles en los sobres correspondientes.

Parte C: Un estudiante debe escoger dos o tres papeles del mismo sobre y leer el contenido en voz alta. La clase debe hacer comparaciones. Repitan este proceso cinco o sies veces.

◤ Madonna / Britney Spears
   Madonna es más inteligente que Britney Spears.

Parte D: Un estudiante debe escoger dos o tres papeles de diferentes sobres y leerlos. Después la clase tiene que hacer comparaciones.

◤ Madonna / Madrid / guitarra
   Madonna es la más bonita de las tres.

ACTIVIDAD **29** **Los recuerdos de la escuela secundaria** En parejas, hablen sobre los siguientes recuerdos de la escuela secundaria.

1. el mejor profesor que tuviste: cómo se llamaba, cómo era, por qué te gustaba su clase
2. el peor profesor que tuviste: cómo se llamaba, cómo era, por qué no te gustaba su clase
3. las mejores vacaciones que tuviste: adónde fuiste, con quién, por qué te gustaron

ACTIVIDAD **30** **El mejor o el peor** Uds. quieren comprar un perro. En grupos de tres, miren los perros y decidan cuál van a comprar y por qué. Usen frases como: **Chuchito es más bonito que Toby. Toby es el más inteligente de todos. Rufi es la mejor porque . . .**

Rufi (hembra), 8 semanas

Toby (macho), 6 meses

Chuchito (macho), 6 meses

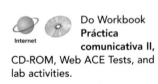

Internet

Do Workbook **Práctica comunicativa II,** CD-ROM, Web ACE Tests, and lab activities.

ACTIVIDAD **31** **El Oscar** En grupos de tres, hagan una lista de las mejores películas de este año y hagan nominaciones para estas categorías: película dramática, película cómica, actor y actriz. Digan por qué cada una de sus nominaciones es mejor que las otras y por qué debe ganar. Después, hagan una votación (*vote*).

Imágenes

LECTURA

Estrategia: *The Importance of Background Knowledge*

When reading an article, an essay, a poem, a novel, or song lyrics **(la letra)** on a specific topic, your background knowledge helps you to interpret the message being conveyed. Song lyrics may draw attention to an event in an attempt to enact change, or simply to keep the event in the memory of the people. This was particularly true in the United States during the tumultuous 1960s, when songwriters such as Bob Dylan, Joan Baez, and John Lennon wrote songs in opposition to the Vietnam War.

You will read the lyrics to a song entitled "El Padre Antonio y su monaguillo (*altar boy*) Andrés" by Rubén Blades. In order to best understand this song you must know the following background information:

El 24 de marzo de 1980, el arzobispo Óscar Arnulfo Romero fue asesinado en El Salvador. Una persona desconocida entró en la iglesia donde el padre Romero celebraba misa (*mass*) y lo mató. Se especula que el asesino era militar porque Romero era considerado portavoz (*spokesman*) de los pobres y había expresado su oposición a la represión y la violencia de los militares. Desde su muerte, el padre Romero es un símbolo político y, en Roma, se han recibido peticiones para canonizarlo (hacerlo santo).

▲ El arzobispo Óscar Arnulfo Romero.

● Rubén Blades is a Panamanian singer, actor, politician, and lawyer. He has acted in over 20 films, including *The Cradle Will Rock, Gideon's Crossing, All the Pretty Horses, Crossover Dreams,* and *The Milagro Beanfield War.*

● To learn more about Archbishop Romero, search the Internet.

ACTIVIDAD 32 **Otras canciones** En grupos de tres, nombren por lo menos tres canciones populares que tienen mensaje social y expliquen cuál es el mensaje de cada una.

**ACTIVIDAD
33**   **Mensajes** Ahora vas a leer la letra de "El Padre Antonio y su monaguillo Andrés". Al leer, contesta estas preguntas.

1. Según la primera estrofa, ¿cómo es el padre Antonio?
   a. burocrático
   b. agresivo
   c. sencillo
2. Según la segunda estrofa, ¿cómo es Andrés?
   a. un niño normal
   b. un niño muy inteligente
   c. un niño con conflictos
3. ¿Qué tragedia ocurrió y dónde tuvo lugar?
4. ¿El final de la canción es pesimista o expresa esperanza para el futuro?
5. ¿Cómo crees que sea la música de la canción?
   a. rápida, con buen ritmo para bailar
   b. una balada lenta
   c. ni rápida ni lenta, pero seria

◆ "El Padre Antonio y su monaguillo Andrés"

RUBÉN BLADES

(canción dedicada al Padre A. Romero)

▲ Rubén Blades

El padre Antonio Tejeira vino de España buscando
Nuevas promesas en estas tierras.
Llegó a la selva sin la esperanza de ser obispo,
Y entre el calor y entre los mosquitos habló de Cristo.
5 El Padre no funcionaba en el Vaticano entre papeles
Y sueños de aire acondicionado,
Y se fue a un pueblito en medio de la nada a
   dar su sermón.
Cada semana pa'[1] los que busquen la salvación.

10 El niño Andrés Eloy Pérez tiene diez años
Y estudia en la elementaria Simón Bolívar.
Todavía no sabe decir el credo correctamente.
Le gusta el río, jugar al fútbol y estar ausente.
Le han dado el puesto en la iglesia de monaguillo
15 A ver si la conexión compone al chiquillo.
Y la familia está muy orgullosa porque a su vez
Ellos creen que con Dios conectando a uno conecta a diez.

1 pa' = para

Suenan las campanas un - dos - tres
El Padre Antonio y su monaguillo Andrés.
20 Suenan las campanas otra vez . . .
El Padre Antonio y su monaguillo Andrés.

El Padre condena la violencia.
Sabe por experiencia que no es la solución.
Les habla de amor y de justicia
25 De Dios va la noticia librando en su sermón.

Suenan las campanas un - dos - tres
El Padre Antonio y su monaguillo Andrés.
Suenan las campanas otra vez . . .
El Padre Antonio y su monaguillo Andrés.

30 Al padre lo halló la guerra un domingo en misa,
dando la comunión en manga de camisa.
En medio del Padre Nuestro entró el matador
Y sin confesar su culpa le disparó.
Antonio cayó hostia[2] en mano y sin saber por qué.
35 Andrés se murió a su lado sin conocer a Pelé.
Y entre el grito y la sorpresa agonizando otra vez
Estaba el Cristo de palo parado en la pared.
Y nunca se supo el criminal quién fue
Del Padre Antonio y su monaguillo Andrés.
40 Pero suenan las campanas otra vez
El Padre Antonio y su monaguillo Andrés.

Suenan las campanas tierra va a temblar.
Suenan las campanas por América.
Suenan las campanas ¡O Virgen Señora!
45 Suenan las campanas ¿Quién nos salva
ahora?
Suenan las campanas de Antonio y Andrés.
Suenan las campanas óyelas otra vez.
Suenan las campanas centroamericanas.
50 Suenan las campanas por mi tierra
hermana.
Suenan las campanas mira y tú verás.
Suenan las campanas el mundo va a
cambiar.

55 Suenan las campanas para celebrar.
Suenan las campanas nuestra libertad.
Suenan las campanas porque un pueblo
unido.
Suenan las campanas no será vencido.
60 Suenan las campanas de Antonio y Andrés.
Suenan las campanas suénenlas otra vez.
Suenan las campanas por un cura bueno.
Suenan las campanas Arnulfo Romero.
Suenan las campanas de la libertad.
65 Suenan las campanas por América.

2 *the Host*

ACTIVIDAD 34

Común y corriente Rubén Blades intenta mostrarnos (*is trying to show us*) que el padre Antonio es una persona común y corriente y que Andrés es un niño típico. Busca partes de la canción que muestren esto.

ACTIVIDAD 35

Descripción En tus propias palabras, describe qué pasó en la iglesia. ¿Qué estaba haciendo el padre Antonio? ¿Y Andrés? ¿Qué ropa llevaban? ¿Qué ocurrió?

ACTIVIDAD 36

Las ideas En un concierto, Rubén Blades dijo: "En Latinoamérica matan a la gente, pero no la idea". Di qué opinas sobre este comentario.

Ritmos

Antes de ver

ACTIVIDAD 37 **La música** ¿Cuánto sabes sobre la música hispana? Marca qué país o región asocias con estos tipos de música.

1. _____ flamenco
2. _____ mariachi
3. _____ merengue
4. _____ música andina
5. _____ salsa
6. _____ tango

a. Argentina
b. el Caribe
c. España
d. México
e. Perú, Ecuador y Bolivia

Mientras ves

41:54–46:33

ACTIVIDAD 38 **En España** La música nos revela mucho de una cultura. Escucha esta entrevista con Carmen Cubillos y contesta las siguientes preguntas sobre el flamenco, la música típica de Andalucía, una región del sur de España.

1. ¿Qué instrumento musical se asocia con este tipo de música?
   a. la trompeta   b. la guitarra   c. el piano

2. Al escuchar la música, ¿qué influencia notaste?
   a. polkas de Alemania   c. cantos gregorianos
   b. música del Medio Oriente

3. Según Carmen Cubillos, ¿qué partes del cuerpo son importantes al bailar flamenco?
   a. los brazos   b. las piernas   c. todo el cuerpo

4. ¿Qué adjetivo es el que describe mejor el flamenco?
   a. alegre   b. dramático   c. lento

El charango, ▶
un instrumento típico
de la zona andina.

ACTIVIDAD 39 **En Ecuador** Mientras escuchas una entrevista con el conjunto otavaleño Ñanda Mañachi ("Préstame el camino", en quichua), contesta estas preguntas sobre la música andina. Lee las preguntas antes de mirar el video.

[46:34–52:08]

1. La música andina tiene influencias . . .
   a. indígena, española y africana.
   b. indígena y española.
   c. indígena y africana.
2. El señor toca y habla de varios instrumentos. Escribe una **V** si el instrumento es de viento o una **C** si es un instrumento de cuerda.
   _____ bandolín   _____ guitarra
   _____ bocina   _____ rondador
   _____ charango   _____ zampoña o sikus
3. ¿Qué animal se usa para hacer un charango?
   a. armadillo   b. cocodrilo   c. tortuga (*turtle*)
4. ¿Cuál es el tema principal de las canciones de Ñanda Mañachi?
   a. la naturaleza
   b. los problemas de los indígenas
   c. el amor

ACTIVIDAD 40 **En Puerto Rico** La salsa es un baile típico del Caribe. Mira este segmento del video para contestar estas preguntas sobre la salsa.

[1:52:09–end]

1. La salsa tiene influencias . . .
   a. indígena, española y africana.
   b. indígena y española.
   c. africana y española.
2. Para bailar salsa, ¿qué es importante? Es posible marcar más de una respuesta.
   a. mantener la espalda recta
   b. mover mucho las caderas (*hips*)
   c. comunicarse con su pareja
   d. nunca separarse de su pareja

Después de ver

ACTIVIDAD 41 **Fusión de culturas** La música de un país refleja las diferentes culturas que influyeron en su historia. En parejas, comenten cómo refleja la historia la fusión de culturas en el flamenco, la música andina y la salsa. Después piensen en la música de su país o región y comenten cómo refleja la historia del área.

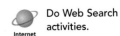
Do Web Search activities.

Vocabulario funcional

Instrumentos musicales

la batería	*drums*
el clarinete	*clarinet*
la flauta	*flute*
el saxofón	*saxophone*
el trombón	*trombone*
la trompeta	*trumpet*
el violín	*violin*
el violonchelo	*cello*

Vocabulario relacionado con la música

la banda	*band*
el conjunto	*group (as in rock group)*
la orquesta sinfónica	*symphony orchestra*

La comida — Ver páginas 346–347.

el ajo	*garlic*
la carne de res	*red meat*
el cerdo	*pork*
la coliflor	*cauliflower*
el cordero	*lamb*
los espárragos	*asparagus*
las habichuelas/ judías verdes	*green beans*
las zanahorias	*carrots*

Vocabulario de restaurante

las bebidas	*drinks*
La cuenta, por favor.	*The check, please.*
¿Cómo está el/la . . . ?	*How is the . . . ?*
Me gustaría el/la . . .	*I would like . . .*
el menú/la carta	*menu*
la sopa	*soup*
la torta	*cake*

Expresiones usadas con el imperfecto
Ver página 349.

Más verbos

continuar	*to continue*
cubrir	*to cover*
romper	*to break*

La geografía — Ver página 355.

la carretera	*highway*
las cataratas	*waterfalls*
el lago	*lake*
la montaña	*mountain*
el pueblo	*town*
el puente	*bridge*
el río	*river*
el valle	*valley*

Los puntos cardinales

el este	*east*
el norte	*north*
el oeste	*west*
el sur	*south*

Palabras y expresiones útiles

¿Algo más?	*Something/Anything else?*
cursi	*overly cute; tacky, in bad taste*
hoy (en) día	*today; nowadays*
ni . . . ni	*neither . . . nor*
¡Qué chévere!	*Great! (Caribbean expression)*
verdadero/a	*real, true*
Ya era hora.	*It's about time.*

Temas suplementarios

I. Describing: Comparisons of Equality

When you want to compare things that are equal, apply the following formulas:

tan	+	*adjective/adverb*	+	como

Mi hermano es **tan alto como** mi mamá.

*My brother is **as tall as** my mother.*

Llegaste **tan tarde como** tus hermanos.

*You arrived **as late as** your brothers.*

tanto/a/os/as	+	*noun*	+	como

Tienes **tanto trabajo como** yo.

*You have **as much** work **as** I do.*

Hay **tantas mujeres como** hombres en el tour.

*There are **as many** women **as** men in the tour group.*

ACTIVIDAD 1 **Comparaciones** Escribe comparaciones basadas en los dibujos.

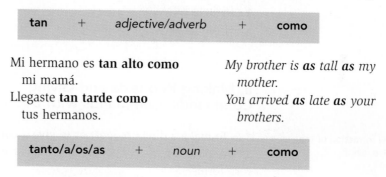

1. Isabel / Paco / alto
2. pelo / Pilar / Ana / largo
3. Paula / María / bonito
4. Pepe / Laura / cansado
5. ojos / Elisa / Juana / pequeño

1. Isabel   Paco

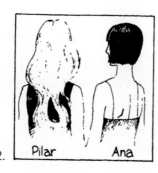
2. Pilar   Ana

3. Paula   María

4. Pepe   Laura

5. Juana   Elisa

371

ACTIVIDAD
2

Los anuncios Trabajas para una compañía de publicidad. Tienes que escribir frases que llamen la atención (*catchy phrases*). Usa **tan . . . como** en tus oraciones.

▲ el detergente Mimosil

El detergente Mimosil deja la ropa tan blanca como la nieve.

1. el programa SNL
2. el disco compacto de Marc Anthony
3. la pasta de dientes Sonrisa feliz
4. la dieta Kitakilos
5. el nuevo carro Mercedes Sport

II. Making Requests and Giving Commands: Commands with *Ud.* and *Uds.*

● Review formation of the subjunctive, Ch. 8.

1 ▲ To make a direct request or to give a command to people you address as **Ud.** or to a group of people, use the corresponding present subjunctive verb forms.

¡Hable (Ud.)!* ⎫
¡Hablen (Uds.)! ⎭   *Speak!*

¡No **lleguen** tarde al concierto,   *Don't come late to the concert,*
   por favor!   *please!*

*****NOTE: Subject pronouns are only used with commands to indicate emphasis. In these cases, they follow the verb.

2 ▲ When reflexive or object pronouns are used with commands, follow these rules.

a. When the command is affirmative, the pronouns are attached to the end of the verb.

● Note the need for an accent.

¡Levánte**se** temprano!   *Get up early!*
¡Díganse**lo** a él!   *Tell it to him!*

b. When the command is negative, the pronouns immediately precede the verb.

¡**No se** levante tarde!   *Don't get up late!*
¡**No se lo** digan a él, por favor!   *Please, don't tell it to him!*

ACTIVIDAD
3

Las órdenes Escribe las órdenes correspondientes que puede
escuchar un grupo de estudiantes antes de un examen final.
Usa pronombres de complemento directo e indirecto, o pronombres reflexivos cuando sea posible. Sigue el modelo.

◢ Uds. deben escucharme.
Escúchenme.

1. Uds. no deben copiarse en el examen.
2. Sr. Martín, Ud. tiene que sentarse al lado de la ventana.
3. Srta. Aguirre, Ud. no puede beber esa Coca-Cola durante el examen.
4. Uds. no pueden hacerme preguntas durante el examen.
5. Sr. Cruz, Ud. tiene que cerrar el libro.
6. Uds. deben darme los exámenes a las 2:00.
7. No pueden hablar durante el examen.

ACTIVIDAD
4

¡Ojo! Mira estos dibujos y escribe órdenes apropiadas.

1.    2.

3.    4.

ACTIVIDAD
5

En un hotel En un hotel a veces te piden que hagas ciertas
cosas. Escribe las órdenes correspondientes y usa pronombres
de complemento directo, indirecto o pronombres reflexivos
cuando sea posible. Sigue el modelo.

◢ no perder / la llave de la habitación ⟶ No la pierda.

1. no olvidar / sus cosas / en el hotel
2. darle / las maletas / al botones
3. alquilar / el carro / temprano
4. pagar / la habitación / el último día
5. no perder / pasaporte
6. hacer / reservaciones
7. ir a visitar / los museos
8. tener cuidado / con su dinero
9. pedir / el desayuno / la noche anterior
10. sentirse / como un rey

III. Making Requests and Giving Commands: Commands with *Tú*

1 ▲ In this book you have seen the singular familiar command (**tú**) used in the directions for many activities. To give an affirmative familiar command or to make a request, use the present indicative verb form corresponding to **él/ella/Ud.**

practicar ⟶ practi**ca**   traer ⟶ tra**e**   subir ⟶ sub**e**

Sube a mi habitación y **trae** el
libro que está allí.
¡**Espera** un momento!

*Go up to my room and bring the
book that is there.*
Wait a minute!

The familiar commands for the following verbs are irregular:

decir	**di**	poner	**pon**	tener	**ten**
hacer	**haz**	salir	**sal**	venir	**ven**
ir	**ve**	ser	**sé**		

● **Sé** is a familiar command; **se** is a reflexive pronoun and an object pronoun.

Ven acá y **haz** el trabajo.
Sé bueno y **di** siempre la verdad.

Come here and do the work.
Be good and always tell the truth.

2 ▲ To give a negative familiar command, use the **tú** form of the present subjunctive.

● Review formation of the subjunctive, Ch. 8.

No vayas al dentista todavía.
No salgas esta tarde.

Don't go to the dentist yet.
Don't go out this afternoon.

NOTE: Subject pronouns are seldom used with familiar commands, but if they are, they follow the verb: **Estoy ocupado; ven tú. No lo hagas tú; yo voy a hacerlo.**

3 ▲ In **tú** commands, as in **Ud.** and **Uds.** commands, the reflexive and the object pronouns immediately precede the verb in a negative command and are attached to the end of an affirmative command.

● Note the need for an accent.

No se lo digas.
Levánta**te**.

Don't tell it to her.
Get up.

● **Vosotros** affirmative commands: **decir** = **deci** + **d** ⟶ **decid.**

● Reflexive affirmative **vosotros** commands: lavarse = **lava** + **os** ⟶ **lavaos.**

● Negative **vosotros** commands: Use subjunctive forms.

4 ▲ The following chart summarizes the forms used for commands:

	Affirmative Commands	Negative Commands
(tú)	come*	no comas
(Ud.)	coma	no coma
(Uds.)	coman	no coman

*****NOTE:** All forms are identical to the corresponding subjunctive form except the affirmative command form of **tú**.

ACTIVIDAD
6

¡Cuántas órdenes! Escribe las órdenes correspondientes para un amigo que quiere sacar una buena nota en su examen final de español. Usa pronombres de complemento directo o indirecto cuando sea posible.

1. Tienes que usar el CD-ROM.
2. Es mejor que le preguntes tus dudas a la profesora.
3. Debes escuchar las cintas en el laboratorio.
4. No debes salir la noche antes del examen.
5. Te aconsejo que vengas a mi casa para estudiar mañana por la noche.
6. Tienes que estudiar los verbos.
7. Debes hacer la sección de la composición con mucho cuidado.
8. No debes levantarte tarde el día del examen.
9. Es mejor no hacer el examen rápidamente.
10. Es mejor no darle el examen a la profesora muy pronto.
11. Es importante que revises todas tus respuestas antes de darle el examen a la profesora.
12. Quiero que me busques después del examen.

ACTIVIDAD
7

¡Qué desastre de amigo! Tienes un amigo muy torpe (*clumsy*) y siempre tiene accidentes. Mira estos dibujos y escribe las órdenes apropiadas.

1. cruzar la calle

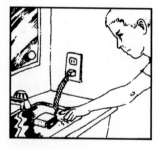

2. tocarla

3. dormirse

4. olvidarlas

ACTIVIDAD
8

Una vida de perros Tienes un perro inteligente, pero a veces es malo. Escribe estas órdenes para tu perro.

1. sentarse
2. traer el periódico
3. bailar
4. no molestar a la gente
5. acostarse
6. no subirse al sofá
7. no comer eso
8. quedarse allí

IV. Expressing Pending Actions: The Subjunctive in Adverbial Clauses

● Remember: After a preposition, use an infinitive: **Después de llegar a casa . . .**

1 ▲ When using adverbial conjunctions of time such as **cuando, después de que,** and **hasta que,** use the indicative to express *completed* actions or *habitual* actions.

Habitual

Siempre preparo la cena **cuando llego** a casa.

I always prepare dinner when I get home.

Preparaba la cena **cuando llegaba** a casa.

I used to (would) prepare dinner when I got home.

Completed

Preparé la cena **cuando llegué** a casa.

I prepared dinner when I got home.

2 ▲ Use the subjunctive to express intentions or actions that are pending in clauses starting with **cuando, después de que,** and **hasta que.**

Pending

Voy a preparar la cena **cuando llegue** a casa.*

I'm going to prepare dinner when I get home.

Voy a preparar la cena cuando los niños **lleguen** a casa.

I'm going to prepare dinner when the children get home.

Vamos a trabajar **hasta que terminemos.**

We'll work until we finish.

*NOTE: Notice that the subjunctive is used even when there is no change of subject.

ACTIVIDAD **9** ¿**Cuándo?** Completa estas oraciones sobre las vacaciones con la forma correcta del subjuntivo o del indicativo (presente o pasado) de los verbos indicados.

1. Normalmente, cuando _____ a la playa, me divierto mucho, pero no sé lo que va a pasar este año cuando mi familia y yo _____ las vacaciones en la montaña.   (ir, pasar)

2. Todos los años mis padres _____ de la ciudad para las vacaciones y _____ a un pueblo pequeño porque no tienen mucho dinero. Como ahora están jubilados, no van a poder conocer otra parte del mundo hasta que no _____ la lotería.   (salir, viajar, ganar)

3. A mis hermanos les gusta mucho el mar. De pequeños se quedaban en el agua hasta que _____ el sol.   (ponerse)

4. Este año mis amigos y yo vamos a Perú para las vacaciones y vamos a caminar por el Camino del Inca. Me dicen que se necesitan cuatro días para recorrerlo. Cuando _____, vamos a estar en Machu Picchu. Después, vamos a quedarnos en Lima hasta que _____ unos amigos y luego pensamos visitar el lago Titicaca. (terminar, llegar)

5. Después de que _____ mi último examen final, pienso viajar con mi moto por todo el país. No voy a volver hasta que _____ las clases en el otoño.   (dar, empezar)

ACTIVIDAD **10** **Un poco de variedad** **Parte A:** Muchas personas se quejan de no tener variedad en la vida y de que su rutina diaria es siempre igual. Termina estas oraciones con lo que haces normalmente.

1. Todos los días cuando termina esta clase, yo . . .
2. Cuando llega el verano, yo . . .
3. Todos los días cuando entro a mi casa, yo . . .
4. Cuando llega el fin de semana, mis amigos y yo . . .
5. Los sábados cuando voy a fiestas, yo . . .

Parte B: Ahora selecciona tres ideas de la Parte A y escribe cómo vas a cambiar tu rutina. Sigue el modelo.

▲ Todos los días cuando termina esta clase, voy a la cafetería de la universidad y como una hamburguesa, pero mañana cuando termine la clase, pienso ir a un restaurante mexicano y pedir una quesadilla.

V. Expressing the Future: The Future Tense

As you have already seen, the future may be expressed with the present indicative or with the construction **ir** + **a** + *infinitive:* **Te veo mañana. Voy a ver a mi padre mañana.** The future may also be expressed with the future tense. To form the future tense, add the following endings to the infinitives of **-ar, -er,** and **-ir** verbs.

● Note that only the **nosotros** form has no accent.

mirar			traer			ir	
miraré	miraremos		traeré	traeremos		iré	iremos
mirarás	miraréis		traerás	traeréis		irás	iréis
mirará	mirarán		traerá	traerán		irá	irán

El año que viene, Marta y
Laura **irán** a Suramérica.
Si él termina temprano, Pedro
comerá con Cristina.

Marta and Laura will go to South
America next year.
If he finishes early, Pedro will eat
with Cristina.

The following groups of verbs have an irregular stem in the future tense, but use the same endings as regular verbs.

Infinitive	Stem	Future
haber	habr-	habré
poder	podr-	podré
querer	querr-	querré
saber	sabr-	sabré
poner	pondr-	pondré
salir	saldr-	saldré
tener	tendr-	tendré
venir	vendr-	vendré
decir	dir-	diré
hacer	har-	haré

● **hay** = *there is/are*
habrá = *there will be*

Habrá muchos amigos esperando
al grupo en el aeropuerto.
Si Felipe llega hoy, él y Juana
saldrán a cenar esta noche.

There will be many friends waiting
for the group in the airport.
If Felipe arrives today, he and
Juana will go out to eat tonight.

ACTIVIDAD 11

El futuro Completa estas oraciones sobre qué pasará en el mundo en el año 2020 con la forma apropiada del futuro de los verbos indicados.

1. Christina Aguilera _____ un Grammy y un Óscar el mismo año. (ganar)
2. Los médicos _____ la cura para el cáncer. (encontrar)
3. Madonna _____ cirugía plástica y los médicos le _____ un kilo de celulitis de cada pierna. (hacerse, quitar)
4. La gente _____ bajar de peso sin estar a dieta. (poder)
5. El equipo norteamericano de fútbol _____ campeón de la Copa Mundial. (ser)
6. Los coches no _____ gasolina y las condiciones del medio ambiente _____. (usar, mejorar)
7. Ricky Martin _____ un programa que _____ Menudo. En el programa les _____ la oportunidad de aparecer en la televisión a muchos cantantes jóvenes. (tener, llamarse, dar)
8. La NASA _____ un centro de investigación en el planeta Marte. (poner)
9. Una mujer hispana _____ a la presidencia de los Estados Unidos. (subir)
10. No _____ llaves ni tarjetas de crédito ni dinero en efectivo. Todo _____ con máquinas que leen los ojos de las personas. (haber, funcionar)

ACTIVIDAD 12

La bola de cristal Escribe predicciones sobre el mundo de Hollywood y de Washington.

1. el próximo presidente de este país
2. el próximo escándalo en Washington
3. la mejor película del año
4. la boda del año en Hollywood
5. el divorcio menos esperado

VI. Discussing Imaginary Situations and Reporting: The Conditional

The conditional tense may be used to express something that you would do in an imaginary situation. It is also used to report what someone said. The formation of this tense is similar to that of the future tense in that it uses the same stems. Add the conditional endings (-ía, -ías, -ía, etc.) to all stems.

● The conditional endings are the same as those of imperfect -er and -ir verbs. Unlike the imperfect endings, they are added to the infinitive or to an irregular stem.

mirar	
miraría	miraríamos
mirarías	miraríais
miraría	mirarían

traer	
traería	traeríamos
traerías	traeríais
traería	traerían

ir	
iría	iríamos
irías	iríais
iría	irían

¿¡Comprar el carro de Gonzalo!? Yo no lo **haría**.

Álvaro me dijo que me **traería** unos aretes de jade mexicano.

Buy Gonzalo's car!? I wouldn't do it. (hypothetical)

Álvaro told me that he would bring me some Mexican jade earrings. (reporting)

The following groups of verbs have the same irregular stems in the conditional as they do in the future.

● hay = *there is/are*
habría = *there would be*

Infinitive	Stem	Future
haber	habr-	habría
poder	podr-	podría
querer	querr-	querría
saber	sabr-	sabría
poner	pondr-	pondría
salir	saldr-	saldría
tener	tendr-	tendría
venir	vendr-	vendría
decir	dir-	diría
hacer	har-	haría

Con el dinero que gana en la agencia, Teresa **podría** ir a Puerto Rico.

Vicente le dijo a Teresa que no sabía qué **haría** sin ella.

Yo que tú, **encontraría** un hombre tan bueno como Vicente.

With the money she earns at the agency, Teresa could (would be able to) go to Puerto Rico.

Vicente told Teresa he didn't know what he would do without her.

If I were you, I would find a man as good as Vicente.

ACTIVIDAD
13

Posibilidades **Parte A:** Unos amigos te sugieren países donde podrías pasar tu tercer año de la universidad. Completa estas oraciones con la forma apropiada del potencial (*conditional*) de los verbos indicados.

1. Yo que tú, _____ a Chile. Allí _____ en los Andes y _____ en las playas del Pacífico. También _____ los glaciares del sur.   (ir, esquiar, nadar, visitar)

2. Yo que tú, _____ en Madrid. Tú _____ ver el Museo del Prado, el Reina Sofía y el Thyssen Bornemiza, tres museos magníficos. Como Madrid está en el centro del país, _____ fácil viajar a cualquier parte de España para pasar un fin de semana. Yo no _____ los festivales regionales como Semana Santa en Sevilla, las Fallas de Valencia y San Fermín en Pamplona. Pero yo que tú, no _____ delante de los toros en Pamplona porque es muy peligroso.   (estudiar, poder, ser, perderse, correr)

3. Ecuador es un país espectacular. Tú _____ estudiar más español en Quito. Desde Quito _____ fácil hacer excursiones a Otavalo donde tú _____ a tocar instrumentos indígenas. También _____ la oportunidad de ir a las islas Galápagos donde _____ animales superinteresantes. Yo que tú, _____ una semana o más después de terminar el curso y _____ treking en los Andes.   (poder, ser, aprender, tener, ver, quedarse, hacer)

4. México, D. F., es un lugar ideal, especialmente si te gustan las culturas precolombinas. Allí yo _____ museos y _____ a eventos culturales. Pero yo que tú, _____ muchas excursiones a los pueblos para ver las costumbres. Para el Día de los Muertos, yo _____ a Mixquic donde tienen una celebración muy tradicional.   (visitar, asistir, hacer, ir)

ACTIVIDAD
14

¿Qué harías? Completa estas conversaciones con tus consejos. Usa el potencial.

1. —No sé qué hacer; mi jefe quiere que yo salga con él.
   —En tu lugar, yo . . .

2. —Tengo un problema: los frenos de mi carro están muy mal y no tengo dinero.
   —En tu lugar, yo . . .

3. —Me están molestando muchísimo los lentes de contacto. Siempre lloro.
   —En tu lugar, yo . . .

4. —Lo bueno es que tengo una entrevista con la compañía Xerox, pero lo malo es que es el mismo día de mi examen final de economía. No quiero cambiar la entrevista y el profesor es muy estricto en cuanto a los exámenes.
   —En tu lugar, yo . . .

Reference Section

Appendix A: Verb Charts

NOTE: In the sections on stem-changing and spelling-changing verbs, only tenses in which a change occurs are shown.

Regular Verbs

Infinitive	hablar	comer	vivir
Present participle	hablando	comiendo	viviendo
Past participle	hablado	comido	vivido

Simple Tenses

	hablar	comer	vivir
Present indicative	hablo	como	vivo
	as	es	es
	a	e	e
	amos	emos	imos
	áis	éis	ís
	an	en	en
Imperfect indicative	hablaba	comía	vivía
	abas	ías	ías
	aba	ía	ía
	ábamos	íamos	íamos
	abais	íais	íais
	aban	ían	ían
Preterit	hablé	comí	viví
	aste	iste	iste
	ó	ió	ió
	amos	imos	imos
	asteis	isteis	isteis
	aron	ieron	ieron
Future indicative	hablaré	comeré	viviré
	ás	ás	ás
	á	á	á
	emos	emos	emos
	éis	éis	éis
	án	án	án
Conditional	hablaría	comería	viviría
	ías	ías	ías
	ía	ía	ía
	íamos	íamos	íamos
	íais	íais	íais
	ían	ían	ían

	hablar	comer	vivir
Affirmative and negative commands	**tú:** habla, no hables **Ud.:** hable, no hable **Uds.:** hablen, no hablen **vosotros/as:** hablad, no habléis	come, no comas coma, no coma coman, no coman comed, no comáis	vive, no vivas viva, no viva vivan, no vivan vivid, no viváis
Present subjunctive	que hable es e emos éis en	que coma as a amos áis an	que viva as a amos áis an
Imperfect subjunctive	que hablara aras ara áramos arais aran	que comiera ieras iera iéramos ierais ieran	que viviera ieras iera iéramos ierais ieran

Compound Tenses

	hablar	comer	vivir
Present perfect indicative	he hablado has hablado, *etc.*	he comido has comido, *etc.*	he vivido has vivido, *etc.*
Pluperfect indicative	había hablado habías hablado, *etc.*	había comido habías comido, *etc.*	había vivido habías vivido, *etc.*
Future perfect	habré hablado habrás hablado, *etc.*	habré comido habrás comido, *etc.*	habré vivido habrás vivido, *etc.*
Conditional perfect	habría hablado habrías hablado, *etc.*	habría comido habrías comido, *etc.*	habría vivido habrías vivido, *etc.*
Present perfect subjunctive	que haya hablado hayas hablado, *etc.*	que haya comido hayas comido, *etc.*	que haya vivido hayas vivido, *etc.*
Pluperfect subjunctive	que hubiera hablado hubieras hablado, *etc.*	que hubiera comido hubieras comido, *etc.*	que hubiera vivido hubieras vivido, *etc.*

Stem-Changing Verbs

	-ar verbs: e → ie		-er verbs: e → ie	
Infinitive	**pensar** to think		**entender** to understand	
Present indicative	**pienso** **piensas** **piensa**	pensamos pensáis **piensan**	**entiendo** **entiendes** **entiende**	entendemos entendéis **entienden**
Affirmative commands	**piensa** **piense**	pensad **piensen**	**entiende** **entienda**	entended **entiendan**
Present subjunctive	que **piense** **pienses** **piense**	pensemos penséis **piensen**	que **entienda** **entiendas** **entienda**	entendamos entendáis **entiendan**

-ar verbs: o → ue			**-er verbs: o → ue**		
Infinitive	**contar** to tell; to count		**volver** to return		
Present indicative	**cuento**	contamos	**vuelvo**	volvemos	
	cuentas	contáis	**vuelves**	volvéis	
	cuenta	**cuentan**	**vuelve**	**vuelven**	
Affirmative commands	**cuenta**	contad	**vuelve**	volved	
	cuente	**cuenten**	**vuelva**	**vuelvan**	
Present subjunctive	que **cuente**	contemos	que **vuelva**	volvamos	
	cuentes	contéis	**vuelvas**	volváis	
	cuente	**cuenten**	**vuelva**	**vuelvan**	

-ir verbs: e → i, i		
Infinitive	**servir** to serve	
Present indicative	**sirvo**	servimos
	sirves	servís
	sirve	**sirven**
Affirmative commands	**sirve**	servid
	sirva	**sirvan**
Present subjunctive	que **sirva**	**sirvamos**
	sirvas	**sirváis**
	sirva	**sirvan**
Preterit	serví	servimos
	serviste	servisteis
	sirvió	**sirvieron**
Imperfect subjunctive	que **sirviera**	
	sirvieras, *etc.*	
Present participle	**sirviendo**	

-ir verbs: e → ie, i			**-ir verbs: o → ue, u**		
Infinitive	**sentir** to feel; to regret		**dormir** to sleep		
Present indicative	**siento**	sentimos	**duermo**	dormimos	
	sientes	sentís	**duermes**	dormís	
	siente	**sienten**	**duerme**	**duermen**	
Affirmative commands	**siente**	sentid	**duerme**	dormid	
	sienta	**sientan**	**duerma**	**duerman**	
Present subjunctive	que **sienta**	**sintamos**	que **duerma**	**durmamos**	
	sientas	**sintáis**	**duermas**	**durmáis**	
	sienta	**sientan**	**duerma**	**duerman**	
Preterit	sentí	sentimos	dormí	dormimos	
	sentiste	sentisteis	dormiste	dormisteis	
	sintió	**sintieron**	**durmió**	**durmieron**	
Imperfect subjunctive	que **sintiera**		que **durmiera**		
	sintieras, *etc.*		**durmieras,** *etc.*		
Present participle	**sintiendo**		**durmiendo**		

Verbs with Spelling Changes

	Verbs in -car: c ⟶ qu before e		Verbs in -gar: g ⟶ gu before e	
Infinitive	**buscar** to look for		**llegar** to arrive	
Preterit	**busqué**	buscamos	**llegué**	llegamos
	buscaste	buscasteis	llegaste	llegasteis
	buscó	buscaron	llegó	llegaron
Affirmative commands	busca	buscad	llega	llegad
	busque	**busquen**	**llegue**	**lleguen**
Present subjunctive	que **busque**	**busquemos**	que **llegue**	**lleguemos**
	busques	**busquéis**	**llegues**	**lleguéis**
	busque	**busquen**	**llegue**	**lleguen**

	Verbs in -ger and -gir: g ⟶ j before a and o		Verbs in -guir: gu ⟶ g before a and o	
Infinitive	**coger** to pick up		**seguir** to follow	
Present indicative	**cojo**	cogemos	**sigo**	seguimos
	coges	cogéis	sigues	seguís
	coge	cogen	sigue	siguen
Affirmative commands	coge	coged	sigue	seguid
	coja	**cojan**	**siga**	**sigan**
Present subjunctive	que **coja**	**cojamos**	que **siga**	**sigamos**
	cojas	**cojáis**	**sigas**	**sigáis**
	coja	**cojan**	**siga**	**sigan**

	Verbs in -zar: z ⟶ c before e	
Infinitive	**empezar** to begin	
Preterit	**empecé**	empezamos
	empezaste	empezasteis
	empezó	empezaron
Affirmative commands	empieza	empezad
	empiece	**empiecen**
Present subjunctive	que **empiece**	**empecemos**
	empieces	**empecéis**
	empiece	**empiecen**

	Verbs in -eer: unstressed i ⟶ y	
Infinitive	**creer** to believe	
Preterit	creí	creímos
	creíste	creísteis
	creyó	**creyeron**
Imperfect subjunctive	que **creyera**	**creyéramos**
	creyeras	**creyerais**
	creyera	**creyeran**
Present participle	**creyendo**	

Irregular Verbs

	caer to fall	**conducir** to drive
Present indicative	caigo, caes, cae, caemos, caéis, caen	conduzco, conduces, conduce, conducimos, conducís, conducen
Preterit	caí, caíste, cayó, caímos, caísteis, cayeron	conduje, condujiste, condujo, condujimos, condujisteis, condujeron
Imperfect	caía, caías, *etc.*	conducía, conducías, *etc.*
Future	caeré, caerás, *etc.*	conduciré, conducirás, *etc.*
Conditional	caería, caerías, *etc.*	conduciría, conducirías, *etc.*
Present subjunctive	que caiga, caigas, caiga, caigamos, caigáis, caigan	que conduzca, conduzcas, conduzca, conduzcamos, conduzcáis, conduzcan
Imperfect subjunctive	que cayera, cayeras, cayera, cayéramos, cayerais, cayeran	que condujera, condujeras, condujera, condujéramos, condujerais, condujeran
Participles	cayendo, caído	conduciendo, conducido
Affirmative commands	_____	conduce, conducid conduzca, conduzcan

	conocer to know, be acquainted with	**construir** to build
Present indicative	conozco, conoces, conoce, conocemos, conocéis, conocen	construyo, construyes, construye, construimos, construís, construyen
Preterit	conocí, conociste, conoció, conocimos, conocisteis, conocieron	construí, construiste, construyó, construimos, construisteis, construyeron
Imperfect	conocía, conocías, *etc.*	construía, construías, *etc.*
Future	conoceré, conocerás, *etc.*	construiré, construirás, *etc.*
Conditional	conocería, conocerías, *etc.*	construiría, construirías, *etc.*
Present subjunctive	que conozca, conozcas, conozca, conozcamos, conozcáis, conozcan	que construya, construyas, construya, construyamos, construyáis, construyan
Imperfect subjunctive	que conociera, conocieras, conociera, conociéramos, conocierais, conocieran	que construyera, construyeras, construyera, construyéramos, construyerais, construyeran
Participles	conociendo, conocido	construyendo, construido
Affirmative commands	conoce, conoced conozca, conozcan	construye, construid construya, construyan

	dar to give	**decir** to say; to tell
Present indicative	doy, das, da, damos, dais, dan	digo, dices, dice, decimos, decís, dicen
Preterit	di, diste, dio, dimos, disteis, dieron	dije, dijiste, dijo, dijimos, dijisteis, dijeron
Imperfect	daba, dabas, *etc.*	decía, decías, *etc.*
Future	daré, darás, *etc.*	diré, dirás, *etc.*
Conditional	daría, darías, *etc.*	diría, dirías, *etc.*
Present subjunctive	que dé, des, dé, demos, deis, den	que diga, digas, diga, digamos, digáis, digan
Imperfect subjunctive	que diera, dieras, diera, diéramos, dierais, dieran	que dijera, dijeras, dijera, dijéramos, dijerais, dijeran
Participles	dando, dado	diciendo, dicho
Affirmative commands	da, dad dé, den	di, decid diga, digan

	estar to be	**freír** to fry
Present indicative	estoy, estás, está, estamos, estáis, están	frío, fríes, fríe, freímos, freís, fríen
Preterit	estuve, estuviste, estuvo, estuvimos, estuvisteis, estuvieron	freí, freíste, frió, freímos, freísteis, frieron
Imperfect	estaba, estabas, *etc.*	freía, freías, *etc.*
Future	estaré, estarás, *etc.*	freiré, freirás, *etc.*
Conditional	estaría, estarías, *etc.*	freiría, freirías, *etc.*
Present subjunctive	que esté, estés, esté, estemos, estéis, estén	que fría, frías, fría, friamos, friáis, frían
Imperfect subjunctive	que estuviera, estuvieras, estuviera, estuviéramos, estuvierais, estuvieran	que friera, frieras, friera, friéramos, frierais, frieran
Participles	estando, estado	friendo, frito
Affirmative commands	está, estad esté, estén	fríe, freíd fría, frían

	haber to have (*auxiliary verb*)	*hacer* to do; to make
Present indicative	he, has, ha, hemos, habéis, han	hago, haces, hace, hacemos, hacéis, hacen
Preterit	hube, hubiste, hubo, hubimos, hubisteis, hubieron	hice, hiciste, hizo, hicimos, hicisteis, hicieron
Imperfect	había, habías, *etc.*	hacía, hacías, *etc.*
Future	habré, habrás, *etc.*	haré, harás, *etc.*
Conditional	habría, habrías, *etc.*	haría, harías, *etc.*
Present subjunctive	que haya, hayas, haya, hayamos, hayáis, hayan	que haga, hagas, haga, hagamos, hagáis, hagan
Imperfect subjunctive	que hubiera, hubieras, hubiera, hubiéramos, hubierais, hubieran	que hiciera, hicieras, hiciera, hiciéramos, hicierais, hicieran
Participles	habiendo, habido	haciendo, hecho
Affirmative commands	————	haz, haced haga, hagan

	ir to go	**oír** to hear
Present indicative	voy, vas, va, vamos, vais, van	oigo, oyes, oye, oímos, oís, oyen
Preterit	fui, fuiste, fue, fuimos, fuisteis, fueron	oí, oíste, oyó, oímos, oísteis, oyeron
Imperfect	iba, ibas, iba, íbamos, ibais, iban	oía, oías, *etc.*
Future	iré, irás, *etc.*	oiré, oirás, *etc.*
Conditional	iría, irías, *etc.*	oiría, oirías, *etc.*
Present subjunctive	que vaya, vayas, vaya, vayamos, vayáis, vayan	que oiga, oigas, oiga, oigamos, oigáis, oigan
Imperfect subjunctive	que fuera, fueras, fuera, fuéramos, fuerais, fueran	que oyera, oyeras, oyera, oyéramos, oyerais, oyeran
Participles	yendo, ido	oyendo, oído
Affirmative commands	ve, id vaya, vayan	oye, oíd oiga, oigan

	poder (ue) to be able, can	**poner** to put
Present indicative	puedo, puedes, puede, podemos, podéis, pueden	pongo, pones, pone, ponemos, ponéis, ponen
Preterit	pude, pudiste, pudo, pudimos, pudisteis, pudieron	puse, pusiste, puso, pusimos, pusisteis, pusieron
Imperfect	podía, podías, *etc.*	ponía, ponías, *etc.*
Future	podré, podrás, *etc.*	pondré, pondrás, *etc.*
Conditional	podría, podrías, *etc.*	pondría, pondrías, *etc.*
Present subjunctive	que pueda, puedas, pueda, podamos, podáis, puedan	que ponga, pongas, ponga, pongamos, pongáis, pongan
Imperfect subjunctive	que pudiera, pudieras, pudiera, pudiéramos, pudierais, pudieran	que pusiera, pusieras, pusiera, pusiéramos, pusierais, pusieran
Participles	pudiendo, podido	poniendo, puesto
Affirmative commands	————	pon, poned ponga, pongan

	querer (ie) to want; to love (someone)	**saber** to know (how)
Present indicative	quiero, quieres, quiere, queremos, queréis, quieren	sé, sabes, sabe, sabemos, sabéis, saben
Preterit	quise, quisiste, quiso, quisimos, quisisteis, quisieron	supe, supiste, supo, supimos, supisteis, supieron
Imperfect	quería, querías, *etc.*	sabía, sabías, *etc.*
Future	querré, querrás, *etc.*	sabré, sabrás, *etc.*
Conditional	querría, querrías, *etc.*	sabría, sabrías, *etc.*
Present subjunctive	que quiera, quieras, quiera, queramos, queráis, quieran	que sepa, sepas, sepa, sepamos, sepáis, sepan
Imperfect subjunctive	que quisiera, quisieras, quisiera, quisiéramos, quisierais, quisieran	que supiera, supieras, supiera, supiéramos, supierais, supieran
Participles	queriendo, querido	sabiendo, sabido
Affirmative commands	quiere, quered quiera, quieran	sabe, sabed sepa, sepan

	salir de to leave; to go out	**ser** to be
Present indicative	salgo, sales, sale, salimos, salís, salen	soy, eres, es, somos, sois, son
Preterit	salí, saliste, salió, salimos, salisteis, salieron	fui, fuiste, fue, fuimos, fuisteis, fueron
Imperfect	salía, salías, *etc.*	era, eras, era, éramos, erais, eran
Future	saldré, saldrás, *etc.*	seré, serás, *etc.*
Conditional	saldría, saldrías, *etc.*	sería, serías, *etc.*
Present subjunctive	que salga, salgas, salga, salgamos, salgáis, salgan	que sea, seas, sea, seamos, seáis, sean
Imperfect subjunctive	que saliera, salieras, saliera, saliéramos, salierais, salieran	que fuera, fueras, fuera, fuéramos, fuerais, fueran
Participles	saliendo, salido	siendo, sido
Affirmative commands	sal, salid salga, salgan	sé, sed sea, sean

	tener to have	**traer** to bring
Present indicative	tengo, tienes, tiene, tenemos, tenéis, tienen	traigo, traes, trae, traemos, traéis, traen
Preterit	tuve, tuviste, tuvo, tuvimos, tuvisteis, tuvieron	traje, trajiste, trajo, trajimos, trajisteis, trajeron
Imperfect	tenía, tenías, *etc.*	traía, traías, *etc.*
Future	tendré, tendrás, *etc.*	traeré, traerás, *etc.*
Conditional	tendría, tendrías, *etc.*	traería, traerías, *etc.*
Present subjunctive	que tenga, tengas, tenga, tengamos, tengáis, tengan	que traiga, traigas, traiga, traigamos, traigáis, traigan
Imperfect subjunctive	que tuviera, tuvieras, tuviera, tuviéramos, tuvierais, tuvieran	que trajera, trajeras, trajera, trajéramos, trajerais, trajeran
Participles	teniendo, tenido	trayendo, traído
Affirmative commands	ten, tened tenga, tengan	trae, traed traiga, traigan

	valer to be worth	**venir** to come
Present indicative	valgo, vales, vale, valemos, valéis, valen	vengo, vienes, viene, venimos, venís, vienen
Preterit	valí, valiste, valió, valimos, valisteis, valieron	vine, viniste, vino, vinimos, vinisteis, vinieron
Imperfect	valía, valías, *etc.*	venía, venías, *etc.*
Future	valdré, valdrás, *etc.*	vendré, vendrás, *etc.*
Conditional	valdría, valdrías, *etc.*	vendría, vendrías, *etc.*
Present subjunctive	que valga, valgas, valga, valgamos, valgáis, valgan	que venga, vengas, venga, vengamos, vengáis, vengan
Imperfect subjunctive	que valiera, valieras, valiera, valiéramos, valierais, valieran	que viniera, vinieras, viniera, viniéramos, vinierais, vinieran
Participles	valiendo, valido	viniendo, venido
Affirmative commands	———	ven, venid venga, vengan

ver to see	
Present indicative	veo, ves, ve, vemos, veis, ven
Preterit	vi, viste, vio, vimos, visteis, vieron
Imperfect	veía, veías, veía, veíamos, veíais, veían
Future	veré, verás, *etc.*
Conditional	vería, verías, *etc.*
Present subjunctive	que vea, veas, vea, veamos, veáis, vean
Imperfect subjunctive	que viera, vieras, viera, viéramos, vierais, vieran
Participles	viendo, visto
Affirmative commands	ve, ved vea, vean

Reflexive Verbs

levantarse to get up; to stand up	
Present indicative	me levanto, te levantas, se levanta nos levantamos, os levantáis, se levantan
Participles	levantándose, levantado
Affirmative and negative commands	**tú:** levántate, no te levantes **Ud.:** levántese, no se levante **Uds.:** levántense, no se levanten **vosotros/as:** levantaos, no os levantéis

 # Appendix B: Accentuation & Syllabication

Diphthongs

1 ▲ A diphthong is the combination of a weak vowel (i, u) and a strong vowel (a, e, o), or the combination of two weak vowels. When two vowels are combined, the strong vowel or the second of two weak vowels takes a slightly greater stress in the syllable:

vuelvo　　automático　　tiene　　conciencia　　ciudad

2 ▲ When the stress of the word falls on the weak vowel of a strong-weak combination, no diphthong occurs and the weak vowel takes a written accent mark to break the diphthong:

pa-ís　　dí-a　　tí-o　　en-ví-o　　Ra-úl

Stress

1 ▲ If a word ends in **n, s,** or a **vowel,** the stress falls on the *next-to-last syllable.*

lavaplatos　　examen　　hola　　apartamento

2 ▲ If a word ends in any **consonant** other than **n** or **s,** the stress falls on the *last syllable.*

español　　usted　　regular　　prohibir

3 ▲ Any exception to rules 1 and 2 has a written accent mark on the stressed vowel.

televisión　　teléfono　　álbum　　centímetro

4 ▲ Question and exclamation words (**cómo, dónde, cuál, qué,** etc.) always have accents.

5 ▲ Certain words change meaning when written with an accent although pronunciation remains the same.

cómo	how	**como**	like
dé	give	**de**	of/from
él	he/him	**el**	the
más	more	**mas**	but
mí	me	**mi**	my
sé	I know	**se**	*refl. pro.*
sí	yes	**si**	if
sólo	only	**solo**	alone
té	tea	**te**	you
tú	you	**tu**	your

6 ▲ Demonstrative pronouns may have a written accent to distinguish them from demonstrative adjectives (except for **esto, eso,** and **aquello,** which are always neuter pronouns).

éste   este niño   éstas   estas blusas

Syllabication

1 ▲ Syllables usually end in a vowel.

ca-sa   ba-su-ra   dro-ga

2 ▲ A diphthong is never separated unless the stress of the word falls on the weak vowel of a strong-weak vowel combination.

a-mue-blar   ciu-dad   ju-lio   BUT: dí-a

3 ▲ Two consonants are usually separated. Remember that **ch, ll,** and **rr** are each a single consonant in Spanish.

al-qui-ler   por-te-ro   ca-le-fac-ción   BUT: pe-rro

4 ▲ The consonants **l** and **r** are never separated from the preceding letters **b, c, d, f, g, p,** or **t.**

po-si-ble   a-cla-rar   a-bri-go   BUT: ais-lar

5 ▲ When there is a cluster of three consonants, the first two stay with the preceding vowel unless the third consonant is an **l** or an **r,** in which case the last two consonants stay with the vowel that follows.

ins-ti-tu-ción   BUT: ex-pli-car   des-crip-ción

6 ▲ When there is a cluster of four consonants, they are always divided between the second and third consonants.

ins-crip-ción   ins-truc-ción

# Spanish-English Vocabulary

This vocabulary includes most of the active vocabulary presented in the chapters. (Some exceptions are the months of the year, adjectives of nationality, many numbers, names of cities and countries, and many obvious cognates.) The list also includes many receptive words found throughout the chapters. The definitions are limited to the context in which the words are used in this book. Active words are followed by a number that indicates the chapter in which the word appears as an active item; the abbreviation Pre. refers to the **Capítulo preliminar.**

The following abbreviations are used:

adj.	adjective	*n.*	noun
adv.	adverb	*part.*	participle
aux.	auxiliary	*pl.*	plural
f.	feminine	*sing.*	singular
inf.	infinitive	*subj.*	subjunctive
m.	masculine	*v.*	verb

a to; at; **al (a + el)/a la** to the; **A la/s . . .** At . . . o'clock. 5; **~ la vez** at the same time; **~ lo mejor** perhaps 10; **~ menudo** often 12; **¿~ qué hora . . . ?** At what time . . . ? 5; **¿~ quién?** to whom; **~ tiempo** on time 7; in time; **~ veces** at times 12; **~ ver.** Let's see.

abajo below

abierto/a open 12

el/la abogado/a lawyer 1

abrazar to hug; to embrace

el abrazo hug; embrace

el abrigo coat 5

abrir to open 6; **Abre/Abran el libro en la página . . .** Open your book to page . . . Pre.

abrocharse el cinturón to buckle the seat belt 11

el/la abuelo/a grandfather/grandmother 6

aburrido/a: estar ~ to be bored; **ser ~** to be boring 3

aburrirse como una ostra to be really bored (Literally: "to be bored like an oyster") 10

acabar de + *inf.* to have just + *past part.* 5

acaso: por si ~ in case

acampar to go camping

la acción action

el aceite oil 9

el acelerador accelerator 11

el acento accent

acentuar to accent

aceptado/a accepted

aceptar to accept, agree to do

acercarse to approach, come near

acompañar to accompany 7

aconsejar to advise 8

el acontecimiento event

acordarse (o ⟶ ue) de to remember

acostar (o ⟶ ue) to put someone to bed 5

acostarse (o ⟶ ue) to go to bed 5

acostumbrarse a to become accustomed to

la actividad activity Pre.; **Mira/Miren ~ . . .** Look at activity . . . Pre.

activo/a active, lively

el actor/la actriz actor 1

actual present-day, current

acuerdo: ¿De ~? Agreed?, O.K.?

adecuado/a adequate

además besides 11

Adiós. Good-by. Pre.

la adivinanza guessing game

adivinar to guess

la admisión admission

¿Adónde? Where? (*with verb of motion*); **¿~ vas?** Where are you going? 3

adorar to adore

adquirir (i ⟶ ie, i) to acquire

la aduana customs 7; **el/la agente de aduanas** customs official

la aerolínea airline 7

el/la aeromozo/a flight attendant

el aeropuerto airport 7

afectar to affect

afeitar: la crema de ~ shaving cream 2

afeitarse to shave 4

el afiche poster

la afición liking, fondness

el/la aficionado/a enthusiast, fan

la agencia de viajes travel agency 3

el/la agente: ~ de aduanas customs official; **~ de viajes** travel agent 1

agradable pleasant

agresivo/a aggressive

agrícola agricultural

el agua (*f.*) water 8; **~ de colonia** cologne 2; **~ dulce** fresh water; **~ salada** salt water

el aguacate avocado

ahora now; **~ mismo** right now 11

ahorrar to save

el aire acondicionado air conditioning 11

al aire libre outdoors

aislado/a isolated

el ajedrez chess 9; **jugar (al) ajedrez** to play chess 9

el ajo garlic 12

al + *inf.* upon + -ing

el ala (*f.*) wing

el albergue hostel

alcanzar to reach

la alcoba bedroom

alcohólico/a alcoholic

alegrarse de to be happy about 9

la alegría happiness

la alfombra rug 8

algo something 6; **¿~ más?** Something/Anything else? 12

el algodón cotton 5

alguien someone 6

algún/alguno/a/os/as some/any 7; **algunas veces** sometimes 12

allá over there 4

allí there   4
el alma (*f.*) soul
el almacén department store
almorzar (o → ue) to have lunch   5
el almuerzo lunch
¿Aló? Hello?   7
el alojamiento lodging, accommodation
alquilar to rent   8
el alquiler the rent   8
alrededor around
alternar to alternate
el altiplano high plateau
alto/a tall   3
el/la alumno/a student
el ama de casa (*f.*) housewife   1
amable nice
el/la amante lover (*usually negative*)
amar to love   7
amargo/a bitter
amarillo/a yellow   5
el ambiente atmosphere; **el medio ambiente** the environment
el ámbito field (*professional*)
ambos/as both
la ambulancia ambulance   11
el/la amigo/a friend
la amistad friendship
el amor love; **¡Por ~ de Dios!** For heaven's sake! (Literally: "For the love of God!")   8
amueblado/a furnished   8
amueblar to furnish
el analfabetismo illiteracy
anaranjado/a orange (*color*)   5
el/la anciano/a old man/woman
andar to go; to walk; to amble
andinismo: hacer ~ to go mountain climbing, mountaineering
andino/a Andean
el anillo ring
el aniversario anniversary
anoche last night   6
anotar to take notes, jot down
anteayer the day before yesterday   6
los anteojos eyeglasses
el/la antepasado/a ancestor
anterior (*adj.*) former, previous; **el ~** front part
antes before; **~ de** + *inf.* before + -ing; **~ que nada** before anything else
el antibiótico antibiotic   11
el anticonceptivo contraceptive
antiguo/a ancient, antique
antipático/a unpleasant; disagreeable   3
anunciar to advertise; announce
el anuncio advertisement, notice; announcement
añadir to add   9; to increase

el año year   1; **Año Nuevo** New Year's Day; **~ pasado** last year   6; **~ que viene** next year; **cumplir años** to have a birthday   4
apagar to turn off   11
aparecer to appear
el apartamento apartment   8
aparte separate; **~ de** apart from
la apatía apathy
apático/a apathetic, indifferent
el apellido: el primer apellido first last name (father's name)   1; **el segundo apellido** second last name (mother's maiden name)   1
apenas scarcely, hardly
apoyar to support
el apoyo support
apreciar to value, appreciate
aprender to learn   3
aprovechar to make use of, take advantage of
aproximadamente approximately
apuntar to jot down
el apunte note; annotation; **tomar apuntes** to take notes
aquí here   4
la araña spider
el árbol tree
el arca (*f.*) treasure chest, coffer
el área (*f.*) area code   7
el argumento argument (reasoning); plot
el armario closet   8
el/la arqueólogo/a archaeologist
el/la arquitecto/a architect
arrancar to start the car   11
arreglar to fix; to arrange   9; **~ el carro** to fix the car   9
el arreglo arrangement
arriba above, up
arroba @ (*as in email address*)   10
el arroz rice
el arte (*normally m.*) art   2
las artes (*f.*) the arts
la artesanía craftsmanship, handicraft
el artículo article
el/la artista artist
la arveja pea   12
la ascendencia ancestry
el ascensor elevator
asegurar to assure
asesinar to murder
así like this/that; **~ es** that's right
el asiento seat   7
la asignatura (school) subject
asimilarse to assimilate
asimismo likewise
asistir a to attend (*class, church, etc.*)   6
asociar to associate
el asombro amazement, astonishment

la aspiradora vacuum cleaner   8
la aspirina aspirin   11
el asunto matter, subject
asustado/a frightened
asustarse to be frightened
atraer to attract
atrás back, behind, rear
atropellar to run over   11
aumentar to increase
el aumento increase
aun even
aún still, yet
aunque although
la aurora dawn
el auto car   6
el autobús bus   6
automático/a automatic (*transmission*)   11
la autopista freeway, expressway   12
auxilios: los primeros ~ first aid
avanzar to advance
el ave (*f.*) bird; poultry   12
la avenida avenue
la aventura adventure; **~ amorosa** (love) affair
averiguar to find out (about)
el avión airplane   6; **por avión** air mail; by plane
avisar to advise; to inform
el aviso sign
ayer yesterday   6
la ayuda help
el/la ayudante helper, assistant
ayudar to help   7; **~ a** + *inf.* to help + *inf.*
el azúcar sugar
azul blue   5

la bahía bay
bailar to dance   2
el bailarín/la bailarina dancer
el baile dance
bajar to go down; **~ de** to get off
bajo/a short (*in height*)   3; low (*voice*)
el bajo first floor
el balcón balcony
el balón (large) ball   10
el banano banana; banana tree
el banco bank   3; bench
la banda band   12
el bandoneón concertina, type of accordion
la bandurria lute-like instrument
bañarse to bathe   4
la bañera bathtub   8
el baño bathroom   7; **el traje de baño** bathing suit   5
barato/a cheap, inexpensive   5
la barba beard   4
barbaridad: ¡Qué ~ ! How awful!

el barco ship, boat 6; **en/por ~** by boat

la barra slash (*as in* http://www) 10

la barrera barrier

el barrio neighborhood

basado/a based

basar to base

el basquetbol basketball 10

bastante enough

bastardilla: en ~ in italics

el bate bat 10

la batería battery 11; drums 12

la batidora blender

el baúl trunk 11

beber to drink 2

la bebida drink 12

la beca scholarship

el béisbol baseball 10

la belleza beauty

bello/a beautiful; **bellísimo/a** very beautiful 6

besar to kiss

el beso kiss

la biblioteca library 3

la bicicleta bicycle 6

el bidé bidet 8

bien O.K.; well Pre.

bienvenido/a welcome

el/los bigote/s mustache 4

bilingüe bilingual

el billar billiards 9

el billete bill (*paper money*); ticket

la biología biology 2

el bistec steak 12

blanco/a white 5; **blanco y negro** black and white

blando/a soft

el bloque block

la blusa blouse 5

la boca mouth 4

la boda wedding 6

la bola: ~ de bolos bowling ball 10

el boleto ticket

el bolígrafo ballpoint pen Pre.

los bolos bowling 10

la bolsa bag

el bolso purse; **~ de mano** hand luggage 7

bonito/a pretty 3

borracho/a drunk 3

el borrador rough draft

borrar to erase

el bosque woods 12; **~ pluvial** rain forest

el bosquejo outline

la bota boot 5

la botánica store that sells herbs, candles, books, and religious articles (*Puerto Rico, Cuba*)

la botella bottle

el botones bellboy 7

el boxeo boxing 10

el brazo arm 4

breve brief

la brisa breeze

bueno/a good 3; **es ~** it's good 8; **Buenas noches.** Good night. Good evening. Pre.; **Buenas tardes.** Good afternoon. Pre.; **Buenos días.** Good morning. Pre.

el buscador search engine 10

buscar to look for 6

la búsqueda search

el buzón mailbox 10

el caballero gentleman

el caballo horse

la cabeza head 4

la cabina cabin

cabo: al fin y al ~ after all; **llevar a ~** to accomplish

cada each, every

la cadena chain; (television) network

la cadera hip

caer to fall; to drop; **Me cae (la mar de) bien.** I like him/her a lot.; **Me cae mal.** I don't like him/her.

el café coffee 2

la cafetera coffeepot 8

la cafetería cafeteria, bar 1

la caída fall, drop

la caja cashier's desk; box

el/la cajero/a cashier

el cajero automático ATM

la calabaza gourd

el calcetín sock

la calculadora calculator 2

el cálculo calculus 2

la calefacción heat (*in a house*) 8

el calendario calendar

caliente warm

¡Calla! Quiet!

callado/a quiet, silent

callarse to be silent, keep quiet

la calle street 8

calor: hace ~ it's hot 4; **tener ~** to be hot 5

calvo/a bald

los calzoncillos/calzones men's/women's underwear

la cama bed 2

la cámara camera 2; **~ de video** video camera

el/la camarero/a waiter/waitress 1

cambiar to change; **~ de papel** to switch roles; **~ (dinero)** to exchange, change (money); **cambiando de tema** changing the subject 10

el cambio exchange rate; change; exchange; **cambio de raíz** stem change; **en cambio** in exchange; on the other hand; instead

los cambios gears (*car*); **con cambios** manual (transmission)

caminar to walk 2

la caminata walk, stroll

el camino road, path

el camión truck 6

la camisa shirt 5

la camiseta T-shirt 5

la campana bell

el campeón/la campeona champion 10

el campeonato championship

el/la campesino/a peasant; farmer

el campo countryside 12; field; **~ de fútbol** soccer field

el canal de televisión TV channel

la canasta basket

la cancha (*tennis, basketball*) court

la canción song

la canica marble (*for games*)

cansado/a tired 3

el cansancio fatigue, tiredness, weariness

el/la cantante singer 1

cantar to sing 2

la cantidad quantity

el canto singing, song

el caparazón shell

capaz capable

la capital capital (city); **¿Cuál es ~ de . . . ?** What is the capital of . . . ? Pre.

el capítulo chapter

la cápsula capsule 11

captar to capture

la cara face 4; **Cuesta un ojo de ~.** It costs an arm and a leg. 5

el cardamomo cardamom

la carga load, cargo, burden

cargar to carry, transport

la carne meat 12; **~ de res** beef 12

caro/a expensive 5; **Te va a salir caro.** It's going to cost you. 10

la carrera course of study; career; race

la carreta wagon, cart

la carretera road, highway 12

el carro car 6

la carta letter 4; menu 12; **~ de recomendación** letter of recommendation

las cartas: jugar a ~ to play cards 9

el cartel poster

el/la cartero letter carrier 10

la casa house; home 3; **echar ~ por la ventana** to go all out (Literally: "to throw the house out the window") 6

casado/a: está ~ (con) is married (to) 6

casarse (con) to marry; to get married (to) 6

el casco (de bicicleta, moto, fútbol americano) (bicycle, motorcycle, football) helmet 10

casi almost 11

la casilla box

caso: en ~ (de) que in case that

el cassette tape, cassette 2

las castañuelas castanets

el castigo punishment

el castillo castle

casualidad: por (pura) ~ by (pure) chance

las cataratas waterfalls 12

catarro: tener ~ to have a cold 11

el/la cazador/a hunter

cazar to hunt

la cebolla onion 9

la cédula ID card

celebrar to celebrate

celos: tener ~ (de) to be jealous (of)

celoso/a: estar ~ (de) to be jealous (of); **ser ~** to be jealous

celular: el teléfono ~ cell phone 2

la cena dinner

cenar to have supper/dinner

el centavo cent

centígrados centigrade/Celsius 4

cepillarse: ~ el pelo to brush one's hair 4; **~ los dientes** to brush one's teeth 4

el cepillo: ~ de dientes toothbrush 2; **~ de pelo** hairbrush 2

cerca de near 6

cercano/a near, close by

el cerdo pork 12; pig

el cereal cereal

el cerebro brain

cero zero 1

cerrado/a closed

cerrar (e → ie) to close 5; **Cierra/Cierren el libro.** Close your book. Pre.

la certeza certainty

la cerveza beer 2

el cetro scepter

el champán champagne

el champú shampoo 2

el chantaje blackmail

Chao. By., So long. Pre.

la chaqueta jacket 5

el charango small, five-stringed guitar

la charla talk, conversation

charlar to chat, talk

Chau. By., So long. Pre.

el cheque check; **~ de viajero** traveler's check

chévere: ¡Qué ~! Great! (*Caribbean expression*) 12

el/la chico/a boy/girl 1

el chile chili pepper

la chimenea chimney

el/la chiquillo/a a young child

los chismes gossip

el chiste joke, funny story

chocar to crash 11

el chocolate chocolate, hot chocolate

el chofer driver, chauffeur

el chorizo sausage (*pork, seasoned*)

la chuleta chop 12

el churrasco steak (*Argentina*) 12

el ciclismo cycling 10

el/la ciclista cyclist

cien one hundred 1

la ciencia science

cierto/a sure, certain, true; **es cierto** it's true 9; **por cierto** by the way

el cigarrillo cigarette

la cigüeña stork

el cine movie theater 3

la cinta tape, cassette 2

el cinturón belt 5; **~ de seguridad** seat belt 11

la cirugía surgery

la cita appointment; date; quote

la ciudad city 12; **~ universitaria** college campus

el/la ciudadano/a citizen

el clarinete clarinet 12

claro/a light 5; clear; **está claro** it's clear 9

Claro. Of course. 2; **¡ ~ que no!** Of course not!; **¡ ~ que sí!** Of course!

la clase lesson; class 3

clasificar to rate

el claustro cloister

la cláusula clause

clavar to fix upon; to nail down

el/la cliente client

el clima climate

cobrar to charge; to collect

cobro: llamada a ~ revertido collect phone call 7

el coche car 6

la cocina kitchen 8; **~ eléctrica/de gas** electric/gas stove 8

cocinar to cook 9

el/la cocinero/a cook

el código: ~ internacional country code (*telephone*) 7; **~ postal** postal/zip code

el codo elbow 4

el cognado cognate

el cojín pillow, cushion

cola: hacer ~ to stand in line 10

coleccionar to collect 9; **~ estampillas** to collect stamps 9; **~ monedas** to collect coins 9

el colegio school 3; **~ mayor** dormitory (*Spain*) 1

colgar (o → ue) to hang

la coliflor cauliflower 12

la colina hill 12

colmo: para ~ to top it all off 11

colocado/a positioned, arranged

la colonia colony; **agua de colonia** cologne 2

el color color 5; **¿De qué color es?** What color is it? 5

la comedia comedy

el comedor dining room 8

comentar to comment on; to gossip; **Se comenta que . . .** People comment that . . . 5

el comentario comment

comenzar (e → ie) to begin 5

comer to eat 2

el/la comerciante business owner 1

la comida meal 7

el comienzo beginning, start

como like, as; **~ consecuencia** as a consequence; **~ resultado** as a result; **~ si** as if

¿Cómo? What? / What did you say? 1; **¿~ estás/está?** How are you? (*informal/formal*) Pre.; **¿~ que . . . ?** What do you mean . . . ? 7; **¿~ se dice en español?** How do you say it in Spanish? Pre.; **¿~ se escribe?** How do you spell it? Pre.; **¿~ se llama (Ud.)?** What's your name? (*formal*) Pre.; **¿~ se llega a . . . ?** How do you get to . . . ?; **¿~ te llamas?** What's your name? (*informal*) Pre.

la cómoda chest of drawers 8

cómodo/a comfortable

el/la compañero/a companion; partner

la compañía comercial company, business

comparar to compare

compartir to share

completar to fill out; to complete, finish

el comportamiento behavior

comprar to buy 2

comprender to understand; **No comprendo.** I don't understand. Pre.

comprobar (o → ue) to check

la computadora computer 2

común common; **en ~** in common

la comunidad community

con with 3; **~ cuidado** carefully; **~ frecuencia** frequently, often 12; **~ mucho gusto** with pleasure; **¿~ quién vas?** With whom are you going? 3; **~ tal (de) que** provided that

el concierto concert 5

la concordancia concordance, harmony

concordar (o → ue) to agree

el concurso contest

conducir to drive 7

conectar to connect

la conferencia lecture, talk; long-distance call (*Spain*)

la confianza confidence

el congelador freezer 8

el conjunto (musical) group 12; outfit

conocer to know (*a person/place/thing*) 4; **dar a ~** to make known

conocido/a known

el conocimiento knowledge

la conquista conquest

conquistar to win, conquer; overcome

la consecuencia consequence; **como consecuencia** as a consequence

conseguir (e → i, i) to get, obtain

el/la consejero/a counselor

el consejo advice 8

conservar to conserve, preserve; to take care of

consistir en to consist of

constante constant

constantemente constantly 9

construir to build

consultar to consult

el consultorio doctor's office

el consumidor consumer

el consumo consumption

la contaminación contamination, pollution

contar (o → ue) to tell 6; to count

contemporáneo/a contemporary

el contenido content

contento/a happy 3

el contestador automático answering machine

contestar to answer 6; **(Ana), contéstale a (Vicente) . . .** (Ana), answer (Vicente) . . . Pre.

continuamente continually 9

continuar to continue 12

contra: estar en ~ to be against

la contratapa inside cover

el contrato contract

convencer to convince

conversar to converse, talk

convertir (e → ie, i) to convert; to become

la copa stemmed glass, goblet; **~ Mundial** World Cup (*soccer*); **~ de vino** wine glass 9

la copia copy

el corazón heart

la corbata tie 5

el cordero lamb 12

corregir (e → i, i) to correct

el correo post office; mail 10; **~ electrónico** email 10

correr to run 2

correspondiente corresponding

la corrida de toros bullfight

cortar to cut 9

la cortina curtain

corto/a short (*in length*) 3

la cosa thing

coser to sew 9

la costa coast 12

costar (o → ue) to cost 5; **Cuesta un ojo de la cara.** It costs an arm and a leg. 5

la costumbre custom, habit

cotidiano/a daily

crear to create

el crecimiento growth

el crédito: la tarjeta de crédito credit card

creer to believe 7

la crema de afeitar shaving cream 2

criar to breed, rear, raise

el crucero cruise

el crucigrama: hacer crucigramas to do crossword puzzles 9

la cruz cross

cruzar to cross (*the street*)

la cuadra city block

el cuadrado square

el cuadro painting; **de cuadros** plaid 5

¿Cuál? Which? 1; **¿~ es tu/su número de . . . ?** What is your . . . number? 1; **¿~ es la capital de . . . ?** What is the capital of . . . ? Pre.

cualquier any; whichever

cuando when; **de vez en ~** once in a while, from time to time 12

¿Cuándo? When? 2

¿Cuánto? How much?; **¿~ cuesta/n . . . ?** How much is/are . . . ? 5

¿Cuántos? How many?; **¿~ años tiene él/ella?** How old is he/she? 1

el cuarto room 8; **~ de hora** quarter (of an hour) 5; **~ de servicio** maid's room 8

cuarto/a fourth 8

el cuatro four-stringed guitar used in Andean and Caribbean music

cuatrocientos four hundred 6

los cubiertos silverware 9

cubrir to cover 12

la cuchara spoon 9

la cucharada spoonful

el cuchillo knife 9

el cuello neck 4

la cuenta check; account; bill; **La ~, por favor.** the check, please 12; **darse cuenta de algo** to realize something 7; **tener en cuenta** to take into account, bear in mind

el cuento story

la cuerda string

el cuero leather 5

el cuerpo body 4

el cuestionario questionnaire

el cuidado care; **con cuidado** carefully; **tener cuidado** to be careful

cuidar to care for, take care of; **~ plantas** to take care of plants 9

la culpa guilt

culpable guilty

cultivado/a cultured, cultivated

el cumpleaños birthday 4; **Feliz cumpleaños.** Happy birthday.

cumplir años to have a birthday 4

el/la cuñado/a brother-in-law/sister-in-law 6

el cura priest

curar to cure, treat

la curiosidad curiosity; indiscretion; question

el curriculum (vitae) résumé, curriculum vitae

cursar to study, take (a course)

cursi overly cute; tacky, in bad taste 12

el curso course

la dama: la primera dama first lady

la danza dance

el daño damage, harm

dar to give 6; **~ a conocer** to make known; **~ de comer** to feed; **~ un paseo** to take a walk; **~ una excusa** to give an excuse; **~ una vuelta** to take a ride; to go for a stroll/walk; **~ vergüenza** to make ashamed; **~le la vuelta** to turn over 9; **~le las gracias a alguien** to thank someone; **~se cuenta de algo** to realize something 7

el dato fact, piece of information

de of; from 1; **¿~ acuerdo?** O.K.?, Agreed?; **~ compras** shopping; **~ cuadros** plaid 5; **¿~ dónde eres?** Where are you from? (*informal*) Pre.; **~ espaldas** back-to-back; **~ lunares** polka-dotted 5; **~ nada.** You're welcome. Pre.; **(~ parte) ~ . . .** It/This is . . . (*on telephone*) 7; **¿~ parte de quién?** May I ask who is calling? 7; **¿~ qué color es?** What color is it? 5; **¿~ qué material/tela es?** What material is it made out of? 5; **~ quien** about whom; **¿~ quién/es?** Whose? 2; **~ rayas** striped 5; **~ repente** suddenly 6; **~ segunda mano** secondhand, used 8; **~ súbito** suddenly; **¿~ veras?** Really? 2; **~ vez en cuando** once in a while, from time to time 12

debajo de below 6

deber to owe; **~ + *inf.*** ought to/should + *v.* 4

debido/a due; **debido a** due to, because of

el/la decano/a dean

decidir to decide 6

décimo/a tenth 8

decir to say; to tell 5; **¿Cómo se dice . . . en español?** How do you say . . . in Spanish? Pre.; **Diga. / Dígame.** Hello? (*on telephone*) 7; **Dile a . . .** Tell . . . Pre.; **¡No me diga/s!** No kidding! 5; **¿Qué quiere ~ . . . ?** What does . . . mean? Pre.

el dedo finger 4; **~ meñique** little finger; **~ del pie** toe 4

dejar to leave behind; to let, allow 6; **~ caer** to drop; **~ de + *inf.*** to stop, quit + *-ing* 10

del = de + el of

delante de in front of 6

deletrear to spell

delgado/a thin 3

demás remaining, rest

demasiado too much 3

democrático/a democratic

¡Demonios! Damn! What the devil!

demorar to take (time), delay

demostrar (o → ue) to demonstrate

el/la dentista dentist 1

dentro: ~ de in, inside; **~ de poco** in a while

el departamento department; apartment

depender de to depend on

el deporte sport 10

el/la deportista athlete 1

deportivo/a (*adj.*) related to sports

el depósito security deposit 8

la derecha right-hand side; **a ~ de** to the right of 6

el derecho right; law

desafortunadamente unfortunately

la desaparición disappearance

desarrollado/a developed

desarrollar to develop

el desastre disaster

desayunar/se to have breakfast 4

el desayuno breakfast 7

descansar to rest

el/la descendiente descendant

desconocido/a unknown

describir to describe

la descripción description

el descubrimiento discovery

descubrir to discover

desde since, from; **~ hace** for (*time duration*); **~ . . . hasta** from . . . until; **~ luego** of course

desdeñoso/a disdainful, scornful

deseable desirable

desear to want; to desire 3

el desecho waste

el desempleo unemployment

el deseo wish, desire

desesperado/a desperate

desfilar to march

el desfile de modas fashion show

el desierto desert

desnudo/a naked

el desodorante deodorant

el desorden disorder

despacio slow, slowly; **Más ~, por favor.** More slowly, please. Pre.; **¿Puede hablar más ~, por favor?** Can you speak more slowly, please? 7

la despedida farewell

despedir (e → i, i) to fire (*someone*)

despedirse (e → i, i) to say good-by

despejado/a clear, sunny; spacious

el desperdicio waste

despertar (e → ie) to wake (*someone*) up 5

despertarse (e → ie) to wake up 5

después after; later 3; **~ de + *inf.*** after + *-ing*; **~ de que** after

destacarse to stand out, be outstanding

el destierro exile

el destino destination 7; destiny

destrozado/a ruined, destroyed

la destrucción destruction

destruido/a destroyed

destruir to destroy

desvelado/a watchful, careful

la desventaja disadvantage

el detalle detail

detener to detain

detenidamente thoroughly

determinado/a specific

detrás de behind 6

la deuda debt

devolver (o → ue) to vomit 11; to return, send back

el día day; **Buenos días.** Good morning. Pre.; **hoy (en) día** today; nowadays 12; **ponerse al día** to bring up to date; **todos los días** every day 3

el diablo devil

el diálogo dialogue

el diamante diamond

la diapositiva slide

el diario diary, journal

diario/a daily

diarrea: tener ~ to have diarrhea 11

dibujar to draw

el dibujo drawing, sketch

el diccionario dictionary 2

el dicho saying

el dictado dictation

la dictadura dictatorship

el diente tooth 4; **~ de ajo** clove of garlic; **cepillarse los dientes** to brush one's teeth 4; **la pasta de dientes** toothpaste 2

la diferencia difference; **a diferencia de** unlike; in contrast to

diferente different; **~ de** different from

difícil difficult

el dinero money 2; **~ en efectivo** cash

el/la dios/a god/goddess; **¡Por el amor de Dios!** For heaven's sake! (Literally: "For the love of God!") 8

la dirección address 1

directamente directly

el/la director/a director 1

dirigido/a directed

el disco record; **~ compacto** compact disc 2

la discoteca club; disco

discutir to argue; to discuss

el/la diseñador/a designer

disfrutar to enjoy

disparar to fire, shoot

disponible available

disputarse to argue

la distancia distance; **larga distancia** long distance 7

el distrito district

diversificar to diversify

la diversión amusement, entertainment, recreation

divertido/a entertaining, amusing

divertirse (e → ie, i) to have fun 5

divinamente divinely, wonderfully 9

divino/a divine, wonderful

divorciado/a: está ~ (de) is divorced (from) 6

divorciarse (de) to get divorced (from)

el divorcio divorce

doblado/a dubbed (*movie*)

doblar to turn; to fold

doble: la habitación ~ double room 7

el/la doctor/a doctor 1

el documental documentary

doler (o → ue) to hurt   11
el dolor ache, pain
doloroso/a painful
doméstico/a domestic
el domicilio residence
domingo Sunday   2; **el ~** on Sunday
   2; **los domingos** on Sundays   2
don/doña title of respect used before
   a man/woman's first name
donde where
¿Dónde? Where?; **¿~ estás?** Where
   are you?   3; **¿De ~ eres?**
   Where are you from? (*informal*)
   Pre.; **¿De ~ es Ud.?** Where are
   you from? (*formal*)   Pre.
dorado/a gilded, covered with gold
dormir (o → ue, u) to sleep   5
dormirse (o → ue, u) to fall asleep
   5
el dormitorio bedroom   8
doscientos two hundred   6
dramático/a dramatic
la droga drug
la ducha shower   8
ducharse to take a shower   4
duda: no hay ~ (de) there is no
   doubt   9
dudar to doubt   9
dudoso: es ~ it's doubtful   9
el/la dueño/a de un negocio owner
   of a business   1
dulce sweet
durante during
durar to last
duro/a hard

e and (before *i* or *hi*)
echar to throw; to put in, add; to
   throw out; **~ de menos** to miss
   (*someone or something*)   10;
   ~ la casa por la ventana to go
   all out (Literally: "to throw the
   house out the window")   6
la ecología ecology
la economía economics   2; economy
el/la economista economist   1
el ecuador: la línea del ecuador
   equator
ecuatorial: la línea ~ equator
la edad age; **~ Media** Middle Ages
el edificio building   8
la editorial publisher
el (dinero en) efectivo cash
efectuar to carry out
ejecutar to execute
ejemplar exemplary, model
el ejemplo example; **por ejemplo** for
   example
el ejercicio exercise   Pre.;
   Mira/Miren ~ . . . Look at
   exercise . . .   Pre.

el ejército army
el the (*m. sing.*)   2
él he   1
la electricidad electricity   8
elegir (e → i, i) to choose, select
eliminar to delete (*email*)
ella she   1
ellos/as they   1
el elote corn on the cob (*Mexico*)   9
embarazada pregnant   11
embarazoso/a embarrassing
embargo: sin ~ however, nevertheless
   12
el embrague clutch   11
la emergencia emergency
la emisora radio station
empacar to pack
el emperador emperor
empezar (e → ie) to begin   5
el/la empleado/a employee; **la
   empleada (de servicio)** maid
   7
emplear to employ, use
el empleo job/position; employment
la empresa enterprise; company
en in; on; at; **~ barco/tren/etc.** by
   boat/train/etc.   6; **~ cuanto**
   when, as soon as; **~ general** in
   general; **~ lugar de** instead of,
   in place of; **¿~ qué página, por
   favor?** What page please?
   Pre.; **¿~ qué puedo servirle?**
   How can I help you?; **~ realidad**
   really, actually; **~ seguida** at
   once, right away; **~ sus/tus
   propias palabras** in
   his/her/your own words
enamorado/a in love   3
enamorarse (de) to fall in love (with)
Encantado/a. Nice to meet you.   1
encantador/a enchanting, delightful
encantar to like a lot, love   10
encender (e → ie) to light; to ignite
encerrar (e → ie) to lock up,
   confine
enciclopedia encyclopedia
encima de on top of   6
encontrar (o → ue) to find   5
encontrarse con (alguien) (o → ue)
   to run into (someone)
el encuentro encounter, meeting
la encuesta inquiry, poll
la energía energy
enfadarse to get angry
enfermarse to become sick
la enfermedad sickness, illness   11
el/la enfermero/a nurse
enfermo/a sick   3
enfilado/a in rows
enfocar to focus
el enfoque focus
enfrente de facing, across from   6

el enlace link, connection   10
enojado/a angry, mad   3
enojarse to become angry
la ensalada salad   9
ensayar to rehearse
el ensayo essay
enseñar to teach   6; to indicate,
   point out
entender (e → ie) to understand
   5; **No entiendo.** I don't
   understand.   Pre.
enterarse to find out, learn
el entierro burial
entonces then, therefore   1
la entrada entrance ticket; entrance
entrar (en) to enter   6
entre between, among   6
entregar to hand in; deliver
entretener to entertain
entretenido/a fun, entertaining
la entrevista interview
entrevistar to interview
enviado/a sent
la época time, epoch, era
el equipaje luggage   7
el equipo team; equipment, gear   10
equivocado: el número ~ wrong
   (phone) number   7
equivocarse to be wrong, make a
   mistake
la escala stop   7; **hacer escala** to
   make a stop   7
escalar to climb
la(s) escalera(s) stair(s), staircase
escalofríos: tener ~ to have the chills
   11
escasear to be scarce
la escena scene
el/la esclavo/a slave
la esclusa lock (*canal gate*)
escoger to choose, select   8
escondido/a hidden
escribir to write   2; **~ cartas/poemas**
   to write letters/poems   9;
   Escribe./Escriban. Write.   Pre.
el/la escritor/a writer
el escritorio desk   2
la escritura writing
escuchar to listen   2; **Escucha./
   Escuchen.** Listen.   Pre.
la escuela school   3; **~ primaria**
   elementary school;
   ~ secundaria high school
el/la escultor/a sculptor
la escultura sculpture
el esfuerzo effort
eso that   4; **por ~** therefore   2;
   that's why
el espacio blank, space
la espada sword
la espalda back   4; **de espaldas**
   back-to-back

los espárragos asparagus 12
la especia spice
especial special
la especie species
específico/a specific
el espejo mirror 8; ~ **retrovisor** rearview mirror 11
la esperanza hope 8
esperar to wait (for) 7; to hope 8
el espíritu spirit
el/la esposo/a husband/wife 6
el esqueleto skeleton
el esquema diagram; sketch; outline
el esquí skiing; ski
esquiar to ski 2
los esquíes: ~ **de agua** water skis 10; ~ **de nieve** snow skis 10
la esquina corner
esta this; ~ **mañana/tarde/noche** this morning/afternoon/evening 2
estable (*adj.*) stable
establecer to establish 3
la estación season 4; station
estacionar to park
el estadio stadium 10
las estadísticas statistics
el estado state; ~ **civil** marital status
la estampilla stamp 10
el estante shelf 8
estar to be 3; ~ **a dieta** to be on a diet; ~ **casado/a (con)** is married (to) 6; ~ **celoso/a (de)** to be jealous (of) 17; ~ **comprometido/a** to be engaged 17; ~ **de acuerdo (con)** to agree (with); ~ **divorciado/a (de)** is divorced (from) 6; ~ **en** to be in/at 3; ~ **embarazada** to be pregnant; ~ **enamorado/a (de)** to be in love (with); ~ **listo/a** to be ready 3; ~ **loco/a** to be crazy 3; ~ **mareado/a** to be dizzy 11; ~ **resfriado/a** to have a cold 11; ~ **seguro/a (de)** to be sure (of) 9; **está nublado** it's cloudy 4; **¿Está . . . , por favor?** Is . . . there, please? 7
la estatua statue
el este east 12
el estéreo stereo 2
el estilo style
estimado/a esteemed, respected
el estómago stomach 4
estornudar to sneeze 11
la estrategia strategy
la estrella star
la estrofa stanza
el/la estudiante student 1
estudiar to study 2
el estudio study
la estufa stove 8; ~ **eléctrica** electric stove; ~ **de gas** gas stove

estúpido/a stupid 3
la etapa stage
étnico/a ethnic
evidente; es ~ it's evident 9
evitar to avoid
exactamente exactly
el examen examination; test
exceder to exceed
la excursión excursion, side trip
la excusa excuse
exento/a exempt
la exhibición exhibition
exigente demanding
existir to exist
éxito: tener ~ to be successful
el éxodo exodus
la experiencia experience
la explicación explanation
explicar to explain 6
la exposición exhibition
la expresión expression
expulsar to expel, throw out
externo/a external, outside
el/la extranjero/a foreigner
extranjero/a foreign
extrañar/se to miss; to find strange
extraño/a strange

la fábrica factory
fácil easy
fácilmente easily 9
la facultad school of a university
la falda skirt 5
falso/a false
la falta lack
faltar to lack; to be missing 10
la familia family 3
famoso/a famous
el fantasma ghost
fantástico/a fantastic, great; **es** ~ it's fantastic 9
la farmacia pharmacy, drugstore 3
fascinar to like a lot; to fascinate 10; **¡Me fascina/n!** I love it/them! 5
favor: por ~ please 1
favorito/a favorite
el fax fax 10
la fecha date 4
la felicidad happiness
felicitar to congratulate
feliz happy; ~ **cumpleaños.** Happy birthday.
feo/a ugly 3
la fianza security deposit 8
la ficción fiction
la ficha record card; index card
la fiebre fever 11; **tener fiebre** to have a fever 11
fiel faithful, loyal
la fiesta party

la figura figure
la fila row, line
el filete fillet; sirloin 12
el fin end; ~ **de semana** weekend 2; **al fin y al cabo** after all; **por fin** at last 7
el final ending; **al final de** at the end of
finalmente finally
fino/a fine, elegant
la firma signature
firmar to sign
flaco/a skinny 3
flamenco/a Flemish
el flamenco Spanish dance
el flan Spanish egg custard 12
la flauta flute 12
el flautín piccolo
la flor flower
el folleto brochure, pamphlet
fomentar to promote, foster, encourage
el fondo bottom; background
formado/a formed
formar to form
el formulario form
fornido/a robust, stout
la foto(grafía) photograph
la fotografía photography
el fracaso failure
la fractura fracture, break 11
franco/a frank, candid
la frase phrase
frecuencia: con ~ frequently, often 12
frecuente frequent
frecuentemente frequently 9
el fregadero kitchen sink 8
freír (e → i, i) to fry 9
el freno brake 11
fresco/a fresh; cool; **Hace fresco.** It's chilly. 4
el frijol bean 12
frío/a cold; **Hace frío.** It's cold. 4; **tener frío** to be cold 5
frito/a fried; **los huevos fritos** fried eggs
la frontera border
frustrado/a frustrated
frustrante frustrating
la fruta fruit 9
el fuego fire
la fuente fountain; source
fuerte strong
la fuerza strength, power, force
la fuga de cerebros brain drain
Fulano, Mengano y Zutano Tom, Dick, and Harry 8
fumar smoke 7; **se prohíbe** ~ no smoking 7
funcionar to function, work, run
el/la fundador/a founder
funerario/a funeral, funerary

el funicular cable car
el fusil rifle
el fusilamiento execution
el fútbol soccer 10; **~ americano** football 10
el futuro future

las gafas eyeglasses; **~ de sol** sunglasses 5
la galleta cookie; cracker
el/la ganador/a winner
ganar to win; to earn 10; to gain
ganas: tener ~ de + *inf.* to feel like + *-ing* 6
la ganga bargain
el garaje garage 8
la garganta throat
el gas gas 8
la gaseosa soda
la gasolinera gas station
gastar to spend
los gastos expenses 8
el gato cat
el gemelo twin
general: en ~ in general
generalmente generally 9
el género genre; gender
el/la genio genius
la gente people 8
el/la gerente manager
el gesto gesture
el/la gigante giant
el/la gitano/a gypsy
el/la gobernador/a governor
el/la gobernante person in power, ruler, governor
el gobierno government
el gol goal, point
el golpe: ~ de estado coup d'état; **~ militar** military coup
gordo/a fat 3
gozar to enjoy
la grabación recording
la grabadora tape recorder 2
grabar to record
Gracias. Thank you. Pre.; **Muchas ~.** Thank you very much. Pre; **Un millón de ~.** Thanks a lot. 4
gracioso/a funny
el grado degree; **Está a . . . grados (bajo cero).** It's . . . degrees (below zero). 4
graduarse to graduate
la gramática grammar
grande large, big 3; great
gratis free, of no cost
grave grave, serious
la gripe flu 11; **tener gripe** to have the flu 11
gris gray 5
gritar to shout, scream 6

el grupo group
el guante (de béisbol, boxeo, ciclismo) (baseball, boxing, racing) glove 10
guapo/a good-looking 3
guardar to keep, store
la guayabera specific style of men's shirt worn in the tropics
la guerra war
el/la guía guide; **~ turístico/a** tour guide
la guía guidebook 4
el guion script
el güiro musical instrument made from a gourd
el guisante pea (*Spain*) 12
la guitarra guitar 2
gustar to like, be pleasing 2; **me gustaría** I would like 3; **No me gusta/n nada.** I don't like it/them at all. 5
el gusto taste; pleasure

haber to have (*aux. v.*)
había there was/there were 10
la habichuela green bean 12
la habitación room 2; **~ doble** double room 7; **~ sencilla** single room 7
el/la habitante inhabitant
habitar to inhabit
hablar to speak 2; **Habla . . .** It/This is . . . (*on telephone*) 7; **¿Puede ~ más despacio, por favor?** Can you speak more slowly, please? 7; **¿Quién habla?** Who is speaking/calling? 7; **Quisiera ~ con . . . , por favor.** I would like to speak with . . . , please. 7
hace (*weather*): **~ buen tiempo.** It's nice out. 4; **~ calor.** It's hot. 4; **~ fresco.** It's chilly. 4; **~ frío.** It's cold. 4; **~ mal tiempo.** It's bad out. 4; **~ sol.** It's sunny. 4; **~ viento.** It's windy. 4
hacer to do 2; to make; **~ artesanías** to make crafts 9; **~ caso (de)** to pay attention (to); **~ clic** to click 10; **~ cola** to stand in line 10; **~ crucigramas** to do crossword puzzles 9; **~ escala** to make a stop 7; **~ punto** to knit; **~ rompecabezas** to do jigsaw puzzles 9; **hace tres días/meses/años** three days/months/years ago 6
hacia toward 6
el hall (de entrada) entrance hall 8
hallar to find

el hambre (*f.*) hunger; **tener hambre** to be hungry 5
hasta until 6; **~ luego.** See you later. Pre.; **~ mañana.** See you tomorrow. Pre.; **~ que** until
hay there is/there are 4; **~ que** + *inf.* one/you must + *v.* 9; **No ~ de qué.** Don't mention it./You're welcome. 1; **no ~ duda (de)** there's no doubt 9
el helado ice cream 12
la hembra female
el hemisferio hemisphere
heredar to inherit
la herencia heritage
la herida injury, wound 11
el/la herido/a injured man/woman
herir (e → ie, i) to hurt, injure
el/la hermanastro/a stepbrother/-sister 6
el/la hermano/a brother/sister 6
el hielo ice 10; **los patines de hielo** ice skates 10
el hierro iron
el/la hijo/a son/daughter 6
hispano/a Hispanic
hispanoamericano/a Hispanic American
la historia history 2; story
el hockey hockey 10
el hogar home; fireplace, hearth
la hoja leaf; sheet (of paper)
Hola. Hi. Pre.
el hombre man; **~ de negocios** businessman 1
el hombro shoulder 4
el homenaje homage, tribute
honorífico/a honorable (*title of respect*)
honrado/a honest
la hora hour 5; **~ de llegada** time of arrival 7; **~ de salida** time of departure 7; **¿A qué hora . . . ?** At what time . . . ? 5; **¿Qué hora es?** What time is it? 5
el horario schedule
el horizonte horizon
el horno oven 8; **~ (de) microondas** microwave oven 8
el hospedaje lodging
hospedar to lodge, give lodging
el hospital hospital 3
el hostal inn
el hotel hotel 6
hoy today 2; **~ (en) día** today; nowadays 12
el hoyo hole
el/la huérfano/a orphan
el huésped guest
el huevo egg 9; **los huevos (fritos, revueltos, duros)** (fried, scrambled, hard-boiled) eggs
humilde humble

la ida one way; outbound trip 7; **de ida y vuelta** round trip (*ticket*) 7
la idea idea
la identidad identity
identificar to identify
el idioma language
la iglesia church 3
ignorante ignorant
igual equal, (the) same; **al ~ que** just like, whereas
Igualmente. Nice to meet you, too. / Same here. 1
la imagen image
imaginarse to imagine
impar odd (*number*)
el imperio empire
importante important; **es ~** it's important 8
importar to matter; **No importa.** It doesn't matter. 2
impresionante impressive
el impuesto tax
inca Incan; **el/la ~** Inca
incaico/a Incan
incierto/a uncertain
incluido/a included
incluir to include
indicar to indicate
el indicativo internacional country code (*telephone*) 7
el índice index
indiferente indifferent, apathetic
indígena indigenous, native
indio/a Indian 3; **el/la ~** Indian man/woman; **el/la ~ americano/a** American Indian
la inestabilidad instability
inexplicable unexplainable
la infección infection 11
la influencia influence
influir to influence
el informe report
el/la ingeniero/a engineer 1
el inglés English language 2
los ingresos income, revenue
iniciar to initiate, start
la injusticia injustice
inmediatamente immediately 9
el inodoro toilet 8
inofensivo/a harmless
inolvidable unforgettable
instalar to install
las instrucciones instructions, directions; **Lee/Lean ~.** Read the instructions. Pre.
el instrumento instrument 12
integrar to make up; to integrate
inteligente intelligent 3
intentar to try
el intercambio exchange
interesar to interest

interno/a internal
interrumpir to interrupt
la introducción introduction
inútil useless
inventar to invent
la inversión investment
invertir (e → ie, i) to invest
la investigación research
el invierno winter 4
la invitación invitation
el/la invitado/a guest
invitar to invite 7
la inyección injection 11
ir to go; **~ a +** *inf.* to be going to . . . 2; **~ de compras** to shop, go shopping 5
la isla island 12
el itinerario itinerary
la izquierda left-hand side; **a ~ de** to the left of 6

el jabón soap 2
jamás never
el jamón ham 9; **~ serrano** a country style of ham
el jarabe cough syrup 11
el jardín flower garden; lawn
la jardinería gardening 9
el/la jefe/a boss, chief 8
el/la joven youth, young person
joven young 3
las joyas jewelry
la joyería jewelry store
la judía verde green bean 12
el juego game; **~ electrónico/de video** electronic/video game 9
jueves Thursday 2; **el ~** on Thursday 2; **los ~** on Thursdays 2
el/la juez judge
jugar (u → ue) to play (*a sport or game*) 5; **~se la vida** to risk one's life 11
el jugo juice
el juguete toy
el juicio trial
junto/a together
la juventud youth

el kilómetro kilometer
el kleenex Kleenex, tissue 2

la the (*f. sing.*) 2
los labios lips 4
el lado side; **al lado de** beside 6; **por otro lado** on the other hand; **por todos lados** on all sides; **por un lado** on the one hand
ladrar to bark
el lago lake 12

la lágrima tear
la laguna lagoon, small lake
la lámpara lamp 2
la lana wool 5
la lancha boat; launch
el lápiz pencil Pre.
largo/a long 3; **a lo largo de** alongside; **larga distancia** long distance
las the (*f. pl.*) 2
lástima: es una ~ it's a shame/pity; **¡Qué ~!** What a shame! 9
la lata (de aluminio) (aluminum) can
el lavabo bathroom sink 8
la lavadora washing machine 8
el lavaplatos dishwasher 8
lavar to wash 4
lavarse to wash up, wash (oneself) 4
el lavavajillas dishwasher
la lección lesson
la leche milk
la lechuga lettuce 9
la lectura reading
leer to read 2; **Lee/Lean las instrucciones.** Read the instructions. Pre.
lejos de far from 6
la lengua tongue 4; language
el lenguaje language
la lenteja lentil 12
los lentes de contacto (blandos, duros) (soft, hard) contact lenses
lento/a slow
el letrero sign
levantar to lift
levantarse to stand up Pre.; to get up 4; **Levántate./Levántense.** Stand up. Pre.
la ley law
la leyenda legend
libre free (*with nothing to do*)
la librería bookstore 3
el libro book Pre.; **Abre/Abran ~ en la página . . .** Open your book to page . . . Pre.; **Cierra/Cierren ~.** Close your book. Pre.
la licencia (de conducir) driver's license 11
limitar con to border on
el limpiaparabrisas windshield wiper 11
limpiar to clean 8
lindo/a pretty
la línea line; **~ aérea** airline 7; **~ ecuatorial** equator; **patines en línea** inline skates
lío: ¡Qué ~! What a mess! 11
la lista list
listo/a: estar ~ to be ready 3; **ser ~** to be clever 3

la literatura literature 2
el litoral shore (*of an ocean*)
la llamada telephone call; **~ a cobro revertido/para pagar allá** collect call; 7; **~ de larga distancia** long-distance call 7; **~ local** local call 7
llamar to call; to phone
llamarse to be called; **Me llamo . . .** My name is . . . Pre.
la llanta tire 11
la llave key
la llegada arrival 7; **la hora de la llegada** time of arrival 7
llegar to arrive 6; **~ con atraso** to arrive late 7
llenar to fill, fill out
lleno/a full
llevar to carry, take along; to wear 2; **~ a cabo** to accomplish; **~le la contraria a alguien** to disagree with someone; **~se bien/mal (con alguien)** to get along/not to get along (with someone)
llorar to cry 6
llover (o → ue) to rain 4; **Llueve.** It's raining. 4
la lluvia rain
lo que what (the thing that)
Lo siento. I'm sorry. 7
loco/a crazy 3; **¡Ni ~!** Not on your life!
el/la locutor/a (radio/TV) commentator
lograr to get, obtain, achieve
los the (*m. pl.*) 2
las luces headlights 11; lights
la lucha fight, struggle
luego later 5; **desde ~** of course; **Hasta ~.** See you later. Pre.
el lugar place
lujoso/a luxurious
la luna moon; **~ de miel** honeymoon 6
lunares: de ~ polka-dotted 5
lunes Monday 2; **el ~** on Monday 2; **los ~** on Mondays 2
la luz electricity; light 8

el macho male
la madera wood
la madrastra stepmother 6
la madre mother 1
la madrina godmother; maid of honor (*in a wedding*)
la madrugada wee hours of the morning
el/la maestro/a teacher
mago: los Reyes Magos the Three Wise Men
el maíz corn

mal lousy, awful Pre.
la maleta suitcase 7; **las maletas** luggage
malo/a bad 3
la mamá mom, mother 1
mami mom, mommy
mandar to send 6; to command
el mandato command
manejar to drive 7
la manera way, manner
la manga sleeve 5
la mano hand 4; **de segunda mano** secondhand, used 8
mantener to maintain
la mantequilla butter
la manzana apple; (city) block (*Spain*)
mañana tomorrow 2; **Hasta ~.** See you tomorrow. Pre.; **la ~** morning; **por la ~** in the morning 2
el mapa map
maquillarse to put on make-up 4
la máquina machine; **~ de afeitar** electric razor 2; **~ de escribir** typewriter; **~ de fotos** camera
el mar sea 12
maravilloso/a wonderful
la marca brand
marcar to mark; to dial; **~ directo** to dial direct 7; **~ un gol** to score a goal/point
mareado/a: estar ~ to be dizzy 11
el mariachi mariachi musician/group
el marido husband
los mariscos shellfish
marrón brown 5
martes Tuesday 2; **el ~** on Tuesday 2; **los ~** on Tuesdays 2
más more 2; **¿Algo ~?** Something/Anything else? 11; **~ de + *number*** more than; **~ + *n./adj./v.* + que** more . . . than; **~ o menos.** So-so. Pre.; **~ tarde** later 5
la máscara mask; costume
la mascota pet
matar to kill
el mate maté (*tea, plant*), maté vessel
las matemáticas mathematics 2
la materia class; subject; material
el material: ¿De qué material es? What material is it made of?
la matrícula license plate 11; tuition
matrimonial: la cama ~ double bed
el matrimonio marriage
mayor old 3; older 6; **la ~ parte de** most of
la mayoría majority
la mazorca (de maíz) corn on the cob 9
mediados middle, halfway through
mediano/a average

la medianoche midnight 5
las medias stockings; socks 5
el medicamento medication
la medicina medicine 11
el médico doctor 1
medio/a half; **media (hora)** half (an hour) 5; **La Edad Media** Middle Ages; **media pensión** breakfast and one meal included 7; **medio tiempo** part-time; **el medio ambiente** environment; **el medio de transporte** means of transportation; **en medio de** in the middle of; **el asiento del medio** center seat 7
el mediodía noon 5
los medios de comunicación mass media
medir (e → i, i) to measure
mejor better 12; **a lo ~** perhaps 10; **es ~** it's better 8
mejorar to improve, better
el melocotón peach; peach tree
el melón melon
la memoria memory
memorizar to memorize
mencionar to mention
menor younger 6
menos less; **~ de + *number*** less than; **a ~ que** unless; **Es la una ~ cinco.** It's five to one. 5; **por lo ~** at least
el mensaje message; **~ electrónico** email 10
el/la mensajero/a messenger
mensual monthly
la mente mind
mentir (e → ie, i) to lie 7
la mentira lie
el menú menu 12
menudo: a ~ often, frequently 12
meñique: el dedo ~ little finger
el mercadeo marketing
el mercado market; **~ consumidor** consumer market
el mes month 4; **~ pasado** last month 6; **todos los meses** every month 12
la mesa table 2; **poner ~** to set the table 9
mestizo/a of mixed Indian and European blood
la meta goal
meter la pata to meddle, interfere (Literally: "to put one's foot in it")
el método method
el metro subway 6
la mezcla mixture
mezclar to mix
mí (*after a preposition*) me 6
mi/s my 1

el miedo fear; **tener miedo** to be scared 5
el miembro member
mientras while 11; **~ tanto** meanwhile 9
miércoles Wednesday 2; **el ~** on Wednesday 2; **los ~** on Wednesdays 2
mil one thousand 6
el milagro miracle
la milla mile
un millón one million 6; **~ de gracias.** Thanks a lot. 4
el mínimo minimum
ministro/a: el/la primer/a ~ prime minister
la minoría minority
el minuto minute 5
mío/a (*adj.*) mine; **el/la ~** mine
mirar to look (at); to watch 2; **Mira/Miren el ejercicio/la actividad . . .** Look at the exercise/the activity . . . Pre.
la misa mass (*church service*)
el/la mismo/a the same; **ahora mismo** right now 11
el misterio mystery
misterioso/a mysterious
la mitad half
el/la mocetón/ona robust youth
la moda fashion, trend
los modales manners
el modelo model; **el/la modelo** (fashion) model
modificar to modify, alter
el modo manner, way
el mole (poblano) black chili sauce
molestar to bother 10
momento: un ~ just a moment
el monaguillo altar boy
la moneda currency; coin; **coleccionar monedas** to collect coins 9
la monja nun
el monstruo monster
la montaña mountain 12
montar to ride; **~ en bicicleta** to ride a bicycle 10; **~ en carro** to ride in a car
morado/a purple 5
morder (o → ue) to bite
moreno/a brunet/te; dark-skinned 3
morir/se (o → ue, u) to die 5
el/la moro/a Moor; Moslem
la mosca fly
mostrar (o → ue) to show
motivar to motivate
la moto/motocicleta motorcycle 6
el motor engine 11
el móvil cell phone 2
el mozo waiter; young man

el/la muchacho/a boy/girl, young man/woman
mucho/a/os/as (*adj.*) a lot (of) 2; very much Pre.; **muchos/as** many; **muchas veces** many times 12; **Mucho gusto.** Nice to meet you. 1; **mucho** (*adv.*) a lot, often Pre.
mudarse to move (*change residence*)
los muebles furniture
la muerte death
muerto/a dead
la mujer woman; **~ de negocios** businesswoman 1
mulato/a dark-skinned, of mixed African and European blood
la multa fine (*as for speeding*)
el mundo world; **todo ~** everybody, everyone
la muñeca doll; wrist
el museo museum 3
la música music 2
muy very 3; **¡~ bien!** Very well! Pre.

nacer to be born
nacido/a born
el nacimiento birth
la nación nation
la nacionalidad nationality; **¿De qué nacionalidad eres/es?** What nationality are you? 3
nada nothing 6; **De ~.** You're welcome. Pre.
nadar to swim 2
nadie no one 6
el nailon nylon 5
la naranja orange
la nariz nose 4
narrar to narrate
natal native
la naturaleza nature
la náusea nausea 11; **tener náuseas** to feel nauseous 11
navegable navigable
navegar to sail; **~ por Internet** to surf the Net 9
la Navidad Christmas
necesario/a necessary; **es necesario** it's necessary 8
necesitar to need 3
el negocio business; **el hombre/la mujer de negocios** businessman/woman 1
negrita boldface type
negro/a black 5
nervioso/a nervous
nevar (e → ie) to snow 4; **Nieva.** It's snowing. 4
la nevera refrigerator 8
ni . . . ni neither . . . nor 12
ni siquiera not even

el/la nieto/a grandson/granddaughter 6
la nieve snow
el nilón nylon 5
ningún/ninguno/a not any; none/ no one 7
el/la niño/a boy/girl
el nivel level
no no 1; **¿~?** right?, isn't it? 1
la noche night, evening; **Buenas noches.** Good evening. Pre.; **por ~** at night 5
la Nochebuena Christmas Eve
nombrar to name
el nombre (de pila) first name 1
el norte north 12
nosotros/as we; us 1
la nota grade; note
notar to note, notice
la noticia news item; **las noticias** news 7
novecientos nine hundred 6
la novela novel 2
noveno/a ninth 8
el/la novio/a boyfriend/girlfriend 1; fiancé/fiancée; groom/bride
nublado: Está ~. It's cloudy. 4
nuestro/a our 2; ours; **el/la ~** ours
nuevo/a new 3
numerar to number
el número number; shoe size 5; **~ equivocado** wrong number 7
nunca never 6

o or 2; **~ sea** that is 8
o . . . o either . . . or 12
el obispo bishop
el objeto object
la obra work
obstruir to obstruct
obtener to obtain
obvio/a: es obvio it's obvious 9
ocasionar to cause
el océano ocean 12
ochocientos eight hundred 6
el ocio idleness, inactivity, leisure
octavo/a eighth 8
la ocupación occupation
ocupado/a busy 4
ocupar to fill (*a position*); to occupy
ocurrir to happen, occur
odiar to hate 7
el oeste west 12
la oficina office 3
ofrecer to offer 3
el oído inner ear 4
oír to hear 7; **¡Oye!** Hey!, Listen! 1
ojalá (que) + subj. I hope that . . . 8
el ojo eye 4; **Cuesta un ojo de la cara.** It costs an arm and a leg. 5; **¡Ojo!** Watch out!

la ola wave
la olla pot 9
olvidar to forget
opcional optional
el/la operador/a operator
oponer to oppose
la oración sentence
el orden order (sequence); la orden order (command)
el ordenador computer
ordenar to arrange, put in order
la oreja ear 4
la Organización de las Naciones Unidas United Nations
organizar to organize
el orgullo pride
orgulloso/a proud
el origen origin 3
el original original
la orilla shore
el orisha god of Yoruba origin
el oro gold; de oro made of gold
la orquesta (sinfónica) (symphony) orchestra 12
oscuro/a dark 5
la ostra oyster
el otoño fall, autumn 4
otro/a other; another 3; el uno al otro (to) each other; otra vez again
¡Oye! Hey!, Listen! 1

el padrastro stepfather 6
el padre father 1
los padres/papás parents 6
los padrinos best man and maid of honor; godparents
pagar to pay (for) 6
la página page Pre.; Abre/Abran el libro en ~ . . . Open your book to page . . . Pre.; ¿En qué página, por favor? What page, please? Pre.
el pago payment
el país country
el paisaje landscape
el paisajismo landscape painting
la palabra word; en sus/tus propias palabras in his/her/your own words
el palo de golf golf club 10
la pampa Argentine prairie
el pan bread 9
la pandereta tambourine
los pantalones pants 5
la pañoleta scarf
el pañuelo handkerchief
la papa potato; las papas fritas potato chips; french fries 2
el papá dad, father 1
el papel paper Pre.; role

papi dad, daddy
el paquete package 10
par even (number)
un par (de) a pair (of)
para for; ~ colmo to top it all off 11; ~ + inf. in order to + v.; ~ que in order that; ¿~ qué? for what (purpose)? 5; ¿~ quién? for whom? 5
el parabrisas windshield 11
el paracaídas parachute
la parada stop
el parador inn, hotel
parar to stop
parecer to seem 10
parecido/a similar
la pared wall
la pareja couple; lovers (positive connotation); significant other; pair; dance partner
el/la pariente relative 6
el parque park 3
el párrafo paragraph
la parte: De parte de . . . It/This is . . . (on telephone) 7; ¿De parte de quién? May I ask who is calling? 7; por mi parte as far as I'm concerned
participar to participate
particular private
el partido game, match 10; ~ (político) political party
partir: a ~ de starting from
pasado/a: el (sábado/mes/año) pasado last (Saturday/month/year) 6; la semana pasada last week 6
el pasaje (plane) ticket 7; ~ de ida one-way ticket 7; ~ de ida y vuelta round-trip ticket
el/la pasajero/a passenger 7
el pasaporte passport 1
pasar to spend (time); to happen, occur; ~ por to pass by/through; pasarlo bien/mal to have a good/bad time
el pasatiempo pastime, hobby 9
la Pascua Florida Easter
pasear to take a walk
el paseo: dar un paseo to take a walk
el pasillo hallway 8; el asiento del pasillo aisle seat 7
el paso step
la pasta de dientes toothpaste 2
el pastel cake
la pastilla pill 11
la pata paw, foot
la patata potato (Spain) 2; las patatas fritas potato chips; french fries
paterno/a paternal 6
patinar to skate 10

los patines: ~ de hielo ice skates 10; ~ en línea inline skates 10
la patria homeland
el patrimonio heritage
paulatinamente slowly
el pavo turkey 12
la paz peace
el pedido request
pedir (e → i, i) to ask for 5
peinarse to comb one's hair 4
el peine comb 2
la pelea fight
pelearse (con) to fight (with)
la película movie 3
el peligro danger; en peligro in danger
peligroso/a dangerous
el pelo hair 4; tomarle ~ (a alguien) to pull someone's leg; cepillarse ~ to brush one's hair 4
la pelota ball 10
la peluquería hair salon
la pena grief, sorrow; (No) vale ~ + inf. It's (not) worth + -ing. 11; es una pena it's a pity 9; ¡Qué pena! What a pity! 9
el pendiente earring
el pensamiento thought
pensar (e → ie) to think 5; ~ en to think about 5; ~ + inf. to plan to + v. 5
la pensión boarding house; media pensión breakfast and one meal included 7; pensión completa all meals included 7
peor worse 12
pequeño/a small 3
la percepción extrasensorial ESP
perder (e → ie) to lose 5; ~ el autobús/el avión/etc. to miss the bus/plane/etc. 7
perdido/a lost
Perdone. I'm sorry./Excuse me.
perezoso/a lazy
perfecto/a perfect
el perfume perfume 2
el periódico newspaper 2
el/la periodista journalist 1
permanecer to stay, remain
el permiso de conducir driver's license 11
pero but 2
el perro dog
el personaje character (in a book)
la personalidad personality
personalmente personally
pertenecer a to belong to
la pesa weight 10
pesado/a heavy
pesar to weigh; a ~ de que in spite of
la pesca fishing

el pescado fish
pescar to fish 9
el peso weight
el petróleo oil
picante spicy
el pie foot 4
la piedra rock, stone
la piel skin, hide
la pierna leg 4
la pila battery
la píldora pill 11
el pimentero pepper shaker 9
la pimienta pepper (*seasoning*) 9
el pimiento (bell) pepper
pintar to paint 9
el/la pintor/a painter
pintoresco/a picturesque
la pintura painting
el piropo flirtatious remark
pisar to step on 11
la piscina pool 3
el piso floor 8
la pista clue; ~ **de aterrizaje** landing strip
la pizarra chalkboard
la placa license plate 11
el placer pleasure
el plan plan; diagram
planear to plan
el plano diagram
la planta plant 2; ~ **baja** first or ground floor
la plata slang for "money" (Literally: "silver") 8; **de plata** made of silver
el plátano plantain; banana
la plática chat (*Mexico*)
el plato course, plate 9; dish
la playa beach 3
la plaza plaza, square 3
la pluma pen
la población population
poblado/a populated
pobre poor
la pobreza poverty
poco/a/os/as (*adj.*) few/a little 3; **poco** (*adv.*) a little; **dentro de poco** in a while; **poco a poco** little by little
el poder power; ~ **adquisitivo** purchasing power
poder (o → ue) to be able, can 5; **¿Podrías** + *inf.*? Could you . . . ? 4; **¿Puede decirme cómo . . . ?** Can you tell me how . . . ?; **¿Puede hablar más despacio, por favor?** Can you speak more slowly, please? 7; **No puedo más.** I can't take it anymore. 9
poderoso/a powerful
la poesía poem 9; poetry
político/a in-law 6; **hermano/a político/a** brother-/sister-in-law 6

el/la político/a politician
el pollo chicken 12
poner to put, place 3; ~ **la mesa** to set the table 9
ponerse: al día to bring up to date; ~ **de moda** to become fashionable; ~ **de pie** to stand up; ~ **la ropa** to put on one's clothes 4; ~ **rojo/a** to blush
por for; by 5; ~ **algo será.** There must be a reason.; ~ **aquí** around here; ~ **avión** airmail; ~ **barco/tren/etc.** by boat/train/etc. 6; ~ **cierto** by the way; ~ **ejemplo** for example; **¡~ el amor de Dios!** For heaven's sake! (Literally: "For the love of God!") 8; ~ **eso** therefore 2, that's why; ~ **favor** please 1; ~ **fin** at last, finally 5; ~ **lo general** in general; ~ **lo menos** at least; ~ **lo tanto** therefore; ~ **mi parte** as far as I'm concerned; ~ **otro lado** on the other hand; ~ **(pura) casualidad** by (pure) chance; ~ **si acaso** (just) in case; ~ **suerte** luckily; ~ **supuesto.** Of course. 2; ~ **última vez** for the last time; ~ **un lado** on the one hand
¿Por qué? Why? 3
el porcentaje percentage
porque because 3
portátil portable
el portero doorman; janitor 8; goalkeeper
la posesión possession 2
el posgrado graduate studies
posible possible 7; **es ~** it's possible 9
posiblemente possibly 9
postal: la (tarjeta) ~ postcard 10
el postre dessert 9
la práctica practice
practicar to practice
el precio price 7
precolombino/a pre-Columbian
predecir to predict
la preferencia preference
preferir (e → ie, i) to prefer 5
el prefijo prefix; (telephone) area code 7
la pregunta question
preguntar to ask (*a question*) 6; **(Vicente), pregúntale a (Ana) . . .** (Vicente), ask (Ana) . . . Pre.
preguntarse to wonder
el premio prize
la prenda item of clothing
preocupado/a worried 3

preocuparse to worry; **No te preocupes.** Don't worry. 3
preparar to prepare
la presentación introduction
presentado/a presented
presidencial presidential
la presión pressure
prestar atención (a) to pay attention (to)
prever to foresee
previo/a previous
la prima bonus
la primavera spring 4
primer/o/a first 8; **el primer plato** first course 9
primero (*adv.*) first 5
el/la primo/a cousin 6
el principio beginning
prisa: tener ~ to be in a hurry
probable: es ~ it's probable 9
probablemente probably 9
probar (o → ue) to taste (*food*) 9
probarse (o → ue) to try on (*clothes*) 5
la procedencia (point of) origin
procedente de coming from, originating in
producir to produce 3
el/la profesor/a teacher 1
el/la programador/a de computadoras computer programmer 1
prohibir to prohibit 8
el promedio average
la promesa promise
pronto soon
la propaganda advertising
el/la propietario/a owner
la propina tip, gratuity
propio/a own
proponer to propose
el/la protagonista main character
proteger to protect
provenir (de) to come (from)
la provincia province
próximo/a next
el proyecto project
la prueba quiz
la psicología psychology 2
el/la psicólogo/a psychologist
el público audience
el pueblo town, village 12
el puente bridge 12
la puerta door 11; ~ **(de salida) número . . .** (departure) gate number . . . 7
el puerto port 12
pues well (then)
el puesto job, position
la pulgada inch
el punto point
la pupila pupil (*of the eye*)

que that, who 8

Qué: ¿**~?** What? 2; ¡**~ +** *adj.*! How + *adj.*! 4; ¡**~ +** *n.* **+ más +** *adj.*! What a + *adj.* + *n.*! 6; ¡**~ barbaridad!** How awful!; ¡**~ chévere!** Great! (*Caribbean expression*) 12; ¿**~ hay?** What's up? 1; ¿**~ hora es?** What time is it? 5; ¡**~ lástima!** What a shame! 9; ¡**~ lío!** What a mess! 11; ¡**~ mala suerte!** What bad luck! 9; ¡**~ pena!** What a pity! 9; ¿**~ quiere decir . . . ?** What does . . . mean? Pre.; ¿**~ tal?** How are you? (*informal*) Pre.; ¿**~ tiempo hace?** What's the weather like? 4; ¡**~ va!** No way! 11; **No hay de ~.** Don't mention it. / You're welcome. 1

quedar: Te queda bien. It looks good on you. / It fits you well. 5

quedarse en + *place* to stay in + *place* 10

la queja complaint

quejarse to complain 11

quemar to burn

querer (e —→ ie) to want; to love 5; **~ a alguien** to love someone 5; **quisiera/quisiéramos** I/we would like 7; **Quisiera hablar con . . . , por favor.** I would like to speak with . . . , please. 7

querido/a dear (*term of endearment*)

el queso cheese 9

quien who; **de ~** about whom

¿**Quién?** Who? 1; ¿**De parte de ~?** Can I ask who is calling? 7; ¿**De ~?** Whose? 2; ¿**~ habla?** Who is speaking/calling? 7

¿**Quiénes?** Who? 1

químico/a chemical

quinientos five hundred 6

quinto/a fifth 8

quitar to remove; to take away

quitarse la ropa to take off one's clothes 4

quizá(s) + *subj.* perhaps/maybe 9

el/la radio radio 2

la radiografía x-ray 11

la raíz root

la ranchera Mexican country song

rápido/a fast

la raqueta racquet 10

el rascacielos skyscraper

el rasgo trait, characteristic

el rato period of time

el ratoncito tooth fairy

la raya stripe; **de rayas** striped 5

el rayón rayon 5

la raza race, ancestry

la razón reason; **tener razón** to be right

real royal; true

la realidad reality; **en realidad** really, actually

realizar to accomplish

realmente really

la rebaja discount, sale

rebelde rebellious, rebel

la recámara bedroom (*Mexico*)

el recaudador (tax) collector

la recepción front desk 7

el/la recepcionista receptionist 1

la receta recipe; **~ médica** prescription 11

recibir to receive 3

el reciclaje recycling

reciclar to recycle

recién recently, newly

reciente recent

el recipiente container

el reclamo complaint

recoger to pick up, gather

recomendación: la carta de ~ letter of recommendation

reconocer to recognize

recordar (o —→ ue) to remember

el recorrido route

recreativo/a recreational

recto/a straight

el recuerdo memory; memento

el recurso resource

la red the Web 10

la redacción composition; editorial office

redondo/a round

referir/se (e —→ ie, i) to refer to

el reflejo reflection; reflex

el refrán proverb, saying

el/la refugiado/a refugee

regalar to give (a present) 6

el regalo present, gift 6

regatear to haggle over, bargain for

la regla rule

regresar to return 3

regular not so good Pre.

rehusar to refuse

la reina queen

la relación relation

relacionado/a related

relativamente relatively

rellenar to fill out

el reloj watch; clock 2

el remite return address 10

repente: de ~ suddenly 6

repetir (e —→ i, i) repeat 7; **Repite. / Repitan.** Repeat. Pre.

el/la reportero/a reporter

representar to represent

el reproductor: ~ de DVD DVD player 2

requete + *adj.* really/extremely + *adj.* 6

el requisito requirement

res: la carne de ~ beef 12

la reseña description, review

la reserva reservation

resfriado/a: estar ~ to have a cold 11

resfrío: tener ~ to have a cold 11

la residencia (estudiantil) dormitory 1

respirar to breathe

responder to answer, respond

la responsabilidad responsibility

la respuesta answer Pre.; **(María), repite ~, por favor.** (María), repeat the answer, please. Pre.; **No sé ~.** I don't know the answer. Pre.

el restaurante restaurant 3

el resto rest, remainder

el resultado result; **como resultado** as a result

el resumen summary

resumir to summarize

retirar to take away

el retraso delay 7

el retrato portrait

retroceder to recede, go back

retrovisor: el espejo ~ rearview mirror 11

revertido: la llamada a cobro ~ collect call 7

revés: al ~ backward

revisar to check 11

la revista magazine 2

revolver (o —→ ue) to mix 9

revuelto/a scrambled; **los huevos revueltos** scrambled eggs

el rey king; **los reyes** king and queen; **los Reyes Magos** the Three Wise Men

rico/a rich

el río river 12

la riqueza wealth, riches, richness

el ritmo rhythm

robar to steal

rojo/a red 5; **ponerse ~** to blush

el rompecabezas: hacer rompecabezas to do jigsaw puzzles 9

romper to break 12

romperse (una pierna) to break (a leg) 11

el ron rum

la ropa clothes; **~ interior** men's/women's underwear 5; **ponerse ~** to put on one's clothes 4; **quitarse ~** to take off one's clothes 4

el ropero closet 8

rosa pink 5

rosado/a pink 5

rubio/a blond/e 3
la rueda wheel; **los patines de ruedas** roller skates
el ruido noise
la ruina ruin
la ruta route

sábado Saturday 2; **el ~** on Saturday 2; **los sábados** on Saturdays 2
saber to know (*facts/how to do something*) 4; **¿Sabe(s) dónde está . . . ?** Do you know where . . . is?; **¿No sabías?** You didn't know? 9; **No sé (la respuesta).** I don't know (the answer). Pre.
la sabiduría learning, knowledge
sabroso/a tasty, delicious
sacar to get a grade; to take out 6; **~ dinero del banco** to withdraw money from the bank; **~ la basura** to take out the garbage; **~ fotos** to take pictures; **Saca/Saquen papel/bolígrafo/lápiz.** Take out paper/a pen/a pencil. Pre.
el sacerdote priest
el saco sports coat 5
sagrado/a sacred
la sal salt 9
la sala living room 8; **~ de emergencia** emergency room
el salero salt shaker 9
la salida departure 7; **la hora de salida** time of departure 7
salir to leave; to go out 2; **~ con (alguien)** to date, go (out) with (someone); **~ de** to leave (*a place*) 6; **Te va a ~ caro.** It's going to cost you. 10
el salón hall, room for a large gathering; formal living room
la salsa style of Caribbean music; sauce
saltar to jump
el salto waterfall; jump, dive
la salud health; **tener buena salud** to be in good health 11
el saludo greeting Pre.
salvar to save
sangrar to bleed 11
la sangre blood 11
la sangría sangria (*a wine punch*) 2
el/la santo/a saint
el/la sartén frying pan 9
satisfecho/a satisfied
el saxofón saxophone 12
el secador hair dryer
la secadora clothes dryer
secar to dry
seco/a dry
el/la secretario/a secretary 1

el secreto secret 6
secundario/a secondary
sed: tener ~ to be thirsty 5
la seda silk 5
la sede headquarters
seguida: en ~ at once, right away
seguir (e → i, i) to follow 7; **~ derecho** to keep going straight
según according to
el segundo second (*time*) 5
segundo/a second 8; **de segunda mano** secondhand, used 8; **el segundo apellido** second last name (mother's maiden name) 1; **el segundo plato** second course 9
la seguridad security; safety
seguro/a safe; **estar ~ (de)** to be sure (of) 9
los seguros (medical) insurance
seiscientos six hundred 6
seleccionar to select
el sello stamp 10
la selva jungle 12
la semana week 2; **~ pasada** last week 6; **~ que viene** next week 2; **Semana Santa** Holy Week
la semejanza similarity
la semilla seed
sencillamente simply
sencillo/a simple, easy; **la habitación sencilla** single room 7
la sensación feeling 5
sensato/a sensible
sensible sensitive
sentarse (e → ie) to sit down 5; **Siéntate./Siéntense.** Sit down. Pre.
el sentido sense, feeling
el sentimiento feeling
sentir (e → ie, i) to feel sorry 9; **Lo siento.** I'm sorry. 7
sentirse (e → ie, i) to feel 7
señalar to indicate, point out
señor/Sr. Mr. 1; **el señor** the man 1
señora/Sra. Mrs./Ms. 1; **la señora** the woman 1
señorita/Srta. Miss/Ms. 1; **la señorita** the young woman 1
separar to separate
séptimo/a seventh 8
ser to be 3; **~ + de** to be from 1; **~ + de + *material*** to be made of + *material* 5; **~ + *nationality*** to be + *nationality* 1; **~ celoso/a** to be jealous; **~ listo/a** to be clever 3; **Resultó ~ . . .** It/He/She turned out to be . . . ; **Somos tres.** There are three of us. 9; **Son las . . .** It's . . . (*time*) 5

el ser humano human being
la serpiente snake
serrano: el jamón ~ a country-style ham
la servilleta napkin 9
servir (e → i, i) to serve 5; **¿En qué puedo ~le?** How can I help you?
setecientos seven hundred 6
el sexo sex
sexto/a sixth 8
si if 3
sí yes 1
siempre always 3
el siglo century
el significado meaning
significar to mean
siguiente following
silenciosamente silently
la silla chair 2; **~ de ruedas** wheelchair
el sillón easy chair, armchair 8
la simpatía sympathy
simpático/a nice 3
sin without 6; **~ embargo** however, nevertheless 12; **~ que** without
sino but rather; **~ que** but rather; on the contrary; but instead
el síntoma symptom 11
siquiera: ni ~ not even
el sitio place; site 10
el sobre envelope 10
sobre about
sobrepasar to surpass
sobresaliente outstanding
sobrevivir to survive
el/la sobrino/a nephew/niece 6
el socialismo socialism
la sociología sociology 2
el sofá sofa, couch 2
el sol sun; **las gafas de sol** sunglasses 5; **Hace sol.** It's sunny. 4
solamente only 9
el/la soldado soldier
solicitar to apply for
la solicitud application
solitario/a lonely, solitary
solo/a alone 3
sólo only
soltar (o → ue) to let go, set free
soltero/a: es ~ you/he/she is single 6
la sombra shadow
el sombrero hat 5
Somos dos. There are two of us. 9
sonar (o → ue) to ring, make a loud noise; to sound
el sonido sound
soñar (o → ue) (con) to dream (of/about)
la sopa soup 12
el soplón/la soplona tattletale

soportar to tolerate
sordo/a deaf
sorprenderse de to be surprised about 9
la sorpresa surprise
soso/a dull
el/la sospechoso/a suspect
el sostén bra
el squash squash (*sport*) 10
su/s his/her/your (*formal*)/their 1
subir to go up, climb 4; to raise
subrayar to underline, emphasize
el subtítulo subtitle
sucio/a dirty
el/la suegro/a father-in-law/mother-in-law 6
el sueldo salary
suelto/a separate, unmatched
el sueño dream; **tener sueño** to be tired 5
la suerte luck; **por suerte** by chance; **¡Qué mala suerte!** What bad luck! 9; **tener suerte** to be lucky 9
el suéter sweater 5
sufrir to suffer
la sugerencia suggestion
sugerir (e → ie, i) to suggest
la suma sum; amount
superar to surpass, exceed
el supermercado supermarket 3
la supervivencia survival
suponer to suppose
supuesto: Por ~. Of course. 2
el sur south 12
el suspenso suspense
suspirar to sigh
el sustantivo noun
la sutileza subtlety
suyo/a his/her/your (**de Ud.** or **de Uds.**)/their

el tablón de anuncios bulletin board
tachar to cross out
el tacón heel
tal vez + *subj.* perhaps/maybe 9
la talla size 5
el tamaño size
también too, also 1
tampoco neither, nor
tan so; **~ . . . como** as . . . as
el tanque de gasolina gas tank 11
tanto: mientras ~ meanwhile 9; **por lo ~** therefore; **tanto/a . . . como** as much . . . as
tantos/as . . . como as many . . . as
tapar to cover
tardar to be late, to take a long time
la tarde afternoon 2; (*adv.*) late; **Buenas tardes.** Good afternoon. Pre.; **por ~** in the afternoon 5

la tarea homework 2
la tarjeta card 10; **~ de crédito** credit card; **~ de embarque** boarding pass 7; **~ postal** postcard 10
el taxi taxi 6
el/la taxista taxi driver
la taza cup 9
el té tea 2
el teatro theater 3
tejer to knit; to weave 9
el tejido weave; fabric
la tela cloth, fabric, material
el telar loom
el/la teleadicto/a television addict
el teléfono telephone 1; **~ celular** cell phone 2
la telenovela soap opera
el televisor television set 2
el tema theme
el temor fear
la temperatura temperature 4
el templo temple
la temporada season
temprano early 4
el tenedor fork 9
tener to have 2; **~ . . . años** to be . . . years old 1; **~ buena salud** to be in good health 11; **~ calor** to be hot 5; **~ catarro** to have a cold 11; **~ diarrea** to have diarrhea 11; **~ en cuenta** to take into account, bear in mind; **~ escalofríos** to have the chills 11; **~ éxito** to succeed; **~ fiebre** to have a fever 11; **~ frío** to be cold 5; **~ ganas de** + *inf.* to feel like + -ing 6; **~ gripe** to have the flu 11; **~ hambre** to be hungry 5; **~ lugar** to take place 5; **~ miedo** to be scared 5; **~ náuseas** to be nauseous 11; **~ prisa** to be in a hurry; **~ que** + *inf.* to have to . . . 2; **~ que ver (con)** to have to do (with); **~ razón** to be right; **~ resfrío** to have a cold 11; **~ sed** to be thirsty 5; **~ sueño** to be tired 5; **~ suerte** to be lucky 9; **~ tos** to have a cough 11; **~ vergüenza** to be ashamed 5; **No tengo idea.** I don't have any idea. 3; **No, tiene el número equivocado.** No, you have the wrong number. 7
el tenis tennis 10
tercer/o/a third 8
terminar to finish 6
la ternera veal 12
el terremoto earthquake
terrestre terrestrial
el texto text

el tiempo weather 4; time; verb tense; **a tiempo** on time, in time 7; **¿Cuánto tiempo hace?** How long ago? 6; **hace buen/mal tiempo** it's nice/bad out 4; **medio tiempo** part-time; **¿Qué tiempo hace?** What's the weather like? 4; **tiempo completo** full-time
la tienda store 3
la tierra earth
tinto: el vino ~ red wine
el tío uncle 3; **la tía** aunt 6
típico/a typical
el tipo type
tirar to pull; to throw out; **~ la casa por la ventana** to go all out 6
el título title; (university) degree
la toalla towel 2
tocar to play (*an instrument*) 3; to touch
el tocino bacon
todavía still, yet 8; **~ no** not yet 8
todo/a everything; every, all 6; **todo el mundo** everybody, everyone; **todos** all 1; everyone 6; **todos los días** every day 3; **todos los meses** every month 12
la toma rough cut (*when filming*)
tomar to drink; to take (*a bus, etc.*) 6
el tomate tomato 9
el tono tone
la tontería foolishness
tonto/a stupid 3
el torneo tournament 5
el toro bull
torpe clumsy, awkward
la torre tower
la torta cake 12
la tortilla (de patatas) (potato) omelette (*Spain*) 2
la tos cough; **tener tos** to have a cough 11
toser to cough 11
la tostada toast
la tostadora toaster 8
totalmente totally
trabajar to work 2; **~ medio tiempo** to work part-time; **~ tiempo completo** to work full-time
el trabajo work
traducir to translate 3
traer to bring 3
el traje suit 5; **~ de baño** bathing suit 5
tranquilamente quietly 9
tranquilo/a quiet, tranquil
transporte: el medio de ~ means of transportation
trasero/a back, rear
el traslado transfer

el tratado treaty
el tratamiento treatment
tratar de to try to
tratarse de to be about
través: a ~ de across, through
el tren train 6; **en/por ~** by train
trescientos three hundred 6
la tribu tribe
el trigo wheat
el trineo sled
triste sad 3
triunfar to triumph
el trombón trombone 12
la trompeta trumpet 12
tronar (o ⟶ ue) to thunder
el trozo piece
el truco trick
tu/s your (*informal*) 1
tú you (*informal*) Pre.
la tumba tomb
el turismo tourism
tuyo/a yours (*informal*)

Ud. (usted) you (*formal*) Pre.
Uds. (ustedes) you (*formal/informal*) 1
últimamente lately, recently
último/a last, most recent; **la última vez** the last time 7
un, una a, an 2
el uniforme uniform 10
unir to unite, join together
la universidad university 3
uno one 1; **el ~ al otro** to each other
unos/as some 2
urbano/a urban
usar to use 3
útil useful
utilizar to use, utilize

las vacaciones vacation 4
la vacuna vaccine
la vaina green bean
Vale. O.K. 2; **(No) ~ la pena.** It's (not) worth it.; **(No) ~ la pena** + *inf.* It's (not) worth + -ing. 11
valiente brave
el valle valley 12
el valor value

valorar to value, price
variar to vary
la variedad variety
varios/as several
vasco/a Basque
el vaso glass 9
¡Vaya! Wow! 8
veces: a ~ at times 12; **algunas ~** sometimes 12; **muchas ~** many times 12
el/la vecino/a neighbor
veloz swift, fast
vencer to conquer, overcome
el vendaje bandage 11
el/la vendedor/a seller; salesperson
vender to sell 3
venir to come 5
la ventaja advantage
la ventana window; **echar la casa por ~** to go all out (Literally: "to throw the house out the window") 6
la ventanilla car window; **el asiento de ~** window seat 7
ver to see 3; **A ~.** Let's see.
el verano summer 4
veras: ¿De ~? Really? 2
la verdad the truth; **¿verdad?** right? 1; **es verdad** it's true 9
verdadero real, true 12
verde green 5
la verdura vegetable 12
la vergüenza shame; **tener vergüenza** to be ashamed 5
vertir (e ⟶ ie, i) to shed (*a tear*)
el vestido dress 5
vestirse (e ⟶ i, i) to get dressed 5
vez: a la ~ at the same time; **de ~ en cuando** once in a while, from time to time 12; **en ~ de** instead of; **la última ~** the last time 7; **por última ~** for the last time; **una ~** one time
la vía way, road
viajar to travel 6
el viaje trip; **el/la agente de viajes** travel agent 1
el/la viajero/a traveler; **el cheque de viajero** traveler's check
la vida life; **jugarse ~** to risk one's life 11
el video VCR; videocassette 2

viejo/a old 3
viento: Hace ~. It's windy. 4
viernes Friday 2; **el ~** on Friday 2; **los ~** on Fridays 2
el vinagre vinegar 9
el vino wine 2; **~ tinto** red wine
el violín violin 12
el violonchelo cello 12
la viruela smallpox
la visita visit
visitar to visit 2
la vista view
la vivienda dwelling
vivir to live 3
vivo/a bright; alive
el volante steering wheel 11
el volcán volcano 12
el voleibol volleyball 10
volver (o ⟶ ue) to return, come back 5; **~ a + inf.** to do (something) again
volverse (o ⟶ ue) to become
vomitar to vomit 11
vosotros/as you (*pl. informal*) 1
la votación vote
el/la votante voter
el voto vote
la voz voice
el vuelo flight 7
la vuelta return trip 7; **darle ~** to turn over, flip 9; **dar una vuelta** to take a ride; to go for a stroll/walk; **pasaje de ida y vuelta** round-trip ticket
vuestro/a your (*pl. informal*) 3

y and 1; **Es la una ~ cinco.** It's five after one. 5
ya already; now 8; **~ era hora.** It's about time. 12; **~ no** no longer, not anymore 8; **¡~ voy!** I'm coming!
la yerba herb; grass
yo I 1
el yogur yogurt

la zanahoria carrot 12
los zapatos shoes 5; **~ de tacón alto** high-heeled shoes 5; **~ de tenis** tennis shoes, sneakers 5
la zona zone

English-Spanish Vocabulary

This vocabulary contains a selected listing of common words presented in the lesson vocabularies. Many word sets are not included, such as foods, sports, animals, and months of the year. Page references to word sets appear in the index.

Refer to page R13 for a list of abbreviations used in the following vocabulary.

@ (*as in email address*) arroba
able: be ~ poder (o —→ ue)
about sobre; **~ whom** de quien
above arriba
accent (*n.*) el acento; (*v.*) acentuar
accept aceptar
accident el accidente
accomplish realizar
according to según
account: take into ~ tener en cuenta
across a través de
action la acción
active activo/a
activity la actividad
actor el actor/la actriz
actually en realidad
add añadir
advantage la ventaja
adventure la aventura
advertise anunciar
advertisement el anuncio
advertising la propaganda
advise aconsejar; avisar
affair (*love*) la aventura amorosa
affect afectar
after después; **~ all** al fin y al cabo; **~ + -ing** después de + *inf.*
afternoon la tarde; **Good ~.** Buenas tardes.
again otra vez
against: be ~ estar en contra
age la edad
agree (with) estar de acuerdo (con)
Agreed? ¿De acuerdo?
airplane avión
airmail por avión
alcoholic alcohólico/a
all todos/as
allow dejar
almost casi
alone solo/a
already ya
also también
alternate (*v.*) alternar
although aunque
always siempre
among entre
amusing divertido/a
ancient antiguo/a

and y (*before words starting with i or hi*) e
Andean andino/a
angry: become ~ enojarse
anniversary el aniversario
announce anunciar
announcement el anuncio
answer (*n.*) la respuesta; (*v.*) responder, contestar
answering machine el contestador automático
antique antiguo/a
apathetic indiferente
appear aparecer
apply for solicitar
approximately aproximadamente
archaeologist el/la arqueólogo/a
architect el/la arquitecto/a
argue discutir
argument el argumento, la discusión
army el ejército
around alrededor; **~ here** por aquí
art el arte
as como; **~ . . . ~** tan . . . como; **~ a consequence** como consecuencia; **~ a result** como resultado; **~ if** como si; **~ many . . . ~** tantos/as . . . como; **~ much . . . ~** tanto/a . . . como
ask preguntar; **~ for** pedir (e —→ i, i); **Can I ~ who is calling?** ¿De parte de quién?
assimilate asimilarse
association la asociación
astute astuto/a
at en; **~ last** por fin; **~ least** por lo menos; **~ . . . o'clock** a la(s) . . . ; **~ once** en seguida; **~ the end of** al final de; **~ the same time** a la vez; **~ times** a veces; **~ what time . . . ?** ¿A qué hora . . . ?
athlete el/la deportista
ATM el cajero automático
attend asistir a
audience el público
avenue la avenida
average (*n.*) el promedio; (*adj.*) mediano/a
awful mal, fatal

backward al revés
bad malo/a; **It's ~ out.** Hace mal tiempo.
bald calvo/a
banana el plátano
bargain la ganga; **~ for** regatear
bark (*v.*) ladrar
baseball el béisbol
bathe bañarse
battle la batalla
bay la bahía
be estar, ser; **~ able** poder (o —→ ue); **~ afraid** tener miedo; **~ against** estar en contra (de); **~ ashamed** tener vergüenza; **~ called** llamarse; **~ careful** tener cuidado; **~ clever** ser listo/a; **~ cold** tener frío; **~ crazy** estar loco/a; **~ dizzy** estar mareado/a; **~ engaged** estar comprometido/a; **~ from** ser + de; **~ happy about** alegrarse de; **~ hot** tener calor; **~ hungry** tener hambre; **~ in a hurry** tener prisa; **~ in/at** estar en; **~ in good health** tener buena salud; **~ jealous (of)** estar celoso/a (de), tener celos (de); **~ late** atrasarse; **~ lucky** tener suerte; **~ nauseous** tener náuseas; **~ on a diet** estar a dieta; **~ pregnant** estar embarazada; **~ ready** estar listo/a; **~ right** tener razón; **~ scared** tener miedo; **~ silent** callarse; **~ successful** tener éxito; **~ sure (of)** estar seguro/a (de); **~ surprised about** sorprenderse de; **~ thirsty** tener sed; **~ tired** tener sueño; **~ . . . years old** tener . . . años
bear in mind tener en cuenta
beautiful bello/a; **very ~** bellísimo/a
beauty la belleza
because porque
become volverse (o —→ ue); **~ angry** enojarse; **~ sick** enfermarse
bedroom la alcoba, el dormitorio, la recámara

before antes; ~ + -ing antes de
+ *inf.*; ~ **anything else** antes
que nada
begin comenzar (e ⟶ ie), empezar
(e ⟶ ie)
beginning el comienzo, el principio
behind atrás, detrás de
believe creer
below abajo, debajo de
beside al lado de
besides además
better mejor; **it's ~** es mejor
between entre
bilingual bilingüe
bill la cuenta
birth el nacimiento
birthday el cumpleaños; **Happy ~.**
Feliz cumpleaños.; **have a ~**
cumplir años
blue azul
blush ponerse rojo/a
bored (estar) aburrido/a
boring (ser) aburrido/a
boss el/la jefe/a
bottle la botella
bra el sostén
brain el cerebro
brand la marca
break romper/se
bring traer; ~ **up to date** poner(se) al
día
buckle the seat belt abrocharse el
cinturón
build construir
burn quemar
business el negocio
businessman/woman el hombre/la
mujer de negocios
but pero; ~ **instead** sino que;
~ **rather** sino
buy comprar
by por; ~ **boat/train/etc.** en barco/
tren/etc., por barco/tren/etc.
by the way por cierto

calculus el cálculo
calendar el calendario
call llamar; **be called** llamarse
can: ~ **I ask who is calling?** ¿De
parte de quién?; ~ **you speak
more slowly, please?** ¿Puede
hablar más despacio, por favor?;
~ **you tell me how . . . ?**
¿Puede decirme cómo . . . ?
capable capaz
capital (city) la capital; **What is
the ~ of . . . ?** ¿Cuál es la
capital de . . . ?
care el cuidado; **take ~ of** cuidar
career la carrera
careful: be ~ tener cuidado
carefully con cuidado
carrot la zanahoria

case: in ~ por si acaso; **in ~ that** en
caso (de) que
castle el castillo
celebrate celebrar
celebration la celebración
cell phone el teléfono celular,
móvil
cent el centavo
century el siglo
cereal el cereal
chalkboard la pizarra
champagne el champán
championship el campeonato
change cambiar; **changing the
subject** cambiando de tema
chapter el capítulo
character el personaje
chat charlar
check (restaurant ~) la cuenta
chew mascar
chilly: It's ~. Hace fresco.
chimney la chimenea
choose elegir (e ⟶ i, i)
Christmas la Navidad
cigarette el cigarrillo
class la clase; la materia
clever: be ~ ser listo/a
click hacer clic
client el/la cliente
climate el clima
climb subir; ~ **mountains** hacer
andinismo/alpinismo
close cerrar (e ⟶ ie)
closed cerrado/a
cloth la tela
clothes: ~ **dryer** la secadora; **put on
one's ~** ponerse la ropa; **take
off one's ~** quitarse la ropa
cloudy: It's ~. Está nublado.
clue la pista
clumsy torpe
cold: be ~ tener frío; **have a ~** tener
catarro, estar resfriado/a; **It's ~.**
Hace frío.
collection la colección
cologne el agua de colonia
comb one's hair peinarse
combat combatir
come venir; ~ **back** volver (o ⟶ ue)
comedy la comedia
comfortable cómodo/a
command la orden
comment (*n.*) el comentario; (*v.*)
comentar
common común; **in ~** en común
community la comunidad
compare comparar
complain quejarse
computer programmer el/la
programador/a de computadoras
conceited creído/a
concert el concierto
confidence la confianza
congratulate felicitar

conquer conquistar
conserve conservar
consist of consistir en
constant constante
consult consultar
consumer el consumidor
continue continuar
contraceptive el anticonceptivo
contrast: in ~ to a diferencia de
converse conversar
convert convertir (e ⟶ ie, i)
correct corregir (e ⟶ i, i)
cough (*v.*) toser; **have a ~** tener tos
Could you . . . ? ¿Podrías (+ *inf.*)?
counselor el/la consejero/a
count contar (o ⟶ ue)
country el país
course el curso
court (*for tennis, basketball*) la cancha
craftsmanship la artesanía
crash chocar
crazy: be ~ estar loco/a
create crear
croissant el croissant, la medialuna
cross (*n.*) la cruz; (*v.*) cruzar
culture la cultura
current (*adj.*) actual
curse el mal de ojo; **put a ~ on** echar
el mal de ojo
custom la costumbre

dance (*n.*) el baile; (*v.*) bailar
danger el peligro; **in ~** en peligro
dangerous peligroso/a
day el día; ~ **before yesterday**
anteayer; **every ~** todos los días
dead muerto/a
dear (*term of endearment*) cariño/a,
querido/a
death la muerte
decide decidir
degree (*temperature*) grado; **It's . . .
degrees (below zero).** Está
a . . . grados (bajo cero).;
university ~ el título
universitario
delicious sabroso/a, delicioso/a
delightful encantador/a
demanding exigente
democratic democrático/a
department (*of a university*) la
facultad; ~ **store** el almacén
describe describir
desert el desierto
desperate desesperado/a
destroy destruir
detain detener
develop desarrollar
developed desarrollado/a
diarrhea: have ~ tener diarrea
die morir/se (o ⟶ ue, u)
diet: be on a ~ estar a dieta
difference la diferencia

different diferente
difficult difícil
dinner la cena; **have ~** cenar
disadvantage la desventaja
disaster el desastre
discover descubrir
distance: long ~ larga distancia
divine divino/a
divorced divorciado/a; **get ~ (from)** divorciarse (de); **is ~ (from)** está divorciado/a (de)
dizzy: be ~ estar mareado/a
do hacer; **~ crossword puzzles** hacer crucigramas; **~ jigsaw puzzles** hacer rompecabezas
doll la muñeca
dollar el dólar
domestic doméstico/a
Don't mention it. No hay de qué.
doubt: there's no ~ no hay duda (de)
draw dibujar
dream (*n.*) el sueño; (*v.*) soñar (o ⟶ ue)
drink (*n.*) la bebida; (*v.*) beber
drive conducir, manejar
driver's license el permiso/la licencia de conducir
drop dejar caer
dry (*adj.*) seco/a; (*v.*) secar
dryer: clothes ~ la secadora; **hair ~** el secador
dumbfounded: leave (someone) ~ dejar boquiabierto (a alguien)
during durante

each cada; **~ other** el uno al otro; **to ~ his own** cada loco con su tema
earn ganar
earring el arete, el pendiente
earth la tierra
earthquake el terremoto
Easter la Pascua Florida
easy fácil, sencillo/a
eat comer
either . . . or o . . . o
elegant fino/a
elevator el ascensor
email el correo/mensaje electrónico
emergency la emergencia
end el fin
ending el final
engaged: be ~ estar comprometido/a
engagement (*for marriage*) el compromiso
enjoy disfrutar
enough bastante
enter entrar (en)
entertaining divertido/a
environment el medio ambiente
essay el ensayo
establish establecer
ethnic étnico/a
even (*adj.*) par; (*adv.*) aun

evening la noche; **Good ~.** Buenas noches.
every cada, todo/a; **~ day** todos los días; **~ month** todos los meses
everybody todo el mundo
everything todo
evident: it's ~ es evidente
example el ejemplo; **for ~** por ejemplo
exchange (money) cambiar (dinero)
exercise (*n.*) el ejercicio
exist existir

fabric la tela
fabulous fabuloso/a
fact: in ~ en realidad
factory la fábrica
fair justo/a
faithful fiel
fall caer; **~ asleep** dormirse (o ⟶ ue, u)
fan (*sports*) el/la aficionado/a
farmer el/la granjero/a
fashion la moda
fast rápido/a
fax el fax
fear el temor; **have a ~ of . . .** tenerle fobia a . . .
feel sentir/se (e ⟶ ie, i); **~ like + -ing** tener ganas de + *inf.*
feeling el sentido
fever: have a ~ tener fiebre
few: a ~ pocos/as
fight (*n.*) la lucha, la pelea; (*v.*) pelearse
fill (*a position*) ocupar; **~ out** completar, rellenar
find encontrar (o ⟶ ue); **~ strange** extrañarse
fine (*as for speeding*) la multa
finish completar, terminar
first name el nombre (de pila)
fish (*n.*) el pez; (*v.*) pescar
fit: It fits you well. Te queda bien.
fix arreglar
flight attendant el/la aeromozo/a, el/la asistente de vuelo, la azafata (*female*)
floor el piso, el suelo; **first ~** el bajo
flower la flor; **~ garden** el jardín
flu: have the ~ tener gripe
fly la mosca
follow seguir (e ⟶ i, i)
following siguiente
foolishness la tontería
football el fútbol americano
for para, por; **~ example** por ejemplo; **~ heaven's sake!** ¡Por amor de Dios!; **~ lack of** por falta de; **~ the last time** por última vez; **~ what (purpose)?** ¿Para qué?; **~ whom?** ¿Para quién?
foreign extranjero/a
former anterior

fountain la fuente
frame el marco
free (*no cost*) gratis; (*unoccupied*) libre
frequently con frecuencia, frecuentemente, a menudo
friend el/la amigo/a
from de
front: in ~ of delante de
frustrated frustrado/a
fun: have ~ divertirse (e ⟶ ie, i)
function funcionar
funny gracioso/a
furnish amueblar
furnished amueblado/a
furniture los muebles

gas station la gasolinera
gears los cambios
general: in ~ en general, por lo general
gentleman el caballero
geography la geografía
geology la geología
get conseguir (e ⟶ i, i); (*a grade*) sacar; **~ angry** enfadarse; **~ dressed** vestirse (e ⟶ i, i); **~ off** bajar(se) de; **~ (someone) out of a jam** sacar de un apuro (a alguien)
gift el regalo
give dar; **~ a present** regalar
go ir; **~ all out** echar la casa por la ventana; **~ down** bajar; **~ out** salir; **~ (out) with (someone)** salir con (alguien); **~ to bed** acostarse (o ⟶ ue); **~ up** subir
goal (*sports*) el gol
good bueno/a; **~ afternoon.** Buenas tardes.; **~ evening/night.** Buenas noches.; **~ morning.** Buenos días.
gossip comentar
government el gobierno
grade la nota
graduate graduarse
granddaughter la nieta
grandson el nieto
Great! ¡Qué chévere! (*Caribbean expression*)
grief la pena
ground el suelo
group el grupo

habit la costumbre
hair pelo; **~ dryer** el secador; **~ salon** la peluquería
half la mitad
hand la mano; **on the one ~** por un lado; **on the other ~** por otro lado
handicraft la artesanía
happen ocurrir
happiness la felicidad, la alegría

happy: be ~ about alegrarse de;
  ~ birthday. Feliz cumpleaños.
hate odiar
have (*aux. v.*) haber; tener; **~ a cold**
  estar resfriado/a, tener catarro;
  ~ a cough tener tos; **~ a fear
  of . . .** tenerle fobia a . . . ; **~ a
  fever** tener fiebre; **~ a good/bad
  time** pasarlo bien/mal;
  ~ diarrhea tener diarrea; **~ food
  or drink** tomar; **~ fun** divertirse
  (e ⟶ ie, i); **~ just** (+ *past part.*)
  acabar de (+ *inf.*); **~ lunch**
  almorzar (o ⟶ ue); **~ supper/
  dinner** cenar; **~ the chills** tener
  escalofríos; **~ the flu** tener gripe
health la salud; **be in good ~** tener
  buena salud
hear oír
heart attack el infarto
heat calor; calefacción (de la casa)
heavy pesado/a
help (*n.*) la ayuda; (*v.*) ayudar
here aquí
Hey! (*informal*) ¡Oye!; (*formal*) ¡Oiga!
hidden escondido/a
hire contratar
Hispanic hispano/a
home el hogar; la casa
hot: be ~ tener calor; **It's ~.** Hace
  calor.
How? ¿Cómo?; **~ are you?** (*informal/
  formal*) ¿Cómo estás/está?;
  ~ awful! ¡Qué barbaridad!;
  ~ many? ¿Cuántos?; **~ much?**
  ¿Cuánto?; **~ much is/are . . . ?**
  ¿Cuánto cuesta/n . . . ?; **~ old is
  he/she?** ¿Cuántos años tiene
  él/ella?
however sin embargo
hug (*n.*) el abrazo; (*v.*) abrazar
hungry: be ~ tener hambre
hunt cazar
hurricane el huracán
hurry: be in a ~ tener prisa
hurt doler (o ⟶ ue); herir (e ⟶ ie, i)

I love it/them! ¡Me fascina/n!
I would like me gustaría; **~ to speak
  with . . . , please.** Quisiera
  hablar con . . . , por favor.
ID card la cédula de identidad
identify identificar
if si
illiteracy el analfabetismo
I'm coming! ¡Ya voy!
I'm sorry. Perdone.
image la imagen
imagine imaginarse
in en; **~ a while** dentro de poco;
  ~ case por si acaso; **~ case that**
  en caso (de) que; **~ contrast to**
  a diferencia de; **~ danger** en

peligro; **~ front of** delante de;
  ~ general por lo general, en
  general; **~ order that** para que;
  ~ spite of a pesar de que
inch la pulgada
income los ingresos
increase añadir, aumentar
indicate indicar, señalar
indifferent indiferente
indigenous indígena
influence (*n.*) la influencia; (*v.*) influir
inhabitant el/la habitante
instability la inestabilidad
instead of en vez de
interest interesar
interrupt interrumpir
interview (*n.*) la entrevista; (*v.*)
  entrevistar
invent inventar
invest invertir (e ⟶ ie, i)
Is . . . there, please? ¿Está . . . , por
  favor?
It looks good on you. Te queda bien.
it's es; **~ about time** ya era hora; **~ a
  pity** es una pena/lástima; **~ a
  shame** es una lástima; **~ bad
  out.** Hace mal tiempo.; **~ better**
  es mejor; **~ chilly.** Hace fresco.;
  ~ cloudy. Está nublado.;
  ~ evident es evidente; **~ going
  to cost you.** Te va a salir caro.;
  ~ hot. Hace calor.; **~ nice out.**
  Hace buen tiempo.; **~ (not)
  worth it** (no) vale la pena;
  ~ obvious es obvio; **~ probable**
  es probable; **~ raining.** Llueve.;
  ~ snowing. Nieva.; **~ sunny.**
  Hace sol.; **~ true** es verdad;
  ~ windy. Hace viento.
It/This is . . . Habla . . .

jealous: be ~ (of) tener celos (de);
  estar celoso/a (de); ser
  celoso/a
joke el chiste
jot down anotar
journalist el/la periodista
jump saltar
just a moment un momento

keep going straight seguir (e ⟶ i, i)
  derecho
key la llave
kill matar
king el rey; **~ and queen** los reyes
kiss (*n.*) el beso; (*v.*) besar
knit hacer punto
know (*facts/how to do something*)
  saber; **~ (*someone or something*)**
  conocer; **You didn't ~?** ¿No
  sabía(s)?; **Do you ~ where . . .
  is?** ¿Sabe(s) dónde está . . . ?;

I don't ~ (the answer). No sé
  (la respuesta).; **~ people in the
  right places** tener palanca
known: make ~ dar a conocer

lack faltar; **for ~ of** por falta de
landing strip la pista de aterrizaje
language el idioma
last último/a; **for the ~ time** por
  última vez; **~ night** anoche
last name el apellido; **first ~ (father's
  name)** el primer apellido;
  **second ~ (mother's maiden
  name)** el segundo apellido
late (*adv.*) tarde; **be ~** atrasarse
lately últimamente
later luego, más tarde; **See you ~.**
  Hasta luego.
lawn el jardín
layover escala
learn aprender
leave salir; **~ behind** dejar;
  ~ (someone) dumbfounded
  dejar boquiabierto/a (a alguien)
lecture la conferencia
less menos; **~ than** menos de/que
lesson la clase, la lección
let's see a ver
lie (*n.*) la mentira; (*v.*) mentir
  (e ⟶ ie, i)
life la vida; **risk one's ~** jugarse
  (u ⟶ ue) la vida
light (*n.*) la luz; (*v.*) encender
  (e ⟶ ie)
like (*adv.*) como; (*v.*) gustar; **I don't
  ~ him/her.** Me cae mal.; **I ~
  him/her a lot.** Me cae (la mar
  de) bien.; **I don't ~ it/them
  at all.** No me gusta/n nada.;
  ~ a lot encantar, fascinar;
  ~ this/that así
listen escuchar; **~!** ¡Oye!
little: a ~ un poco; **~ by ~** poco a
  poco
live vivir
long distance larga distancia
look: ~ for buscar; **~ (at)** mirar
lose perder (e ⟶ ie)
lost perdido/a
lousy mal
love (*n.*) el amor; (*v.*) amar, querer;
  I ~ it/them! ¡Me fascina/n!
loyal fiel
luck la suerte; **What bad ~!** ¡Qué
  mala suerte!
lunch el almuerzo; **have ~** almorzar
  (o ⟶ ue)

maintain mantener
majority la mayoría
make hacer; **~ a stopover** hacer
  escala; **~ known** dar a conocer

male el macho
manner la manera
many muchos/muchas; **as ~ . . . as**
  tantos/as . . . como; **~ times**
  muchas veces
map el mapa
marry casarse
married casado/a; **is ~ (to)** está
  casado/a (con)
mask la máscara
mean significar; **What do you ~ . . . ?**
  ¿Cómo que . . . ? **What does**
  . . . mean? ¿Qué significa . . . ?
meaning el significado
meanwhile mientras tanto
measure medir (e → i, i)
member el miembro
memorize memorizar
memory el recuerdo; la memoria
mention mencionar
mess: What a ~! ¡Qué lío!
message el mensaje
middle mediados; **~ Ages** la Edad
  Media
mile la milla
mind la mente
minimum el mínimo
minority la minoría
mirror el espejo
miss (*someone or something*) echar
  de menos, extrañar
mix revolver (o → ue)
mixture la mezcla
model el/la modelo
modern moderno/a
monster el monstruo
month el mes
monthly mensual
morning la mañana; **Good ~.** Buenos
  días.
most recent último/a
motivate motivar
move (*relocate*) mudarse
murder el asesinato
must: One/You ~ (+ *v.*) Hay que + *inf.*
mysterious misterioso/a
mystery el misterio

name: first ~ el nombre (de pila);
  last ~ el apellido; **My ~ is . . .**
  Me llamo . . .
nation la nación
nationality la nacionalidad
native indígena
nauseous: be ~ tener náuseas
necessary necesario/a
neck el cuello
neighbor el/la vecino/a
neighborhood el barrio
neither tampoco; **~ . . . nor** ni . . . ni
nervous nervioso/a
never nunca
nevertheless sin embargo

news la(s) noticia(s); **~ item** la noticia
next próximo/a
nice simpático/a; **It's ~ out.** Hace
  buen tiempo.
night noche; **Good ~.** Buenas noches.
no longer ya no
No way! ¡Qué va!
noise el ruido
nor tampoco
not even ni siquiera
note (*n.*) la nota, el apunte; (*v.*)
  notar; **take notes** apuntar,
  tomar apuntes
nothing nada
now ahora
nowadays hoy (en) día
number (*n.*) el número; (*v.*) numerar;
  You have the wrong ~. Tiene
  el número equivocado.
nurse el/la enfermero/a

O.K. Bien., De acuerdo., Vale.
obtain conseguir (e → i, i), obtener
obvious: it's ~ es obvio
occupation la ocupación
occur ocurrir
of de (del/de la); **~ course.** ¡Claro!,
  ¡Por supuesto!, ¡Claro que sí!;
  ~ course not! ¡Claro que no!
offer ofrecer
often a menudo, con frecuencia
old man/woman el/la anciano/a
on en; **~ all sides** por todos lados;
    ~ the one hand por un lado;
    ~ the other hand por otro
    lado; **~ time** a tiempo
once una vez; **at ~** en seguida; **~ in**
  a while de vez en cuando
One must + *v.* Hay que + *inf.*
only solamente, sólo
open abierto/a
option la opción
optional opcional
or o, (*before words starting with an*
  o) u
order el orden; (*command*) la orden
organize organizar
origin el origen
other otro/a
ought to + *v.* deber + *inf.*
outstanding sobresaliente
over there allá
owe deber
own (*adj.*) propio/a

pair (of) un par (de); la pareja
paragraph el párrafo
park (*n.*) el parque; (*v.*) estacionar
participate participar
partner el/la compañero/a
pass by/through pasar por
path el camino

paw la pata
pay pagar; **~ attention (to someone)**
  hacerle caso (a)
peace la paz
peasant el/la campesino/a
pen el bolígrafo, la pluma
people la gente
percentage el porcentaje
perfect perfecto/a
perhaps a lo mejor, tal vez + *subj.*,
  quizá(s) + *subj.*
personality la personalidad
pet la mascota
phone (*n.*) el teléfono; (*v.*) llamar
phrase la frase
pick up recoger
pictures: take ~ sacar fotos
picturesque pintoresco/a
pity: it's a ~ es una pena/lástima;
  What a ~! ¡Qué pena!
place el sitio; **take ~** tener lugar
plaid de cuadros
plan (*n.*) el plan; (*v.*) planear
plantain el plátano
play (*a sport or game*) jugar
  (u → ue); **~** (*an instrument*)
  tocar
pleasant agradable
please por favor
point el punto; **~ out** señalar
polka-dotted de lunares
population la población
possibly posiblemente
poster el afiche, el cartel
power el poder, la fuerza; **purchasing ~**
  el poder adquisitivo
practice (*n.*) la práctica; (*v.*) practicar
predict predecir
prefer preferir (e → ie, i)
preference la preferencia
pregnant: be ~ estar embarazada
prepare preparar
prescription la receta médica
present-day actual
preserve conservar
previous anterior
pride el orgullo
priest el cura
prize el premio
probable: it's ~ es probable
probably probablemente
produce producir
program el programa
prohibit prohibir
project el proyecto
promise (*n.*) la promesa; (*v.*) prometer
proud orgulloso/a
provided that con tal (de) que
province la provincia
psychologist el/la psicólogo/a
pull tirar; **~ someone's leg** tomarle
  el pelo (a alguien)
purchasing power el poder
  adquisitivo

put poner; **~ a curse ("the evil eye")
on** echar el mal de ojo; **~ on
one's clothes** ponerse la ropa;
~ someone to bed acostar
(o ⟶ ue)

quantity la cantidad
question la pregunta
quiet tranquilo/a

race la carrera
reading la lectura
ready: be ~ estar listo/a
real verdadero/a
reality la realidad
realize (something) darse cuenta (de
algo)
really en realidad; **~?** ¿De veras?
reason la razón
recent: most ~ último/a
recipe la receta
recognize reconocer
record grabar
recording la grabación
refer to referir/se (e ⟶ ie, i)
rehearse ensayar
reject rechazar
relation la relación
relatively relativamente
remember acordarse (o ⟶ ue) de;
recordar (o ⟶ ue)
remove quitar
rent (*n.*) el alquiler; (*v.*) alquilar
repeat repetir (e ⟶ i, i)
report el informe
reporter el/la reportero/a
request el pedido
requirement el requisito
research la investigación
reservation la reserva
respond responder
responsibility la responsabilidad
rest descansar
return devolver (o ⟶ ue) (*an item*);
volver (o ⟶ ue) (*to a place*)
rice el arroz
rich rico/a
ride montar; **~ a bicycle** montar en
bicicleta
right el derecho; **be ~** tener razón;
on the ~ a la derecha; **~?**
¿verdad?; **~ now** ahora mismo
risk one's life jugarse la vida
road el camino, la carretera
rock la piedra
roof el techo
room la habitación; **double ~** la
habitación doble; **single ~** la
habitación sencilla
round redondo/a
royal real

safe seguro/a
saint el/la santo/a
same: the ~ el/la mismo/a; igual
satisfied satisfecho/a
save (*rescue*) salvar; **~** (*money*) ahorrar
say decir; **How do you ~?** ¿Cómo se
dice **~**?
scared: be ~ tener miedo
scarf la pañoleta
schedule el horario
science la ciencia
search engine el buscador
secondary secundario/a
secondhand de segunda mano
see ver; **Let's ~.** A ver.; **~ you later.**
Hasta luego.; **~ you tomorrow.**
Hasta mañana.
seem parecer
select seleccionar
sell vender
send mandar
sensitivity la sensibilidad
sentence la oración
separate (from) separar/se (de)
serious grave
serve servir (e ⟶ i, i)
set the table poner la mesa
several varios
sex el sexo
shame la vergüenza; **it's a ~** es una
lástima; **What a ~!** ¡Qué lástima!
share compartir
shave afeitarse
shaving cream la crema de afeitar
shellfish los mariscos
shoot disparar
shopping de compras
show mostrar (o ⟶ ue)
sick: become ~ enfermarse
side el lado; **on the one ~** por un lado;
on the other ~ por otro lado; **on
all sides** por todos lados
significant other la pareja
silent: be ~ callarse; callado/a
similar parecido/a
simple sencillo/a
simply sencillamente
since ya que, desde
sing cantar
singer el/la cantante
single soltero/a; **~ room** la
habitación sencilla
sit down sentarse (e ⟶ ie)
situation la situación
skin la piel
slash (*as in* **http://www**) la barra
slave el/la esclavo/a
sleep dormir (o ⟶ ue, u)
slow lento/a
smoke fumar
snow (*n.*) nieve; (*v.*) nevar (e ⟶ ie)
snowing: It's ~. Nieva.
so tan

soap opera la telenovela
soccer el fútbol
sock el calcetín, la media
soda la gaseosa
soldier el/la soldado
some algún, alguno/a
someone alguien
something algo; **~ else?** ¿Algo más?
sometimes algunas veces
song la canción
soon pronto
sorry: I'm ~. (*informal*) Perdona.;
(*formal*) Perdone., Lo siento.
source la fuente
speak hablar; **Can you ~ more slowly,
please?** ¿Puede hablar más
despacio, por favor?; **I would like
to ~ with . . . , please.** Quisiera
hablar con . . . , por favor.
special especial
specific específico/a
spend (*money*) gastar; **~** (*time*) pasar
spice la especia
spicy picante
spite: in ~ of a pesar de que
stand in line hacer cola
start (*n.*) el comienzo; (*v.*) comenzar
(e ⟶ ie), empezar (e ⟶ ie);
~ the car arrancar
starting from a partir de
stay in (+ *place*) quedarse en (+ *place*)
steal robar
step on pisar
still aún, todavía
stingy tacaño/a
stone la piedra
stop (*n.*) la parada; **stop + -ing** (*v.*)
dejar de + *inf.*
stopover la escala
story el cuento
stove estufa; **electric ~** estufa
eléctrica; **gas ~** estufa de gas
straight recto/a; **keep going ~** seguir
(e ⟶ i, i) derecho
strange extraño/a
strength la fuerza
striped de rayas
strong fuerte
struggle la lucha
study estudiar
subject (*school*) la asignatura, la
materia
succeed tener éxito
successful: be ~ tener éxito
suddenly de repente
suffer sufrir
sugar el azúcar
suggest sugerir (e ⟶ ie, i)
suggestion la sugerencia
summary el resumen
sunny: It's ~. Hace sol.
supper: have ~ cenar
suppose suponer

sure: be ~ (of) estar seguro/a de
surf the net navegar por Internet
surgery la cirugía
surprise la sorpresa
surprised: be ~ about sorprenderse de
suspect el/la sospechoso/a
switch roles cambiar de papel

take (*a bus, etc.*) tomar; **~ a walk** dar un paseo; **~ care of** cuidar; **~ into account** tener en cuenta; **~ notes** anotar, tomar apuntes; **~ off one's clothes** quitarse la ropa; **~ out** sacar; **~ out the garbage** sacar la basura; **~ pictures** sacar fotos; **~ place** tener lugar
talk conversar, hablar
taste probar (o → ue)
tasty sabroso/a
teach enseñar
tear la lágrima
television la televisión; **~ set** el televisor; **~ channel** el canal de televisión
tell contar (o → ue); decir; **Can you ~ me how . . . ?** ¿Puede decirme cómo . . . ?
thank you gracias
that que; (*adj.*) ese/a, aquel, aquella; (*pron.*) ése/a, eso, aquél, aquélla, aquello; **~ is** o sea; **that's why** por eso
theme el tema
then entonces; (*in time sequence*) después, más tarde, luego
there allí; **~ is/~ are** hay; **~ must be a reason.** Por algo será.; **~ was/~ were** había; **there's no doubt** no hay duda (de)
therefore por eso, por lo tanto
thing la cosa
think pensar (e → ie); **~ about** pensar en
thirsty: be ~ tener sed
this (*adj.*) este/a; (*pron.*) éste/a, esto
those (*adj.*) esos/as, aquellos/as; (*pron.*) ésos/as, aquéllos/as; **those (over there)** (*adj.*) aquellos/aquellas; **~ ones (over there)** (*pron.*) aquéllos/aquéllas
throat la garganta
through a través de
throw: ~ out echar, tirar
ticket el boleto
time: on ~ a tiempo; **What ~ is it?** ¿Qué hora es?
times: many ~ muchas veces
tired: be ~ tener sueño
title el título
to a; **~ top it all** para colmo
together juntos/as

tomorrow mañana; **See you ~.** Hasta mañana.
too también; **~ much** demasiado
touch tocar
tour la gira, el tour
tourism el turismo
translate traducir
travel viajar
tree el árbol
true cierto/a, real; **it's ~** es cierto, es verdad
truth la verdad
try intentar; **~ on** (*clothes*) probarse (o → ue); **~ to** tratar de
turn doblar; **~ off** apagar; **~ over** darle la vuelta
TV channel el canal de televisión
typical típico/a

unbearable insoportable
uncertain incierto/a
understand comprender, entender (e → ie)
understanding comprensivo/a
underwear (*men's*) los calzoncillos; (*women's*) los calzones
unexpected inesperado/a
unexplainable inexplicable
uniform el uniforme
unknown desconocido/a
unless a menos que
until hasta (que)
up arriba
upon + -ing al + *inf.*
use usar
useful útil
useless inútil

vacation las vacaciones
vain creído/a, vanidoso/a
value el valor
variety la variedad
vary variar
very muy; **~ well!** ¡Muy bien!
view la vista
visit (*n.*) la visita; (*v.*) visitar
voice la voz
vomit devolver (o → ue), vomitar

wake up despertarse (e → ie); **wake someone up** despertar (e → ie)
walk andar; **take a ~** dar un paseo
wall la pared
want desear, querer
war la guerra
warm caliente
water el agua (*f.*)
way la manera; **No ~!** ¡Qué va!
Web (www) la red
weekend el fin de semana

weigh pesar
weight el peso
well (then) pues
What? ¿Qué?, ¿Cómo?; **~ a mess!** ¡Qué lío!; **~ a pity!** ¡Qué pena!; **~ a shame!** ¡Qué lástima!; **~ bad luck!** ¡Qué mala suerte!; **~ color is it?** ¿De qué color es?; **~ do you mean . . . ?** ¿Cómo que . . . ?; **~ is the capital of . . . ?** ¿Cuál es la capital de . . . ?; **~ is your . . . number?** ¿Cuál es tu/su número de teléfono?; **~ time is it?** ¿Qué hora es?; **What's the weather like?** ¿Qué tiempo hace?; **What's up?** ¿Qué hay?
when cuando; **When?** ¿Cuándo?
where donde; **Where?** ¿Adónde? ¿Dónde?; **~ are you from?** ¿De dónde es/eres?
Which? ¿Cuál/es?
while mientras; **in a ~** dentro de poco
who quien, que; **Who?** ¿Quién? ¿Quiénes?; **~ is speaking/ calling?** ¿Quién habla?
whom: For ~? ¿Para quién?
Whose? ¿De quién/es?
Why? ¿Por qué?
win ganar
window la ventana
windy: It's ~. Hace viento.
winner el/la ganador/a
with con; **~ pleasure** con mucho gusto
without sin
wonder preguntarse
wonderful divino/a, maravilloso/a
work (*n.*) el trabajo; (*v.*) trabajar; **~ full-time** trabajar tiempo completo; **~ part-time** trabajar medio tiempo
worth: It's (not) ~ it. (No) vale la pena.
Wow! ¡Vaya!
wrist la muñeca
write escribir; **~ letters/poems** escribir cartas/poemas
writer el/la escritor/a
wrong: You have the ~ number. Tiene el número equivocado.

year el año; **last ~** el año pasado; **next ~** el año que viene; **New Year's Day** el Año Nuevo
yesterday ayer
yet aún, todavía; **not ~** todavía no
young person el/la joven
younger menor
You're welcome. De nada., No hay de qué.
youth la juventud

zip code el código postal
zone la zona

Index

Permissions and Credits

The authors and editors thank the following persons and publishers for permission to use copyrighted material.

Text Permissions

Chapter 7: pp. 218–219, Text on Alojamientos: Secretaría de Turísmo/Turespaña, Ministerio de Industria, Comercio y Turismo. **Chapter 8:** pp. 245–246, "No quiero," from *Obras completas* by Ángela Figuera Aymerich (Ediciones Hiperión, 1st Edition 1986, 2nd Edition 1999). Reprinted by permission of Ediciones Hiperión; p. 247, Copyright © 1986 by Houghton Mifflin Company. Adapted and reprinted by permission from the American Heritage Spanish Dictionary; **Chapter 9:** pp. 279–281, "¿Para qué sirven las telenovelas?" by Luis Adrián Ysita from *Impacto*, April 5, 1998. **Chapter 10:** p. 308, "El fútbol y yo," from *El País*, No. 179, July 24, 1994. Used by permission. **Chapter 11:** p. 338, "Tragedia" by Vicente Huidobro. Reprinted by permission of La Fundación Vicente Huidobro, Santiago, Chile. **Chapter 12:** pp. 366–367, Rubén Blades, "El Padre Antonio y su monaguillo Andrés." Copyright Rubén Blades Publishing. Reprinted by permission. All rights reserved.

Photo Credits

Preliminary Chapter: p. 2, Richard Lord/The Image Works; p. 3, Francisco Rangel; p. 6 left, Kathy Squires; p. 6 right, Frerck/Odyssey Productions, Inc./Chicago; p. 7, Jefkin/Elnekave Photography; **Chapter 1:** p. 19, Cameramann/The Image Works; p. 20, Stuart Cohen/The Image Works; p. 29, Ulrike Welsch; p. 34 from left to right: AP/Wide World Photos; Corbis; Corbis; Allsport/Getty Images; p. 40, Mark L. Stephenson/Corbis; p. 41 top row from left to right: Courtesy montevideo.com; Tom & Michelle Grimm/Getty Images; Beryl Goldberg; p. 41 bottom row from left to right: Claudia Parks/The Stock Market; Ulrike Welsch; Photri/Microstock; Ulrike Welsch; **Chapter 2:** p. 44, Tomas Stargardter/Latin Focus.com; p. 53, Jonathan Daniels/Getty Images; p. 57, Courtesy Arthine Cossey van Duyne; p. 63, F. Origlia/Corbis Sygma; p. 66 left, Beryl Goldberg, p. 66 right, David Botello; p. 70, South Park Productions; **Chapter 3:** p. 73, Pablo Corral/National Geographic Image Collection; p. 76, DDB Stock Photography; p. 89, Ulrike Welsch; p. 91, Ulrike Welsch; p. 97, Blake Little/Corbis Sygma; p. 98, Susan Greenwood/Getty Images; **Chapter 4:** p. 101, Kenneth Garrett/National Geographic Image Collection; p. 102, Bruce Klepinger/Adventure Photo; p. 104, Museo de America, Madrid, Spain/Index/Bridgeman Art Library; p. 105 top, Bibliothèque Nationale, Paris, France/Lauros-Giraudon/Bridgeman Art Library; p. 105 bottom left and right, Museo del Oro; p. 109, Frerck/Odyssey Productions Inc./Chicago; p. 115, Ulrike Welsh; p. 117, Alan Grinberg; p. 119, Vince Streano/The Stock Market; p.123 top, Robert Fried; p. 123 bottom, Ulrike Welsch; p. 125, South Park Productions; **Chapter 5:** p. 128, Corbis; p. 129, Greg Williams/Latin Focus.com; p. 144, Francisco Rangel; p. 145, LJ Regan/Getty Images; p. 146, Jimmy Dorantes/Latin Focus.com; p. 151, Art Resource, NY; p. 154, Todd Smitala; **Chapter 6:** p. 158, Hans Strand/Getty Images; p. 159, David R. Frazier Photolibrary; p. 161, James Blair/National Geographic Image Collection; p. 167, Alex Ocampo/Latin Focus.com; p. 172, Courtesy Southwestern University, Georgetown, Texas; p. 185, George F. Mobley/National Geographic Image Collection; p. 186, Michael Boeckmann; p. 188, South Park Productions; p. 189, South Park Productions; **Chapter 7:** p. 191, Masakatsu Yamazaki/HAGA/The Image Works; p. 192, Steve Vidler/Leo de Wys, Inc.; p. 194, Robert Fried; p. 207, Jimmy Dorantes/Latin Focus.com; p. 210, Viesti Associates; p. 218, Robert Fried; p. 219, Frerck/Odyssey Productions Inc./Chicago; **Chapter 8:** p. 222, Jeff Goldberg/Esto; p. 223, Margot Granitsas/The Image Works; p. 225, John Ehlers/Stockline; p. 234, Courtesy David Kupferschmid; p. 237, Bryant/DDB Stock Photography; p. 238, James Nelson/Getty Images; p. 248, South Park Productions; **Chapter 9:** p. 251, Sven Martson/The Image Works; p. 252, Stuart Cohen/The Image Works, p. 254, Bob Daemmrich/The Image Works; p. 258, Francisco Rangel; p. 261, Frerck/Odyssey/Chicago, p. 268, University of California, San Francisco, CA, USA/Index/Bridgeman Art Library; p. 273, John Williamson; p. 280, Courtesy RCN; p. 281, Courtesy Miguel Sabido; **Chapter 10:** p. 284, Monika Graff/The Image Works; p. 285, Ulrike Welsch; p. 292, Randall Hyman/Stock Boston; p. 296, top, Ezra O. Shaw/Allsport/Getty Images; p. 296, bottom, Rita Rivera; p. 299, Ulrike Welsch; p. 303, Bill Frakes/Sports Illustrated; p. 305, Odyssey/Frerck/Chicago; p. 308, Duomo; p. 310, South Park Productions; **Chapter 11:** p. 313, Museo del Oro; p. 319, Odyssey/Frerck/Chicago; p. 330, Victor Engelbert; p. 332, David R. Frazier Photolibrary; p. 334, Eduardo Aparicio; **Chapter 12:** p. 341, Contact Press Images/Adriana Groisman; p. 345, Tuna de Derecho de Valladolid, España, URL: http://www.tunaderecho.com; p. 346, Time-Life Syndication; p. 356, DDB Stock Photography; p. 357, Jeff Greenberg/The Image Works; p. 359, Oberto Gili/Barbara von Schreiber, Ltd.; p. 363, Breck P. Kent/Earth Scenes; p. 365, AP/Wide World; p. 366, Esdras Suarez/Getty Images; p. 368, South Park Productions.

Realia and Illustration Credits

Chapter 1: p. 30, Festejos M.A.R., C. A.; p. 32, Reprinted by permission of National Geographic Society; **Chapter 2:** p. 46, Transfair USA; p. 57, Google, Inc.; p. 68, Reprinted by permission of Yahoo!; **Chapter 3:** p. 84 (top), Courtesy of Wal-Mart Stores, Inc.; p. 84 (bottom), Kohler, Inc.; p. 98, Reprinted by permission of Morningstar, Inc.; **Chapter 5:** p. 141 top, Republican National Committee; p. 141 bottom, Democratic National Committee; p. 142, Copyright Diario *El País*, SD; p. 152, Revista NOTICIAS-Editorial Perfil, S.A.; **Chapter 6:** p. 181, © Maitena; **Chapter 7:** p. 195 top left, Minicines Astorias; top right, Paluqueros Pedro Molina; bottom left, Restaurante El Hidalgo; bottom right, Librería Compás; p. 196, Secretaría General de Turismo/Turespaña, Ministerio de Industria, Comercio y Turismo; **Chapter 8:** p. 223, Courtesy Segundamano, Madrid, Spain; p. 224, LATPRO, Inc.; p. 227, Copyright Diario *El País*, SD; p. 231, © Maitena; **Chapter 9:** p. 265, Sonoma County Human Resource Department; p. 266, Courtesy Concesion Salinas; p. 275, Courtesy Hallmark Cards; **Chapter 10:** p. 289, Courtesy Correo Argentino; p. 299, Courtesy of Alcalá, Madrid, Spain; **Chapter 11:** p. 319, *El País*, Sunday March 23, 1993; p. 326, Illustration by Anna Veltfort; p. 327, NOAH: New York Online Access to Health; **Chapter 12:** p. 351, Slim International Esthetic Center de Argentina.